中公教育

地址：北京市海淀区学清路23号汉华世纪大厦B座
全国课程免费咨询电话：400-6300-999
全国图书免费咨询电话：400-6509-705
网址：www.offcn.com

中公教育旗舰店

答 题 卡

姓 名 _____

条形码粘贴区域

考场记录	违纪 ▭	缺考 ▭
此栏由监考人员填涂		

准 考 证 号
[0] [0] [0] [0] [0] [0] [0] [0] [0] [0] [0] [0] [0]
[1] [1] [1] [1] [1] [1] [1] [1] [1] [1] [1] [1] [1]
[2] [2] [2] [2] [2] [2] [2] [2] [2] [2] [2] [2] [2]
[3] [3] [3] [3] [3] [3] [3] [3] [3] [3] [3] [3] [3]
[4] [4] [4] [4] [4] [4] [4] [4] [4] [4] [4] [4] [4]
[5] [5] [5] [5] [5] [5] [5] [5] [5] [5] [5] [5] [5]
[6] [6] [6] [6] [6] [6] [6] [6] [6] [6] [6] [6] [6]
[7] [7] [7] [7] [7] [7] [7] [7] [7] [7] [7] [7] [7]
[8] [8] [8] [8] [8] [8] [8] [8] [8] [8] [8] [8] [8]
[9] [9] [9] [9] [9] [9] [9] [9] [9] [9] [9] [9] [9]

填涂样例	正确填涂 ■ 错误填涂 ☑ ☒ ▤ ▱ ◑	注意事项	1.用黑色签字笔填写"姓名"和"准考证号"空白栏，并认真核对条形码上的姓名和准考证号； 2.用2B铅笔填涂 "准考证号"，黑度以盖住框内数字为准； 3.修改时务必用橡皮擦干净，务必保持卡面整洁； 4.本卡严禁折叠！严禁在本卡空白处做任何标记。

一、单项选择题

1. [A] [B] [C] [D]
2. [A] [B] [C] [D]
3. [A] [B] [C] [D]
4. [A] [B] [C] [D]
5. [A] [B] [C] [D]

6. [A] [B] [C] [D]
7. [A] [B] [C] [D]
8. [A] [B] [C] [D]
9. [A] [B] [C] [D]
10. [A] [B] [C] [D]

11. [A] [B] [C] [D]
12. [A] [B] [C] [D]
13. [A] [B] [C] [D]
14. [A] [B] [C] [D]
15. [A] [B] [C] [D]

16. [A] [B] [C] [D]
17. [A] [B] [C] [D]
18. [A] [B] [C] [D]
19. [A] [B] [C] [D]
20. [A] [B] [C] [D]

21. [A] [B] [C] [D]
22. [A] [B] [C] [D]
23. [A] [B] [C] [D]
24. [A] [B] [C] [D]
25. [A] [B] [C] [D]

26. [A] [B] [C] [D]
27. [A] [B] [C] [D]
28. [A] [B] [C] [D]
29. [A] [B] [C] [D]
30. [A] [B] [C] [D]

31. [A] [B] [C] [D]
32. [A] [B] [C] [D]
33. [A] [B] [C] [D]
34. [A] [B] [C] [D]
35. [A] [B] [C] [D]

36. [A] [B] [C] [D]
37. [A] [B] [C] [D]
38. [A] [B] [C] [D]
39. [A] [B] [C] [D]
40. [A] [B] [C] [D]

41. [A] [B] [C] [D]
42. [A] [B] [C] [D]
43. [A] [B] [C] [D]
44. [A] [B] [C] [D]
45. [A] [B] [C] [D]

46. [A] [B] [C] [D]
47. [A] [B] [C] [D]
48. [A] [B] [C] [D]
49. [A] [B] [C] [D]
50. [A] [B] [C] [D]

51. [A] [B] [C] [D]
52. [A] [B] [C] [D]
53. [A] [B] [C] [D]
54. [A] [B] [C] [D]
55. [A] [B] [C] [D]

56. [A] [B] [C] [D]
57. [A] [B] [C] [D]
58. [A] [B] [C] [D]
59. [A] [B] [C] [D]
60. [A] [B] [C] [D]

二、多项选择题

61. [A] [B] [C] [D] [E]
62. [A] [B] [C] [D] [E]
63. [A] [B] [C] [D] [E]
64. [A] [B] [C] [D] [E]
65. [A] [B] [C] [D] [E]

66. [A] [B] [C] [D] [E]
67. [A] [B] [C] [D] [E]
68. [A] [B] [C] [D] [E]
69. [A] [B] [C] [D] [E]
70. [A] [B] [C] [D] [E]

71. [A] [B] [C] [D] [E]
72. [A] [B] [C] [D] [E]
73. [A] [B] [C] [D] [E]
74. [A] [B] [C] [D] [E]
75. [A] [B] [C] [D] [E]

76. [A] [B] [C] [D] [E]
77. [A] [B] [C] [D] [E]
78. [A] [B] [C] [D] [E]
79. [A] [B] [C] [D] [E]
80. [A] [B] [C] [D] [E]

答 题 卡

准 考 证 号												
[0]	[0]	[0]	[0]	[0]	[0]	[0]	[0]	[0]	[0]	[0]	[0]	[0]
[1]	[1]	[1]	[1]	[1]	[1]	[1]	[1]	[1]	[1]	[1]	[1]	[1]
[2]	[2]	[2]	[2]	[2]	[2]	[2]	[2]	[2]	[2]	[2]	[2]	[2]
[3]	[3]	[3]	[3]	[3]	[3]	[3]	[3]	[3]	[3]	[3]	[3]	[3]
[4]	[4]	[4]	[4]	[4]	[4]	[4]	[4]	[4]	[4]	[4]	[4]	[4]
[5]	[5]	[5]	[5]	[5]	[5]	[5]	[5]	[5]	[5]	[5]	[5]	[5]
[6]	[6]	[6]	[6]	[6]	[6]	[6]	[6]	[6]	[6]	[6]	[6]	[6]
[7]	[7]	[7]	[7]	[7]	[7]	[7]	[7]	[7]	[7]	[7]	[7]	[7]
[8]	[8]	[8]	[8]	[8]	[8]	[8]	[8]	[8]	[8]	[8]	[8]	[8]
[9]	[9]	[9]	[9]	[9]	[9]	[9]	[9]	[9]	[9]	[9]	[9]	[9]

条形码粘贴区域

考场记录	违纪 ☐ 缺考 ☐
	此栏由监考人员填涂

填涂样例	正确填涂 ■ 错误填涂 ☑ ☒ ⊟ ⧄ ●	注意事项	1.用黑色签字笔填写"姓名"和"准考证号"空白栏,并认真核对条形码上的姓名和准考证号; 2.用2B铅笔填涂 "准考证号",黑度以盖住框内数字为准; 3.修改时务必用橡皮擦干净,务必保持卡面整洁; 4.本卡严禁折叠! 严禁在本卡空白处做任何标记。

一、单项选择题

1. [A] [B] [C] [D]　　6. [A] [B] [C] [D]　　11. [A] [B] [C] [D]　　16. [A] [B] [C] [D]
2. [A] [B] [C] [D]　　7. [A] [B] [C] [D]　　12. [A] [B] [C] [D]　　17. [A] [B] [C] [D]
3. [A] [B] [C] [D]　　8. [A] [B] [C] [D]　　13. [A] [B] [C] [D]　　18. [A] [B] [C] [D]
4. [A] [B] [C] [D]　　9. [A] [B] [C] [D]　　14. [A] [B] [C] [D]　　19. [A] [B] [C] [D]
5. [A] [B] [C] [D]　　10. [A] [B] [C] [D]　　15. [A] [B] [C] [D]　　20. [A] [B] [C] [D]

21. [A] [B] [C] [D]　　26. [A] [B] [C] [D]　　31. [A] [B] [C] [D]　　36. [A] [B] [C] [D]
22. [A] [B] [C] [D]　　27. [A] [B] [C] [D]　　32. [A] [B] [C] [D]　　37. [A] [B] [C] [D]
23. [A] [B] [C] [D]　　28. [A] [B] [C] [D]　　33. [A] [B] [C] [D]　　38. [A] [B] [C] [D]
24. [A] [B] [C] [D]　　29. [A] [B] [C] [D]　　34. [A] [B] [C] [D]　　39. [A] [B] [C] [D]
25. [A] [B] [C] [D]　　30. [A] [B] [C] [D]　　35. [A] [B] [C] [D]　　40. [A] [B] [C] [D]

41. [A] [B] [C] [D]　　46. [A] [B] [C] [D]　　51. [A] [B] [C] [D]　　56. [A] [B] [C] [D]
42. [A] [B] [C] [D]　　47. [A] [B] [C] [D]　　52. [A] [B] [C] [D]　　57. [A] [B] [C] [D]
43. [A] [B] [C] [D]　　48. [A] [B] [C] [D]　　53. [A] [B] [C] [D]　　58. [A] [B] [C] [D]
44. [A] [B] [C] [D]　　49. [A] [B] [C] [D]　　54. [A] [B] [C] [D]　　59. [A] [B] [C] [D]
45. [A] [B] [C] [D]　　50. [A] [B] [C] [D]　　55. [A] [B] [C] [D]　　60. [A] [B] [C] [D]

二、多项选择题

61. [A] [B] [C] [D] [E]　　66. [A] [B] [C] [D] [E]　　71. [A] [B] [C] [D] [E]　　76. [A] [B] [C] [D] [E]
62. [A] [B] [C] [D] [E]　　67. [A] [B] [C] [D] [E]　　72. [A] [B] [C] [D] [E]　　77. [A] [B] [C] [D] [E]
63. [A] [B] [C] [D] [E]　　68. [A] [B] [C] [D] [E]　　73. [A] [B] [C] [D] [E]　　78. [A] [B] [C] [D] [E]
64. [A] [B] [C] [D] [E]　　69. [A] [B] [C] [D] [E]　　74. [A] [B] [C] [D] [E]　　79. [A] [B] [C] [D] [E]
65. [A] [B] [C] [D] [E]　　70. [A] [B] [C] [D] [E]　　75. [A] [B] [C] [D] [E]　　80. [A] [B] [C] [D] [E]

答 题 卡

姓 名 _____

准 考 证 号												
[0]	[0]	[0]	[0]	[0]	[0]	[0]	[0]	[0]	[0]	[0]	[0]	[0]
[1]	[1]	[1]	[1]	[1]	[1]	[1]	[1]	[1]	[1]	[1]	[1]	[1]
[2]	[2]	[2]	[2]	[2]	[2]	[2]	[2]	[2]	[2]	[2]	[2]	[2]
[3]	[3]	[3]	[3]	[3]	[3]	[3]	[3]	[3]	[3]	[3]	[3]	[3]
[4]	[4]	[4]	[4]	[4]	[4]	[4]	[4]	[4]	[4]	[4]	[4]	[4]
[5]	[5]	[5]	[5]	[5]	[5]	[5]	[5]	[5]	[5]	[5]	[5]	[5]
[6]	[6]	[6]	[6]	[6]	[6]	[6]	[6]	[6]	[6]	[6]	[6]	[6]
[7]	[7]	[7]	[7]	[7]	[7]	[7]	[7]	[7]	[7]	[7]	[7]	[7]
[8]	[8]	[8]	[8]	[8]	[8]	[8]	[8]	[8]	[8]	[8]	[8]	[8]
[9]	[9]	[9]	[9]	[9]	[9]	[9]	[9]	[9]	[9]	[9]	[9]	[9]

考场记录	违纪 ▭ 缺考 ▭
	此栏由监考人员填涂

填涂样例	正确填涂 ▬ 错误填涂 ☑ ☒ ▭ ◨ ◖	注意事项

1.用黑色签字笔填写"姓名"和"准考证号"空白栏，并认真核对条形码上的姓名和准考证号；

2.用2B铅笔填涂 "准考证号"，黑度以盖住框内数字为准；

3.修改时务必用橡皮擦干净，务必保持卡面整洁；

4.本卡严禁折叠！ 严禁在本卡空白处做任何标记。

一、单项选择题

1. [A] [B] [C] [D]   6. [A] [B] [C] [D]   11. [A] [B] [C] [D]   16. [A] [B] [C] [D]
2. [A] [B] [C] [D]   7. [A] [B] [C] [D]   12. [A] [B] [C] [D]   17. [A] [B] [C] [D]
3. [A] [B] [C] [D]   8. [A] [B] [C] [D]   13. [A] [B] [C] [D]   18. [A] [B] [C] [D]
4. [A] [B] [C] [D]   9. [A] [B] [C] [D]   14. [A] [B] [C] [D]   19. [A] [B] [C] [D]
5. [A] [B] [C] [D]   10. [A] [B] [C] [D]   15. [A] [B] [C] [D]   20. [A] [B] [C] [D]

21. [A] [B] [C] [D]   26. [A] [B] [C] [D]   31. [A] [B] [C] [D]   36. [A] [B] [C] [D]
22. [A] [B] [C] [D]   27. [A] [B] [C] [D]   32. [A] [B] [C] [D]   37. [A] [B] [C] [D]
23. [A] [B] [C] [D]   28. [A] [B] [C] [D]   33. [A] [B] [C] [D]   38. [A] [B] [C] [D]
24. [A] [B] [C] [D]   29. [A] [B] [C] [D]   34. [A] [B] [C] [D]   39. [A] [B] [C] [D]
25. [A] [B] [C] [D]   30. [A] [B] [C] [D]   35. [A] [B] [C] [D]   40. [A] [B] [C] [D]

41. [A] [B] [C] [D]   46. [A] [B] [C] [D]   51. [A] [B] [C] [D]   56. [A] [B] [C] [D]
42. [A] [B] [C] [D]   47. [A] [B] [C] [D]   52. [A] [B] [C] [D]   57. [A] [B] [C] [D]
43. [A] [B] [C] [D]   48. [A] [B] [C] [D]   53. [A] [B] [C] [D]   58. [A] [B] [C] [D]
44. [A] [B] [C] [D]   49. [A] [B] [C] [D]   54. [A] [B] [C] [D]   59. [A] [B] [C] [D]
45. [A] [B] [C] [D]   50. [A] [B] [C] [D]   55. [A] [B] [C] [D]   60. [A] [B] [C] [D]

二、多项选择题

61. [A] [B] [C] [D] [E]   66. [A] [B] [C] [D] [E]   71. [A] [B] [C] [D] [E]   76. [A] [B] [C] [D] [E]
62. [A] [B] [C] [D] [E]   67. [A] [B] [C] [D] [E]   72. [A] [B] [C] [D] [E]   77. [A] [B] [C] [D] [E]
63. [A] [B] [C] [D] [E]   68. [A] [B] [C] [D] [E]   73. [A] [B] [C] [D] [E]   78. [A] [B] [C] [D] [E]
64. [A] [B] [C] [D] [E]   69. [A] [B] [C] [D] [E]   74. [A] [B] [C] [D] [E]   79. [A] [B] [C] [D] [E]
65. [A] [B] [C] [D] [E]   70. [A] [B] [C] [D] [E]   75. [A] [B] [C] [D] [E]   80. [A] [B] [C] [D] [E]

答 题 卡

姓 名 _____

准 考 证 号

[0]	[0]	[0]	[0]	[0]	[0]	[0]	[0]	[0]	[0]	[0]	[0]	[0]
[1]	[1]	[1]	[1]	[1]	[1]	[1]	[1]	[1]	[1]	[1]	[1]	[1]
[2]	[2]	[2]	[2]	[2]	[2]	[2]	[2]	[2]	[2]	[2]	[2]	[2]
[3]	[3]	[3]	[3]	[3]	[3]	[3]	[3]	[3]	[3]	[3]	[3]	[3]
[4]	[4]	[4]	[4]	[4]	[4]	[4]	[4]	[4]	[4]	[4]	[4]	[4]
[5]	[5]	[5]	[5]	[5]	[5]	[5]	[5]	[5]	[5]	[5]	[5]	[5]
[6]	[6]	[6]	[6]	[6]	[6]	[6]	[6]	[6]	[6]	[6]	[6]	[6]
[7]	[7]	[7]	[7]	[7]	[7]	[7]	[7]	[7]	[7]	[7]	[7]	[7]
[8]	[8]	[8]	[8]	[8]	[8]	[8]	[8]	[8]	[8]	[8]	[8]	[8]
[9]	[9]	[9]	[9]	[9]	[9]	[9]	[9]	[9]	[9]	[9]	[9]	[9]

考场记录	违纪 ▭	缺考 ▭
此栏由监考人员填涂		

填涂样例	正确填涂 ■ 错误填涂 ☑ ☒ ▭ ◹ ◗	注意事项	1.用黑色签字笔填写"姓名"和"准考证号"空白栏,并认真核对条形码上的姓名和准考证号; 2.用2B铅笔填涂 "准考证号",黑度以盖住框内数字为准; 3.修改时务必用橡皮擦干净,务必保持卡面整洁; 4.本卡严禁折叠! 严禁在本卡空白处做任何标记。

一、单项选择题

1. [A] [B] [C] [D]　　6. [A] [B] [C] [D]　　11. [A] [B] [C] [D]　　16. [A] [B] [C] [D]
2. [A] [B] [C] [D]　　7. [A] [B] [C] [D]　　12. [A] [B] [C] [D]　　17. [A] [B] [C] [D]
3. [A] [B] [C] [D]　　8. [A] [B] [C] [D]　　13. [A] [B] [C] [D]　　18. [A] [B] [C] [D]
4. [A] [B] [C] [D]　　9. [A] [B] [C] [D]　　14. [A] [B] [C] [D]　　19. [A] [B] [C] [D]
5. [A] [B] [C] [D]　　10. [A] [B] [C] [D]　　15. [A] [B] [C] [D]　　20. [A] [B] [C] [D]

21. [A] [B] [C] [D]　　26. [A] [B] [C] [D]　　31. [A] [B] [C] [D]　　36. [A] [B] [C] [D]
22. [A] [B] [C] [D]　　27. [A] [B] [C] [D]　　32. [A] [B] [C] [D]　　37. [A] [B] [C] [D]
23. [A] [B] [C] [D]　　28. [A] [B] [C] [D]　　33. [A] [B] [C] [D]　　38. [A] [B] [C] [D]
24. [A] [B] [C] [D]　　29. [A] [B] [C] [D]　　34. [A] [B] [C] [D]　　39. [A] [B] [C] [D]
25. [A] [B] [C] [D]　　30. [A] [B] [C] [D]　　35. [A] [B] [C] [D]　　40. [A] [B] [C] [D]

41. [A] [B] [C] [D]　　46. [A] [B] [C] [D]　　51. [A] [B] [C] [D]　　56. [A] [B] [C] [D]
42. [A] [B] [C] [D]　　47. [A] [B] [C] [D]　　52. [A] [B] [C] [D]　　57. [A] [B] [C] [D]
43. [A] [B] [C] [D]　　48. [A] [B] [C] [D]　　53. [A] [B] [C] [D]　　58. [A] [B] [C] [D]
44. [A] [B] [C] [D]　　49. [A] [B] [C] [D]　　54. [A] [B] [C] [D]　　59. [A] [B] [C] [D]
45. [A] [B] [C] [D]　　50. [A] [B] [C] [D]　　55. [A] [B] [C] [D]　　60. [A] [B] [C] [D]

二、多项选择题

61. [A] [B] [C] [D] [E]　　66. [A] [B] [C] [D] [E]　　71. [A] [B] [C] [D] [E]　　76. [A] [B] [C] [D] [E]
62. [A] [B] [C] [D] [E]　　67. [A] [B] [C] [D] [E]　　72. [A] [B] [C] [D] [E]　　77. [A] [B] [C] [D] [E]
63. [A] [B] [C] [D] [E]　　68. [A] [B] [C] [D] [E]　　73. [A] [B] [C] [D] [E]　　78. [A] [B] [C] [D] [E]
64. [A] [B] [C] [D] [E]　　69. [A] [B] [C] [D] [E]　　74. [A] [B] [C] [D] [E]　　79. [A] [B] [C] [D] [E]
65. [A] [B] [C] [D] [E]　　70. [A] [B] [C] [D] [E]　　75. [A] [B] [C] [D] [E]　　80. [A] [B] [C] [D] [E]

答题卡

姓 名 ______________________

条形码粘贴区域

考场记录	违纪 ▭	缺考 ▭
此栏由监考人员填涂		

准考证号												
[0]	[0]	[0]	[0]	[0]	[0]	[0]	[0]	[0]	[0]	[0]	[0]	[0]
[1]	[1]	[1]	[1]	[1]	[1]	[1]	[1]	[1]	[1]	[1]	[1]	[1]
[2]	[2]	[2]	[2]	[2]	[2]	[2]	[2]	[2]	[2]	[2]	[2]	[2]
[3]	[3]	[3]	[3]	[3]	[3]	[3]	[3]	[3]	[3]	[3]	[3]	[3]
[4]	[4]	[4]	[4]	[4]	[4]	[4]	[4]	[4]	[4]	[4]	[4]	[4]
[5]	[5]	[5]	[5]	[5]	[5]	[5]	[5]	[5]	[5]	[5]	[5]	[5]
[6]	[6]	[6]	[6]	[6]	[6]	[6]	[6]	[6]	[6]	[6]	[6]	[6]
[7]	[7]	[7]	[7]	[7]	[7]	[7]	[7]	[7]	[7]	[7]	[7]	[7]
[8]	[8]	[8]	[8]	[8]	[8]	[8]	[8]	[8]	[8]	[8]	[8]	[8]
[9]	[9]	[9]	[9]	[9]	[9]	[9]	[9]	[9]	[9]	[9]	[9]	[9]

填涂样例	注意事项
正确填涂 ▬ 错误填涂 ☑ ☒ ⊟ ⧄ ◐	1.用黑色签字笔填写“姓名”和“准考证号”空白栏，并认真核对条形码上的姓名和准考证号； 2.用2B铅笔填涂 “准考证号”，黑度以盖住框内数字为准； 3.修改时务必用橡皮擦干净，务必保持卡面整洁； 4.本卡严禁折叠！ 严禁在本卡空白处做任何标记。

一、单项选择题

1. [A] [B] [C] [D]	6. [A] [B] [C] [D]	11. [A] [B] [C] [D]	16. [A] [B] [C] [D]
2. [A] [B] [C] [D]	7. [A] [B] [C] [D]	12. [A] [B] [C] [D]	17. [A] [B] [C] [D]
3. [A] [B] [C] [D]	8. [A] [B] [C] [D]	13. [A] [B] [C] [D]	18. [A] [B] [C] [D]
4. [A] [B] [C] [D]	9. [A] [B] [C] [D]	14. [A] [B] [C] [D]	19. [A] [B] [C] [D]
5. [A] [B] [C] [D]	10. [A] [B] [C] [D]	15. [A] [B] [C] [D]	20. [A] [B] [C] [D]
21. [A] [B] [C] [D]	26. [A] [B] [C] [D]	31. [A] [B] [C] [D]	36. [A] [B] [C] [D]
22. [A] [B] [C] [D]	27. [A] [B] [C] [D]	32. [A] [B] [C] [D]	37. [A] [B] [C] [D]
23. [A] [B] [C] [D]	28. [A] [B] [C] [D]	33. [A] [B] [C] [D]	38. [A] [B] [C] [D]
24. [A] [B] [C] [D]	29. [A] [B] [C] [D]	34. [A] [B] [C] [D]	39. [A] [B] [C] [D]
25. [A] [B] [C] [D]	30. [A] [B] [C] [D]	35. [A] [B] [C] [D]	40. [A] [B] [C] [D]
41. [A] [B] [C] [D]	46. [A] [B] [C] [D]	51. [A] [B] [C] [D]	56. [A] [B] [C] [D]
42. [A] [B] [C] [D]	47. [A] [B] [C] [D]	52. [A] [B] [C] [D]	57. [A] [B] [C] [D]
43. [A] [B] [C] [D]	48. [A] [B] [C] [D]	53. [A] [B] [C] [D]	58. [A] [B] [C] [D]
44. [A] [B] [C] [D]	49. [A] [B] [C] [D]	54. [A] [B] [C] [D]	59. [A] [B] [C] [D]
45. [A] [B] [C] [D]	50. [A] [B] [C] [D]	55. [A] [B] [C] [D]	60. [A] [B] [C] [D]

二、多项选择题

61. [A] [B] [C] [D] [E]	66. [A] [B] [C] [D] [E]	71. [A] [B] [C] [D] [E]	76. [A] [B] [C] [D] [E]
62. [A] [B] [C] [D] [E]	67. [A] [B] [C] [D] [E]	72. [A] [B] [C] [D] [E]	77. [A] [B] [C] [D] [E]
63. [A] [B] [C] [D] [E]	68. [A] [B] [C] [D] [E]	73. [A] [B] [C] [D] [E]	78. [A] [B] [C] [D] [E]
64. [A] [B] [C] [D] [E]	69. [A] [B] [C] [D] [E]	74. [A] [B] [C] [D] [E]	79. [A] [B] [C] [D] [E]
65. [A] [B] [C] [D] [E]	70. [A] [B] [C] [D] [E]	75. [A] [B] [C] [D] [E]	80. [A] [B] [C] [D] [E]

答 题 卡

姓 名 _____

准 考 证 号												
[0]	[0]	[0]	[0]	[0]	[0]	[0]	[0]	[0]	[0]	[0]	[0]	[0]
[1]	[1]	[1]	[1]	[1]	[1]	[1]	[1]	[1]	[1]	[1]	[1]	[1]
[2]	[2]	[2]	[2]	[2]	[2]	[2]	[2]	[2]	[2]	[2]	[2]	[2]
[3]	[3]	[3]	[3]	[3]	[3]	[3]	[3]	[3]	[3]	[3]	[3]	[3]
[4]	[4]	[4]	[4]	[4]	[4]	[4]	[4]	[4]	[4]	[4]	[4]	[4]
[5]	[5]	[5]	[5]	[5]	[5]	[5]	[5]	[5]	[5]	[5]	[5]	[5]
[6]	[6]	[6]	[6]	[6]	[6]	[6]	[6]	[6]	[6]	[6]	[6]	[6]
[7]	[7]	[7]	[7]	[7]	[7]	[7]	[7]	[7]	[7]	[7]	[7]	[7]
[8]	[8]	[8]	[8]	[8]	[8]	[8]	[8]	[8]	[8]	[8]	[8]	[8]
[9]	[9]	[9]	[9]	[9]	[9]	[9]	[9]	[9]	[9]	[9]	[9]	[9]

考场记录	违纪 ▭　　缺考 ▭
	此栏由监考人员填涂

填涂样例	正确填涂　■　错误填涂　☑ ☒ ⊟ ▱ ◖	注意事项	1.用黑色签字笔填写"姓名"和"准考证号"空白栏，并认真核对条形码上的姓名和准考证号； 2.用2B铅笔填涂 "准考证号"，黑度以盖住框内数字为准； 3.修改时务必用橡皮擦干净，务必保持卡面整洁； 4.本卡严禁折叠！严禁在本卡空白处做任何标记。

一、单项选择题

1. [A] [B] [C] [D]　　6. [A] [B] [C] [D]　　11. [A] [B] [C] [D]　　16. [A] [B] [C] [D]
2. [A] [B] [C] [D]　　7. [A] [B] [C] [D]　　12. [A] [B] [C] [D]　　17. [A] [B] [C] [D]
3. [A] [B] [C] [D]　　8. [A] [B] [C] [D]　　13. [A] [B] [C] [D]　　18. [A] [B] [C] [D]
4. [A] [B] [C] [D]　　9. [A] [B] [C] [D]　　14. [A] [B] [C] [D]　　19. [A] [B] [C] [D]
5. [A] [B] [C] [D]　　10. [A] [B] [C] [D]　　15. [A] [B] [C] [D]　　20. [A] [B] [C] [D]

21. [A] [B] [C] [D]　　26. [A] [B] [C] [D]　　31. [A] [B] [C] [D]　　36. [A] [B] [C] [D]
22. [A] [B] [C] [D]　　27. [A] [B] [C] [D]　　32. [A] [B] [C] [D]　　37. [A] [B] [C] [D]
23. [A] [B] [C] [D]　　28. [A] [B] [C] [D]　　33. [A] [B] [C] [D]　　38. [A] [B] [C] [D]
24. [A] [B] [C] [D]　　29. [A] [B] [C] [D]　　34. [A] [B] [C] [D]　　39. [A] [B] [C] [D]
25. [A] [B] [C] [D]　　30. [A] [B] [C] [D]　　35. [A] [B] [C] [D]　　40. [A] [B] [C] [D]

41. [A] [B] [C] [D]　　46. [A] [B] [C] [D]　　51. [A] [B] [C] [D]　　56. [A] [B] [C] [D]
42. [A] [B] [C] [D]　　47. [A] [B] [C] [D]　　52. [A] [B] [C] [D]　　57. [A] [B] [C] [D]
43. [A] [B] [C] [D]　　48. [A] [B] [C] [D]　　53. [A] [B] [C] [D]　　58. [A] [B] [C] [D]
44. [A] [B] [C] [D]　　49. [A] [B] [C] [D]　　54. [A] [B] [C] [D]　　59. [A] [B] [C] [D]
45. [A] [B] [C] [D]　　50. [A] [B] [C] [D]　　55. [A] [B] [C] [D]　　60. [A] [B] [C] [D]

二、多项选择题

61. [A] [B] [C] [D] [E]　　66. [A] [B] [C] [D] [E]　　71. [A] [B] [C] [D] [E]　　76. [A] [B] [C] [D] [E]
62. [A] [B] [C] [D] [E]　　67. [A] [B] [C] [D] [E]　　72. [A] [B] [C] [D] [E]　　77. [A] [B] [C] [D] [E]
63. [A] [B] [C] [D] [E]　　68. [A] [B] [C] [D] [E]　　73. [A] [B] [C] [D] [E]　　78. [A] [B] [C] [D] [E]
64. [A] [B] [C] [D] [E]　　69. [A] [B] [C] [D] [E]　　74. [A] [B] [C] [D] [E]　　79. [A] [B] [C] [D] [E]
65. [A] [B] [C] [D] [E]　　70. [A] [B] [C] [D] [E]　　75. [A] [B] [C] [D] [E]　　80. [A] [B] [C] [D] [E]

答 题 卡

姓 名 _____

条形码粘贴区域

	准 考 证 号											

考场记录　　违纪 ▭　　缺考 ▭

此栏由监考人员填涂

填涂样例	正确填涂　■　错误填涂　☑ ☒ ▭ ⬚ ❶	注意事项	1.用黑色签字笔填写"姓名"和"准考证号"空白栏，并认真核对条形码上的姓名和准考证号； 2.用2B铅笔填涂 "准考证号"，黑度以盖住框内数字为准； 3.修改时务必用橡皮擦干净，务必保持卡面整洁； 4.本卡严禁折叠！ 严禁在本卡空白处做任何标记。

一、单项选择题

1. [A] [B] [C] [D]
2. [A] [B] [C] [D]
3. [A] [B] [C] [D]
4. [A] [B] [C] [D]
5. [A] [B] [C] [D]

6. [A] [B] [C] [D]
7. [A] [B] [C] [D]
8. [A] [B] [C] [D]
9. [A] [B] [C] [D]
10. [A] [B] [C] [D]

11. [A] [B] [C] [D]
12. [A] [B] [C] [D]
13. [A] [B] [C] [D]
14. [A] [B] [C] [D]
15. [A] [B] [C] [D]

16. [A] [B] [C] [D]
17. [A] [B] [C] [D]
18. [A] [B] [C] [D]
19. [A] [B] [C] [D]
20. [A] [B] [C] [D]

21. [A] [B] [C] [D]
22. [A] [B] [C] [D]
23. [A] [B] [C] [D]
24. [A] [B] [C] [D]
25. [A] [B] [C] [D]

26. [A] [B] [C] [D]
27. [A] [B] [C] [D]
28. [A] [B] [C] [D]
29. [A] [B] [C] [D]
30. [A] [B] [C] [D]

31. [A] [B] [C] [D]
32. [A] [B] [C] [D]
33. [A] [B] [C] [D]
34. [A] [B] [C] [D]
35. [A] [B] [C] [D]

36. [A] [B] [C] [D]
37. [A] [B] [C] [D]
38. [A] [B] [C] [D]
39. [A] [B] [C] [D]
40. [A] [B] [C] [D]

41. [A] [B] [C] [D]
42. [A] [B] [C] [D]
43. [A] [B] [C] [D]
44. [A] [B] [C] [D]
45. [A] [B] [C] [D]

46. [A] [B] [C] [D]
47. [A] [B] [C] [D]
48. [A] [B] [C] [D]
49. [A] [B] [C] [D]
50. [A] [B] [C] [D]

51. [A] [B] [C] [D]
52. [A] [B] [C] [D]
53. [A] [B] [C] [D]
54. [A] [B] [C] [D]
55. [A] [B] [C] [D]

56. [A] [B] [C] [D]
57. [A] [B] [C] [D]
58. [A] [B] [C] [D]
59. [A] [B] [C] [D]
60. [A] [B] [C] [D]

二、多项选择题

61. [A] [B] [C] [D] [E]
62. [A] [B] [C] [D] [E]
63. [A] [B] [C] [D] [E]
64. [A] [B] [C] [D] [E]
65. [A] [B] [C] [D] [E]

66. [A] [B] [C] [D] [E]
67. [A] [B] [C] [D] [E]
68. [A] [B] [C] [D] [E]
69. [A] [B] [C] [D] [E]
70. [A] [B] [C] [D] [E]

71. [A] [B] [C] [D] [E]
72. [A] [B] [C] [D] [E]
73. [A] [B] [C] [D] [E]
74. [A] [B] [C] [D] [E]
75. [A] [B] [C] [D] [E]

76. [A] [B] [C] [D] [E]
77. [A] [B] [C] [D] [E]
78. [A] [B] [C] [D] [E]
79. [A] [B] [C] [D] [E]
80. [A] [B] [C] [D] [E]

答 题 卡

	准 考 证 号											
[0]	[0]	[0]	[0]	[0]	[0]	[0]	[0]	[0]	[0]	[0]	[0]	[0]
[1]	[1]	[1]	[1]	[1]	[1]	[1]	[1]	[1]	[1]	[1]	[1]	[1]
[2]	[2]	[2]	[2]	[2]	[2]	[2]	[2]	[2]	[2]	[2]	[2]	[2]
[3]	[3]	[3]	[3]	[3]	[3]	[3]	[3]	[3]	[3]	[3]	[3]	[3]
[4]	[4]	[4]	[4]	[4]	[4]	[4]	[4]	[4]	[4]	[4]	[4]	[4]
[5]	[5]	[5]	[5]	[5]	[5]	[5]	[5]	[5]	[5]	[5]	[5]	[5]
[6]	[6]	[6]	[6]	[6]	[6]	[6]	[6]	[6]	[6]	[6]	[6]	[6]
[7]	[7]	[7]	[7]	[7]	[7]	[7]	[7]	[7]	[7]	[7]	[7]	[7]
[8]	[8]	[8]	[8]	[8]	[8]	[8]	[8]	[8]	[8]	[8]	[8]	[8]
[9]	[9]	[9]	[9]	[9]	[9]	[9]	[9]	[9]	[9]	[9]	[9]	[9]

条形码粘贴区域

考场记录	违纪 ▭	缺考 ▭
此栏由监考人员填涂		

填涂样例	正确填涂 ■ 错误填涂 ☑ ☒ ⊟ ⊘ ◐	注意事项	1.用黑色签字笔填写"姓名"和"准考证号"空白栏，并认真核对条形码上的姓名和准考证号； 2.用2B铅笔填涂 "准考证号"，黑度以盖住框内数字为准； 3.修改时务必用橡皮擦干净，务必保持卡面整洁； 4.本卡严禁折叠！严禁在本卡空白处做任何标记。

一、单项选择题

1. [A] [B] [C] [D]　　6. [A] [B] [C] [D]　　11. [A] [B] [C] [D]　　16. [A] [B] [C] [D]
2. [A] [B] [C] [D]　　7. [A] [B] [C] [D]　　12. [A] [B] [C] [D]　　17. [A] [B] [C] [D]
3. [A] [B] [C] [D]　　8. [A] [B] [C] [D]　　13. [A] [B] [C] [D]　　18. [A] [B] [C] [D]
4. [A] [B] [C] [D]　　9. [A] [B] [C] [D]　　14. [A] [B] [C] [D]　　19. [A] [B] [C] [D]
5. [A] [B] [C] [D]　　10. [A] [B] [C] [D]　　15. [A] [B] [C] [D]　　20. [A] [B] [C] [D]

21. [A] [B] [C] [D]　　26. [A] [B] [C] [D]　　31. [A] [B] [C] [D]　　36. [A] [B] [C] [D]
22. [A] [B] [C] [D]　　27. [A] [B] [C] [D]　　32. [A] [B] [C] [D]　　37. [A] [B] [C] [D]
23. [A] [B] [C] [D]　　28. [A] [B] [C] [D]　　33. [A] [B] [C] [D]　　38. [A] [B] [C] [D]
24. [A] [B] [C] [D]　　29. [A] [B] [C] [D]　　34. [A] [B] [C] [D]　　39. [A] [B] [C] [D]
25. [A] [B] [C] [D]　　30. [A] [B] [C] [D]　　35. [A] [B] [C] [D]　　40. [A] [B] [C] [D]

41. [A] [B] [C] [D]　　46. [A] [B] [C] [D]　　51. [A] [B] [C] [D]　　56. [A] [B] [C] [D]
42. [A] [B] [C] [D]　　47. [A] [B] [C] [D]　　52. [A] [B] [C] [D]　　57. [A] [B] [C] [D]
43. [A] [B] [C] [D]　　48. [A] [B] [C] [D]　　53. [A] [B] [C] [D]　　58. [A] [B] [C] [D]
44. [A] [B] [C] [D]　　49. [A] [B] [C] [D]　　54. [A] [B] [C] [D]　　59. [A] [B] [C] [D]
45. [A] [B] [C] [D]　　50. [A] [B] [C] [D]　　55. [A] [B] [C] [D]　　60. [A] [B] [C] [D]

二、多项选择题

61. [A] [B] [C] [D] [E]　　66. [A] [B] [C] [D] [E]　　71. [A] [B] [C] [D] [E]　　76. [A] [B] [C] [D] [E]
62. [A] [B] [C] [D] [E]　　67. [A] [B] [C] [D] [E]　　72. [A] [B] [C] [D] [E]　　77. [A] [B] [C] [D] [E]
63. [A] [B] [C] [D] [E]　　68. [A] [B] [C] [D] [E]　　73. [A] [B] [C] [D] [E]　　78. [A] [B] [C] [D] [E]
64. [A] [B] [C] [D] [E]　　69. [A] [B] [C] [D] [E]　　74. [A] [B] [C] [D] [E]　　79. [A] [B] [C] [D] [E]
65. [A] [B] [C] [D] [E]　　70. [A] [B] [C] [D] [E]　　75. [A] [B] [C] [D] [E]　　80. [A] [B] [C] [D] [E]

答 题 卡

姓 名 _____

考场记录	违纪 ▭	缺考 ▭
	此栏由监考人员填涂	

一、单项选择题

1. [A] [B] [C] [D]　　6. [A] [B] [C] [D]　　11. [A] [B] [C] [D]　　16. [A] [B] [C] [D]
2. [A] [B] [C] [D]　　7. [A] [B] [C] [D]　　12. [A] [B] [C] [D]　　17. [A] [B] [C] [D]
3. [A] [B] [C] [D]　　8. [A] [B] [C] [D]　　13. [A] [B] [C] [D]　　18. [A] [B] [C] [D]
4. [A] [B] [C] [D]　　9. [A] [B] [C] [D]　　14. [A] [B] [C] [D]　　19. [A] [B] [C] [D]
5. [A] [B] [C] [D]　　10. [A] [B] [C] [D]　　15. [A] [B] [C] [D]　　20. [A] [B] [C] [D]

21. [A] [B] [C] [D]　　26. [A] [B] [C] [D]　　31. [A] [B] [C] [D]　　36. [A] [B] [C] [D]
22. [A] [B] [C] [D]　　27. [A] [B] [C] [D]　　32. [A] [B] [C] [D]　　37. [A] [B] [C] [D]
23. [A] [B] [C] [D]　　28. [A] [B] [C] [D]　　33. [A] [B] [C] [D]　　38. [A] [B] [C] [D]
24. [A] [B] [C] [D]　　29. [A] [B] [C] [D]　　34. [A] [B] [C] [D]　　39. [A] [B] [C] [D]
25. [A] [B] [C] [D]　　30. [A] [B] [C] [D]　　35. [A] [B] [C] [D]　　40. [A] [B] [C] [D]

41. [A] [B] [C] [D]　　46. [A] [B] [C] [D]　　51. [A] [B] [C] [D]　　56. [A] [B] [C] [D]
42. [A] [B] [C] [D]　　47. [A] [B] [C] [D]　　52. [A] [B] [C] [D]　　57. [A] [B] [C] [D]
43. [A] [B] [C] [D]　　48. [A] [B] [C] [D]　　53. [A] [B] [C] [D]　　58. [A] [B] [C] [D]
44. [A] [B] [C] [D]　　49. [A] [B] [C] [D]　　54. [A] [B] [C] [D]　　59. [A] [B] [C] [D]
45. [A] [B] [C] [D]　　50. [A] [B] [C] [D]　　55. [A] [B] [C] [D]　　60. [A] [B] [C] [D]

二、多项选择题

61. [A] [B] [C] [D] [E]　　66. [A] [B] [C] [D] [E]　　71. [A] [B] [C] [D] [E]　　76. [A] [B] [C] [D] [E]
62. [A] [B] [C] [D] [E]　　67. [A] [B] [C] [D] [E]　　72. [A] [B] [C] [D] [E]　　77. [A] [B] [C] [D] [E]
63. [A] [B] [C] [D] [E]　　68. [A] [B] [C] [D] [E]　　73. [A] [B] [C] [D] [E]　　78. [A] [B] [C] [D] [E]
64. [A] [B] [C] [D] [E]　　69. [A] [B] [C] [D] [E]　　74. [A] [B] [C] [D] [E]　　79. [A] [B] [C] [D] [E]
65. [A] [B] [C] [D] [E]　　70. [A] [B] [C] [D] [E]　　75. [A] [B] [C] [D] [E]　　80. [A] [B] [C] [D] [E]

答 题 卡

姓 名 _____

	准 考 证 号											
[0]	[0]	[0]	[0]	[0]	[0]	[0]	[0]	[0]	[0]	[0]	[0]	[0]
[1]	[1]	[1]	[1]	[1]	[1]	[1]	[1]	[1]	[1]	[1]	[1]	[1]
[2]	[2]	[2]	[2]	[2]	[2]	[2]	[2]	[2]	[2]	[2]	[2]	[2]
[3]	[3]	[3]	[3]	[3]	[3]	[3]	[3]	[3]	[3]	[3]	[3]	[3]
[4]	[4]	[4]	[4]	[4]	[4]	[4]	[4]	[4]	[4]	[4]	[4]	[4]
[5]	[5]	[5]	[5]	[5]	[5]	[5]	[5]	[5]	[5]	[5]	[5]	[5]
[6]	[6]	[6]	[6]	[6]	[6]	[6]	[6]	[6]	[6]	[6]	[6]	[6]
[7]	[7]	[7]	[7]	[7]	[7]	[7]	[7]	[7]	[7]	[7]	[7]	[7]
[8]	[8]	[8]	[8]	[8]	[8]	[8]	[8]	[8]	[8]	[8]	[8]	[8]
[9]	[9]	[9]	[9]	[9]	[9]	[9]	[9]	[9]	[9]	[9]	[9]	[9]

考场记录	违纪 ▭	缺考 ▭
此栏由监考人员填涂		

填涂样例	正确填涂 ■ 错误填涂 ☑ ☒ ⊟ ⊘ ◨	注意事项	1.用黑色签字笔填写"姓名"和"准考证号"空白栏，并认真核对条形码上的姓名和准考证号； 2.用2B铅笔填涂 "准考证号"，黑度以盖住框内数字为准； 3.修改时务必用橡皮擦干净，务必保持卡面整洁； 4.本卡严禁折叠！严禁在本卡空白处做任何标记。

一、单项选择题

1. [A] [B] [C] [D]　　6. [A] [B] [C] [D]　　11. [A] [B] [C] [D]　　16. [A] [B] [C] [D]
2. [A] [B] [C] [D]　　7. [A] [B] [C] [D]　　12. [A] [B] [C] [D]　　17. [A] [B] [C] [D]
3. [A] [B] [C] [D]　　8. [A] [B] [C] [D]　　13. [A] [B] [C] [D]　　18. [A] [B] [C] [D]
4. [A] [B] [C] [D]　　9. [A] [B] [C] [D]　　14. [A] [B] [C] [D]　　19. [A] [B] [C] [D]
5. [A] [B] [C] [D]　　10. [A] [B] [C] [D]　　15. [A] [B] [C] [D]　　20. [A] [B] [C] [D]

21. [A] [B] [C] [D]　　26. [A] [B] [C] [D]　　31. [A] [B] [C] [D]　　36. [A] [B] [C] [D]
22. [A] [B] [C] [D]　　27. [A] [B] [C] [D]　　32. [A] [B] [C] [D]　　37. [A] [B] [C] [D]
23. [A] [B] [C] [D]　　28. [A] [B] [C] [D]　　33. [A] [B] [C] [D]　　38. [A] [B] [C] [D]
24. [A] [B] [C] [D]　　29. [A] [B] [C] [D]　　34. [A] [B] [C] [D]　　39. [A] [B] [C] [D]
25. [A] [B] [C] [D]　　30. [A] [B] [C] [D]　　35. [A] [B] [C] [D]　　40. [A] [B] [C] [D]

41. [A] [B] [C] [D]　　46. [A] [B] [C] [D]　　51. [A] [B] [C] [D]　　56. [A] [B] [C] [D]
42. [A] [B] [C] [D]　　47. [A] [B] [C] [D]　　52. [A] [B] [C] [D]　　57. [A] [B] [C] [D]
43. [A] [B] [C] [D]　　48. [A] [B] [C] [D]　　53. [A] [B] [C] [D]　　58. [A] [B] [C] [D]
44. [A] [B] [C] [D]　　49. [A] [B] [C] [D]　　54. [A] [B] [C] [D]　　59. [A] [B] [C] [D]
45. [A] [B] [C] [D]　　50. [A] [B] [C] [D]　　55. [A] [B] [C] [D]　　60. [A] [B] [C] [D]

二、多项选择题

61. [A] [B] [C] [D] [E]　　66. [A] [B] [C] [D] [E]　　71. [A] [B] [C] [D] [E]　　76. [A] [B] [C] [D] [E]
62. [A] [B] [C] [D] [E]　　67. [A] [B] [C] [D] [E]　　72. [A] [B] [C] [D] [E]　　77. [A] [B] [C] [D] [E]
63. [A] [B] [C] [D] [E]　　68. [A] [B] [C] [D] [E]　　73. [A] [B] [C] [D] [E]　　78. [A] [B] [C] [D] [E]
64. [A] [B] [C] [D] [E]　　69. [A] [B] [C] [D] [E]　　74. [A] [B] [C] [D] [E]　　79. [A] [B] [C] [D] [E]
65. [A] [B] [C] [D] [E]　　70. [A] [B] [C] [D] [E]　　75. [A] [B] [C] [D] [E]　　80. [A] [B] [C] [D] [E]

答 题 卡

姓 名 _____

	准 考 证 号												
[0]	[0]	[0]	[0]	[0]	[0]	[0]	[0]	[0]	[0]	[0]	[0]	[0]	
[1]	[1]	[1]	[1]	[1]	[1]	[1]	[1]	[1]	[1]	[1]	[1]	[1]	[1]
[2]	[2]	[2]	[2]	[2]	[2]	[2]	[2]	[2]	[2]	[2]	[2]	[2]	[2]
[3]	[3]	[3]	[3]	[3]	[3]	[3]	[3]	[3]	[3]	[3]	[3]	[3]	[3]
[4]	[4]	[4]	[4]	[4]	[4]	[4]	[4]	[4]	[4]	[4]	[4]	[4]	[4]
[5]	[5]	[5]	[5]	[5]	[5]	[5]	[5]	[5]	[5]	[5]	[5]	[5]	[5]
[6]	[6]	[6]	[6]	[6]	[6]	[6]	[6]	[6]	[6]	[6]	[6]	[6]	[6]
[7]	[7]	[7]	[7]	[7]	[7]	[7]	[7]	[7]	[7]	[7]	[7]	[7]	[7]
[8]	[8]	[8]	[8]	[8]	[8]	[8]	[8]	[8]	[8]	[8]	[8]	[8]	[8]
[9]	[9]	[9]	[9]	[9]	[9]	[9]	[9]	[9]	[9]	[9]	[9]	[9]	[9]

条形码粘贴区域

考场记录	违纪 ▭	缺考 ▭
	此栏由监考人员填涂	

填涂样例	正确填涂 ▬ 错误填涂 ☑ ☒ ▭ ◨ ◐	注意事项	1.用黑色签字笔填写"姓名"和"准考证号"空白栏，并认真核对条形码上的姓名和准考证号； 2.用2B铅笔填涂"准考证号"，黑度以盖住框内数字为准； 3.修改时务必用橡皮擦干净，务必保持卡面整洁； 4.本卡严禁折叠！严禁在本卡空白处做任何标记。

一、单项选择题

1. [A] [B] [C] [D]　　6. [A] [B] [C] [D]　　11. [A] [B] [C] [D]　　16. [A] [B] [C] [D]
2. [A] [B] [C] [D]　　7. [A] [B] [C] [D]　　12. [A] [B] [C] [D]　　17. [A] [B] [C] [D]
3. [A] [B] [C] [D]　　8. [A] [B] [C] [D]　　13. [A] [B] [C] [D]　　18. [A] [B] [C] [D]
4. [A] [B] [C] [D]　　9. [A] [B] [C] [D]　　14. [A] [B] [C] [D]　　19. [A] [B] [C] [D]
5. [A] [B] [C] [D]　　10. [A] [B] [C] [D]　　15. [A] [B] [C] [D]　　20. [A] [B] [C] [D]

21. [A] [B] [C] [D]　　26. [A] [B] [C] [D]　　31. [A] [B] [C] [D]　　36. [A] [B] [C] [D]
22. [A] [B] [C] [D]　　27. [A] [B] [C] [D]　　32. [A] [B] [C] [D]　　37. [A] [B] [C] [D]
23. [A] [B] [C] [D]　　28. [A] [B] [C] [D]　　33. [A] [B] [C] [D]　　38. [A] [B] [C] [D]
24. [A] [B] [C] [D]　　29. [A] [B] [C] [D]　　34. [A] [B] [C] [D]　　39. [A] [B] [C] [D]
25. [A] [B] [C] [D]　　30. [A] [B] [C] [D]　　35. [A] [B] [C] [D]　　40. [A] [B] [C] [D]

41. [A] [B] [C] [D]　　46. [A] [B] [C] [D]　　51. [A] [B] [C] [D]　　56. [A] [B] [C] [D]
42. [A] [B] [C] [D]　　47. [A] [B] [C] [D]　　52. [A] [B] [C] [D]　　57. [A] [B] [C] [D]
43. [A] [B] [C] [D]　　48. [A] [B] [C] [D]　　53. [A] [B] [C] [D]　　58. [A] [B] [C] [D]
44. [A] [B] [C] [D]　　49. [A] [B] [C] [D]　　54. [A] [B] [C] [D]　　59. [A] [B] [C] [D]
45. [A] [B] [C] [D]　　50. [A] [B] [C] [D]　　55. [A] [B] [C] [D]　　60. [A] [B] [C] [D]

二、多项选择题

61. [A] [B] [C] [D] [E]　　66. [A] [B] [C] [D] [E]　　71. [A] [B] [C] [D] [E]　　76. [A] [B] [C] [D] [E]
62. [A] [B] [C] [D] [E]　　67. [A] [B] [C] [D] [E]　　72. [A] [B] [C] [D] [E]　　77. [A] [B] [C] [D] [E]
63. [A] [B] [C] [D] [E]　　68. [A] [B] [C] [D] [E]　　73. [A] [B] [C] [D] [E]　　78. [A] [B] [C] [D] [E]
64. [A] [B] [C] [D] [E]　　69. [A] [B] [C] [D] [E]　　74. [A] [B] [C] [D] [E]　　79. [A] [B] [C] [D] [E]
65. [A] [B] [C] [D] [E]　　70. [A] [B] [C] [D] [E]　　75. [A] [B] [C] [D] [E]　　80. [A] [B] [C] [D] [E]

答 题 卡

姓 名 _____

一、单项选择题

1. [A] [B] [C] [D]
2. [A] [B] [C] [D]
3. [A] [B] [C] [D]
4. [A] [B] [C] [D]
5. [A] [B] [C] [D]
6. [A] [B] [C] [D]
7. [A] [B] [C] [D]
8. [A] [B] [C] [D]
9. [A] [B] [C] [D]
10. [A] [B] [C] [D]
11. [A] [B] [C] [D]
12. [A] [B] [C] [D]
13. [A] [B] [C] [D]
14. [A] [B] [C] [D]
15. [A] [B] [C] [D]
16. [A] [B] [C] [D]
17. [A] [B] [C] [D]
18. [A] [B] [C] [D]
19. [A] [B] [C] [D]
20. [A] [B] [C] [D]

21. [A] [B] [C] [D]
22. [A] [B] [C] [D]
23. [A] [B] [C] [D]
24. [A] [B] [C] [D]
25. [A] [B] [C] [D]
26. [A] [B] [C] [D]
27. [A] [B] [C] [D]
28. [A] [B] [C] [D]
29. [A] [B] [C] [D]
30. [A] [B] [C] [D]
31. [A] [B] [C] [D]
32. [A] [B] [C] [D]
33. [A] [B] [C] [D]
34. [A] [B] [C] [D]
35. [A] [B] [C] [D]
36. [A] [B] [C] [D]
37. [A] [B] [C] [D]
38. [A] [B] [C] [D]
39. [A] [B] [C] [D]
40. [A] [B] [C] [D]

41. [A] [B] [C] [D]
42. [A] [B] [C] [D]
43. [A] [B] [C] [D]
44. [A] [B] [C] [D]
45. [A] [B] [C] [D]
46. [A] [B] [C] [D]
47. [A] [B] [C] [D]
48. [A] [B] [C] [D]
49. [A] [B] [C] [D]
50. [A] [B] [C] [D]
51. [A] [B] [C] [D]
52. [A] [B] [C] [D]
53. [A] [B] [C] [D]
54. [A] [B] [C] [D]
55. [A] [B] [C] [D]
56. [A] [B] [C] [D]
57. [A] [B] [C] [D]
58. [A] [B] [C] [D]
59. [A] [B] [C] [D]
60. [A] [B] [C] [D]

二、多项选择题

61. [A] [B] [C] [D] [E]
62. [A] [B] [C] [D] [E]
63. [A] [B] [C] [D] [E]
64. [A] [B] [C] [D] [E]
65. [A] [B] [C] [D] [E]
66. [A] [B] [C] [D] [E]
67. [A] [B] [C] [D] [E]
68. [A] [B] [C] [D] [E]
69. [A] [B] [C] [D] [E]
70. [A] [B] [C] [D] [E]
71. [A] [B] [C] [D] [E]
72. [A] [B] [C] [D] [E]
73. [A] [B] [C] [D] [E]
74. [A] [B] [C] [D] [E]
75. [A] [B] [C] [D] [E]
76. [A] [B] [C] [D] [E]
77. [A] [B] [C] [D] [E]
78. [A] [B] [C] [D] [E]
79. [A] [B] [C] [D] [E]
80. [A] [B] [C] [D] [E]

社会工作法规与政策（中级）
历年真题及全真模拟试卷

【参考答案】

社会工作法规与政策(中级)2021 年真题参考答案及解析 ……………………… (1)

社会工作法规与政策(中级)2020 年真题参考答案及解析 ……………………… (13)

社会工作法规与政策(中级)2019 年真题参考答案及解析 ……………………… (26)

社会工作法规与政策(中级)2018 年真题参考答案及解析 ……………………… (38)

社会工作法规与政策(中级)2017 年真题参考答案及解析 ……………………… (50)

社会工作法规与政策(中级)2016 年真题参考答案及解析 ……………………… (62)

社会工作法规与政策(中级)2015 年真题参考答案及解析 ……………………… (73)

社会工作法规与政策(中级)2014 年真题参考答案及解析 ……………………… (83)

社会工作法规与政策(中级)2013 年真题参考答案及解析 ……………………… (95)

社会工作法规与政策(中级)全真模拟试卷(一)参考答案及解析 …………………… (104)

社会工作法规与政策(中级)全真模拟试卷(二)参考答案及解析 …………………… (115)

社会工作法规与政策（中级）2021年真题参考答案及解析

1.【答案】D

考点提示：本题考查我国有关社会建设的一般性法规。

完整解析：《中共中央关于制定国民经济和社会发展第十四个五年规划和二〇三五年远景目标的建议》进一步明确了加强和创新社会治理方面的要求,提出了要完善社会治理体系,健全党组织领导的自治、法治和德治相结合的城乡基层治理体系,完善基层民主协商制度,实现政府治理同社会调节、居民自治良性互动,建设人人有责、人人尽责、人人享有的社会治理共同体。发挥群团组织和社会组织在社会治理中的作用,畅通并规范市场主体、新社会阶层、社会工作者和志愿者等参与社会治理的途径。考生要理解,该文件进一步明确的要求与该文件新提出的要求是不同的,A、C两项是十九届四中全会提出的论述,B项是十九大报告提出的论述,D项是该建议新提出的论述,故本题选D。

2.【答案】D

考点提示：本题考查政府购买服务的对象。

完整解析：政府购买社会工作服务的对象主要是社会团体、民办非企业单位和基金会及企事业单位。其中,社会团体、民办非企业单位和基金会必须具备独立法人资格。有条件的企事业单位可以承接政府购买的社会工作服务。在本题中,政府可以向具备相应能力和条件的社会组织购买社会工作服务,故本题选D。

3.【答案】B

考点提示：本题考查分类动态管理。

完整解析：《关于改革完善社会救助制度的意见》规定,健全社会救助对象定期核查机制。对特困人员、短期内经济状况变化不大的低保家庭,每年核查一次;对收入来源不固定、家庭成员有劳动能力的低保家庭,每半年核查一次。复核期内救助对象家庭经济状况没有明显变化的,不再调整救助水平。规范救助对象家庭人口、经济状况重大变化报告机制。考生要注意本题考查的内容与《最低生活保障审核审批办法》中的内容不同。故本题选B。

4.【答案】C

考点提示：本题考查特困人员救助供养的办理程序。

完整解析：特困人员救助供养的程序分别是申请程序、审核程序、审批程序。在申请环节,本人向户籍所在地的乡镇人民政府、街道办事处提出书面申请。本人如果申请有困难,可以委托村民委员会、居民委员会代为提出申请。故本题选C。

5.【答案】D

考点提示：本题考查自然灾害救助款物管理。

完整解析：县级以上人民政府财政部门、应急管理部门负责自然灾害救助资金的分配、管理并监督使用情况,故A项错误。自然灾害救助款物专款(物)专用,无偿使用。定向捐赠的款物,应当按照捐赠人的意愿使用。政府部门接受的捐赠人无指定意向的款物,由县级以上人民政府应急管理部门统筹安排用于自然灾害救助,故B项错误。社会组织接受的捐赠人无指定意向的款物,由社会组织按照有关规定用于自然灾害救助,故C项错误。县级以上人民政府监察机关、审计机关应当依法对自然灾害救助款物和捐赠款物的管理使用情况进行监督检查,应急管理、财政等部门和有关社会组织应当予以配合,故D项正确。故本题选D。

6.【答案】C

考点提示：本题考查疾病应急救助。

完整解析:《社会救助暂行办法》规定,国家建立疾病应急救助制度,对需要急救但身份不明或者无力支付急救费用的急重危伤病患者给予救助。符合规定的急救费用由疾病应急救助基金支付。故本题选 C。

7.【答案】B

考点提示:本题考查医疗救助。

完整解析:《社会救助暂行办法》规定,申请医疗救助的,应当向乡镇人民政府、街道办事处提出,经审核、公示后,由县级人民政府医疗保障部门审批。最低生活保障家庭成员和特困供养人员的医疗救助,由县级人民政府医疗保障部门直接办理。故本题选 B。

8.【答案】C

考点提示:本题考查终止救助的情形。

完整解析:救助站已经实施救助或者救助期满的,受助人员应当离开救助站。救助站应当终止对无正当理由不愿离站的受助人员的救助。此外,发现受助人员故意提供虚假个人情况的,应当终止救助;受助人员擅自离开救助站的,视同放弃救助,应当终止救助;当受助人员自愿放弃救助离开救助站时,救助站不得限制。故本题选 C。

9.【答案】C

考点提示:本题考查法律援助的申请。

完整解析:公民申请法律援助时,请求国家赔偿的,向赔偿义务机关所在地的法律援助机构提出申请;请求给予社会保险待遇的,向支付劳动报酬的义务人所在地的法律援助机构提出申请;请求给付赡养费、抚养费、扶养费的,向给付费用义务人住所地的法律援助机构提出申请;请求支付劳动报酬的,向支付劳动报酬的义务人所在地的法律援助机构提出申请。主张见义勇为行为产生的民事权益的,向被请求人住所地的法律援助机构提出申请。王某因劳动报酬问题,拟申请法律援助,所以应当向支付劳动报酬的义务人所在地的法律援助机构提出申请。故本题选 C。

10.【答案】A

考点提示:本题考查经营性养老机构办理登记的部门。

完整解析:《中华人民共和国老年人权益保障法》规定,设立公益性养老机构,应当依法办理相应的登记。设立经营性养老机构,应当在市场监督管理部门办理登记。故本题选 A。

11.【答案】B

考点提示:本题考查老年人的赡养和扶养义务。

完整解析:由兄、姐扶养的弟、妹成年后,有负担能力的,对年老无赡养人的兄、姐有扶养的义务。在本题中,谢某无子女,配偶去世,作为家中长女的她将妹妹扶养长大,所以妹妹对其有扶养义务,妹妹的儿子对谢某没有扶养义务。故本题选 B。

12.【答案】B

考点提示:本题考查人身安全保护令。

完整解析:《中华人民共和国反家庭暴力法》规定,人身安全保护令的有效期不超过 6 个月,自作出之日起生效。人身安全保护令失效前,人民法院可以根据申请人的申请撤销、变更或者延长。故本题选 B。

13.【答案】C

考点提示:本题考查监护权撤销。

完整解析:《中华人民共和国未成年人保护法》规定,未成年人的父母或者其他监护人不依法履行监护职责或者严重侵犯被监护的未成年人合法权益的,人民法院可以根据有关人员或者单位的申请,撤销其监护人的资格。故本题选 C。

14.【答案】A

考点提示:本题考查事实无人抚养儿童。

完整解析:《关于进一步加强事实无人抚养儿童保障工作的意见》规定,事实无人抚养儿童是指父母双方均符合重残、重病、服刑在押、强制隔离戒毒、被执行其他限制人身自由的措施、失联情形之一的儿童;或者父母一方死亡或失踪，另一方符合重残、重病、服刑在押、强制隔离戒毒、被执行其他限制人身自由的措施、失联情形之一的儿童。其中，重残是指一级二级残疾或三级四级精神、智力残疾；重病由各地根据当地大病、地方病等实际情况确定；失联是指失去联系且未履行监护抚养责任6个月以上；服刑在押、强制隔离戒毒或被执行其他限制人身自由的措施的期限在6个月以上；死亡是指自然死亡或人民法院宣告死亡；失踪是指人民法院宣告失踪。小王的母亲和小赵的父亲均有监护能力，故排除B、C两项。小李的母亲失去联系3个月，不构成法律意义上的失联，故排除D项。小吴的父亲病故，母亲重残，小吴可以被认定为事实无人抚养儿童。故本题选A。

15.【答案】B

考点提示：本题考查残疾人就业保障金。

完整解析：《残疾人就业条例》规定，用人单位应当按照一定比例安排残疾人就业，并为其提供适当的工种、岗位。用人单位安排残疾人就业的比例不得低于本单位在职职工总数的1.5%。在本题中，残疾人就业人数=400(在职职工人数)×1.5%=6(人)。故本题选B。

16.【答案】D

考点提示：本题考查夫妻共同债务。

完整解析：夫妻双方共同签名或者夫妻一方事后追认等共同意思表示所负的债务，以及夫妻一方在婚姻关系存续期间以个人名义为家庭日常生活需要所负的债务，属于夫妻共同债务。在本题中，贾某向邵某借的5万元是用于夫妻日常生活，所以这5万元应被认定为夫妻共同债务。故本题选D。

17.【答案】A

考点提示：本题考查可撤销婚姻。

完整解析：《中华人民共和国民法典》规定，一方患有重大疾病的，应当在结婚登记前如实告知另一方；不如实告知的，另一方可以向人民法院请求撤销婚姻。请求撤销婚姻的，应当自知道或者应当知道撤销事由之日起一年内提出。故本题选A。

18.【答案】C

考点提示：本题考查未成年人送养情况。

完整解析：孤儿的监护人、儿童福利机构、有特殊困难无力抚养子女的生父母可以作为送养人，故A项错误。生父母送养子女，应当双方共同送养，故B项错误。未成年人的父母均不具备完全民事行为能力且可能严重危害该未成年人的，该未成年人的监护人可以将其送养，故C项正确。监护人送养孤儿的，应当征得有抚养义务的人同意，故D项错误。故本题选C。

19.【答案】D

考点提示：本题考查遗嘱的效力。

完整解析：打印遗嘱应当有两个以上见证人在场见证。遗嘱人和见证人应当在遗嘱每一页签名，注明年、月、日，故A项错误。以录音遗嘱形式立的遗嘱，应当有两个以上见证人在场。遗嘱人和见证人应当在录音录像中记录其姓名或者肖像，以及年、月、日，故B项错误。代书遗嘱应当有两个以上见证人在场见证，由其中一个代书，并由遗嘱人、代书人和其他见证人签名，注明年、月、日，故C项错误。自书遗嘱由遗嘱人亲笔书写，签名，注明年、月、日，故D项正确。故本题选D。

20.【答案】D

考点提示：本题考查人民调解协议。

完整解析：经人民调解委员会调解达成调解协议的，可以制作调解协议书。当事人认为无需制作调解协议书的，可以采取口头协议方式，人民调解员应当记录协议内容，故排除A项。经人民调解委员会调解达成的调解协议，具有法律约束力，当事人应当按照约定履行，故B项错误。经人民调解委员会调解达成调解协议后，双方当事人认为有必要的，可以自调解协议生效之日起30日内共同向人民法院申请司法确认，人民法院应当及时对调解协议进行审查，依法确认调解协议的效力，故C项错误。人民法院依法确认调解协议有效，一方当事人拒绝履行或者未全部履行的，对方当事人可以向人民法院申请强制执行，故D项正确。故本题选D。

21.【答案】B

考点提示：本题考查信访事项的处理方式。

完整解析：信访人对各级人民代表大会以及县级以上各级人民代表大会常务委员会、人民法院、人民检察院职权范围内的信访事项，应当分别向有关的人民代表大会及其常务委员会、人民法院、人民检察院提出。A项错在"转送"二字，转送的对象一般是本级政府有权处理的行政机关，而人民检察院是法律监督机关，故排除A项。对已经或者依法应当通过诉讼、仲裁、行政复议等法定途径解决的，不予受理，但应当告知信访人依照有关法律、行政法规规定程序向有关机关提出，故B项正确。对依照法定职责属于本级人民政府或者其工作部门处理决定的信访事项，应当转送有权处理的行政机关，故C项错误。信访事项涉及下级行政机关或者其工作人员的，直接转送有权处理的行政机关，并抄送下一级人民政府信访工作机构。D项错在"直接"二字，中间漏了转送行政机关这一环节，故D项错误。故本题选B。

22.【答案】C

考点提示：本题考查突发事件等级划分。

完整解析：突发事件是指突然发生，造成或者可能造成严重社会危害，需要采取应急处置措施予以应对的自然灾害、事故灾难、公共卫生事件和社会安全事件。自然灾害、事故灾难和公共卫生事件的预警级别，按照突发事件发生的紧急程度、发展势态和可能造成的危害程度分为一级、二级、三级和四级，分别用红色、橙色、黄色和蓝色标示，一级为最高级别。A项错把标示颜色当作级别，B项是预警级别，不是突发事件等级划分的级别，故排除A、B两项。按照突发事件的社会危害程度、影响范围等因素，自然灾害、事故灾难、公共卫生事件分为特别重大、重大、较大和一般四级，故C项正确。《中华人民共和国突发事件应对法》未对社会安全事件进行分级，故排除D项。故本题选C。

23.【答案】C

考点提示：本题考查社区矫正接收环节的时限规定。

完整解析：《中华人民共和国社区矫正法》规定，人民法院判处管制、宣告缓刑、裁定假释的社区矫正对象，应当自判决、裁定生效之日起10日内到执行地社区矫正机构报到。故本题选C。

24.【答案】D

考点提示：本题考查电子定位装置的使用规定。

完整解析：《中华人民共和国社区矫正法》规定，社区矫正对象有下列情形之一的，经县级司法行政部门负责人批准，可以使用电子定位装置，加强监督管理：(1)违反人民法院禁止令的；(2)无正当理由，未经批准离开所居住的市、县的；(3)拒不按照规定报告自己的活动情况，被给予警告的；(4)违反监督管理规定，被给予治安管理处罚的；(5)拟提请撤销缓刑、假释或者暂予监外执行收监执行的。小赵拟被提请撤销缓刑，可以使用电子定位装置。小强已经被批准，小李和小王都有正当理由，故排除A、B、C三项。故本题选D。

25.【答案】C

考点提示：本题考查行政拘留合并执行的时限。

完整解析：《中华人民共和国治安管理处罚法》规定，有两种以上违反治安管理行为的，分别决定，合并执行。行政拘留处罚合并执行的，最长不超过20日。故本题选C。

26.【答案】C

考点提示：本题考查保护烈士纪念设施的主体。

完整解析：《中华人民共和国退役军人保障法》规定，国家统筹规划烈士纪念设施建设，通过组织开展英雄烈士祭扫纪念活动等多种形式，弘扬英雄烈士精神。退役军人工作主管部门负责烈士纪念设施的修缮、保护和管理。故本题选C。

27.【答案】B

考点提示：本题考查退役士兵教育、考录。

完整解析：《中华人民共和国退役军人保障法》规定，现役军人入伍前已被普通高等学校录取或者是正在普通高等学校就学的学生，服现役期间保留入学资格或者学籍，退役后2年内允许入学或者复学，可以按照国家有关规定转入本校其他专业学习。在本题中,肖某退役时间是 2021 年 9 月,所以他最迟可以在 2023 年 9 月前到该大学办理入学手续。故本题选 B。

28.【答案】C

考点提示:本题考查残疾抚恤金发放机关。

完整解析:残疾退役军人按照残疾等级享受残疾抚恤金,残疾抚恤金由县级人民政府退役军人工作主管部门发放。在本题中,残疾军人张某退役后被安置在甲县某事业单位工作,他的残疾抚恤就由甲县退役军人事务局发放。故本题选 C。

29.【答案】D

考点提示:本题考查居民委员会的相关规定。

完整解析:居民委员会的设立、撤销、规模调整,由不设区的市、市辖区的人民政府决定,故 A 项错误。居民委员会主任、副主任和委员,由本居住地区全体有选举权的居民或者由每户派代表选举产生,根据居民意见,也可以由每个居民小组选举代表二至三人选举产生,故 B 项错误。居民委员会是居民自我管理、自我教育、自我服务的基层群众性自治组织,向居民会议负责并报告工作,故 C 项错误。居民委员会每届任期 5 年,其成员可以连选连任,故 D 项正确。故本题选 D。

30.【答案】A

考点提示:本题考查村民委员会的相关规定。

完整解析:十分之一以上的村民或者三分之一以上的村民代表提议,应当召集村民会议,故 A 项正确。召集村民会议,应当提前 10 天通知村民,故 B 项错误。召开村民会议,应当有本村 18 周岁以上村民的过半数,或者本村三分之二以上的户的代表参加,故 C 项错误。村民会议所作决定应当经到会人员的过半数通过,故 D 项错误。故本题选 A。

31.【答案】D

考点提示:本题考查居民委员会组织设置的具体要求。

完整解析:新建住宅区居民入住率达到 50% 的,应及时成立社区居民委员会,在此之前应成立居民小组或由相邻的社区居民委员会代管,实现对社区居民的全员管理和无缝隙管理。故本题选 D。

32.【答案】D

考点提示:本题考查中国农民丰收节。

完整解析:我国将每年农历秋分日设立为"中国农民丰收节"。故本题选 D。

33.【答案】C

考点提示:本题考查慈善组织认定。

完整解析:《慈善组织认定办法》规定,申请认定为慈善组织,社会团体应当经会员(代表)大会表决通过,基金会、社会服务机构应当经理事会表决通过;有业务主管单位的,还应当经业务主管单位同意。故本题选 C。

34.【答案】C

考点提示:本题考查慈善组织的信息公开。

完整解析:《中华人民共和国慈善法》规定,具有公开募捐资格的慈善组织应当定期向社会公开其募捐情况和慈善项目实施情况。公开募捐周期超过 6 个月的,至少每 3 个月公开一次募捐情况,公开募捐活动结束后 3 月内应当全面公开募捐情况。慈善项目实施周期超过 6 个月的,至少每 3 个月公开一次项目实施情况,项目结束后 3 月内应当全面公开项目实施情况和募得款物使用情况。甲募捐周期超过 6 个月,应该在募捐活动结束后 3 月内公开募捐情况,故排除 A 项。乙募捐周期超过 6 个月,应该至少每 3 个月公开一次募捐情况,故排除 B 项。丙项目实施周期超过 6 个月,应当在项目结束后 3 月内全面公开相关情况,故 C 项正确。丁项目实施周期超过 6 个月,应该至少每 3 个月公开一次项目实施情况,故排除 D 项。故本题选 C。

35.【答案】D

考点提示:本题考查慈善组织的清算。

完整解析:慈善组织终止时,慈善组织的决策机构应当成立清算组进行清算,并向社会公告,故 A 项错误。

慈善组织清算后的剩余财产,应当按照慈善组织章程的规定转给宗旨相同或者相近的慈善组织。不成立清算组或者清算组不履行职责的,民政部门可以申请人民法院指定有关人员组成清算组进行清算。故 B、C 两项错误。慈善组织清算结束后,应当向其登记的民政部门办理注销登记,并由民政部门向社会公告。故本题选 D。

36.【答案】A

考点提示:本题考查慈善组织募捐申请。

完整解析:依法登记或者认定为慈善组织满 2 年的社会组织,才可以申请公开募捐资格。乙的慈善组织认定申请在审核中,丙尚未申请慈善组织认定,丁被认定为慈善组织不满 2 年,故排除 B、C、D 三项。在《中华人民共和国慈善法》公布前登记设立的公募基金会,凭其标明慈善组织属性的登记证书向登记的民政部门申领公开募捐资格证书。故本题选 A。

37.【答案】D

考点提示:本题考查志愿服务管理的主体。

完整解析:《志愿服务条例》规定,县级以上人民政府应当将志愿服务事业纳入国民经济和社会发展规划,合理安排志愿服务所需资金,促进广覆盖、多层次、宽领域开展志愿服务。故本题选 D。

38.【答案】D

考点提示:本题考查社会团体免检资格申请。

完整解析:经省级(含省级)以上登记管理机关批准设立或登记的非营利组织,凡符合规定条件的,应向其所在地省级税务主管机关提出免税资格申请,并提供《关于非营利组织免税资格认定管理有关问题的通知》规定的相关材料;经地市级或县级登记管理机关批准设立或登记的非营利组织,凡符合规定条件的,分别向其所在地的地市级或县级税务主管机关提出免税资格申请,并提供《关于非营利组织免税资格认定管理有关问题的通知》规定的相关材料。财政、税务部门按照上述管理权限,对非营利组织享受免税的资格联合进行审核确认,并定期予以公布。故本题选 D。

39.【答案】C

考点提示:本题考查民办非企业单位申请登记条件。

完整解析:民办非企业单位必须拥有与其业务活动相适应的合法财产,且其合法财产中的非国有资产份额不得低于总财产的三分之二。王某共筹集了价值 120 万元的合法财产,所以这些财产中的非国有资产份额不得低于 80 万元。故本题选 C。

40.【答案】D

考点提示:本题考查基金会理事长的相关规定。

完整解析:《基金会管理条例》规定,基金会理事长、副理事长和秘书长不得由现职国家工作人员兼任,故 A 项错误。基金会的法定代表人,不得同时担任其他组织的法定代表人,故 B 项错误。担任基金会理事长、副理事长或者秘书长的香港居民、澳门居民、台湾居民、外国人以及境外基金会代表机构的负责人,每年在中国内地居留时间不得少于 3 个月,故 C 项错误。因犯罪被判处管制、拘役或者有期徒刑,刑期执行完毕之日起未逾 5 年的,因犯罪被判处剥夺政治权利正在执行期间或者曾经被判处剥夺政治权利的,以及曾在因违法被撤销登记的基金会担任理事长、副理事长或者秘书长,且对该基金会的违法行为负有个人责任,自该基金会被撤销之日起未逾 5 年的,不得担任基金会的理事长、副理事长或者秘书长。故本题选 D。

41.【答案】A

考点提示:本题考查职业中介机构的禁止行为。

完整解析:禁止职业中介机构有下列行为:(一)提供虚假就业信息;(二)发布的就业信息中包含歧视性内容;(三)伪造、涂改、转让职业中介许可证;(四)为无合法证照的用人单位提供职业中介服务;(五)介绍未满 16 周岁的未成年人就业;(六)为无合法身份证件的劳动者提供职业中介服务;(七)介绍劳动者从事法律、法规禁止从事的职业;(八)扣押劳动者的居民身份证和其他证件,或者向劳动者收取押金;(九)以暴力、胁迫、欺诈等方式进行职业中介活动;(十)超出核准的业务范围经营;(十一)其他违反法律、法规规定的行为。A 项中的未成年人已经满 16 周岁,其余选项中的行为都是职业中介机构的禁止行为。故本题选 A。

42.【答案】B

考点提示:本题考查劳动合同的必备条款。

完整解析:劳动合同应当具备以下条款:(一)用人单位的名称、住所和法定代表人或者主要负责人;(二)劳动者的姓名、住址和居民身份证或者其他有效身份证件号码;(三)劳动合同期限;(四)工作内容和工作地点;(五)工作时间和休息休假;(六)劳动报酬;(七)社会保险;(八)劳动保护、劳动条件和职业危害防护;(九)法律、法规规定应当纳入劳动合同的其他事项。劳动合同除前款规定的必备条款外,用人单位与劳动者可以约定试用期、培训、保守秘密、补充保险和福利待遇等其他事项。在本题中,试用期、培训、保守秘密等为约定条款,只有劳动合同期限是必备条款。故本题选 B。

43.【答案】B

考点提示:本题考查不订立书面劳动合同的法律责任。

完整解析:用人单位自用工之日起超过一个月不满一年未与劳动者订立书面劳动合同的,应当向劳动者每月支付 2 倍的工资。用人单位违反《中华人民共和国劳动合同法》规定,不与劳动者订立无固定期限劳动合同的,自应当订立无固定期限劳动合同之日起向劳动者每月支付 2 倍的工资。故本题选 B。

44.【答案】A

考点提示:本题考查劳动合同的终止情形。

完整解析:用人单位依法向劳动者提出解除劳动合同并与劳动者协商一致,可以解除劳动合同,应当向劳动者支付经济补偿,故 A 项正确。钱某主动要求与公司解除劳动合同,且在规定时间内告知了公司,公司不需要向劳动者支付经济补偿,故排除 B 项。孙某的劳动合同到期,但双方未达成继续订立劳动合同的协议,所以双方的劳动合同按期终止,公司不需要向劳动者支付经济补偿,故排除 C 项。李某开始依法享受基本养老保险待遇,劳动合同自动终止,故排除 D 项。故本题选 A。

45.【答案】D

考点提示:本题考查工资支付方式及期限。

完整解析:工资应当以货币形式按月支付给劳动者本人,不得克扣或者无故拖欠劳动者的工资。在本题中,只有外贸销售部门员工的工资是以货币形式按月支付的。故本题选 D。

46.【答案】A

考点提示:本题考查纪念日放假。

完整解析:《全国年节及纪念日放假办法》规定,妇女节(3 月 8 日),妇女放假半天;青年节(5 月 4 日),14 周岁以上的青年放假半天;儿童节(6 月 1 日),不满 14 周岁的少年儿童放假 1 天;中国人民解放军建军纪念日(8 月 1 日),现役军人放假半天。故本题选 A。

47.【答案】C

考点提示:本题考查女职工哺乳假。

完整解析:《女职工劳动保护特别规定》规定,对哺乳未满 1 周岁婴儿的女职工,用人单位不得延长劳动时间或者安排夜班劳动。用人单位应当在每天的劳动时间内为哺乳期女职工安排 1 小时哺乳时间;女职工生育多胞胎的,每多哺乳 1 个婴儿每天增加 1 小时哺乳时间。在本题中,赵某生育的是三胞胎,哺乳时间每天应该是 3 个小时。故本题选 C。

48.【答案】B

考点提示:本题考查职业病防治的相关规定。

完整解析:当事人对职业病诊断有异议的,可以向作出诊断的医疗卫生机构所在地地方人民政府卫生行政部门申请鉴定。职业病诊断争议由设区的市级以上地方人民政府卫生行政部门根据当事人的申请,组织职业病诊断鉴定委员会进行鉴定。当事人对设区的市级职业病诊断鉴定委员会的鉴定结论不服的,可以向省、自治区、直辖市人民政府卫生行政部门申请再鉴定。故本题选 B。

49.【答案】D

考点提示:本题考查劳动争议处理。

完整解析:《中华人民共和国劳动争议调解仲裁法》规定,发生劳动争议,当事人不愿协商、协商不成或者达成和解协议后不履行的,可以向调解组织申请调解;不愿调解、调解不成或者达成调解协议后不履行的,可以向劳动争议仲裁委员会申请仲裁;对仲裁裁决不服的,除本法另有规定的外,可以向人民法院提起诉讼。A项,双方协商不成,可以申请调解;B、C两项,双方调解不成,可以申请仲裁,故排除A、B、C三项。故本题选D。

50.【答案】D

考点提示:本题考查集体协商的相关规定。

完整解析:集体协商双方的代表人数应当对等,每方至少3人,并各确定1名首席代表,故A项错误。职工一方的协商代表由本单位工会选派。未建立工会的,由本单位职工民主推荐,并经本单位半数以上职工同意,故B项错误。用人单位一方的协商代表,由用人单位法定代表人指派,首席代表由单位法定代表人担任或由其书面委托的其他管理人员担任,故C项错误。集体协商双方首席代表可以书面委托本单位以外的专业人员作为本方协商代表。委托人数不得超过本方代表的三分之一。首席代表不得由非本单位人员代理。故本题选D。

51.【答案】A

考点提示:本题考查实施健康中国行动的相关意见。

完整解析:《国务院关于实施健康中国行动的意见》提出,到2022年和2030年,全国居民健康素养水平分别不低于22%和30%;全面无烟法规保护的人口比例分别达到30%及以上和80%及以上;婴儿死亡率分别控制在7.5‰及以下和5‰及以下;以乡(镇、街道)为单位,适龄儿童免疫规划疫苗接种率保持在90%以上。故本题选A。

52.【答案】D

考点提示:本题考查突发公共卫生事件应急管理。

完整解析:突发事件监测机构、医疗卫生机构和有关单位发现重大食物中毒事件,应当在2小时内向所在地县级人民政府卫生行政主管部门报告。接到报告的卫生行政主管部门应当在2小时内向本级人民政府报告,并同时向上级人民政府卫生行政主管部门和国务院卫生行政主管部门报告。故本题选D。

53.【答案】A

考点提示:本题考查乡镇卫生院管理办法。

完整解析:乡镇卫生院应当按照精简高效的原则设置临床和公共卫生等部门,故A项正确。乡镇卫生院应当严格按照核准登记的诊疗科目开展诊疗活动,故B项错误。乡镇卫生院应当严格执行国家财务、会计和审计监督等相关法律法规制度。严禁设立账外账、"小金库",以及出租、承包内部科室,故C项错误。县级人民政府卫生行政部门负责组织乡镇卫生院绩效考核工作,故D项错误。故本题选A。

54.【答案】A

考点提示:本题考查社会组织的企业年金费用。

完整解析:社会组织建立企业年金所需费用由社会组织和工作人员共同缴纳。社会组织缴费每年不超过本单位上年度工作人员工资总额的十二分之一,列支渠道按国家有关规定执行。社会组织缴费和工作人员个人缴费合计一般不超过本单位上年度工作人员工资总额的六分之一,工作人员个人缴费可以由社会组织从工作人员个人工资中代扣。故本题选A。

55.【答案】B

考点提示:本题考查城乡养老保险制度衔接。

完整解析:参保人员从城乡居民养老保险转入城镇职工养老保险的,城乡居民养老保险个人账户全部储存额并入城镇职工养老保险个人账户,城乡居民养老保险缴费年限不合并计算或折算为城镇职工养老保险缴费年限,故A项错误,B项正确。参保人员若在同一年度内同时参加城镇职工养老保险和城乡居民养老保险的,其重复缴费时段,只计算城镇职工养老保险缴费年限,故C项错误。参保人员不得同时领取城镇职工养老保险和城乡居民养老保险待遇,故D项错误。故本题选B。

56.【答案】D

考点提示:本题考查失业保险金标准的调整。

完整解析:各省要在确保基金可持续前提下,随着经济社会的发展,适当提高失业保障水平,分步实施,循序渐进,逐步将失业保险金标准提高到最低工资标准的90%。故本题选D。

57.【答案】B

考点提示:本题考查工伤保险赔偿。

完整解析:《非法用工单位伤亡人员一次性赔偿办法》规定,一次性赔偿金按照以下标准支付:一级伤残的为赔偿基数的16倍,二级伤残的为赔偿基数的14倍,三级伤残的为赔偿基数的12倍,四级伤残的为赔偿基数的10倍,五级伤残的为赔偿基数的8倍,六级伤残的为赔偿基数的6倍,七级伤残的为赔偿基数的4倍,八级伤残的为赔偿基数的3倍,九级伤残的为赔偿基数的2倍,十级伤残的为赔偿基数的1倍。赔偿基数是指单位所在工伤保险统筹地区上年度职工年平均工资。故本题选B。

58.【答案】A

考点提示:本题考查缴纳社会保险费的相关规定。

完整解析:用人单位应当自行申报、按时足额缴纳社会保险费,非因不可抗力等法定事由不得缓缴、减免。职工应当缴纳的社会保险费由用人单位代扣代缴,用人单位应当按月将缴纳社会保险费的明细情况告知本人。无雇工的个体工商户、未在用人单位参加社会保险的非全日制从业人员及其他灵活就业人员,可以直接向社会保险费征收机构缴纳社会保险费。在本题中,侯某可以直接向社会保险费征收机构缴纳社会保险费;张某和李某有工作,可以由用人单位缴纳社会保险费;吴某无业,可以缴纳城镇居民养老保险费。故本题选A。

59.【答案】C

考点提示:本题考查缴纳社会保险费的相关规定。

完整解析:用人单位未按时足额缴纳社会保险费的,由社会保险费征收机构责令其限期缴纳或者补足。用人单位账户余额少于应当缴纳的社会保险费的,社会保险费征收机构可以要求该用人单位提供担保,签订延期缴费协议。故本题选C。

60.【答案】B

考点提示:本题考查对举报骗保行为的奖励。

完整解析:举报奖励坚持精神奖励与物质奖励相结合。统筹地区医疗保障部门可按查实欺诈骗保金额的一定比例,对符合条件的举报人给予奖励,最高额度不超过10万元,举报奖励资金原则上应当采用非现金方式支付。欺诈骗保行为不涉及货值金额或者罚没款金额,但举报内容属实的,可视情形给予资金奖励。故本题选B。

二、多项选择题

61.【答案】ABE

考点提示:本题考查政府与社会力量合作的模式。

完整解析:我国政府与社会力量在社会福利事业方面的合作主要有三种模式:一是动员各种社会力量参与社会福利事业,并在其中分担一定的资源供应责任,资源包括人力、物力、财力,故A项正确;二是政府通过减免税收和其他各种优惠政策鼓励各种社会力量参与社会福利事业,故B项正确;三是通过政府购买服务的方式向参与社会福利事业和其他各类公益活动的社会力量投入资金,形成公共财政提供的资金与社会力量组织的人力相结合的资源供应方式,故E项正确。故本题选ABE。

62.【答案】BC

考点提示:本题考查最低生活保障金的停发与减发。

完整解析:《社会救助暂行办法》规定,最低生活保障家庭中有劳动能力但未就业的成员,应当接受人力资源和社会保障等有关部门介绍的工作;无正当理由,连续3次拒绝接受介绍的与其健康状况、劳动能力等相适应的工作的,县级人民政府民政部门应当决定减发或者停发其本人的最低生活保障金。故本题选BC。

63.【答案】ABCD

考点提示：本题考查特困人员家庭收入。

完整解析：《特困人员认定办法》规定，收入低于当地最低生活保障标准，且财产符合当地特困人员财产状况规定的，应当认定为本办法所称的无生活来源。收入包括工资性收入、经营净收入、财产净收入、转移净收入等各类收入。中央确定的城乡居民基本养老保险基础养老金、基本医疗保险等社会保险和优待抚恤金、高龄津贴不计入在内，故排除 E 项。故本题选 ABCD。

64.【答案】ABE

考点提示：本题考查住房救助。

完整解析：《社会救助暂行办法》规定，住房救助通过配租公共租赁住房、发放住房租赁补贴、农村危房改造等方式实施。故本题选 ABE。

65.【答案】ACDE

考点提示：本题考查教育救助。

完整解析：《社会救助暂行办法》规定，教育救助根据不同教育阶段需求，采取减免相关费用、发放助学金、给予生活补助、安排勤工助学等方式实施，保障教育救助对象基本学习、生活需求。故本题选 ACDE。

66.【答案】BC

考点提示：本题考查赡养义务。

完整解析：《中华人民共和国民法典》规定，有负担能力的祖父母、外祖父母，对于父母已经死亡或者父母无力抚养的未成年孙子女、外孙子女，有抚养的义务。有负担能力的孙子女、外孙子女，对于子女已经死亡或者子女无力赡养的祖父母、外祖父母，有赡养的义务。故本题选 BC。

67.【答案】ABDE

考点提示：本题考查遗产管理人的职责。

完整解析：《中华人民共和国民法典》规定，遗产管理人应当履行下列职责：（一）清理遗产并制作遗产清单；（二）向继承人报告遗产情况；（三）采取必要措施防止遗产毁损、灭失；（四）处理被继承人的债权债务；（五）按照遗嘱或者依照法律规定分割遗产；（六）实施与管理遗产有关的其他必要行为。故本题选 ABDE。

68.【答案】ABCD

考点提示：本题考查法定继承。

完整解析：《中华人民共和国民法典》规定，遗产按照下列顺序继承：（一）第一顺序：配偶、子女、父母。（二）第二顺序：兄弟姐妹、祖父母、外祖父母。继承开始后，由第一顺序继承人继承，第二顺序继承人不继承；没有第一顺序继承人继承的，由第二顺序继承人继承。丙无配偶、无子女、父母已死亡，法定继承人为兄弟姐妹和祖父母、外祖父母。又因祖父母、外祖父母也已死亡，故法定继承人为丙的兄弟姐妹甲、乙、丁。被继承人的兄弟姐妹先于被继承人死亡的，由被继承人的兄弟姐妹的子女代位继承。甲先于丙死亡，故甲的子女可以进行代位继承。故本题选 ABCD。

69.【答案】CD

考点提示：本题考查突发事件预警。

完整解析：县级以上地方各级人民政府应当根据有关法律、行政法规和国务院规定的权限和程序，发布相应级别的警报，决定并宣布有关地区进入预警区，同时向上一级人民政府报告，必要时可以越级上报，并向当地驻军和可能受到危害的毗邻或者相关地区的人民政府通报。故本题选 CD。

70.【答案】ABC

考点提示：本题考查治安管理处罚决定。

完整解析：《中华人民共和国治安管理处罚法》规定，违反治安管理行为事实清楚，证据确凿，处警告或者二百元以下罚款的，可以当场作出治安管理处罚决定。故本题选 ABC。

71.【答案】AE

考点提示：本题考查英雄烈士维权。

完整解析:对侵害英雄烈士的姓名、肖像、名誉、荣誉的行为,英雄烈士的近亲属可以依法向人民法院提起诉讼,故 A 项正确。英雄烈士没有近亲属或者近亲属不提起诉讼的,检察机关依法对侵害英雄烈士的姓名、肖像、名誉、荣誉,损害社会公共利益的行为向人民法院提起诉讼,故 E 项正确。负责英雄烈士保护工作的部门和其他有关部门在履行职责过程中发现侵害英雄烈士姓名、肖像、名誉、荣誉的行为,需要检察机关提起诉讼的,应当向检察机关报告。故本题选 AE。

72.【答案】AC

考点提示:本题考查军人优待。

完整解析:现役军人、残疾军人、"三属(烈属、因公牺牲军人遗属、病故军人遗属)"乘坐境内运行的火车(高铁)、轮船、客运班车以及民航班机时,享受优先购买车(船)票或值机、安检、乘车(船)(机),可使用优先通道(窗口),随同出行的家属可一同享受优先服务。现役军人、残疾军人免费乘坐市内公共汽车、电车和轨道交通工具;残疾军人乘坐境内运行的火车、轮船、长途公共汽车和民航班机享受减收正常票价 50%的优惠。故本题选 AC。

73.【答案】ABDE

考点提示:本题考查退役军人安置。

完整解析:《中华人民共和国退役军人保障法》规定,对退役的军官,国家采取退休、转业、逐月领取退役金、复员等方式妥善安置。故本题选 ABDE。

74.【答案】CD

考点提示:本题考查城市居民委员会的相关规定。

完整解析:居民会议由居民委员会召集和主持。有五分之一以上的十八周岁以上的居民、五分之一以上的户或者三分之一以上的居民小组提议,应当召集居民会议。涉及全体居民利益的重要问题,居民委员会必须提请居民会议讨论决定,故 A、E 两项错误。根据题干,五分之一的十八周岁以上的居民为 1500×(1/5)=300(名),故 B 项错误。五分之一的户为 600×(1/5)=120(户),故 C 项正确。三分之一的居民小组为 30×(1/3)=10(个),故 D 项正确。故本题选 CD。

75.【答案】AC

考点提示:本题考查慈善组织清算。

完整解析:《中华人民共和国慈善法》规定,慈善组织清算后的剩余财产,应当按照慈善组织章程的规定转给宗旨相同或者相近的慈善组织;章程未规定的,由民政部门主持转给宗旨相同或者相近的慈善组织,并向社会公告。C、D 两项是错误的做法,故排除 C、D 两项。故本题选 AC。

76.【答案】ABCE

考点提示:本题考查社会团体申请成立的条件。

完整解析:成立社会团体,应当具备下列条件:(一)有 50 个以上的个人会员或者 30 个以上的单位会员;个人会员、单位会员混合组成的,会员总数不得少于 50 个,故 B 项正确。(二)有规范的名称和相应的组织机构,故 C 项正确。(三)有固定的住所,故 C 项正确。(四)有与其业务活动相适应的专职工作人员,故 E 项正确。(五)有合法的资产和经费来源,全国性的社会团体有 10 万元以上活动资金,地方性的社会团体和跨行政区域的社会团体有 3 万元以上活动资金。某成立的是地方性社会团体,活动资金应该在 3 万元以上,故 D 项错误。(六)有独立承担民事责任的能力,故 A 项正确。故本题选 ABCE。

77.【答案】ABDE

考点提示:本题考查基本养老保险关系转移接续手续。

完整解析:《城镇企业职工基本养老保险关系的转移接续暂行办法》规定,参保人员跨省流动就业的,按下列程序办理基本养老保险关系转移接续手续:(一)参保人员在新就业地按规定建立基本养老保险关系和缴费后,由用人单位或参保人员向新参保地社保经办机构提出基本养老保险关系转移接续的书面申请。故 A 项正确。(二)新参保地社保经办机构在 15 个工作日内,审核转移接续申请,对符合本办法规定条件的,向参保人员原基本养老保险关系所在地的社保经办机构发出同意接收函,并提供相关信息;对不符合转移接续条件的,向申请单位或参保人员作出书面说明。故 B 项正确,C 项错误。(三)原基本养老保险关系所在地社保经办机构在接到同意接收函的 15 个工作日内,办理好转移接续的各项手续。故 D 项正确。(四)新参保地社保经办机构在收到参保人员原基本养老保险关系所在地社保经办机构转移的基本养老保险关系和资金后,应在 15 个工作日内办结有关手续,并将确认情况及时通知用人单位或参保人员。故 E 项正确。故本题选 ABDE。

78.【答案】ACD

考点提示:本题考查工伤保险辅助器具配置的相关规定。

完整解析:工伤职工认为需要配置辅助器具的,可以向劳动能力鉴定委员会提出辅助器具配置确认申请,故 A 项正确。杨某提交的材料除了居民身份证或者社会保障卡等有效身份证明原件和复印件外,还应该提供有效的诊断证明、按照医疗机构病历管理有关规定复印或者复制的检查、检验报告等完整病材料,B 项内容不完整,故排除 B 项。工伤职工收到予以配置的确认结论后,及时向经办机构进行登记,故 C 项正确。工伤职工应当到协议机构配置辅助器具,故 D 项正确。工伤职工配置辅助器具的费用包括安装、维修、训练等费用,按照规定由工伤保险基金支付,故 E 项错误。故本题选 ACD。

79.【答案】ABCE

考点提示:本题考查工伤保险费的支付规定。

完整解析:《社会保险基金先行支付暂行办法》规定,职工所在用人单位未依法缴纳工伤保险费,发生工伤事故的,用人单位应当采取措施及时救治,并按照规定的工伤保险待遇项目和标准支付费用。职工被认定为工伤后,有下列情形之一的,职工或者其近亲属可以持工伤认定决定书和有关材料向社会保险经办机构书面申请先行支付工伤保险待遇:(一)用人单位被依法吊销营业执照或者撤销登记、备案的;(二)用人单位拒绝支付全部或者部分费用的;(三)依法经仲裁、诉讼后仍不能获得工伤保险待遇,法院出具中止执行文书的;(四)职工认为用人单位不支付的其他情形。故本题选 ABCE。

80.【答案】BC

考点提示:本题考查社会保险基金监督。

完整解析:监督机构受理当面举报,应当指定专人接待,做好笔录,必要时可以录音。笔录应由举报人签名或者盖章,但举报人可以不留姓名或拒绝录音。受理电话举报,应当如实记录,在征得举报人同意后,可以录音。故 A 项错误,B 项正确。举报人要求答复本人所举报案件办理结果的,监督机构应当负责将办理结果告知举报人。故 C 项正确。监督机构及其工作人员受理、办理举报案件时,应当遵守以下保密规定:(一)不得私自摘抄、复制、扣押、销毁举报材料;(二)严禁泄露举报人的姓名、单位、住址等情况;(三)不得向被调查单位和被调查人出示举报材料;(四)对匿名的举报材料不得鉴定笔迹;(五)宣传报道和奖励举报有功人员,除征得举报人的同意外,不得公开举报人的姓名和单位等内容。故 D、E 两项错误。故本题选 BC。

社会工作法规与政策(中级)2020年真题参考答案及解析

一、单项选择题

1. 【答案】D

考点提示:本题考查《关于加强社会工作专业人才队伍建设的意见》。

完整解析:社会工作专业岗位管理分两类,在第一类事业单位中,社会工作者是该单位中的主要服务人员,如妇女儿童援助机构、优抚安置服务保障机构、儿童福利机构、收养服务机构、青少年服务机构、困难职工帮扶机构、残疾人福利和服务机构、婚姻家庭服务机构等;在第二类事业单位中,社会工作者不是该单位中的主要服务人员,起辅助作用,如职业教育机构、医疗卫生机构、人口计生服务机构等。职业教育机构的主要工作人员是教师,医疗卫生机构的主要工作人员是医生,基层文化机构的主要工作人员是文化工作者。老年人是社会中常见的弱势群体,社会工作者是老年人福利机构的主要工作人员。故本题选D。

2. 【答案】A

考点提示:本题考查党的十九大报告对社会建设的论述。

完整解析:党的十九大报告指出,加强社会治理制度建设,完善党委领导、政府负责、社会协同、公众参与、法制保证的社会治理体制,提高社会治理社会化、法治化、智能化、专业化水平。故本题选A。

3. 【答案】A

考点提示:本题考查《民政部、财政部关于政府购买社会工作服务的指导意见》。

完整解析:《民政部、财政部关于政府购买社会工作服务的指导意见》规定,政府购买社会工作服务,原则上应通过公开招标的方式进行,因此A项正确。只能从有限范围服务机构购买的特殊情况,可以采用邀请招标和竞争性谈判的方式购买;只能从唯一服务提供机构购买的,可以采取单一来源采购方式。B、C、D三项是政府购买服务的特殊情况,原则上优选A项。故本题选A。

4. 【答案】C

考点提示:本题考查低保的动态管理。

完整解析:《最低生活保障审核审批办法(试行)》规定,对城市"三无"人员和家庭成员中有重病、重残人员且收入基本无变化的低保家庭,可每年复核一次。对短期内家庭经济状况和家庭成员基本情况相对稳定的低保家庭,可每半年复核一次。对收入来源不固定、有劳动能力和劳动条件的低保家庭,原则上城市按月、农村按季度复核。老陈不符合收入基本无变化这一条件,因此A项错误。老张一家是非农业户口,应该每半年复核一次,因此B项错误。老林一家情况符合低保动态管理的规定,因此C项正确。老秦一家为农业户口,应该每季度复核一次,因此D项错误。故本题选C。

5. 【答案】B

考点提示:本题考查临时救助的相关规定。

完整解析:《国务院关于全面建立临时救助制度的通知》对临时救助的申请受理规定较为多样化,凡认为符合临时救助条件的城乡居民家庭或个人均可以向所在地乡镇人民政府(街道办事处)提出临时救助申请,同时,也可以委托其他人代为申请,因此A项错误,B项正确。申请临时救助,应按照规定提交相关材料,无正当理由,乡镇人民政府(街道办事处)不得拒绝受理;因情况紧急无法在申请时提供相关证明材料的,乡镇人民政府(街道办事处)可先行受理,因此C项错误。临时救助金可以以现金的形式发放,因此D项错误。故本题选B。

6. 【答案】B

考点提示:本题考查社会救助的申请与审核。

完整解析: 村民委员会、居民委员会协助做好有关社会救助工作。乡镇人民政府、街道办事处负责有关社会救助的申请受理、调查审核,具体工作由社会救助经办机构或者经办人员承担。因此 A 项错误,B 项正确。县级以上人民政府民政部门要为审核认定社会救助对象提供依据,因此 C 项错误。县级以上人民政府财政部门、审计机关依法对社会救助资金、物资的筹集、分配、管理和使用实施监督,因此 D 项错误。故本题选 B。

7.【答案】D

考点提示: 本题考查就业救助。

完整解析: 申请就业救助的,应当向住所地街道、社区公共就业服务机构提出,公共就业服务机构核实后予以登记,并免费提供就业岗位信息、职业介绍、职业指导等就业服务,因此 A 项错误。吸纳就业救助对象的用人单位,按照国家有关规定享受社会保险补贴、税收优惠、小额担保贷款等就业扶持政策,因此 B 项错误。最低生活保障家庭中有劳动能力但未就业的成员,应当接受人力资源和社会保障等有关部门介绍的工作;无正当理由,连续三次拒绝接受介绍的与其健康状况、劳动能力等相适应的工作,县级人民政府民政部门应当决定减发或者停发其本人的最低生活保障金,因此 C 项错误。各级人民政府建立健全就业援助制度,采取税费减免、贷款贴息、社会保险补贴、岗位补贴等办法,通过公益性岗位安置等途径,对就业困难人员实行优先扶持和重点帮助,因此 D 项正确。故本题选 D。

8.【答案】D

考点提示: 本题考查住房救助。

完整解析: 国家对符合规定的住房困难的最低生活保障家庭、分散供养的特困人员,给予住房救助。住房救助通过配置公共租赁房、发放住房租赁补贴、农村危房改造等方式实施。在本题中,李大爷被安置在养老院中集中供养,不符合住房救助的申请条件。故本题选 D。

9.【答案】C

考点提示: 本题考查医疗救助。

完整解析: 救助方式以住院救助为主,同时兼顾门诊救助,因此 A 项错误。城市医疗救助的对象有两类,一类是城市居民基本生活保障对象中未参加城镇职工基本医疗保险人员;另一类是已参加城镇职工基本医疗保险,但个人负担仍然较重的人员和其他特殊困难群众。农村医疗救助的对象有两类,一类是农村五保户、农村贫困家庭成员;另一类是地方政府规定的其他符合条件的农村贫困农民,因此 B 项错误。城乡医疗救助基金应分别结合城镇居民基本医疗保险和新型农村合作医疗制度的相关政策规定,统筹考虑城乡困难群众的救助需求,首先确保资助救助对象全部参加基本医疗保险,其次对经基本医疗保险、大病保险和商业保险等补偿后,救助对象仍难以负担的符合规定的医疗费用给予补助,帮助困难群众获得基本医疗服务,因此 C 项正确。对因各种原因未能参加基本医疗保险的救助对象个人自付医疗费用的,可以直接给予救助,因此 D 项错误。故本题选 C。

10.【答案】C

考点提示: 本题考查社会流浪乞讨人员救助管理。

完整解析: 国家向生活无着的流浪乞讨人员提供临时食宿、急病救治、协助返回等救助。吴大爷有养老金,想旅游的时候在救助站免费吃住,不符合救助要求,因此 A 项错误。符合流浪乞讨人员救助条件的人员,多为遭遇困境的人群,我国相关法律未规定他们只有参加劳动才能获得救助,因此 B 项错误。流浪乞讨人员应当如实提供本人的姓名等基本情况,并将随身携带的物品在救助站登记,向救助站提出需求,因此 C 项正确。对其中突发疾病的人员,应当立即通知急救机构进行救治,因此 D 项错误。故本题选 C。

11.【答案】D

考点提示: 本题考查女职工劳动时间安排。

完整解析: 女职工怀孕未满 4 个月流产的,享受 15 天产假;怀孕满 4 个月流产的,享受 42 天产假。小丽怀孕 4 个月流产,应该享受 42 天产假,因此 A 项错误。对怀孕 7 个月以上的女职工,用人单位不得延长劳动时间或者安排夜班劳动,并应当在劳动时间内安排一定的休息时间。怀孕女职工在劳动时间内进行产前检查,所需时间计入劳动时间。小莲的公司不可以将小莲的工作时间折半计入劳动时间,因此 B 项错误。

小琴的公司不可以安排小琴加班,延长她的工作时间,因此 C 项错误。对哺乳未满 1 周岁婴儿的女职工,用人单位不得延长劳动时间或安排夜班劳动。用人单位应当在每天的劳动时间内为哺乳期女职工安排 1 小时的哺乳时间;女职工生育多胞胎的,每多哺乳 1 个婴儿,每天多增加 1 个小时的哺乳时间,因此 D 项正确。故本题选 D。

12.【答案】D

考点提示:本题考查养老服务机构优惠政策。

完整解析:落实好国家现行支持养老服务业的税收优惠政策,对养老机构提供的养护服务免征营业税,对非营利性养老机构自用房产、土地免征房产税、城镇土地使用税,对符合条件的非营利性养老机构按规定免征企业所得税,因此 A 项错误。各地对非营利性养老机构建设要免征有关行政事业性收费,对营利性养老机构建设要减半征收有关行政事业性收费,因此 B 项错误。对养老机构提供养老服务也要适当减免行政事业性收费,养老机构用电、用水、用气、用热按居民生活类价格执行,因此 C 项错误。鼓励境外资本投资养老服务业;鼓励个人开办家庭化、小型化的养老机构,社会力量开办规模化、连锁化的养老机构;鼓励民间资本对企业厂房、商业设施及其他可利用的社会资源进行整合和改造,用于养老服务,因此 D 项正确。故本题选 D。

13.【答案】A

考点提示:本题考查对未成年人的监护。

完整解析:父母因外出打工或其他原因不能履行对未成年人监护职责的,应当委托有监护能力的其他成年人代为监护,因此 A 项正确,B 项错误。未成年人的父母或者其他监护人不依法履行监护职责或侵犯未成年人合法权益的,由其居住地的居民委员会、村民委员会予以劝诫、制止;情节严重的,居民委员会、村民委员会应当及时向公安机关报告。居民委员会、村民委员会应当设置专人专岗负责未成年人保护工作,协助政府有关部门宣传未成年人保护方面的法律法规,指导、帮助和监督未成年人的父母或其他监护人依法履行监护职责,建立留守未成年人、困境未成年人的信息档案并给予关爱帮扶。民政部门承担临时监护或长期监护职责的,财政、教育、卫生健康、公安等部门应当根据各自职责予以配合,因此 C、D 两项错误。故本题选 A。

14.【答案】D

考点提示:本题考查残疾人法律救助。

完整解析:残疾人法律救助工作站由残疾人法律救助工作协调领导小组批准设立。最高人民法院、最高人民检察院、公安部、司法部、民政部、人力资源和社会保障部、教育部、卫健委、中国残联对残疾人法律救助工作站进行指导和监督。同级人民法院、人民检察院、公安部门、司法行政部门、民政部门、人力资源和社会保障部门、教育部门、卫生部门、残联共同负责残疾人法律救助工作站的相关业务工作和管理。残疾人法律救助工作站设在同级残联。故本题选 D。

*15.【答案】A

考点提示:本题考查夫妻共同财产。

完整解析:夫妻共同财产是指在婚姻关系存续期间所得的下列财产:工资、奖金;生产、经营的收益;知识产权的收益;继承或赠与所得的财产;其他应当归共同所有的财产。夫妻法定个人特有财产是指夫妻依据法律规定或双方约定,各自享有财产所有权的财产。夫妻法定个人特有财产包括:夫妻一方所有的婚前财产,一方因身体受到伤害而获得的医疗费、残疾人生活补助费等费用,遗嘱或赠与合同中指明归一方的财产,一方专用的生活用品,其他应当归一方的财产。故本题选 A。

*16.【答案】C

考点提示:本题考查收养关系。

完整解析:《中华人民共和国收养法》规定,办理收养登记是收养关系成立的必经程序。故本题选 C。

本书中标记 * 的题目所涉法律内容适用当时的考试情况,《中华人民共和国民法典》实施后,婚姻法、继承法、民法通则、收养法、物权法、合同法、民法总则、侵权责任法、担保法已废止。

*17.【答案】D

考点提示:本题考查法定继承。

完整解析:第一顺序法定继承人包括配偶、子女、父母,此外,丧偶儿媳对公婆或者丧偶女婿对岳父母尽了主要赡养义务的,可以作为第一顺序法定继承人,继承公婆或岳父母的遗产。第二顺序法定继承人包括兄弟姐妹、祖父母、外祖父母。因此A、B两项错误。C项属于无中生有,我国相关法律没有此类规定,因此排除C项。继承开始后,没有第一顺序继承人或第一顺序继承人放弃继承权或丧失继承权而全部不能参加继承时,由第二顺序继承人继承,因此D项正确。故本题选D。

*18.【答案】A

考点提示:本题考查法定继承中的遗产分割。

完整解析:继承人应当本着互谅互让、和睦团结的精神,协商处理继承问题。遗产分割的时间、办法和份额,由继承人协商确定。协商不成的,可以由人民调解委员会调解或者向人民法院提起诉讼,因此A项正确。丧偶儿媳对公婆或丧偶女婿对岳父母尽了主要赡养义务的,可以作为第一顺序法定继承人,继承公婆或岳父母的遗产,因此B项错误。一般情况下,代位继承人继承的份额应当等于其他法定继承人继承的份额,因此C项错误。被继承人的遗产应当由被继承人的配偶继承一半,此说法错误。配偶应该从夫妻共同财产中分走一半后,剩余财产可作为被继承人的遗产,因此D项错误。故本题选A。

19.【答案】D

考点提示:本题考查信访行为。

完整解析:信访是指公民、法人或其他组织采用书信、电子邮件、传真、电话、走访等形式,向各级人民政府、县级以上人民政府工作部门反映情况,提出建议、意见或者投诉请求,依法由有关行政机关处理的活动。故本题选D。

20.【答案】B

考点提示:本题考查调解协议。

完整解析:人民调解委员会调解纠纷必须出于双方当事人的自愿,当事人可以要求终止调解,因此A项错误。经人民调解委员会调解达成的调解协议,具有法律约束力,当事人应当按照约定履行,因此B项正确。调解协议书自双方当事人签名、盖章或者按指印,人民调解员签名并加盖人民调解委员会印章之日起生效,因此C项错误。调解协议书生效后,当事人之间就调解协议内容发生争议的,人民调解委员会可以再次调解,因此D项错误。故本题选B。

21.【答案】C

考点提示:本题考查突发事件应对。

完整解析:发布突发事件警报的人民政府应当根据事态的发展,按照有关规定适时调整预警级别并重新发布。有事实证明不可能发生突发事件或者危险已经解除的,发布警报的人民政府应当立即宣布解除警报,终止预警期,并解除已经采取的有关措施。故本题选C。

22.【答案】B

考点提示:本题考查社区矫正中有关减刑的规定。

完整解析:社区矫正对象符合刑法规定的减刑条件的,社区矫正机构应当向社区矫正执行地的中级以上人民法院提出减刑建议,并将减刑建议书抄送同级人民检察院。人民法院应当在收到社区矫正机构的减刑建议书后30日内作出裁定,并将裁定书送达社区矫正机构,同时抄送人民检察院、公安机关。故本题选B。

23.【答案】B

考点提示:本题考查戒毒医疗机构的设置。

完整解析:设置戒毒医疗机构或者医疗机构从事戒毒治疗业务的,应当符合国务院卫生行政部门规定的条件,报所在地的省、自治区、直辖市人民政府卫生行政部门批准,并报同级公安机关备案。戒毒治疗应当遵守国务院卫生行政部门制定的戒毒治疗规范,接受卫生行政部门的监督检查。故本题选B。

24.【答案】C

考点提示: 本题考查烈士纪念日的设置。

完整解析: 每年 9 月 30 日是我国烈士纪念日,国家在首都北京的天安门广场上人民英雄纪念碑前举行纪念仪式,缅怀英雄烈士。县级以上地方人民政府、军队有关部门应当在烈士纪念日举行纪念活动。举行英雄烈士纪念活动,邀请英雄烈士遗属代表参加。故本题选 C。

25.【答案】B

考点提示: 本题考查烈士遗属的抚恤优待。

完整解析: 国家对烈士遗属给予的抚恤优待应当随经济社会的发展逐步提高,保障烈士遗属的生活不低于当地居民的平均生活水平。全社会应当支持烈士褒扬工作,优待帮扶烈士遗属。国家鼓励公民、法人和其他组织为烈士褒扬和烈士遗属抚恤优待提供捐助。故本题选 B。

26.【答案】B

考点提示: 本题考查军人的抚恤优待。

完整解析: 残疾军人需要配制假肢、代步三轮车等辅助器械,正在服现役的,由军队军级以上单位负责解决;退出现役的,由省级人民政府退役军人事务部门负责解决。故本题选 B。

27.【答案】D

考点提示: 本题考查军休干部管理委员会。

完整解析: 军休干部管理委员会是服务管理机构内部的管理委员会,所以不应该由地方政府或军队政治机关设立,因此 A、B 两项错误。军休干部管理委员会是在服务管理机构内军休干部自我教育、自我管理、自我服务的群众性组织。所以,军休干部管理委员会的性质是群众性自治组织,不是社会团体,因此 C 项错误,D 项正确。故本题选 D。

28.【答案】B

考点提示: 本题考查召集和主持居民会议的主体。

完整解析: 居民会议由居民委员会召集和主持。有 1/5 以上的 18 周岁以上的居民、1/5 以上的户或者 1/3 以上的居民小组提议,应当召集居民会议。涉及全体居民利益的重要问题,居民委员会必须提请居民会议讨论决定。故本题选 B。

29.【答案】A

考点提示: 本题考查居民小组。

完整解析: 居民委员会可以分设若干居民小组,小组长由居民小组推选产生。故本题选 A。

30.【答案】D

考点提示: 本题考查村民委员会的选举。

完整解析: 村民委员会的选举由村民选举委员会主持。村民选举委员会由主任和委员组成,由村民会议、村民代表会议或者各村民小组会议推选产生。村民选举委员会成员被提名为村民委员会成员候选人,应当退出村民选举委员会。村民选举委员会成员退出村民选举委员会或者因其他原因出缺的,按照原推选结果依次递补,也可以另行推选。故本题选 D。

31.【答案】B

考点提示: 本题考查城市社区配备和使用社会工作专业人才的相关规定。

完整解析: 按照和谐社区建设总体要求,本着理顺关系、理清职能、整合资源的原则,逐步在街道社区服务中心、社区服务站、社区矫正机构等社区公共服务平台设置社会工作专业岗位,配备社会工作专业人才,鼓励社会工作专业人才通过选举进入城市社区党组织、社区居民自治组织、业主委员会。适应新农村建设需要,积极推动乡镇社会事务办或民政所设置社会工作专业岗位。故本题选 B。

32.【答案】A

考点提示: 本题考查社区治理。

完整解析: 各省(自治区、直辖市)按照条块结合、以块为主的原则,制定区县职能部门、街道办事处(乡镇政府)在社区治理方面的权责清单;依法厘清街道办事处(乡镇政府)和基层群众性自治组织权责边界,明确基层群众性自治组织承担的社区工作事项清单、协助政府的社区工作事项清单;上述社区工作事项之外的其他事项,街道办事处(乡镇政府)可通过向基层群众性自治组织等购买服务方式提供。故本题选A。

33.【答案】C

考点提示:本题考查慈善组织的负责人。

完整解析:不得担任慈善组织负责人的情形有:(1)无民事行为能力或者限制民事行为能力的,因此A项错误;(2)因故意犯罪被判处刑罚,自刑罚执行完毕之日起未逾5年的,因此B项错误;(3)在被吊销登记证书或者被取缔的组织担任负责人,自该组织被吊销登记证书或者被取缔之日起未逾5年的,因此D项错误;(4)法律、行政法规规定的其他情形。故本题选C。

34.【答案】D

考点提示:本题考查慈善项目的公开情况。

完整解析:具有公开募捐资格的慈善组织应当定期向社会公开其募捐情况和慈善项目实施情况。公开募捐周期超过6个月的,至少每3个月公开一次募捐情况,公开募捐活动结束后3个月内应当全面公开募捐情况。慈善项目实施周期超过6个月的,至少每3个月公开一次项目实施情况,项目结束后3个月内应当全面公开项目实施情况和募得款物使用情况。故本题选D。

35.【答案】A

考点提示:本题考查慈善组织的信息公开。

完整解析:慈善组织发生下列情形后30日内,应当在民政部门提供的统一信息平台向社会公开具体内容和金额:(1)重大资产变动;(2)重大投资;(3)重大交易及资金往来。故本题选A。

36.【答案】C

考点提示:本题考查志愿者的招募。

完整解析:志愿者、志愿服务组织、志愿服务对象可以根据需要签订协议,明确当事人的权利和义务,约定志愿服务的内容、方式、时间、地点、工作条件和安全保障措施等,因此A项正确。志愿服务组织可以招募志愿者开展志愿服务活动;招募时,应当说明与志愿服务有关的真实、准确、完整的信息,以及在志愿服务过程中可能发生的风险,因此B项正确。为患有白内障的老年人进行义诊,需要志愿者具备医学知识,所以不能招募未接触过相关医学知识的大一新生,因此C项错误。基层群众性自治组织、公益活动举办单位和公共服务机构开展公益活动,需要志愿者提供志愿服务的,可以与志愿服务组织合作,由志愿服务组织招募志愿者,也可以自行招募志愿者。自行招募志愿者提供志愿服务的,参照《志愿服务条例》关于志愿服务组织开展志愿服务活动的规定执行,因此D项正确。故本题选C。

37.【答案】D

考点提示:本题考查社会团体登记事项管理。

完整解析:社会团体换届产生新一届理事长(会长)、副理事长(副会长)、秘书长后,无论是否发生人员、职务的变动,均应按照相关规定,及时到登记管理机关办理负责人变更备案手续。故本题选D。

38.【答案】C

考点提示:本题考查社会团体分支机构的相关规定。

完整解析:社会团体不得设立地域性的分支机构,社会团体的分支机构也不得再设立分支机构,因此A项错误。经社会团体登记管理机关批准成立的社会团体,可以向个人会员和单位会员收取会费。但是,不可以以管理费等名义变相收费,因此B项错误。社会团体的分支机构、代表机构是社会团体的组成部分,不具备法人资格,应当按照其所属的社会团体章程所规定的宗旨和业务范围,在该社会团体授权的范围内开展活动,因此C项正确,D项错误。故本题选C。

39.【答案】A

考点提示:本题考查基金会的命名。

完整解析:公募基金会的字号不得使用自然人姓名、法人或其他组织的名称或字号。非公募基金会的字号可以使用自然人姓名、法人或其他组织的名称或者字号,但应当符合以下规定:(1)使用自然人姓名、法人或者其他组织的名称或者字号,需经该自然人、法人或其他组织同意;(2)不得使用曾因犯罪被判处剥夺政治权利的自然人的姓名;(3)一般不使用党和国家领导人、老一辈革命家的姓名。故本题选A。

40.【答案】B

考点提示:本题考查基金会中理事的人数。

完整解析:基金会设理事会,理事为5人至25人,理事任期由章程规定,但每届任期不得超过5年。理事任期届满,连选可以连任。故本题选B。

41.【答案】C

考点提示:本题考查非营利组织免税资格。

完整解析:非营利组织免税优惠资格的有效期为5年。非营利组织应在期满后6个月内提出复审申请,不提出复审申请或复审不合格的,其享受免税优惠的资格到期自动失效,因此A项错误。财政、税务部门按照对非营利组织享受免税的资格联合进行审核确认,并定期予以公布,因此B项错误。工作人员工资福利开支控制在规定的比例内,不变相分配该组织的财产,其中,工作人员平均工资薪金水平不得超过税务登记所在地的地市级(含地市级)以上地区的同行业同类组织平均工资水平的2倍,工作人员福利按照国家有关规定执行,因此D项错误。对纳税信用评价为C级的纳税人,税务机关应依法从严管理,并视信用评价状态变化趋势选择性地采取管理措施。比如,将纳税信用评价结果通报相关部门,建议在经营、投融资、取得政府供应土地、进出口、出入境、注册新公司、工程招投标、政府采购、获得荣誉、安全许可、生产许可、从业任职资格、资质审核等方面予以限制或禁止。已认定享受免税优惠政策的非营利组织被评为C级纳税人的,自发生年度起取消其免税资格。故本题选C。

42.【答案】A

考点提示:本题考查免除行政事业性收费的相关规定。

完整解析:有关部门应当在经营场地等方面给予照顾,免除从事个体经营的符合国家规定条件的失业人员、从事个体经营的残疾人的行政事业性收费。故本题选A。

43.【答案】D

考点提示:本题考查非全日制用工的相关规定。

完整解析:非全日制用工双方当事人可以订立口头协议,因此A项错误。非全日制用工双方当事人不得约定试用期,因此B项错误。非全日制用工劳动报酬结算支付周期最长不得超过15日,因此C项错误。非全日制用工双方当事人任何一方都可以随时通知对方终止用工。终止用工后,用人单位不向劳动者支付经济补偿,因此D项正确。故本题选D。

44.【答案】C

考点提示:本题考查解除劳动合同的情形。

完整解析:用人单位有下列情形之一的,劳动者可以解除劳动合同:(1)未按照劳动合同约定提供劳动保护或者劳动条件的;(2)未及时足额支付劳动报酬的;(3)未依法为劳动者缴纳社会保险费的;(4)用人单位的规章制度违反法律、法规的规定,损害劳动者权益的;(5)因《中华人民共和国劳动合同法》第二十六条第一款规定的情形致使劳动合同无效的;(6)法律、行政法规规定劳动者可以解除劳动合同的其他情形。用人单位以暴力、威胁或者非法限制人身自由的手段强迫劳动者劳动的,或者用人单位违章指挥、强令冒险作业危及劳动者人身安全的,劳动者可以立即解除劳动合同,不需事先告知用人单位。劳动者有下列情形之一的,用人单位可以解除劳动合同:(1)在试用期间被证明不符合录用条件的;(2)严重违反用人单位的规章制度的;(3)严重失职,营私舞弊,给用人单位造成重大损害的;(4)劳动者同时与其他用人单位建立劳动关系,对完成本单位的工作任务造成严重影响,或者经用人单位提出,拒不改正的;(5)因《中华人民共和国劳动合同法》第二十六条第一款第一项规定的情形致使劳动合同无效的;(6)被依法追究刑事责任的。《中华人民共和国劳动合同法》第二十六条规定,下列劳动合同无效或者部分无效:以欺诈、胁迫的手段或者乘人之危,使对方在违背真实意思的情况下订立或者变更劳动合同的;用人单位免除自己的法定责任、排除劳动者权利的;违反法律、行政法规强制性规定的。对劳动合同的无效或者部分无效有争议的,由劳动争议仲裁机构或者人民法院确认。本案例中的劳动纠纷事件错在公司,陈某可以解除劳动合同并获得相应的经济补偿。故本题选 C。

45.【答案】B

考点提示:本题考查最低工资标准。

完整解析:最低工资标准的确定和调整方案,由省、自治区、直辖市人民政府劳动保障行政部门会同同级工会、企业联合会(企业家协会)研究拟订,并将拟订的方案报送劳动保障部。方案内容包括最低工资确定和调整的依据、适用范围、拟订标准和说明。劳动保障部在收到拟订方案后,应征求全国总工会、中国企业联合会(企业家协会)的意见,因此 A 项错误。最低工资标准一般采用月最低工资标准和小时最低工资标准的形式。月最低工资标准适用于全日制就业劳动者,小时最低工资标准适用于非全日制就业劳动者,因此 B 项正确。《最低工资规定》中没有与 C 项相同的相关表述,因此 C 项错误。最低工资标准发布实施后,应当适时调整。最低工资标准每两年至少调整一次,因此 D 项错误。故本题选 B。

46.【答案】C

考点提示:本题考查劳动争议申请仲裁的时效期间。

完整解析:劳动争议申请仲裁的时效期间为 1 年。仲裁时效期间从当事人知道或者应当知道其权利被侵害之日起计算。故本题选 C。

47.【答案】D

考点提示:本题考查劳动保障监察事项的范围。

完整解析:劳动保障行政部门对下列事项实施劳动保障监察:(1)用人单位制定内部劳动保障规章制度的情况;(2)用人单位与劳动者订立劳动合同的情况;(3)用人单位遵守禁止使用童工规定的情况;(4)用人单位遵守女职工和未成年工特殊劳动保护规定的情况;(5)用人单位遵守工作时间和休息休假规定的情况;(6)用人单位支付劳动者工资和执行最低工资标准的情况;(7)用人单位参加各项社会保险和缴纳社会保险费的情况;(8)职业介绍机构、职业技能培训机构和职业技能考核鉴定机构遵守国家有关职业介绍、职业技能培训和职业技能考核鉴定的规定的情况;(9)法律法规规定的其他劳动保障监察事项。故本题选 D。

48.【答案】C

考点提示:本题考查集体合同协商代表的相关规定。

完整解析:职工一方的首席代表由本单位工会主席担任。工会主席可以书面委托其他协商代表代理首席代表。工会主席空缺的,首席代表由工会主要负责人担任。未建立工会的,职工一方的首席代表从协商代表中民主推举产生。因此 A、B 两项错误。集体协商会议由双方首席代表轮流主持,因此 C 项正确。双方首席代表归纳意见,达成一致的,应当形成集体合同草案或专项集体合同草案,由双方首席代表签字,因此 D 项错误。故本题选 C。

49.【答案】C

考点提示:本题考查集体协商的相关规定。

完整解析:集体协商任何一方均可就签订集体合同或专项集体合同以及相关事宜,以书面形式向对方提出进行集体协商的要求。一方提出进行集体协商要求的,另一方应当在收到集体协商要求之日起 20 日内以书面形式给予回应,无正当理由不得拒绝进行集体协商。故本题选 C。

50.【答案】A

考点提示:本题考查分级诊疗制度。

完整解析:国务院办公厅提出建立"基层首诊、双向转诊、急慢分治、上下联动"的模式。首先在所有公立医院改革试点城市和综合医改试点省份开展分级诊疗试点。故本题选 A。

51.【答案】B

考点提示:本题考查没有参加工伤保险的劳动者医疗和生活保障的相关规定。

完整解析:劳动者被诊断患有职业病,但用人单位没有依法参加工伤保险的,劳动者的医疗和生活保障由该用人单位承担。故本题选 B。

52.【答案】D

考点提示:本题考查处理突发公共卫生事件的责任主体。

完整解析:突发事件发生后,省、自治区、直辖市人民政府成立地方突发事件应急处理指挥部,省、自治区、直辖市人民政府主要领导人担任总指挥,负责领导、指挥本行政区域内突发事件应急处理工作。县级以上地方人民政府卫生行政主管部门,具体负责组织突发事件的调查、控制和医疗救治工作。县级以上地方人民政府有关部门,在各自的职责范围内做好突发事件应急处理的有关工作。故本题选 D。

53.【答案】D

考点提示:本题考查职工基本养老保险个人账户的处置方式。

完整解析:参加职工基本养老保险的个人死亡后,其个人账户中的余额可以全部依法继承,因此 A 项错误。职工基本养老保险个人账户不得提前支取,因此 B 项错误。个人在达到法定的领取基本养老金条件前离境定居的,其个人账户予以保留,达到法定领取条件时,按照国家规定享受相应的养老保险待遇,因此 C 项错误。其中,丧失中华人民共和国国籍的,可以在其离境时或者离境后书面申请终止职工基本养老保险关系。社会保险经办机构收到申请后,应当书面告知其保留个人账户的权利以及终止职工基本养老保险关系的后果,经本人书面确认后,终止职工基本养老保险关系,并将个人账户储存额一次性支付给本人,因此 D 项正确。故本题选 D。

54.【答案】B

考点提示:本题考查参加基本养老保险的最低年龄。

完整解析:年满 16 周岁(不含在校学生)、非国家机关和事业单位工作人员及不属于职工基本养老保险制度覆盖范围的城乡居民,可以在户籍地参加城乡居民基本养老保险。故本题选 B。

55.【答案】C

考点提示:本题考查城乡居民医疗基金政策范围内住院费用的支付比例。

完整解析:城乡居民医保基金主要用于支付参保人员发生的住院和门诊医药费用。稳定住院保障水平,政策范围内住院费用支付比例保持在 75% 左右。进一步完善门诊统筹,逐步提高门诊保障水平。逐步缩小政策范围内支付比例与实际支付比例之间的差距。故本题选 C。

56.【答案】D

考点提示:本题考查工伤补偿办法。

完整解析:职工被借调期间受到工伤事故伤害的,由原用人单位承担工伤保险责任,但原用人单位可以与借调单位约定补偿办法。故本题选 D。

57.【答案】D

考点提示:本题考查领取失业保险金的条件。

完整解析:具备下列条件的失业人员,可以领取失业保险金:(1)按照规定参加失业保险,所在单位和本人已按照规定履行缴费义务满 1 年的;(2)非本人意愿中断就业的;(3)已办理失业登记,并有求职要求的。失业人员在领取失业保险金期间,按照规定同时享受其他失业保险待遇。吴某的情况属于自主择业,张某和赵某都是主动辞职,辞职行为出于本人意愿。王某被公司开除,非本人意愿中断就业,可以领取失业保险金。故本题选 D。

58.【答案】A

考点提示:本题考查社会保险转移接续手续。

完整解析:用人单位或者个人认为社会保险费征收机构的行为侵害自己合法权益的,可以依法申请行政复议或者提起行政诉讼。用人单位或者个人对社会保险经办机构不依法办理社会保险登记、核定社会保险费、支付社会保险待遇、办理社会保险转移接续手续或者侵害其他社会保险权益的行为,可以依法申请行政复议或者提起行政诉讼。个人与所在用人单位发生社会保险争议的,可以依法申请调解、仲裁,提起诉讼。用人单位侵害个人社会保险权益的,个人也可以要求社会保险行政部门或者社会保险费征收机构依法处理。故本题选 A。

59.【答案】B

考点提示:本题考查未按照规定办理社会保险登记的罚款数额。

完整解析:缴费单位未按照规定办理社会保险登记、变更登记或者注销登记,或者未按照规定申报应缴纳的社会保险费数额的,由劳动保障行政部门责令限期改正;情节严重的,对直接负责的主管人员和其他直接责任人员可以处 1000 元以上 5000 元以下的罚款;情节特别严重的,对直接负责的主管人员和其他直接责任人员可以处 5000 元以上 10000 元以下的罚款。故本题选 B。

60.【答案】C

考点提示:本题考查中央调剂基金的构成。

完整解析:在现行企业职工基本养老保险省级统筹基础上,建立中央调剂基金,对各省份养老保险基金进行适度调剂,确保基本养老金按时足额发放。中央调剂基金由各省份养老保险基金上解的资金构成,按照各省份职工平均工资的 90% 和在职应参保人数作为计算上解额的基数,上解比例从 3% 起步,逐步提高。中央调剂基金实行以收定支,当年筹集的资金按照人均定额拨付的办法全部拨付地方。中央调剂基金纳入中央级社会保障基金财政专户,实行收支两条线管理,专款专用,不得用于平衡财政预算。现行中央财政补助政策和补助方式保持不变,省级政府要切实承担确保基本养老金按时足额发放和弥补养老保险基金缺口的主体责任。故本题选 C。

二、多项选择题

61.【答案】BCE

考点提示:本题考查地方性法规的制定主体。

完整解析:省、自治区、直辖市的人民代表大会及其常务委员会根据本行政区域的具体情况和实际需要,在不同宪法、法律、行政法规相抵触的前提下,可以制定地方性法规。故本题选 BCE。

62.【答案】ABE

考点提示:本题考查成立民办社会工作服务机构的相关规定。

完整解析:民办非企业单位的章程应当包括下列事项:(1)名称、住所;(2)宗旨和业务范围;(3)组织管理制度;(4)法定代表人或者负责人的产生、罢免的程序;(5)资产管理和使用的原则;(6)章程的修改程序;(7)终止程序和终止后资产的处理;(8)需要由章程规定的其他事项。所以,民办非企业单位的章程应当包括宗旨和业务范围,因此 A 项正确。为了规范民办非企业单位的登记管理,保障民办非企业单位的合法权益,促进社会主义物质文明、精神文明建设,制定《民办非企业单位登记管理暂行条例》,因此 B 项正确。民办社会工作服务机构拟聘用的在职工作人员中应有 1/3 以上取得社会工作者国家职业资格证书或者社会工作者职业水平证书,或者具有社会工作专业本科以上学历,因此 E 项正确。《民政部关于进一步加快推进民办社会工作服务机构发展的意见》中没有与 C、D 两项相同的规定。故本题选 ABE。

63.【答案】ABCE

考点提示:本题考查共同生活的家庭成员。

完整解析:在申请最低生活保障过程中,可以被认定为共同生活的家庭成员有配偶、父母和未成年子女;已经成年但不能独立生活的子女,包括在校接受本科及以下学历教育的成年子女;其他具有法定赡养、扶养、抚养义务关系并长期共同居住的人员。老王的父母、妻子和女儿是典型的共同生活的家庭成员,因此 A、B、E 三项正确。老王是他哥哥的法定监护人,他哥哥是精神残障人士且长期与老王共同居住,所以他哥哥可被认定为共同生活的家庭成员,因此 C 项正确。老王的妹妹不是老王的直系亲属,在本地有工作,有收入来源,所以不能被认定为共同生活的家庭成员。故本题选 ABCE。

64.【答案】ACDE

考点提示:本题考查特困人员供养的内容。

完整解析:特困人员供养的内容包括:(1)提供基本生活条件;(2)对生活不能自理的给予照料;(3)提供疾病治疗;(4)办理丧葬事宜。故本题选 ACDE。

65.【答案】ABC

考点提示: 本题考查教育救助。

完整解析: 申请教育救助,应当按照国家有关规定向就读学校提出,按规定程序审核、确认后,由学校按照国家有关规定实施,因此 A 项正确。教育救助根据不同教育阶段需求,采取减免相关费用、发放助学金、给予生活补助、安排勤工助学等方式实施,保障教育救助对象基本学习、生活需求,因此 B、C 两项正确。教育部是教育补助主要负责主体,因此 D 项错误。教育救助金由学校统一发放,因此 E 项错误。故本题选 ABC。

66.【答案】AC

考点提示: 本题考查对老年人有赡养、扶养义务的人。

完整解析: 赡养人应当履行对老年人经济上供养、生活上照料和精神上慰藉的义务,照顾老年人的特殊需要,赡养人是指老年人的子女及其他依法负有赡养义务的人。赡养人的配偶应该协助赡养人履行赡养义务,因此 A、C 两项正确,B、E 两项错误。老年人与配偶有相互扶养的义务。由兄、姐扶养的弟、妹成年后,有负担能力的,对年老无赡养人的兄、姐有扶养的义务。老夏现年事已高,丧失劳动能力。其儿子和女儿履行赡养义务,所以在法律层面上,老夏的弟弟对老夏无扶养义务,因此 D 项错误。故本题选 AC。

67.【答案】BC

考点提示: 本题考查不得允许未成年人进入的场所。

完整解析: 中小学校园周边不得设置营业性歌舞娱乐场所、互联网上网服务营业场所等不适宜未成年人活动的场所,这些场所不得允许未成年人进入,经营者应当在显著位置设置未成年人禁止进入的标志;对难以判断是否已成年的,应当要求其出示身份证件。故本题选 BC。

*68.【答案】ABCE

考点提示: 本题考查解除收养关系。

完整解析: 收养人在被收养人成年以前,不得解除收养关系,但收养人、送养人双方协议解除的除外,养子女年满 10 周岁及以上的,应当征得本人同意,因此 A 项正确。养父母与成年养子女关系恶化、无法共同生活的,可以协议解除收养关系。不能达成协议的,可以向人民法院提起诉讼,因此 B 项正确。收养关系解除后,养子女与养父母及其他近亲属间的权利义务关系即行消除,与生父母及其他近亲属间的权利义务关系自行恢复,但成年养子女与生父母及其他近亲属间的权利义务关系是否恢复,可以协商确定,因此 C 项正确,D 项错误。收养关系解除后,经养父母抚养的成年养子女,对缺乏劳动能力又缺乏生活来源的养父母,应当给付生活费。因养子女成年后虐待、遗弃养父母而解除收养关系的,养父母可以要求养子女补偿收养期间支出的生活费和教育费,因此 E 项正确。故本题选 ABCE。

*69.【答案】ACE

考点提示: 本题考查无效遗嘱。

完整解析: 录音遗嘱是指由遗嘱人口述,经录音、录像设备录制而成的遗嘱。遗嘱人以录音的形式立的遗嘱,应当有两个以上见证人在场。须由遗嘱人、见证人将有关视听资料封存并签名,因此 A 项正确。代书遗嘱应当有两个以上见证人在场见证,由其中一人代书,注明年、月、日,并由代书人、其他见证人和遗嘱人签名,因此 B 项错误。无遗嘱能力人所立遗嘱无效,受胁迫、欺诈所立遗嘱无效,因此 C、E 两项正确。自书遗嘱是立遗嘱人亲笔书写的遗嘱,由遗嘱人亲笔书写全部内容并签名,注明年、月、日,因此 D 项错误。故本题选 ACE。

70.【答案】ACD

考点提示: 本题考查对违反治安管理行为人不执行行政拘留处罚的情况。

完整解析: 违反治安管理行为人有以下情形之一,依法应当予以行政拘留处罚的,不执行行政拘留处罚:
(1)已满 14 周岁不满 16 周岁的;(2)已满 16 周岁不满 18 周岁,初次违反治安管理的;(3)70 周岁以上的;(4)怀孕或者哺乳自己不满 1 周岁婴儿的。故本题选 ACD。

71.【答案】ACE

考点提示: 本题考查公民牺牲被评定为烈士的申报程序。

完整解析: 申报烈士的,由死者生前所在工作单位、死者遗属或者事件发生地的组织、公民向死者生前工作单位所在地、死者遗属户口所在地或者事件发生地的县级人民政府退役军人事务部门提供有关死者牺牲情节的材料,由收到材料的县级人民政府退役军人事务部门调查核实后提出评定烈士的报告,报本级人民政府审核。故本题选 ACE。

72.【答案】ABCD

考点提示:本题考查退役士兵安置。

完整解析:国家建立以扶持就业为主,自主就业、安排工作、退休、供养等多种方式相结合的退役士兵安置制度,妥善安置退役士兵。故本题选 ABCD。

73.【答案】ABCD

考点提示:本题考查慈善募捐。

完整解析:开展募捐活动有以下情形之一的,由民政部门予以警告、责令停止募捐活动;对违法募捐的财产,责令退还赠人;难以退还的,由民政部门予以收缴,转给其他慈善组织用于慈善目的;对有关组织或者个人处 2 万元以上 20 万元以下罚款:(1)不具有公开募捐资格的组织或者个人开展公开募捐的;(2)通过虚构事实等方式欺骗、诱导募捐对象实施捐赠的;(3)向单位或者个人摊派或者变相摊派的;(4)妨碍公共秩序、企业生产经营或者居民生活的。故本题选 ABCD。

74.【答案】ABCE

考点提示:本题考查确定和调整最低工资标准的综合考虑因素。

完整解析:确定和调整最低工资标准应当综合参考下列因素:(1)劳动者本人及平均赡养人口的最低生活费用;(2)社会平均工资水平;(3)劳动生产率;(4)就业状况;(5)地区之间经济发展水平的差异。故本题选 ABCE。

75.【答案】ACD

考点提示:本题考查劳动合同终止事宜。

完整解析:经济补偿按劳动者在本单位工作的年限,每满 1 年支付 1 个月工资的标准向劳动者支付。6 个月以上不满 1 年的,按照 1 年计算;不满 6 个月的,向劳动者支付半个月工资的经济补偿,因此 A 项正确。劳动者月工资高于用人单位所在直辖市、设区的市级人民政府公布的本地区上年度职工月平均工资 3 倍的,向其支付经济补偿的标准按照职工月平均工资 3 倍的数额支付,向其支付经济补偿的年限最高不超过 12 年。这里的月平均工资是指劳动者在劳动合同解除或终止前 12 个月的平均工资,因此 B 项错误。用人单位应当向劳动者支付经济补偿的,在办结工作交接时支付,因此 D 项正确。用人单位应当在解除或终止劳动合同的同时,出具解除或终止劳动合同的证明,并在 15 日内为劳动者办理档案和社会保险关系转移手续,因此 C 项正确,E 项错误。故本题选 ACD。

76.【答案】ACE

考点提示:本题考查精神障碍诊断的责任主体。

完整解析:除个人自行到医疗机构进行精神障碍诊断外,疑似精神障碍患者的近亲属可以将其送往医疗机构进行精神障碍诊断。对查找不到近亲属的流浪乞讨疑似精神障碍患者,由当地民政等有关部门按照职责分工,帮助送往医疗机构进行精神障碍诊断。疑似精神障碍患者发生伤害自身、危害他人安全的行为,或者有伤害自身、危害他人安全的危险的,其近亲属、所在单位、当地公安机关应当立即采取措施予以制止,并将其送往医疗机构进行精神障碍诊断。医疗机构接到送诊的疑似精神障碍患者,不得拒绝为其作出诊断。故本题选 ACE。

77.【答案】ABDE

考点提示:本题考查城市社区卫生服务中心的相关规定。

完整解析:《城市社区卫生服务中心基本标准》对床位的相关规定:至少设日间观察床 5 张;根据当地医疗机构设置规划,可设一定数量的以护理康复为主要功能的病床,但不得超过 50 张,因此 A 项正确,C 项错误。《城市社区卫生服务中心基本标准》对房屋的相关规定:建筑面积不少于 1000 平方米,布局合理,充分体现保护患者隐私、无障碍设计要求,并符合国家卫生学标准。设病床的,每设一床位至少增加 30 平方米建筑面积,因此 B 项正确。《城市社区卫生服务中心基本标准》对人员的相关规定:(1)至少有 6 名执业范围为全科医学专业的临床类别、中医类别执业医师,9 名注册护士;(2)至少有 1 名副高级以上任职资格的执业医师;至少有 1 名中级以上任职资格的中医类别执业医师,至少有 1 名公共卫生执业医师;(3)每名执业医师至少配备 1 名注册护士,其中至少具有 1 名中级以上任职资格的注册护士;(4)设病床的,每 5 张病床至少增加配备 1 名执业医师、1 名注册护士;(5)其他人员按需配备,因此 D、E 两项正确。故本题选 ABDE。

78.【答案】ACDE

考点提示:本题考查基本养老保险权益。

完整解析:参保人员未返回户籍所在地就业参保的,由新参保地社保经办机构为其及时办理转移接续手续。但男性年满 50 周岁和女性年满 40 周岁的,应在原参保地继续保留基本养老保险关系,因此 A 项正确。未达到待遇领取年龄前,不得终止基本养老保险关系并办理退保手续,因此 B 项错误。参保人员跨省流动就业或在新参保地达到待遇领取条件时,将临时基本养老保险缴费账户中的全部缴费本息,转移归集到原参保地或待遇领取地。基本养老保险关系不在户籍所在地,而在其基本养老保险关系所在地累计缴费年限满 10 年的,在该地办理待遇领取手续,因此 C 项正确。参保人员跨省就业的,由原参保所在地社会保险经办机构开具参保缴费凭证,其基本养老保险关系应随同转移到新参保地。参保人员达到基本养老保险待遇领取条件的,其在各地的参保缴费年限合并计算,因此 D 项正确。个人账户储存额累计计算,因此 E 项正确。故本题选 ACDE。

79.【答案】CDE

考点提示:本题考查工伤的认定。

完整解析:职工有下列情形之一的,不得认定为工伤或者视同工伤:(1)故意犯罪的;(2)醉酒或者吸毒的;(3)自残或者自杀的,因此 A、B 两项错误。职工有下列情形之一的,应当认定为工伤:(1)在工作时间和工作场所内,因工作原因受到事故伤害的;(2)工作时间前后在工作场所内,从事与工作有关的预备性或者收尾性工作受到事故伤害的;(3)在工作时间和工作场所内,因履行工作职责受到暴力等意外伤害的;(4)患职业病的;(5)因工外出期间,由于工作原因受到伤害或者发生事故下落不明的;(6)在上下班途中,受到非本人主要责任的交通事故或者城市轨道交通、客运轮渡、火车事故伤害的;(7)法律、行政法规规定应当认定为工伤的其他情形。故本题选 CDE。

80.【答案】CDE

考点提示:本题考查基本医疗保险基金支付的范围。

完整解析:符合基本医疗保险药品目录、诊疗项目、医疗服务设施标准以及急诊、抢救的医疗费用,按照国家规定从基本医疗保险基金中支付。故本题选 CDE。

社会工作法规与政策（中级）2019年真题参考答案及解析

一、单项选择题

1.【答案】C

考点提示：本题考查行政法规的定义。

完整解析：法规是指国家立法机构和政府机关为规范个人和组织的行为、维护社会各方面的运行秩序和对社会各个方面实施有效的管理而制定的各种规范性文件的总称，A、B两项错误。在我国，行政法规是指国务院根据宪法和法律制定的有关行政管理等方面的规范性文件。制定并发布行政法规是宪法赋予国务院的一项重要职权，D项错误。故本题选C。

2.【答案】D

考点提示：本题考查社会工作教育与研究人才培养引进工程的内容。

完整解析：到2020年，依托现有资源，建立500家社会工作专业重点实训基地。故本题选D。

3.【答案】D

考点提示：本题考查低保金发放。

完整解析：拟审批的最低生活保障待遇家庭的名单公示期为7天。公示期满无异议的，县级人民政府民政部门应当在3个工作日内作出审批决定，对批准给予低保的，发给低保证，并从批准之日下月起发放低保金。对公示有异议的，县级人民政府民政部门应当重新组织调查核实，在20个工作日内作出审批决定，并对拟批准的申请重新公示。低保金应当按月发放，每月10日前发放到户。2月25日开始公示，假定有异议，等待的最长天数为7+3+20+7+3＝40天，2019年2月有28天，3月有31天，发放的时间为4月6日。故本题选D。

4.【答案】B

考点提示：本题考查自然灾害的救助款物管理。

完整解析：《自然灾害救助条例》规定，自然灾害救助款物专款（物）专用，无偿使用，A项错误。自然灾害救助款物应当用于受灾人员的紧急转移安置，基本生活救助，医疗救助，教育、医疗等公共服务设施和住房的恢复重建，自然灾害救助物资的采购、储存和运输，以及因灾遇难人员亲属的抚慰等项支出，B项正确。政府部门接受的捐赠人无指定意向的款物，由县级以上人民政府应急管理部门统筹安排用于自然灾害救助，社会组织接受的捐赠人无指定意向的款物，由社会组织按照有关规定用于自然灾害救助，C项错误。县级以上人民政府监察机关、审计机关应当依法对自然灾害救助款物和捐赠款物的管理使用情况进行监督检查，应急管理、财政等部门和有关社会组织应当予以配合，D项错误。故本题选B。

5.【答案】D

考点提示：本题考查住房法规与政策。

完整解析：住房困难标准和救助标准，由县级以上地方人民政府根据本行政区域经济社会发展水平、住房价格水平等因素确定并公布，A项错误。城镇家庭申请住房救助的，应当经由乡镇人民政府、街道办事处或者直接向县级人民政府住房保障部门提出，经县级人民政府民政部门审核家庭收入、财产状况和县级人民政府住房保障部门审核家庭住房状况并公示后，对符合申请条件的申请人，由县级人民政府住房保障部门优先给予保障。农村家庭申请住房救助的，按照县级以上人民政府有关规定执行。B、C两项错误。《公共租赁住房管理办法》第九条规定，申请人对审核结果有异议，可以向市、县级人民政府住房保障主管部门申请复核。市、县级人民政府住房保障主管部门应当会同有关部门进行复核，并在15个工作日内将复核结果书面告知申请人。故本题选D。

6.【答案】B

考点提示：本题考查特困人员供养申请。

完整解析：《社会救助暂行办法》第三十条规定,特困供养人员申请医疗救助的,应当向乡镇人民政府、街道办事处提出,经审核、公示后,由县级人民政府医疗保障部门审批。最低生活保障家庭成员和特困供养人员的医疗救助,由县级人民政府医疗保障部门直接办理。故本题选 B。

7.【答案】C

考点提示：本题考查法律援助的申请。

完整解析：公民因经济困难没有委托代理人即代理申请法律援助时,应当按照下列规定提出,(1)请求国家赔偿的,向赔偿义务机关所在地的法律援助机构提出申请,B 项错误。(2)请求给予社会保险待遇、最低生活保障待遇或者请求发给抚恤金、救济金的,向提供社会保险待遇、最低生活保障待遇或者发给抚恤金、救济金的义务机关所在地的法律援助机构提出申请。(3)请求给付赡养费、抚养费、扶养费的,向给付赡养费、抚养费、扶养费的义务人住所地的法律援助机构提出申请,A 项错误,C 项正确。(4)请求支付劳动报酬的,向支付劳动报酬的义务人住所地的法律援助机构提出申请,D 项错误。故本题选 C。

8.【答案】B

考点提示：本题考查疾病应急救助制度。

完整解析：《社会救助暂行办法》第三十二条规定,国家建立疾病应急救助制度,对需要急救但身份不明或者无力支付急救费用的急重危伤病患者给予救助。符合规定的急重危伤病患者的急救费用由疾病应急救助基金支付。故本题选 B。

9.【答案】C

考点提示：本题考查未成年人教育救助的内容。

完整解析：教育救助标准,由省、自治区、直辖市人民政府根据当地经济社会发展水平和教育救助对象的基本学习、生活需求确定并公布,A 项错误。申请教育救助,应当按照国家有关规定向就读学校提出,按规定程序审核、确认后,由学校按照国家有关规定实施,B 项错误,C 项正确。教育救助根据不同教育阶段需求,采取减免相关费用、发放助学金、给予生活补助、安排勤工助学等方式实施,D 项错误。故本题选 C。

10.【答案】D

考点提示：本题考查流浪未成年人救助保护工作。

完整解析：救助保护机构要对流浪未成年人的家庭监护情况进行调查评估,对确无监护能力的,由救助保护机构协助监护人及时委托其他人员代为监护;对拒不履行监护责任、经反复教育不改的,由救助保护机构向人民法院提出申请撤销其监护人资格,依法另行指定监护人。故本题选 D。

11.【答案】D

考点提示：本题考查生育津贴的内容。

完整解析：《女职工劳动保护特别规定》第八条规定,女职工产假期间的生育津贴,对已经参加生育保险的,按照用人单位上年度职工月平均工资的标准由生育保险基金支付;对未参加生育保险的,按照女职工产假前工资的标准由用人单位支付。故本题选 D。

12.【答案】C

考点提示：本题考查残疾人的劳动就业。

完整解析：政府和社会兴办残疾人福利企业、盲人按摩机构和其他福利性单位,集中安排残疾人就业;集中使用残疾人的用人单位中从事全日制工作的残疾人职工,应当占本单位在职职工总数的25%以上。国家实行按比例安排残疾人就业制度。用人单位安排残疾人就业的比例不得低于本单位在职职工总数的1.5%。该企业至少安排残疾人职工 200×25％＝50 人。故本题选 C。

*13.【答案】A

考点提示：本题考查无效婚姻的种类。

完整解析：无效婚姻的种类:(1)违反一夫一妻制的无效婚姻;(2)当事人为禁止结婚的亲属关系的无效

婚姻；(3)患有禁止结婚疾病的无效婚姻；(4)未到法定婚龄的无效婚姻。故本题选A。

*14.【答案】B

考点提示：本题考查收养人的条件。

完整解析：收养人应当同时具备下列条件：(1)无子女；(2)有抚养教育被收养人的能力；(3)未患有在医学上认为不应当收养子女的疾病；(4)年满30周岁；(5)只能收养1名子女。有关收养人的特殊要求：(1)基于伦理道德的考虑，规定无配偶的男性收养女性的，收养人与被收养人的年龄应当相差40周岁以上；(2)有利于作为收养人的夫妻关系和家庭和睦，规定有配偶者收养子女须夫妻共同收养。因此A、C、D三项错误。收养孤儿、残疾儿童或社会福利机构抚养的查找不到生父母的弃婴和儿童，可以不受收养人无子女和收养1名子女的限制。故本题选B。

*15.【答案】A

考点提示：本题考查继承开始的时间。

完整解析：继承开始的时间以被继承人死亡的时间为准。"死亡"在法律上包括自然死亡与宣告死亡。失踪人被宣告死亡的，以法院判决中确定的失踪人的死亡日期为继承开始的时间。根据《中华人民共和国民法通则》的规定，公民下落不明满4年，或者因意外事故下落不明，从事故发生之日起满2年的，战争期间下落不明的，下落不明的时间从战争结束之日起计算，利害关系人可以向人民法院申请宣告该公民死亡。故本题选A。

*16.【答案】A

考点提示：本题考查继承权丧失的原因。

完整解析：继承权丧失的原因：(1)故意杀害被继承人的；(2)为争夺遗产而杀害其他继承人的；(3)遗弃被继承人或者虐待被继承人情节严重的；(4)伪造、篡改或者销毁遗嘱，情节严重的。故本题选A。

17.【答案】B

考点提示：本题考查人民调解平等自愿的原则。

完整解析：人民调解委员会调解纠纷，必须出于双方当事人的自愿。当事人发生纠纷以后，是否经过人民调解委员会调解，首先取决于当事人愿不愿意接受调解，当事人接受调解，人民调解委员会就予以受理；如果当事人不同意某个调解委员的调解，就应当尊重当事人的意愿，更换调解委员；如果当事人不同意人民调解委员会调解，就不得硬性调解或者强迫调解。故本题选B。

18.【答案】A

考点提示：本题考查信访事项的受理。

完整解析：对已经或者依法应当通过诉讼、仲裁、行政复议等法定途径解决的，不予受理，但应告知信访人依照有关法律、行政法规规定程序向有关机关提出，A项正确。对依照法定职责属于本级人民政府或者其工作部门处理决定的信访事项，应当转送有权处理的行政机关；情况重大、紧急的，应当及时提出建议，报请本级人民政府决定，B、C两项错误。信访事项涉及下级行政机关或者其工作人员的，按照"属地管理、分级负责，谁主管、谁负责"的原则，直接转送有权处理的行政机关，并抄送下一级人民政府信访工作机构，D项错误。故本题选A。

19.【答案】A

考点提示：本题考查突发事件应急管理体制。

完整解析：突发事件发生后，发生地县级人民政府应当立即采取措施控制事态发展，组织开展应急救援和处置工作，并立即向上一级人民政府报告，必要时可以越级上报。突发事件发生地县级人民政府不能消除或者不能有效控制突发事件引起的严重社会危害的，应当及时向上级人民政府报告。上级人民政府应当及时采取措施，统一领导应急处置工作。故本题选A。

20.【答案】B

考点提示：本题考查社区矫正的减刑规定。

完整解析：《社区矫正实施办法》规定，社区矫正人员符合法定减刑条件的，由居住地县级司法行政机关提出减刑建议书并附相关证明材料,经地(市)级司法行政机关审核同意后提请社区矫正人员居住地的中级人民法院裁定。故本题选 B。

21.【答案】B

考点提示:本题考查社区矫正方案。

完整解析:《社区矫正实施办法》规定,司法所应当为社区矫正人员制定矫正方案,在对社区矫正人员被判处的刑罚种类、犯罪情况、悔罪表现、个性特征和生活环境等情况进行综合评估的基础上,制定有针对性的监管、教育和帮助措施。矫正方案应根据矫正方案的实施效果,适时予以调整。故本题选 B。

20 题和 21 题所涉及的法律内容适用当时的考试情况。《中华人民共和国社区矫正法实施办法》自 2020年 7 月 1 日起施行。最高人民法院、最高人民检察院、公安部、司法部 2012 年 1 月 10 日印发的《社区矫正实施办法》(司发通〔2012〕12 号)同时废止。后文不再赘述。

22.【答案】B

考点提示:本题考查吸毒检测的样本采集。

完整解析:公安机关采集、送检、检测样本时应当由两名以上工作人员进行;采集女性被检测人尿液检测样本,应当由女性工作人员进行。采集的检测样本经现场检测结果为阳性的,应当分别保存在 A、B 两个样本专用器材中并编号,由采集人和被采集人共同签字封存,在低温条件下保存,保存期为两个月。故本题选 B。

23.【答案】D

考点提示:本题考查治安管理处罚的适用对象。

完整解析:违反治安管理行为人有下列情形之一,依法应当给予行政拘留处罚的,不执行行政拘留处罚:(1)已满 14 周岁不满 16 周岁的;(2)已满 16 周岁不满 18 周岁,初次违反治安管理的;(3)70 周岁以上的;(4)怀孕或者哺乳自己不满 1 周岁婴儿的。故本题选 D。

24.【答案】D

考点提示:本题考查烈士褒扬金。

完整解析:烈士褒扬金由领取烈士证书的烈士遗属户口所在地县级人民政府退役军人事务部门发给烈士的父母或者抚养人、配偶、子女;没有父母或者抚养人、配偶、子女的,发给烈士未满 18 周岁的兄弟姐妹和已满18 周岁但无生活来源且由烈士生前供养的兄弟姐妹。故本题选 D。

25.【答案】C

考点提示:本题考查烈士遗属优待。

完整解析:烈士子女报考普通高中、中等职业学校、高等学校研究生的,在同等条件下优先录取;报考高等学校本、专科的,可以按照国家有关规定降低分数要求投档;在公办学校就读的,免交学费、杂费,并享受国家规定的各项助学政策。故本题选 C。

26.【答案】D

考点提示:本题考查军人优待的具体内容。

完整解析:现役军人凭有效证件、残疾军人凭"中华人民共和国残疾军人证"优先购票乘坐境内运行的火车、轮船、长途公共汽车以及民航班机,残疾军人享受减收正常票价 50%的优待。现役军人凭有效证件乘坐市内公共汽车、电车和轨道交通工具享受优待,具体办法由有关城市人民政府规定。残疾军人凭"中华人民共和国残疾军人证"免费乘坐市内公共汽车、电车和轨道交通工具。A、B、C 三项错误。故本题选 D。

27.【答案】C

考点提示:本题考查退役士官的带薪年休假制度。

完整解析:《职工带薪年休假条例》规定,机关、团体、企业、事业单位、民办非企业单位、有雇工的个体工商户等单位的职工连续工作 1 年以上的,享受带薪年休假(以下简称年休假)。单位应当保证职工享受年休假。职工在年休假期间享受与正常工作期间相同的工资收入。职工累计工作已满 1 年不满 10 年的,年休假 5 天;已满 10 年不满 20 年的,年休假 10 天;已满 20 年的,年休假 15 天。国家法定休假日、休息日不计入年休假的假期。退役士兵服现役年限计算为工龄,与所在单位工作年限累计计算,享受国家和所在单位规定的与工龄有关的相应待遇。故本题选 C。

28.【答案】A

考点提示：本题考查退役士兵的工作安置方法。

完整解析：退役士兵指依照《中国人民解放军现役士兵服役条例》的规定退出现役的义务兵和士官。国家建立以扶持就业为主，自主就业、安排工作、退休、供养等多种方式相结合的退役士兵安置制度，妥善安置退役士兵。故本题选 A。

29.【答案】C

考点提示：本题考查民主管理和民主监督。

完整解析：村民委员会成员以及由村民或者村集体承担误工补贴的聘用人员，应当接受村民会议或者村民代表会议对其履行职责情况的民主评议。民主评议每年至少进行一次，由村务监督机构主持。村民委员会成员连续两次被评议不称职的，其职务终止。故本题选 C。

30.【答案】D

考点提示：本题考查社区综合服务设施的建设。

完整解析：社区居民委员会服务设施的供暖、水电、燃气、电信等费用应按照当地居民使用价格标准收取。故本题选 D。

31.【答案】A

考点提示：本题考查家庭服务业管理的相关知识。

完整解析：《家庭服务业管理暂行办法》第四条规定，商务部承担全国家庭服务业行业管理职责，负责监督管理家庭服务机构的服务质量，指导协调合同文本规范和服务矛盾纠纷处理工作。故本题选 A。

32.【答案】D

考点提示：本题考查慈善组织的公开募捐。

完整解析：《中华人民共和国慈善法》第二十二条规定，慈善组织开展公开募捐，应当取得公开募捐资格。只有登记或者认定为慈善组织且取得公开募捐资格的社会组织，才能开展公开募捐活动。其他组织或者个人，不得开展公开募捐活动。不具有公开募捐资格的社会组织、其他组织或者个人基于慈善目的，可以与具有公开募捐资格的慈善组织合作，由该慈善组织开展公开募捐并管理募得款物。故本题选 D。

33.【答案】B

考点提示：本题考查慈善组织的终止。

完整解析：慈善组织有下列情形之一的，应当终止：(1)出现章程规定的终止情形的；(2)因分立、合并需要终止的；(3)连续二年未从事慈善活动的；(4)依法被撤销登记或者吊销登记证书的；(5)法律、行政法规规定应当终止的其他情形。故本题选 B。

34.【答案】B

考点提示：本题考查慈善组织禁止的投资活动。

完整解析：慈善组织不得进行下列投资活动：(1)直接买卖股票；(2)直接购买商品及金融衍生品类产品；(3)投资人身保险产品；(4)以投资名义向个人、企业提供借款；(5)不符合国家产业政策的投资；(6)可能使本组织承担无限责任的投资；(7)违背本组织宗旨、可能损害信誉的投资；(8)非法集资等国家法律法规禁止的其他活动，A、D 两项错误。慈善组织为实现财产保值、增值进行投资的，应当遵循合法、安全、有效的原则，投资取得的收益应当全部用于慈善目的。慈善组织的重大投资方案应当经决策机构组成人员三分之二以上同意。慈善组织接受的政府资助的财产和捐赠协议约定不得投资的财产，不得用于投资，C 项错误。慈善组织直接进行股权投资的，被投资方的经营范围应当与慈善组织的宗旨和业务范围相关。故本题选 B。

35.【答案】C

考点提示：本题考查慈善组织的公开募捐。

完整解析：《中华人民共和国慈善法》第七十三条规定，具有公开募捐资格的慈善组织应当定期向社会公开其募捐情况和慈善项目实施情况。公开募捐周期超过六个月的，至少每三个月公开一次募捐情况，公开募捐活动结束后三个月内应当全面公开募捐情况。故本题选 C。

36.【答案】D

考点提示: 本题考查志愿服务记录的管理和使用。

完整解析:《志愿服务记录办法》第三条规定,志愿服务记录遵循及时、完整、准确、安全原则,任何单位和个人不得用于商业交易或者营利活动。《志愿服务记录办法》第五条规定,志愿服务记录应当记载志愿者的个人信息、志愿服务信息、培训信息、表彰奖励信息、被投诉信息等内容。A 项错误。《志愿服务记录办法》第八条规定,志愿服务时间是指志愿者参加志愿服务的时间,以小时为计量单位,不包括往返交通时间。B 项错误。《志愿服务条例》规定,志愿服务组织、志愿者应当尊重志愿服务对象人格尊严,不得侵害志愿服务对象个人隐私,不得向志愿服务对象收取或者变相收取报酬。任何组织和个人不得强行指派志愿者、志愿服务组织提供服务。C 项错误。《志愿服务记录办法》第十七条规定,志愿者需要查询本人志愿服务记录或者因升学、入伍、就业等原因需要出具本人参加志愿服务证明的,志愿者组织、公益慈善类组织和社会服务机构应当及时如实提供。志愿服务证明应当载明当事人的志愿者身份、志愿服务时间和内容。D 项正确。故本题选 D。

37.【答案】A

考点提示: 本题考查志愿服务的管理。

完整解析: 民政部门负责志愿服务行政管理工作。故本题选 A。

38.【答案】C

考点提示: 本题考查民办非企业单位的成立登记。

完整解析:《民办非企业单位登记管理暂行条例》第五条规定,国务院民政部门和县级以上地方各级人民政府民政部门是本级人民政府的民办非企业单位登记管理机关。国务院有关部门和县级以上地方各级人民政府的有关部门、国务院或者县级以上地方各级人民政府授权的组织,是有关行业、业务范围内民办非企业单位的业务主管单位。法律、行政法规对民办非企业单位的监督管理另有规定的,依照有关法律、行政法规的规定执行。故本题选 C。

39.【答案】C

考点提示: 本题考查民办非企业单位的变更登记。

完整解析: 民办非企业单位的住所、业务范围、法定代表人或单位负责人、开办资金、业务主管单位等登记事项如果需要变更,应当自业务主管单位审查同意之日起 30 日内向登记管理机关申请变更登记。C 项是住所的变更,应该申请变更登记,故本题选 C。

40.【答案】D

考点提示: 本题考查基金会的撤销登记。

完整解析: 基金会注销后的剩余财产应当按照章程的规定用于公益目的。无法按照章程规定处理的,由登记管理机关组织捐赠给与该基金会性质、宗旨相同的社会公益组织,并向社会公告。故本题选 D。

41.【答案】D

考点提示: 本题考查理事会的组成。

完整解析: 关于理事会的组成,《基金会管理条例》有如下规定:(1)理事会的规模为 5 人至 25 人。(2)理事任期由章程规定,但每届任期不得超过 5 年。理事任期届满,连选可以连任。(3)理事选任限制。用私人财产设立的非公募基金会,相互间有近亲属关系的基金会理事,总数不得超过理事总人数的 1/3;其他基金会,具有近亲属关系的不得同时在理事会任职。未在基金会担任专职工作的理事不得从基金会获取报酬,在基金会领取报酬的理事不得超过理事总人数的 1/3。(4)理事会设理事长、副理事长和秘书长,从理事中选举产生。故本题选 D。

42.【答案】D

考点提示: 本题考查理事会的决议。

完整解析: 下列重要事项的决议,须经出席理事表决,2/3 以上通过方为有效:(1)章程的修改;(2)选举或者罢免理事长、副理事长、秘书长;(3)章程规定的重大募捐、投资活动;(4)基金会的分立、合并。题目中出席理事共有 15 人,需要 2/3 以上通过,需要至少 10 名理事同意。故本题选 D。

43.【答案】B

考点提示:本题考查女职工的特殊保护。

完整解析:女职工的特殊保护:(1)对妇女劳动就业方面的保护;(2)实行男女同工同酬;(3)合理安排女职工的工种和工作;(4)对于女职工实行"四期"保护。《中华人民共和国劳动法》规定,妇女享有与男子平等的就业权利。在录用职工时,除国家规定的不适合妇女的工种或者岗位外,不得以性别为由拒绝录用妇女或者提高对妇女的录用标准。女职工在孕期、产期、哺乳期内的,用人单位一般不得解除劳动合同。关于合理安排女职工的工种和工作,《中华人民共和国劳动法》第五十九条规定,禁止安排女职工从事矿山井下、国家规定的第四级体力劳动强度的劳动和其他禁忌从事的劳动。故本题选 B。

44.【答案】A

考点提示:本题考查劳务派遣。

完整解析:劳动合同用工是我国的企业基本用工形式。劳务派遣单位是劳动合同法上的用人单位,应当履行用人单位对劳动者的义务,A 项正确。劳务派遣用工是补充形式,只能在临时性、辅助性或者替代性的工作岗位上实施,B 项错误。劳务派遣单位应当与被派遣劳动者订立 2 年以上的固定期限劳动合同,按月支付劳动报酬,C 项错误。被派遣劳动者享有与用工单位的劳动者同工同酬的权利,D 项错误。故本题选 A。

45.【答案】C

考点提示:本题考查劳动合同的解除。

完整解析:《中华人民共和国劳动合同法》第二十六条规定,下列劳动合同无效或者部分无效:(1)以欺诈、胁迫的手段或者乘人之危,使对方在违背真实意思的情况下订立或者变更劳动合同的;(2)用人单位免除自己的法定责任、排除劳动者权利的;(3)违反法律、行政法规强制性规定的。故本题选 C。

46.【答案】C

考点提示:本题考查员工的工资支付。

完整解析:《中华人民共和国劳动法》的有关规定,用人单位根据本单位的生产经营特点和经济效益,依法自主确定本单位的工资分配方式和工资水平。工资应当以货币形式按月支付给劳动者本人。不得克扣或者无故拖欠劳动者的工资。劳动者在法定休假日和婚丧假期间以及依法参加社会活动期间,用人单位应当依法支付工资。故本题选 C。

47.【答案】B

考点提示:本题考查女职工产假。

完整解析:女职工生育享受 98 天产假,其中产前可以休假 15 天;难产的,增加产假 15 天;生育多胞胎的,每多生育 1 个婴儿,增加产假 15 天。女职工怀孕未满 4 个月流产的,享受 15 天产假;怀孕满 4 个月流产的,享受 42 天产假。故本题选 B。

48.【答案】C

考点提示:本题考查拖欠工资的赔偿制度。

完整解析:用人单位克扣或者无故拖欠劳动者工资报酬的,由劳动保障行政部门分别责令限期支付劳动者的工资报酬、劳动者工资低于当地最低工资标准的差额或者解除劳动合同的经济补偿;逾期不支付的,责令用人单位按照应付金额 50% 以上 1 倍以下的标准计算,向劳动者加付赔偿金。试用期是三个月,每月工资 4000 元,共拖欠 3×4000＝12000 元,故本题选 C。

49.【答案】B

考点提示:本题考查最低工资标准的调整时间。

完整解析:《最低工资规定》规定,最低工资标准每两年至少调整一次。故本题选 B。

50.【答案】D

考点提示:本题考查集体协商争议的协调处理。

完整解析:集体协商过程中发生争议,双方当事人不能协商解决的,当事人一方或双方可以书面向劳动保障行政部门提出协调处理申请;未提出申请的,劳动保障行政部门认为必要时也可以进行协调处理。故本题选 D。

51.【答案】A

考点提示:本题考查艾滋病治疗对医疗机构的要求。

完整解析:《艾滋病防治条例》针对艾滋病治疗对医疗机构提出了以下 3 项要求:(1)医疗机构应当为艾滋病病毒感染者和艾滋病病人提供艾滋病防治咨询、诊断和治疗服务。医疗机构不得因就诊的病人是艾滋病病毒感染者或者艾滋病病人,推诿或者拒绝对其其他疾病进行治疗,B 项错误。(2)对确诊的艾滋病病毒感染者和艾滋病病人,医疗卫生机构的工作人员应当将其感染或者发病的事实告知本人;本人为限制行为能力人或者无行为能力人的,应当告知其监护人,C 项错误。(3)医疗卫生机构应当按照国务院卫生主管部门制定的《预防艾滋病母婴传播技术指导方案》的规定,对孕产妇提供艾滋病防治咨询和检测,对感染艾滋病病毒的孕产妇及其婴儿提供预防艾滋病母婴传播的咨询、产前指导、阻断、治疗、产后访视、婴儿随访和检测等服务。未经本人或其监护人同意,任何单位或者个人不得公开艾滋病病毒感染者、艾滋病病人及其家属的姓名、住址、工作单位、肖像、病史资料以及其他可能推断出其具体身份的信息,D 项错误。故本题选 A。

52.【答案】D

考点提示:本题考查社区卫生服务机构需要具备的条件。

完整解析:《城市社区卫生服务站基本标准》规定,城市社区卫生服务站在床位设置上,至少设日间观察床 1 张,不设病床,故 A 项错误。在科室安排上,至少设有以下科室:全科诊室、治疗室、处置室、预防保健室、健康信息管理室。在人员配备上:(1)至少配备 2 名执业范围为全科医学专业的临床类别、中医类别执业医师,故 C 项错误;(2)至少有 1 名中级以上任职资格的执业医师,至少有 1 名能够提供中医药服务的执业医师;(3)每名执业医师至少配备 1 名注册护士,故 D 项正确;(4)其他人员按需配备。在房屋要求上,建筑面积不少于 150 平方米,布局合理,充分体现保护患者隐私、无障碍设计要求,并符合国家卫生学标准,故 B 项错误。故本题选 D。

53.【答案】C

考点提示:本题考查新型农村社会养老保险或城镇居民社会养老保险制度。

完整解析:《国务院关于建立统一的城乡居民基本养老保险制度的意见》规定,参加城乡居民养老保险的个人,年满 60 周岁、累计缴费满 15 年,且未领取国家规定的基本养老保障待遇的,可以按月领取城乡居民养老保险待遇。新农保或城居保制度实施时已年满 60 周岁,在本意见印发之日前未领取国家规定的基本养老保障待遇的,不用缴费。在本题中,年龄限制是年满 60 岁,故排除 A、B 两项,另外一个限制是"未领取国家规定的基本养老保障待遇的",故可以排除 D 项。故本题选 C。

54.【答案】C

考点提示:本题考查新型农村社会养老保险或城镇居民社会养老保险制度。

完整解析:就参保者退休后的待遇领取地点而言,分为 4 种情况:(1)基本养老保险关系在户籍所在地的,由户籍所在地负责办理待遇领取手续;(2)基本养老保险关系不在户籍所在地,而在其基本养老保险关系所在地累计缴费年限满 10 年的,在该地办理待遇领取手续;(3)基本养老保险关系不在户籍所在地,且在其基本养老保险关系所在地累计缴费年限不满 10 年的,将其基本养老保险关系转回上一个缴费年限满 10 年的原参保地办理待遇领取手续;(4)基本养老保险关系不在户籍所在地,且在每个参保地的累计缴费年限均不满 10 年的,将其基本养老保险关系及相应资金归集到户籍所在地,由户籍所在地按规定办理待遇领取手续。故本题选 C。

55.【答案】B

考点提示:本题考查养老保险制度。

完整解析:机关事业单位在参加基本养老保险的基础上,应当为其工作人员建立职业年金。单位按本单位工资总额的 8% 缴费,个人按本人缴费工资的 4% 缴费。故本题选 B。

56.【答案】A

考点提示：本题考查城镇居民基本医疗保险基金的使用原则。

完整解析：从城乡居民基本医保基金中划出一定比例或额度作为大病保险资金。城乡居民基本医保基金有结余的地区，利用结余筹集大病保险资金；结余不足或没有结余的地区，在年度筹集的基金中予以安排。完善城乡居民基本医保的多渠道筹资机制，保证制度的可持续发展。故本题选A。

57.【答案】C

考点提示：本题考查失业保险基金支出范围。

完整解析：从支出内容上看，失业保险基金的支出范围主要包括：(1)失业保险金；(2)领取失业保险金期间的医疗补助金；(3)领取失业保险金期间死亡的失业人员的丧葬补助金和其供养的配偶、直系亲属的抚恤金；(4)领取失业保险金期间接受职业培训、职业介绍的补贴，补贴的办法和标准由省、自治区、直辖市人民政府规定；(5)国务院规定或者批准的与失业保险有关的其他费用。故本题选C。

58.【答案】A

考点提示：本题考查建设单位办理施工许可手续的证明文件。

完整解析：建设单位在办理施工许可手续时，应当提交建设项目工伤保险参保证明，以此作为保证工程安全施工的具体措施之一。安全施工措施未落实的项目，各地住房城乡建设主管部门不予核发施工许可证。故本题选A。

59.【答案】B

考点提示：本题考查工伤医疗费用的支付情况。

完整解析：《工伤保险条例》第六十二条规定，应当参加工伤保险而未参加工伤保险的用人单位职工发生工伤的，由该用人单位按照本条例规定的工伤保险待遇项目和标准支付费用。故本题选B。

60.【答案】B

考点提示：本题考查征收社会保险费的部门。

完整解析：为提高社会保险资金征管效率，将基本养老保险费、基本医疗保险费、失业保险费等各项社会保险费交由税务部门统一征收。故本题选B。

二、多项选择题

61.【答案】ABCE

考点提示：本题考查社会工作专业人才队伍建设的指导思想。

完整解析：加强社会工作专业人才队伍建设的指导思想。高举中国特色社会主义伟大旗帜，以邓小平理论和"三个代表"重要思想为指导，深入贯彻落实科学发展观，立足于我国经济社会发展的客观需要，适应加强和创新社会管理的现实需求，按照实施人才强国战略的总体部署，以人才培养为基础，以人才使用为根本，以人才评价激励为重点，以政策制度建设为保障，努力建设一支高素质的社会工作专业人才队伍，为构建社会主义和谐社会和巩固党的执政基础提供有力的人才支撑。故本题选ABCE。

62.【答案】ACDE

考点提示：本题考查家庭可支配收入。

完整解析：家庭可支配收入是指扣除缴纳的个人所得税及个人按规定缴纳的社会保障性支出后的收入，主要包括：(1)工资性收入；(2)家庭经营净(纯)收入；(3)财产性收入(4)转移性收入；(5)其他应当计入家庭收入的项目。排除B项。故本题选ACDE。

63.【答案】ADE

考点提示：本题考查社会救助中的法律责任。

完整解析：《社会救助暂行办法》第六十八条规定，采取虚报、隐瞒、伪造等手段，骗取社会救助资金、物资或者服务的，由有关部门决定停止社会救助，责令退回非法获取的救助资金、物资，可以处非法获取的救助款额或者物资价值1倍以上3倍以下的罚款；构成违反治安管理行为的，依法给予治安管理处罚。故本题选ADE。

64.【答案】CDE

考点提示：本题考查终止法律援助。

完整解析：办理法律援助案件的人员遇有下列情形之一的,应当向法律援助机构报告,法律援助机构经审查核实的,应当终止该项法律援助:(1)受援人的经济收入状况发生变化,不再符合法律援助条件的;(2)案件终止审理或者已被撤销,C项正确;(3)受援人要求终止法律援助的,D项正确;(4)受援人又自行委托律师或者其他代理人的,E项正确。故本题选CDE。

65.【答案】ABCD

考点提示：本题考查孤儿安置。

完整解析：地方各级政府要按照有利于孤儿身心健康成长的原则,采取多种方式,拓展孤儿安置渠道,妥善安置孤儿,分别为亲属抚养、机构养育、家庭寄养和依法收养。故本题选ABCD。

66.【答案】ADE

考点提示：本题考查妇女婚姻自主权。

完整解析：女方在怀孕期间、分娩后一年内或终止妊娠后六个月内,男方不得提出离婚,A、D、E三项正确。女方提出离婚的,或人民法院认为确有必要受理男方离婚请求的,不在此限。该规定是为了保护妇女和婴儿、胎儿的身心健康,是在一定条件下对男方离婚请求权的一种限制。但是,这一限制不是禁止男方提出离婚要求,只是在时间上予以限制而已。故本题选ADE。

＊67.【答案】ABCE

考点提示：本题考查法定继承的遗产分配原则。

完整解析：一般情况下,同一顺序继承人适用均等分配原则。特殊情况下,同一顺序法定继承人可采用不均等分配原则,对生活有特殊困难的缺乏劳动能力的继承人,分配遗产时,应当予以照顾。对被继承人尽了主要扶养义务或者与被继承人共同生活的继承人,分配遗产时,可以多分。有扶养能力和有扶养条件的继承人,不尽扶养义务的,分配遗产时,应当不分或者少分;但继承人有扶养能力和扶养条件,愿意尽扶养义务,但被继承人因有固定收入和劳动能力,明确表示不要求扶养的,分配遗产时,一般不应因此而影响其继承份额。继承人协商同意的,可以不均等分割。代位继承人一般只能继承他的父亲或者母亲有权继承的遗产份额,排除D项,故本题选ABCE。

68.【答案】ABC

考点提示：本题考查设立专业应急救援队伍。

完整解析：人民政府有关部门可以根据实际需要设立专业应急救援队伍,A项正确。县级以上人民政府及其有关部门可以建立由成年志愿者组成的应急救援队伍,B项正确。单位应当建立由本单位职工组成的专职或者兼职应急救援队伍,C项正确。县级以上人民政府应当加强专业应急救援队伍与非专业应急救援队伍的合作,联合培训、联合演练,提高合成应急、协同应急的能力。故本题选ABC。

69.【答案】ABDE

考点提示：本题考查强制戒毒。

完整解析：《中华人民共和国禁毒法》规定,吸毒成瘾人员有下列情形之一的,由县级以上人民政府公安机关作出强制隔离戒毒的决定:(1)拒绝接受社区戒毒的;(2)在社区戒毒期间吸食、注射毒品的;(3)严重违反社区戒毒协议的;(4)经社区戒毒、强制隔离戒毒后再次吸食、注射毒品的。怀孕或者正在哺乳自己不满1周岁婴儿的妇女吸毒成瘾的,不适用强制隔离戒毒,排除C项。不满16周岁的未成年人吸毒成瘾的,可以不适用强制隔离戒毒。故本题选ABDE。

70.【答案】BCDE

考点提示：本题考查军休干部管理。

完整解析：服务管理机构应当做好以下服务保障工作:(1)按时发放军休干部离退休费和津贴补贴;(2)按规定落实军休干部医疗、交通、探亲等待遇,帮助符合条件的军休干部落实优抚待遇;(3)协调做好军休干部的医疗保障工作,建立健康档案,开展医疗保健知识普及活动,引导军休干部科学保健、健康养生;(4)组织开展适宜军休干部的文化体育活动,引导和鼓励军休干部参与社会文化活动;(5)定期了解军休干部情况和需求,提供必要的关心照顾;(6)协助办理军休干部去世后的丧葬事宜,按照政策规定落实遗属待遇。同时,服务管理机构还要加强思想政治工作,开展学习宣传活动,提高军休干部遵纪守法和遵守服务管理机构规章制度的自觉性;组织军休干部开展文明创建活动,引导军休干部保持和发扬优良传统,发挥政治优势和专业特长,参与社会公益活动,排除 A 项。故本题选 BCDE。

71.【答案】ABD

考点提示:本题考查民主选举。

完整解析:《中华人民共和国城市居民委员会组织法》提出了民主选举产生居民委员会主任、副主任和委员的具体方式:(1)由每户派代表选举产生,A 项正确;(2)由本居住地区全体有选举权的居民选举产生,也就是人们通常所说的"直接选举",B 项正确;(3)根据居民意见,也可以由每个居民小组选举代表 2~3 人选举产生,D 项正确。故本题选 ABD。

72.【答案】ABDE

考点提示:本题考查志愿服务组织的义务。

完整解析:志愿者的日常管理主要包括以下几方面的内容:(1)建立健全注册志愿者档案或信息管理系统;(2)尊重志愿者本人的意愿,根据其时间、能力等条件,安排从事相应的志愿服务活动;(3)提供相关的信息、安全和卫生等必要的条件或者保障;(4)签订志愿服务协议;(5)为志愿者办理必要的保险;(6)提供志愿服务相关技能等方面的培训和督导;(7)志愿服务记录;(8)对拒不履行义务的,注册机构可取消其注册志愿者身份;(9)其他必要的管理工作。由于志愿者是志愿行为,不收获报酬,因此排除 C 项。故本题选 ABDE。

73.【答案】ACDE

考点提示:本题考查社会组织评估管理办法。

完整解析:社会组织评估管理办法:(1)获得 3A 以上评估等级的社会组织,可以优先接受政府职能转移,可以优先获得政府购买服务,可以优先获得政府奖励;(2)获得 3A 以上评估等级的基金会、慈善组织等公益性社会团体可以按照规定申请公益性捐赠税前扣除资格;(3)获得 4A 以上评估等级的社会组织在年度检查时,可以简化年度检查程序,排除 B 项。故本题选 ACDE。

74.【答案】AC

考点提示:本题考查用人单位不得解除劳动合同的情形。

完整解析:《中华人民共和国劳动合同法》第四十二条规定,劳动者有下列情形之一的,用人单位不得依照本法第四十条、第四十一条的规定解除劳动合同:(1)从事接触职业病危害作业的劳动者未进行离岗前职业健康检查,或者疑似职业病病人在诊断或者医学观察期间的。(2)在本单位患职业病或者因工负伤并被确认丧失或者部分丧失劳动能力的。(3)患病或者非因工负伤,在规定的医疗期内的,A 项正确。(4)女职工在孕期、产期、哺乳期的,C 项正确。(5)在本单位连续工作满 15 年,且距法定退休年龄不足 5 年的。(6)法律、行政法规规定的其他情形。D、E 两项是企业裁员时应优先留用的人员。故本题选 AC。

75.【答案】BCDE

考点提示:本题考查延长员工工作时间的规定。

完整解析:《中华人民共和国劳动法》第四十一条规定,用人单位由于生产经营需要,经与工会和劳动者协商后可以延长工作时间,一般每日不得超过 1 小时;因特殊原因需要延长工作时间的,在保障劳动者身体健康的条件下延长工作时间,每日不得超过 3 小时,但是每月不得超过 36 小时,A 项错误。用人单位延长工作时间,应当按照下列标准支付高于劳动者正常工作时间工资的工资报酬:(1)安排劳动者延长工作时间的,支付不低于工资的 150% 的工资报酬;(2)休息日安排劳动者工作又不能安排补休的,支付不低于工资的 200% 的工资报酬;(3)法定休假日安排劳动者工作的,支付不低于工资的 300% 的工资报酬。生产设备、交通运输线路、公共设施发生故障,影响生产和公众利益,必须及时抢修的情况下,劳动者不得拒绝延长加班时间,B 项正确。故本题选 BCDE。

76.【答案】ABDE

考点提示：本题考查集体合同中的集体协商。

完整解析：集体协商双方可以就下列多项或某项内容进行集体协商，签订集体合同或专项集体合同：劳动报酬，工作时间，休息休假，劳动安全与卫生，补充保险和福利，女职工和未成年工特殊保护，职业技能培训，劳动合同管理，奖惩，裁员，集体合同期限，变更、解除集体合同的程序，履行集体合同发生争议时的协商处理办法，违反集体合同的责任，双方认为应当协商的其他内容。社会保险，以单位方式参保，以实际工资作为交纳基数，不可以协商，排除 C 项。故本题选 ABDE。

77.【答案】ABCE

考点提示：本题考查职业病人的保障。

完整解析：《中华人民共和国职业病防治法》第五十六条规定，用人单位应当保障职业病病人依法享受国家规定的职业病待遇。用人单位应当按照国家有关规定，安排职业病病人进行治疗、康复和定期检查，A 项正确。用人单位对不适宜继续从事原工作的职业病病人，应当调离原岗位，并妥善安置，B 项正确。用人单位对从事接触职业病危害的作业的劳动者，应当给予适当岗位津贴。第五十七条规定，职业病病人的诊疗、康复费用，伤残以及丧失劳动能力的职业病病人的社会保障，按照国家有关工伤保险的规定执行，C 项正确。第五十九条规定，劳动者被诊断患有职业病，但用人单位没有依法参加工伤保险的，其医疗和生活保障由该用人单位承担，D 项错误。第六十条规定，职业病病人变动工作单位，其依法享有的待遇不变，E 项正确。故本题选 ABCE。

78.【答案】DE

考点提示：本题考查居民基本医疗保险中个人缴费部分可以享受政府补贴的条件。

完整解析：《中华人民共和国社会保险法》第二十五条规定，国家建立和完善城镇居民基本医疗保险制度。城镇居民基本医疗保险实行个人缴费和政府补贴相结合。享受最低生活保障的人、丧失劳动能力的残疾人、低收入家庭 60 周岁以上的老年人和未成年人等所需个人缴费部分，由政府给予补贴。张某儿子是未成年人，张某母亲是 60 周岁以上的老人，可以享受政府补贴。故本题选 DE。

79.【答案】AB

考点提示：本题考查个体工商户可以参加的保险种类。

完整解析：无雇主的个体工商户、未在用人单位参加基本养老保险的非全日制从业人员，以及其他灵活就业人员则是自愿参保人，可以参加职工基本养老保险，由个人按照国家规定缴纳基本医疗保险费。故本题选 AB。

80.【答案】CDE

考点提示：本题考查失业人员领取失业保险金的条件。

完整解析：《中华人民共和国社会保险法》第四十五条规定，失业人员领取失业保险金应当符合以下条件：(1)非因本人意愿中断就业；(2)已经进行失业登记，并有求职要求；(3)失业前用人单位和本人已经缴纳失业保险费满 1 年。三个条件必须同时符合才可以领取失业保险金。故本题选 CDE。

社会工作法规与政策（中级）2018年真题参考答案及解析

一、单项选择题

1.【答案】B

考点提示：本题考查社会政策的两种基本模式。

完整解析：一个国家或地区的社会政策因其所惠及的人群范围和对象的不同而分为普惠型和特惠型两种基本模式。故本题选 B。

2.【答案】B

考点提示：本题考查推动社会工作专业岗位开发和专业人才使用的七个具体要求。

完整解析：社会工作专业岗位开发和专业人才使用是社会工作专业人才队伍建设的根本，《关于加强社会工作专业人才队伍建设的意见》从以下七个方面提出了具体要求：(1)研究制定社会工作专业岗位开发设置的政策措施；(2)以基层为重点配备社会工作专业人才；(3)明确相关事业单位社会工作专业岗位；(4)引导相关社会组织吸纳社会工作专业人才；(5)加大相关行政部门和群团组织使用社会工作专业人才力度；(6)建立社会工作专业人才流动机制；(7)建立社会工作专业人才和志愿者队伍联动服务机制。根据具体要求，A、C、D 三项表述错误，故本题选 B。

3.【答案】B

考点提示：本题考查特困人员供养的方式和审批程序。

完整解析：根据《社会救助暂行办法》第十一条规定，由共同生活的家庭成员向户籍所在地的乡镇人民政府、街道办事处提出书面申请，家庭成员申请有困难的，可以委托村民委员会、居民委员会代为提出申请。故 A 项错误。特困供养人员既可以在当地的供养服务机构集中供养，也可以在家分散供养。特困供养人员可以自行选择供养形式。故 C 项错误。特困人员不再符合供养条件的，村民委员会、居民委员会或者供养服务机构应当告知乡镇人民政府、街道办事处，由乡镇人民政府、街道办事处审核并报县级人民政府民政部门核准后，终止供养并予以公示。故 D 项错误。特困供养人员既可以在当地的供养服务机构集中供养，也可以在家分散供养。故本题选 B。

4.【答案】D

考点提示：本题考查低保的申请。

完整解析：民政部 2012 年印发的《最低生活保障审核审批办法(试行)》规定，申请低保应当以家庭为单位，由户主或其代理人以户主的名义向户籍所在地乡镇人民政府(街道办事处)提出低保书面申请。受申请人委托，村(居)民委员会可以代其向户籍所在地乡镇人民政府(街道办事处)提交低保书面申请及其相关材料。故本题选 D。

5.【答案】C

考点提示：本题考查低保对象的申请资格。

完整解析：民政部 2012 年印发的《最低生活保障审核审批办法(试行)》规定资格条件包括：户籍状况、家庭收入和家庭财产是认定低保对象的三个基本要件。持有当地常住户口的居民，凡共同生活的家庭成员人均收入低于当地低保标准，且家庭财产状况符合当地政府规定条件的，可以申请低保。共同生活的家庭成员包括：(1)配偶；(2)父母和未成年子女；(3)已成年但不能独立生活的子女，包括在校接受本科以下学历教育的成年子女；(4)其他具有法定赡养、扶养、抚养义务关系并长期共同居住的人员。张某的儿子已成年，是一名在读研究生，不符合共同生活的家庭成员要求。故本题选 C。

6.【答案】B

考点提示: 本题考查特困供养人员的定义。

完整解析: 新出台的《社会救助暂行办法》中,国家对无劳动能力、无生活来源且无法定赡养、抚养、扶养义务人,或者其法定赡养、抚养、扶养义务人无赡养、抚养、扶养能力的老年人、残疾人及未满16周岁的未成年人,定义为特困人员。原来的农村五保供养人员也属于特困人员。村民甲已满16周岁,靠打零工生活,不符合特困供养的条件。村民乙有独子,独子在外打工,独子有能力赡养村民乙,所以村民乙不符合特困的条件。村民丙孤身一人,无生活来源,符合特困的条件。村民丁重度残疾,其妻也是残疾人士,夫妻均无劳动能力,也无儿女,符合特困的条件。故本题选B。

7.【答案】B

考点提示: 本题考查城乡医疗救助基金的管理。

完整解析: 根据《城乡医疗救助基金管理办法》的相关规定,城乡医疗救助基金年终结余资金可结转下年度继续使用。基金累计结余一般应不超过当年筹集基金总额的15%。故本题选B。

8.【答案】C

考点提示: 本题考查教育救助的对象。

完整解析: 国家对义务教育阶段就学的最低生活保障家庭成员、特困供养人员给予教育救助,对在高中教育(含中等职业教育)、普通高等教育阶段就学的最低生活保障家庭成员、特困供养人员及不能入学接受义务教育的残疾儿童,根据实际情况给予适当教育救助。小丽既处于义务教育阶段,又是低保家庭成员,符合教育救助的条件。故本题选C。

9.【答案】C

考点提示: 本题考查住房救助的申请。

完整解析: 城镇家庭申请住房救助的,应当经由乡镇人民政府、街道办事处或者直接向县级人民政府住房保障部门提出,经县级人民政府民政部门审核家庭收入、财产状况和县级人民政府住房保障部门审核家庭住房状况并公示后,对符合条件的申请人,由县级人民政府住房保障部门优先给予保障。故本题选C。

10.【答案】B

考点提示: 本题考查临时救助的对象。

完整解析: 临时救助的对象包括家庭对象和个人对象。家庭对象是因火灾、交通事故等意外事件,家庭成员突发重大疾病等原因,导致基本生活暂时出现严重困难的家庭;因生活必需支出突然增加并超出家庭承受能力,导致基本生活暂时出现严重困难的最低生活保障家庭;遭遇其他特殊困难的家庭。个人对象是因遭遇火灾、交通事故、突发重大疾病或其他特殊困难,暂时无法得到家庭支持,导致基本生活陷入困境的个人。宋某突发重大疾病,暂时无法获得家庭支持,生活陷入困境,符合临时救助对象的要求。故本题选B。

11.【答案】C

考点提示: 本题考查《"十三五"国家老龄事业发展和养老体系建设规划》的相关规定。

完整解析: 根据规定,政府运营的养老床位占当地养老床位总数的比例不超过50%,因此该市政府运营的床位不超过2万张。故本题选C。

12.【答案】C

考点提示: 本题考查对未成年人有严重不良行为的矫治方法。

完整解析: 具体矫治方法包括:(1)工读学校矫治。送未成年人进工读学校进行矫治或接受教育,应当由其父母或者其他监护人,或者原所在学校提出申请,经教育行政部门批准,工读学校对就读的未成年人应当严格管理和教育。(2)司法矫治。未成年人有严重不良行为,违反治安管理行为的,由公安机关依法予以治安处罚。因不满14周岁或者情节特别轻微免予处罚的,可以予以训诫。未成年人因不满16周岁不予刑事处罚的,责令他的父母或者其他监护人严加管教;在必要的时候,也可以由政府依法收容教养。(3)社会包容。故本题选C。

13.【答案】A

考点提示：本题考查孤儿安置。

完整解析：孤儿安置的方式有：(1)亲属抚养；(2)机构养育；(3)家庭寄养；(4)依法收养。在亲属抚养方式中，孤儿的祖父母、外祖父母、兄、姐要依法承担抚养义务、履行监护职责；鼓励关系密切的其他亲属、朋友担任孤儿的监护人；没有前述监护人的，未成年人的父、母所在单位或者未成年人住所地的居民委员会、村民委员会或者民政部门担任监护人。故本题选 A。

14.【答案】C

考点提示：本题考查残疾预防。

完整解析：根据《残疾预防和残疾人康复条例》，残疾预防工作应当覆盖全人群和全生命周期，以社区和家庭为基础，坚持普遍预防和重点防控相结合。故本题选 C。

*15.【答案】D

考点提示：本题考查夫妻财产制。

完整解析：《中华人民共和国婚姻法》第四十七条有明确的规定，离婚时，一方隐藏、转移、变卖、毁损夫妻共同财产，或伪造债务企图侵占另一方财产的，分割夫妻共同财产时，对隐藏、转移、变卖、毁损夫妻共同财产或伪造债务的一方，可以少分或不分。故本题选 D。

*16.【答案】B

考点提示：本题考查收养成立的条件。

完整解析：收养人应当同时具备下列条件：(1)无子女；(2)有抚养教育被收养人的能力；(3)未患有在医学上认为不应当收养子女的疾病；(4)年满30周岁；(5)只能收养一名子女。有关收养人的特殊要求：(1)无配偶的男性收养女性的，收养人与被收养人的年龄应当相差40周岁以上；(2)有配偶者收养子女须夫妻共同收养。另外，特殊收养关系中，收养孤儿、残疾儿童或社会福利机构抚养的查找不到生父母的弃婴和儿童，可以不受收养人无子女和收养1名子女的限制。故本题选 B。

*17.【答案】D

考点提示：本题考查有关遗赠的法律规定。

完整解析：遗赠的生效条件：(1)遗赠人须有遗嘱能力；(2)遗嘱必须是遗赠人的真实意思表示；(3)遗赠的内容必须合法；(4)遗赠人不能侵犯缺乏劳动能力又没有生活来源的继承人的合法权益；(5)受遗赠人后于遗赠人死亡。受遗赠人先于遗赠人死亡的，遗产中的有关部分按照法定继承办理。执行遗赠不得妨碍清偿遗赠人依法应当缴纳的税款和债务。故本题选 D。

*18.【答案】B

考点提示：本题考查代位继承。

完整解析：代位继承是指被继承人的子女先于继承人死亡的，由被继承人子女的晚辈直系血亲代替被继承人的子女继承被继承人遗产的一项法定继承制度。代位继承人取得遗产时不受辈分限制，被继承人的孙子女、外孙子女、曾孙子女、曾外孙子女都成为可代位继承人。A 项中的继子，C 项中丙的丈夫，D 项中的养子均不属于被继承子女的晚辈直系血亲，故本题选 B。

*19.【答案】D

考点提示：本题考查遗嘱的有效条件。

完整解析：遗嘱的有效条件包括：(1)立遗嘱人必须具有遗嘱能力；(2)遗嘱必须是遗嘱人的真实意思表示；(3)处分遗产只能是个人合法财产；(4)遗嘱不得取消缺乏劳动能力又无生活来源的法定继承人必要的继承份额；(5)遗嘱中应保留胎儿的继承份额；(6)遗嘱的内容必须合法；(7)遗嘱必须符合法定形式。小芸 15 周岁，不具有完全的民事行为能力，因此 A 项错误。小强立遗嘱是在精神病发病期间，不能完全辨认自己行为时亲笔书写的遗嘱，因此 B 项错误。老汪选择录音订立遗嘱，应当有两个以上见证人在场见证，因此 C 项错误。老齐具有完全民事行为能力，亲笔书写的遗嘱属于自书遗嘱，不需要见证人，且具有签名，形式合法，因此 D 项正确。故本题选 D。

20.【答案】A

考点提示:本题考查人民调解协议的法律效力问题。

完整解析:经人民调解委员会调解达成的调解协议,具有法律约束力,当事人应当按照约定履行。故本题选A。

21.【答案】D

考点提示:本题考查信访事项受理。

完整解析:涉及两个或者两个以上行政机关的信访事项,由所涉及的行政机关协商受理;受理有争议的,由其共同的上一级行政机关决定受理机关。故本题选D。

22.【答案】D

考点提示:本题考查突发事件的应急管理体制。

完整解析:县级人民政府对本行政区域内突发事件的应对工作负责。涉及两个以上行政区域的,由有关行政区域共同的上一级人民政府负责,或者由各有关行政区域的上一级人民政府共同负责。故本题选D。

23.【答案】C

考点提示:本题考查社区矫正的职责分工。

完整解析:保外就医的矫正人员应当每个月向司法所报告本人身体情况,每3个月向司法所提交病情复查情况。故本题选C。

24.【答案】D

考点提示:本题考查戒毒措施。

完整解析:《中华人民共和国禁毒法》规定,对吸毒成瘾人员,公安机关可以责令其接受社区戒毒,同时通知吸毒人员户籍所在地或者现居住地的城市街道办事处、乡镇人民政府,社区戒毒的期限为3年。故本题选D。

25.【答案】D

考点提示:本题考查《中华人民共和国治安管理处罚法》的有关规定。

完整解析:《中华人民共和国治安管理处罚法》规定,对违反治安管理行为人,公安机关传唤后应当及时询问查证,查证时间不得超过8小时。情况复杂、依照《中华人民共和国治安管理处罚法》规定可能适用行政拘留处罚规定的,询问查证时间不得超过24小时,故B项错误。公安机关应当及时将传唤的原因和处所通知被传唤人家属,故A项错误。询问不满16周岁的违反治安管理行为人,应当通知其父母或者其他监护人到场,故C项错误。询问聋哑的违反治安管理行为人、被侵害人或者其他见证人,应当有通晓手语的人提供帮助,并在笔录上注明。故本题选D。

26.【答案】C

考点提示:本题考查烈士褒扬金标准。

完整解析:根据《烈士褒扬条例》,烈士褒扬金标准为烈士牺牲时上一年度全国城镇居民可支配收入的30倍。战时,参战牺牲的烈士褒扬金标准可以适当提高。故本题选C。

27.【答案】A

考点提示:本题考查一次性抚恤金。

完整解析:根据《军人抚恤优待条例》,现役军人死亡,根据其死亡性质和死亡时的月工资标准,由县级人民政府民政部门发给其遗属一次性抚恤金,标准是,烈士和因公牺牲的,为上一年度全国城镇居民人均可支配收入的20倍加本人40个月的工资;病故的,为上一年度全国城镇居民人均可支配收入的2倍加本人40个月的工资。月工资或者津贴低于排职少尉军官工资标准的,按照排职少尉军官工资标准计算。故本题选A。

28.【答案】D

考点提示:本题考查残疾军人抚恤的标准及待遇。

完整解析:《伤残抚恤管理办法》第二十七条规定,中止抚恤的伤残人员在刑满释放并恢复政治权利或者取消通缉后,经本人申请,并经民政部门审查符合条件的,从第二个月起恢复抚恤,原停发的抚恤金不予补发。

故本题选 D。

29.【答案】A

考点提示:本题考查退役士兵安置的主要方式。

完整解析:根据《退役士兵安置条例》第三十三条,安置地县级以上地方人民政府应当按照属地管理的原则,对符合安排工作条件的退役士兵进行安置,保障其第一次就业。故本题选 A。

30.【答案】B

考点提示:本题考查军休干部的服务管理。

完整解析:根据《军队离休退休干部服务管理办法》第四条,军休干部服务管理应当与经济发展相协调,与社会进步相适应,实行国家保障与社会化服务相结合。故本题选 B。

31.【答案】D

考点提示:本题考查居民委员会的组织设置。

完整解析:新建住宅区居民入住率达到 50% 的,应及时成立社区居民委员会。故本题选 D。

32.【答案】C

考点提示:本题考查委托投票。

完整解析:登记参加选举的村民,选举期间外出不能参加投票的,可以委托本村有选举权的近亲属代为投票。每一登记参加选举的村民接受委托投票不得超过 3 人。故本题选 C。

33.【答案】A

考点提示:本题考查消费者的行为规范。

完整解析:根据《家庭服务业管理暂行办法》,消费者的行为规范包括:(1)消费者到家庭服务机构聘用家庭服务员时,应持有户口簿或身份证及相关证明,并如实填写登记表,交纳有关费用。消费者或其家庭成员患有传染病、精神病或其他重要疾病的,应当告知家庭服务机构和家庭服务员,并如实登记。(2)消费者有权要求家庭服务机构按照合同约定指派或介绍家庭服务员和提供服务,消费者有权要求家庭服务机构如实提供家庭服务员的道德品行、教育状况、职业技能、相关工作经历、健康状况等个人信息。(3)消费者应当保障家庭服务员合法权益,尊重家庭服务员的人格和劳动,按约定提供食宿等条件,保证家庭服务员每天基本睡眠时间和每月必要休息时间,不得对家庭服务员有漫骂、殴打等侵权行为,不得拖欠、克扣家庭服务员工资,不得扣押家庭服务员身份、学历、资格证明等证件原件。未经家庭服务员同意,消费者不得随意增加合同以外的服务项目,如需增加须事先与家庭服务机构、家庭服务员协商,并适当增加服务报酬。故本题选 A。

34.【答案】C

考点提示:本题考查公益事业的捐赠规定。

完整解析:《中华人民共和国公益事业捐赠法》第八条规定,对捐赠人进行公开表彰,应当事先征求捐赠人的意见。第十四条规定,捐赠人单独捐赠的工程项目或者主要由捐赠人出资兴建的工程项目,可以由捐赠人提出工程项目的名称,报县级以上人民政府批准。第二十条规定,公益事业对捐赠人负有出具收据和接受查询的义务。捐赠人有权向受赠人查询捐赠财产的使用、管理情况。第十八条规定,受赠人与捐赠人订立了捐赠协议的,应当按照协议约定的用途使用捐赠财产,不得擅自改变捐赠财产的用途。故本题选 C。

35.【答案】B

考点提示:本题考查《中华人民共和国慈善法》。

完整解析:慈善组织有下列情形之一的,由民政部门责令限期改正;逾期不改正的,吊销登记证书并予以公告:(1)未按照慈善宗旨开展活动的;(2)私分、挪用、截留或者侵占慈善财产的;(3)接受附加违反法律法规或者违背社会公德条件的捐赠,或者对受益人附加违反法律法规或者违背社会公德的条件的。故本题选 B。

36.【答案】D

考点提示:本题考查《中华人民共和国慈善法》。

完整解析:慈善法将每年 9 月 5 日定为"中华慈善日"。故本题选 D。

37.【答案】C

考点提示:本题考查志愿服务的相关概念。

完整解析:限制民事行为能力人,可以参加与其年龄、智力状况相适应的志愿服务活动,但应当征得其监护人的同意或者由监护人陪同,A说法错误。鼓励注册志愿者,但是志愿者不是必须通过志愿者服务组织注册,也可通过报名组织志愿者的形式开展志愿活动,B项说法错误。志愿者应当按照约定提供志愿服务,志愿者因故不能按照约定提供志愿服务的,应当及时告知志愿服务组织或者志愿服务对象,不得向志愿服务对象收取报酬,D项说法错误。故本题选C。

38.【答案】C

考点提示:本题考查基金会的治理机构。

完整解析:根据《基金会管理条例》的规定,基金会设理事会。理事会是基金会的决策机构,依法行使章程规定的职权。故本题选C。

39.【答案】B

考点提示:本题考查基金会行为的若干规定。

完整解析:基金会应当在实际收到捐赠后据实开具捐赠票据,捐赠人不需要捐赠票据的,或者匿名捐赠的,也应当开具捐赠票据,由基金会留存备查,D项错误。基金会为保值增值,进行委托投资时,应当委托银行或者其他金融机构进行,B项正确。基金会不得直接宣传、促销、销售企业的产品和品牌,不得为企业及其产品提供信誉或者质量担保,C项错误。基金会的财产及其他收入受法律保护,任何单位和个人不得私分、侵占、挪用,A项错误。故本题选B。

40.【答案】A

考点提示:本题考查基金会的设立条件。

完整解析:根据《基金会管理条例》的规定,设立基金会,应是出于特定的公益目的,应有规范的名称、章程、组织机构及其开展活动相适应的专职工作人员,有固定的住所,能够独立承担民事责任。除此之外,原始基金必须为到账货币基金,且应达到规定的额度,故D项错误。全国性公募基金会的原始基金不低于800万元人民币,地方性公募基金会的原始基金不低于400万元人民币,非公募基金会的原始基金不低于200万元,可见B、C两项错误。故本题选A。

41.【答案】A

考点提示:本题考查成立社会团体对会员数量的要求。

完整解析:社会团体的会员数量要求:如果会员全部为单位会员,则会员数应在30个以上;如果会员全部由个人会员组成,则会员数应在50个以上;如果会员由个人会员和单位会员混合组成,则会员总数不得少于50个。故本题选A。

42.【答案】D

考点提示:本题考查社会团体管理的财务制度。

完整解析:根据民政部、财政部《关于取消社会团体会费标准备案规范会费管理的通知》的规定:(1)经社会团体登记管理机关批准成立的社会团体,可以向个人会员和单位会员收取会费。(2)会费标准的额度应当明确,不得具有浮动性。(3)社会团体制定或者修改会费标准,应当召开会员大会或者会员代表大会,应当有2/3以上会员或者会员代表出席,并经出席会员或者会员代表1/2以上表决通过,表决采取无记名投票方式进行。(4)社会团体应当通过会费标准决议之日起30日内,将决议向全体会员公开。故本题选D。

43.【答案】B

考点提示:本题考查民办非企业单位的申请条件。

完整解析:民办非企业单位的名称应当符合国务院民政部门的规定,不得冠以"中国""全国""中华"等字样。A项名称不符合。有与其业务活动相适应的合法财产,民办非企业单位开办资金必须是货币资金且国有资产不得超过1/3,D项错误。民办非企业单位的活动场所须有产权证明或1年期以上的使用权证明,C项只有9个月,不符合题意。章程草案或合伙协议中须载明该单位的盈利不得分配,故本题选B。

44.【答案】D

考点提示:本题考查《民办非企业单位名称管理暂行规定》——民办非企业单位的名称。

完整解析:民办非企业单位的名称应当符合国务院民政部门的规定,不得冠以"中国""全国""中华"等字样,一般依次由四部分组成:行政区域的名称、字号(任意名)、行(事)业或业务领域、组织形式。故本题选D。

45.【答案】B

考点提示:本题考查《中华人民共和国劳动法》——劳动者的工作时间。

完整解析:国家实行劳动者每日工作时间8小时、每周工作时间40小时的工时制度。用人单位应当保证劳动者每周至少休息1日,因此A项累计工作时间42小时,不符合规定;B项累计工作时间39小时,符合规定。因特殊原因需要延长工作时间的,在保障劳动者身体健康的条件下延长工作时间每日不得超过3小时,每月不得超过36小时,因此C、D两项错误。故本题选B。

46.【答案】D

考点提示:本题考查《女职工劳动保护特别规定》——女职工产假期间的生育津贴。

完整解析:根据《女职工劳动保护特别规定》第八条第一款的规定,女职工产假期间的生育津贴,对已经参加生育保险的,按照用人单位上年度职工月平均工资的标准由生育保险基金支付;对未参加生育保险的,按照女职工产假前工资的标准由用人单位支付。故本题选D。

47.【答案】C

考点提示:本题考查《中华人民共和国就业促进法》——国家促进就业的优惠政策。

完整解析:依法享受税收优惠的是:(1)吸纳符合国家规定条件的失业人员达到规定要求的企业;(2)失业人员创办的中小企业;(3)安置残疾人员达到规定比例或者集中使用残疾人的企业;(4)从事个体经营的符合国家规定条件的失业人员;(5)从事个体经营的残疾人;(6)国务院规定给予税收优惠的其他企业、人员。故本题选C。

48.【答案】D

考点提示:本题考查《中华人民共和国劳动合同法》——劳动合同必备条款。

完整解析:劳动合同必备条款包括:(1)用人单位的名称、住所、法定代表人或者是主要负责人;(2)劳动者的姓名、住址和居民身份证或者其他有效身份证件号码;(3)劳动合同期限;(4)工作内容和工作地点;(5)工作时间和休息休假;(6)劳动报酬;(7)社会保险;(8)劳动保护、劳动条件和职业危害防护;(9)法律、法规规定的应当纳入劳动合同的其他事项。故本题选D。

49.【答案】A

考点提示:本题考查《中华人民共和国劳动合同法》——用人单位解除劳动合同的经济补偿金问题。

完整解析:吴某系学历造假,公司依法解除劳动合同,无须支付经济补偿金。故本题选A。

50.【答案】D

考点提示:本题考查《中华人民共和国劳动法》——延长工作时间的工资支付。

完整解析:用人单位延长工作时间,应当按照下列标准支付高于劳动者正常工作时间工资的工资报酬:(1)安排延长工作时间的,支付不低于工资的150%的工资报酬;(2)休息日安排劳动者工作又不能安排补休的,支付不低于工资的200%的工资报酬;(3)法定休假日安排劳动者工作的,支付不低于工资的300%的工资报酬。故本题选D。

51.【答案】D

考点提示:本题考查《劳动保障监察条例》——劳动保障监察事项。

完整解析:劳动保障行政部门对下列事项实施劳动保障监察:(1)用人单位制定内部劳动保障规章制度的情况;(2)用人单位与劳动者订立劳动合同的情况;(3)用人单位遵守禁止使用童工规定的情况;(4)用人单位遵守女职工和未成年工特殊劳动保护规定的情况;(5)用人单位遵守工作时间和休息休假规定的情况;(6)用人单位支付劳动者工资和执行最低工资标准的情况;(7)用人单位参加各项社会保险和缴纳社会保险费的情

况;(8)职业介绍机构、职业技能培训机构和职业技能考核鉴定机构遵守国家有关职业介绍、职业技能培训和职业技能考核鉴定的规定的情况;(9)法律、法规规定的其他劳动保障监察事项。故本题选 D。

52.【答案】A

考点提示:本题考查《集体合同规定》——集体协商。

完整解析:集体协商任何一方均可就签订集体合同或专项集体合同以及相关事宜,以书面形式向对方提出进行集体协商的要求。一方提出进行集体协商要求的,另一方应当在收到集体协商要求之日起 20 日内以书面形式给予回应,无正当理由不得拒绝进行集体协商。故本题选 A。

53.【答案】B

考点提示:本题考查《集体合同规定》——集体合同的相关规定。

完整解析:集体合同签订后,由用人单位一方报送劳动保障行政部门审查,企业应送劳动保障行政部门审查。A 项错误。用人单位因被兼并、解散、破产等原因,致使集体合同无法履行,可以变更或解除集体合同,B 项正确。集体协商过程中发生争议,双方当事人不能协商解决的,当事人一方或双方可以书面形式向劳动保障行政部门提出协调处理申请,C 项错误。因履行集体合同发生的争议,当事人协商解决不成的,可以依法向劳动争议仲裁委员会申请仲裁,D 项错误。故本题选 B。

54.【答案】C

考点提示:本题考查《国务院关于发展城市社区卫生服务的指导意见》——发展城市社区卫生服务体系的法律与政策。

完整解析:根据《国务院关于发展城市社区卫生服务的指导意见》,推进社区卫生服务体系建设,要坚持政府主导、鼓励社会参与。具体来说,就是要按照平等、竞争、择优的原则,统筹社区卫生服务机构发展,鼓励社会力量参与发展社区卫生服务,充分发挥社会力量举办的社区卫生服务机构的作用。标识活动并没有提升社区卫生服务水平,故排除 A 项。故本题选 C。

55.【答案】B

考点提示:本题考查《城镇企业职工基本养老保险关系转移接续暂行办法》——职工基本养老保险关系转移接续。

完整解析:根据《城镇企业职工基本养老保险关系转移接续暂行办法》,参保人员跨省流动就业转移基本养老保险关系时,按下列方法计算转移资金:(1)个人账户储存额,1998 年 1 月 1 日之前按个人缴费累计本息计算转移,1998 年 1 月 1 日后按计入个人账户的全部储存额计算转移。(2)统筹基金(单位缴费),以本人1998 年 1 月 1 日后各年度实际缴费工资为基数,按 12% 的总和转移,参保缴费不足 1 年的,按实际缴费月数计算转移。故本题选 B。

56.【答案】A

考点提示:本题考查基础养老金的计发办法。

完整解析:根据《国务院关于完善企业职工基本养老保险制度的决定》《国务院关于建立统一的企业职工基本养老保险制度的决定》(国发〔1997〕26 号)实施后参加工作、缴费年限(含视同缴费年限)累计满 15 年的人员,退休后按月发给基本养老金。基本养老金由基础养老金和个人账户养老金组成。退休时的基础养老金月标准以当地上年度在岗职工月平均工资和本人指数化月平均缴费工资的平均值为基数,缴费每满 1 年发给1%。个人账户养老金月标准为个人账户储存额除以计发月数,计发月数根据职工退休时城镇人口平均预期寿命、本人退休年龄、利息等因素确定。故本题选 A。

57.【答案】A

考点提示:本题考查城镇居民基本医疗保险基金待遇支付。

完整解析:《关于开展城镇居民基本医疗保险试点的指导意见》指出,城镇居民基本医疗保险基金的使用要坚持以收定支、收支平衡、略有结余的原则。故本题选 A。

58.【答案】D

考点提示:本题考查《中华人民共和国社会保险法》——失业保险金的标准。

完整解析:失业保险金的标准由省、自治区、直辖市人民政府确定,不得低于城市居民最低生活保障标准。故本题选 D。

59.【答案】A

考点提示:本题考查《中华人民共和国社会保险法》——工伤保险费用的支付。

完整解析:因工伤发生的下列费用,按照国家规定由用人单位支付:(1)治疗工伤期间的工资福利;(2)五级、六级伤残职工按月领取的伤残津贴;(3)终止或者解除劳动合同时,应当享受的一次性伤残就业补助金。故本题选 A。

60.【答案】A

考点提示:本题考查《中华人民共和国社会保险法》——基本养老金计算和支付方式。

完整解析:《中华人民共和国社会保险法》第十九条明确规定,个人跨统筹地区就业的,其基本养老保险关系随本人转移,缴费年限累计计算。个人达到法定退休年龄时,基本养老金分段计算、统一支付。具体办法由国务院规定。故本题选 A。

二、多项选择题

61.【答案】ABDE

考点提示:本题考查《民政部关于进一步加快推进民办社会工作服务机构发展的意见》——加强民办社会工作服务机构能力建设的要求。

完整解析:《民政部关于进一步加快推进民办社会工作服务机构发展的意见》提出了以下四点要求:(1)进一步增强民办社会工作服务机构内部治理能力;(2)着力提升民办社会工作服务机构服务水平;(3)建立健全民办社会工作服务机构联系志愿者制度;(4)加强民办社会工作服务机构党群组织建设。故本题选 ABDE。

62.【答案】ABDE

考点提示:本题考查《社会救助暂行办法》——社会力量参与社会救助的方式。

完整解析:国家引导、鼓励单位和个人等社会力量通过捐赠、设立帮扶项目、创办服务机构、提供志愿服务等方式参与社会救助。故本题选 ABDE。

63.【答案】BCE

考点提示:本题考查《国务院关于进一步加强和改进最低生活保障工作的意见》——我国最低生活保障标准的测算方法。

完整解析:我国最低生活保障标准的依据主要有:(1)基本生活费用支出法;(2)恩格尔系数法;(3)消费支出比例法。故本题选 BCE。

64.【答案】ACD

考点提示:本题考查《社会救助暂行办法》——就业扶助政策。

完整解析:就业救助是针对困难家庭成员就业难问题而开展的社会救助工作,在我国政府之前实施的就业援助政策的基础上,《社会救助暂行办法》明确使用了"就业救助",并将其纳入我国社会救助体系中。国家对最低生活保障家庭中有劳动能力并处于失业状态的成员,通过贷款贴息、社会保险补贴、岗位补贴、培训补贴、费用减免、公益性岗位安置等办法,给予就业救助。最低生活保障家庭有劳动能力的家庭成员均处于失业状态的,确保家庭至少一人就业。故本题选 ACD。

65.【答案】ABD

考点提示:本题考查《城市生活无着的流浪乞讨人员救助管理办法实施细则》——终止救助的情形。

完整解析:《城市生活无着的流浪乞讨人员救助管理办法实施细则》规定,救助站已经实施救助或者救助期满,受助人员应当离开救助站。对无正当理由不愿意离站的受助人员,救助站应当终止救助。除此之外,以下三种情况下,救助站应当终止救助:(1)救助站发现流浪乞讨人员故意提供虚假个人情况的,应当终止救助;(2)流浪乞讨人员自愿放弃救助离开救助站的,救助站不得限制;(3)流浪乞讨人员擅自离开救助站的,视同放弃救助,救助站应当终止救助。故本题选 ABD。

66.【答案】ACE

考点提示：本题考查《法律援助条例》——法律援助的相关规定。

完整解析：被告人是盲、聋、哑或者未成年人而没有委托辩护人的,或者被告人可能被判处死刑而没有委托辩护人的,人民法院为被告人指定辩护时,法律援助机构应当提供法律援助,无须对被告人进行经济状况的审查。故本题选ACE。

67.【答案】AB

考点提示：本题考查《社区矫正实施办法》——矫正期间的学习教育活动。

完整解析：《社区矫正实施办法》规定,社区矫正人员应当参加公共道德、法律常识、时事政策等教育学习活动,增强法制观念、道德素质和悔罪自新意识。社区矫正人员每月参加教育学习时间不少于八小时。有劳动能力的社区矫正人员应当参加社区服务,修复社会关系,培养社会责任感、集体观念和纪律意识。社区矫正人员每月参加社区服务时间不少于八小时。故本题选AB。

68.【答案】ACE

考点提示：本题考查《退役士兵安置条例》——自主就业的退役士兵的安置。

完整解析：获得荣誉称号或者立功的退役士兵,由部队按照下列比例增发一次性退役金,获得中央军事委员会、军队军区级单位授予荣誉称号,或者荣获一等功的,增发15%;荣获二等功的,增发10%;荣获三等功的,增发5%。小张荣获2次三等功,应按标准增发5%,故A项正确。服现役年限不满6个月的按照6个月计算,超过6个月不满1年的按照1年计算,C项正确。地方人民政府可以根据当地实际情况给予经济补助,经济补助标准及发放办法由省、自治区、直辖市人民政府规定,D项表述错误。一次性退役金和一次性经济补助金按照国家规定免征个人所得税。故本题选ACE。

69.【答案】ABCE

考点提示：本题考查《志愿者服务记录办法》的相关规定。

完整解析：《志愿服务记录办法》第五条规定,志愿服务记录应当记载志愿者的个人基本信息、志愿服务信息、培训信息、表彰奖励信息、投诉信息等内容。志愿者个人基本信息应当包括性别、出生年月、身份证号、服务技能、联系方式等。培训信息应当包括志愿者参加志愿服务有关知识和服务技能培训的内容、组织者、日期、地点、学时等。志愿服务信息应当包括志愿者参加志愿服务活动(项目)的名称、日期、地点、服务对象、服务内容、服务时间、服务质量评价、活动(项目)的负责人、记录人等。志愿服务时间是指志愿者实际提供志愿服务的时间,以小时为计量单位,不包括往返交通时间。志愿者因志愿服务表现突出,获得表彰奖励的,志愿者组织、公益慈善类组织和社会服务机构应当及时予以记录。故本题选ABCE。

70.【答案】CE

考点提示：本题考查《中华人民共和国慈善法》——捐赠人的义务。

完整解析：《中华人民共和国公益事业捐赠法》第九条规定,捐赠的财产应当是其有权处分的合法财产。《中华人民共和国合同法》第一百八十六条规定,赠与人在赠与的财产转移之前可以撤销赠与。具有救灾、扶贫等社会公益、道德义务性质的赠与合同或者经过公证的赠与合同不适用于前款规定。《中华人民共和国慈善法》规定,捐赠人通过广播、电视、报刊、互联网等媒体公开承诺捐赠的,违反捐赠协议逾期未交付捐赠财产,慈善组织或者其他接受捐赠的人可以要求交付;捐赠人拒不交付的,慈善组织和其他接受捐赠的人可以依法向人民法院申请支付令或者提起诉讼。故本题选CE。

71.【答案】ABCE

考点提示：本题考查《中华人民共和国劳动合同法》——非全日制用工。

完整解析：非全日制用工,是指以小时计酬为主,劳动者在同一用人单位一般平均每日工作时间不超过4小时,每周工作时间累计不超过24小时的用工形式。非全日制用工双方当事人不得约定试用期,工资必须在15日内发放一次。题目中,临时工老陈的每天工作时间超时,工资每月发放一次,且有固定期限。《劳动合同法》规定,劳动合同期限超过3个月不满1年的,试用期不得超过1个月。故本题选ABCE。

72.【答案】ABC

考点提示：本题考查《职工带薪年休假条例》——年休假的相关规定。

完整解析：职工累计工作已满1年不满10年的，年休假5天，因此A、B两项正确；已满10年不满20年的，年休假10天，因此C项正确；已满20年的，年休假15天，因此E项错误。故本题选ABC。

73.【答案】ACDE

考点提示：本题考查《中华人民共和国劳动争议调解仲裁法》——劳动争议仲裁员。

完整解析：劳动争议仲裁委员会应当设仲裁员名册。仲裁员应当公道正派并符合下列条件之一：(1)曾任审判员的；(2)从事法律研究、教学工作并具有中级以上职称的；(3)具有法律知识、从事人力资源管理或者工会等专业工作满五年的；(4)律师执业满三年的。故本题选ACDE。

74.【答案】ACDE

考点提示：本题考查《劳动合同法实施细则》——违约金支付。

完整解析：根据《劳动合同法实施细则》，有下列情形之一，用人单位与劳动者解除约定服务期的劳动合同的，劳动者应当按照劳动合同的约定向用人单位支付违约金：(1)劳动者严重违反用人单位的规章制度的；(2)劳动者严重失职，营私舞弊，给用人单位造成重大损害的；(3)劳动者同时与其他用人单位建立劳动关系，对完成本单位的工作任务造成严重影响，或者经用人单位提出，拒不改正的；(4)劳动者以欺诈、胁迫的手段或者乘人之危，使用人单位在违背真实意思的情况下订立或者变更劳动合同的；(5)劳动者被依法追究刑事责任的。因此，劳动者违反服务期约定的，应当按照约定向用人单位支付违约金。劳动者违反竞业限制约定的，应当按照约定向用人单位支付违约金。故本题选ACDE。

75.【答案】ABCD

考点提示：本题考查《国务院办公厅关于进一步加强乡村医生队伍建设的指导意见》——乡村医生的相关规定。

完整解析：乡村医生聘用应当遵循"县聘、乡管、村用"的原则，因此A项正确。原则上年满60岁的乡村医生不再在村卫生室执业，因此B项正确。乡村医生主要为农村居民提供公共卫生和基本医疗服务，因此C项正确。对乡村医生提供的基本医疗服务，主要由个人和新农合基金支付，因此D项正确。对乡村医生提供的基本公共卫生服务，主要通过政府购买服务的方式进行合理补助，因此E项错误。故本题选ABCD。

76.【答案】AC

考点提示：本题考查《中华人民共和国社会保险法》——基本养老保险待遇。

完整解析：《中华人民共和国社会保险法》规定，参加基本养老保险的个人，因病或者非因工死亡的，其遗属可以领取丧葬补助金和抚恤金；在未达到法定退休年龄时因病或者非因工致残完全丧失劳动能力的，可以领取病残津贴。所需资金从基本养老保险基金中支付。故本题选AC。

77.【答案】CDE

考点提示：本题考查《中华人民共和国社会保险法》——基本医疗保险待遇。

完整解析：医疗保险制度地区差异性较大，《中华人民共和国社会保险法》只对医疗保险的基本框架和关键性内容做了原则性的规定。在职工基本医疗保险待遇方面，《中华人民共和国社会保险法》第28条规定，符合基本医疗保险药品目录、诊疗目录、医疗服务设施标准以及急诊、抢救的费用，按照国家规定从基本医疗保险基金中支付。同时，我国的基本医疗保险实施定点医疗机构和定点药店管理制度，即只有在定点医疗机构和定点药店中产生的相关费用才能够使用医疗保险基金支付。故本题选CDE。

78.【答案】BC

考点提示：本题考查《工伤保险条例》——工伤保险待遇。

完整解析：若用人单位有缴纳工伤保险的，用人单位需支付停工留薪期工资、按月支付伤残津贴（五至六级）、一次性伤残就业补助金（五至十级解除或终止劳动合同时），因此A、D项不符合题意。若用人单位未缴纳工伤保险的，则全部工伤赔偿待遇均由用人单位支付，因此B、C符合题意。职工在用人单位未依法缴纳工伤保险费的，发生工伤事故的，由用人单位支付工伤保险待遇，因此E项错误。故本题选BC。

79.【答案】CDE

考点提示:本题考查《中华人民共和国社会保险法》——缴纳社保的主体。

完整解析:职工个人需要缴纳的是养老保险、医疗保险、失业保险。工伤保险和生育保险由企业缴纳。故本题选CDE。

80.【答案】BCD

考点提示:本题考查《中华人民共和国社会保险法》——社会保险费的征缴。

完整解析:用人单位应当自成立之日起30日内,持营业执照或者登记证书等有关证件,到当地社会保险经办机构申请办理社会保险登记,A项不正确。用人单位应当自用工之日起30日内为其员工向社会保险经办机构申请办理社会保险登记,B项正确。用人单位应自行申报、按时足额缴纳社会保险费,非因不可抗力等法定事由不得缓缴、减免,C项正确。用人单位的社会保险登记事项发生变更,应当自变更之日起30日内,到社会保险经办机构办理变更,D项正确。用人单位未按规定申报应当缴纳的社会保险费数额的,则按照该单位上月缴费额的110%确定应当缴纳数额,E项错误。故本题选BCD。

社会工作法规与政策(中级)2017年真题参考答案及解析

一、单项选择题

1.【答案】A

考点提示:本题考查完善民办社会工作服务机构管理制度的要求的相关知识。

完整解析:根据《民政部关于进一步加快推进民办社会工作服务机构发展的意见》的规定,在完善民办社会工作服务机构管理制度的改进登记方式方面,成立民办社会工作服务机构,除要求应当符合《民办非企业单位登记管理暂行条例》规定的条件外,还要求专职工作人员中应有三分之一以上取得社会工作者职业水平证书或社会工作专业本科及以上学历,章程中应明确社会工作服务宗旨、范围和方式。故本题选A。

2.【答案】A

考点提示:本题考查政府购买社会工作服务的程序的相关知识。

完整解析:政府购买社会工作服务时,原则上应通过公开招标方式进行。但在以下两种特殊情况可以酌情处理:(1)对只能从有限范围服务机构购买,或因技术复杂、性质特殊而不能确定具体服务要求、不能事先计算出价格总额的社会工作服务项目,经同级财政部门批准,可以采用邀请招标、竞争性谈判方式购买;(2)对只能从唯一服务提供机构购买的,向社会公示并经同级财政部门批准后,可以采取单一来源采购方式组织采购。故本题选A。

3.【答案】B

考点提示:本题考查低保申请者的家庭经济状况调查的相关知识。

完整解析:在最低生活保障制度中,乡镇人民政府(街道办事处)应当对申请人或者其代理人提交的材料进行审查,材料齐备的,予以受理;材料不齐备的,应当一次性告知申请人或者其代理人补齐所有规定材料。乡镇人民政府(街道办事处)应当及时受理低保申请,农村地区可以实行定期集中受理。故本题选B。

4.【答案】B

考点提示:本题考查特困人员供养的相关法律规定。

完整解析:根据《社会救助暂行办法》,国家对无劳动能力、无生活来源且无法定赡养、抚养、扶养义务人,或者其法定赡养、抚养、扶养义务人无赡养、抚养、扶养能力的老年人、残疾人及未满16周岁的未成年人,定义为特困人员,由国家提供供养。

特困人员有下列情形之一的,应当及时终止救助供养:(1)死亡、被宣告失踪或者死亡;(2)经过康复治疗恢复劳动能力或者年满16周岁且具有劳动能力;(3)依法被判处刑罚,且在监狱服刑;(4)收入和财产状况不再符合第六条规定(收入总和低于当地最低生活保障标准,且财产符合当地特困人员财产状况规定的);(5)法定义务人具有了履行义务能力或者新增具有履行义务能力的法定义务人。特困人员中的未成年人,满16周岁后仍在接受义务教育或者在普通高中、中等职业学校就读的,可继续享有救助供养待遇。故本题选B。

5.【答案】D

考点提示:本题考查城市居民最低生活保障的相关法律与政策。

完整解析:根据《城市居民最低生活保障条例》第十五条规定,申请或者已获得社会救助的家庭或者人员,对社会救助管理部门做出的具体行政行为不服的,可以依法申请行政复议或者提起行政诉讼。故本题选D。

6.【答案】B

考点提示:本题考查城乡医疗救助基金的管理的相关知识。

完整解析:《城乡医疗救助基金管理办法》规定,城乡医疗救助基金年终结余资金可以结转下年度继续使用。基金累计结余一般应不超过当年筹集基金总额的15%。故本题选B。

50

7.【答案】D

考点提示：本题考查就业救助的形式。

完整解析：国家对最低生活保障家庭中有劳动能力并处于失业状态的成员，通过贷款贴息、社会保险补贴、岗位补贴、培训补贴、费用减免、公益性岗位安置等办法，给予就业救助。故本题选 D。

8.【答案】D

考点提示：本题考查法律援助的申请和审查程序的相关知识。

完整解析：法律援助中，主张因见义勇为产生的民事权益的，向被请求人住所地的法律援助机构提出申请。故本题选 D。

9.【答案】D

考点提示：本题考查老年人权益保障内容的相关知识。

完整解析：赡养人的赡养义务是一项法定责任，赡养人不得以放弃继承权或者其他理由，拒绝履行赡养义务。故 A 项错误。赡养人有义务耕种或者委托他人耕种老年人承包的田地，照管或者委托他人照管老年人的林木和牲畜等，收益归老年人所有。故 B 项错误。经老年人同意，赡养人之间可以就履行赡养义务签订协议。赡养协议的内容不得违反法律的规定和老年人的意愿。赡养人不得要求老年人承担力不能及的劳动。禁止对老年人实施暴力。基层群众性自治组织、老年人组织或者赡养人所在单位监督协议的履行。故 C 项错误。赡养人、扶养人不履行赡养、扶养义务的，基层群众性自治组织、老年人组织或者赡养人、扶养人所在单位应当督促其履行。故本题选 D。

10.【答案】B

考点提示：本题考查妇女权益保护的法规与政策。

完整解析：《女职工劳动保障特别规定》中，任何单位不得因结婚、怀孕、产假、哺乳等情形，降低女职工的工资，辞退女职工，单方解除劳动（聘用）合同或者服务协议。但是，女职工要求终止劳动（聘用）合同或者服务协议的除外。故 A 项错误。怀孕女职工在劳动时间内进行产前检查，所需时间计入劳动时间，故 C 项错误。对怀孕 7 个月以上的女职工，用人单位不得延长劳动时间或者安排夜班劳动，并应当在劳动时间内安排一定的休息时间。故 D 项错误。故本题选 B。

11.【答案】C

考点提示：本题考查孤儿和流浪未成年人的保护和安置的相关知识。

完整解析：机构养育是指对没有亲属和其他监护人抚养的孤儿，经依法公告后由民政部门设立的儿童福利机构收留抚养。有条件的儿童福利机构可在社区购买、租赁房屋，或在机构内部建造单元式居所，为孤儿提供家庭式养育。公安部门应及时为孤儿办理儿童福利机构集体户口。故本题选 C。

12.【答案】B

考点提示：本题考查未成年人权益保护的法律与政策中的司法保护的相关知识。

完整解析：根据《中华人民共和国未成年人保护法》第五十三条，父母或者其他监护人不履行监护职责或者侵害被监护的未成年人的合法权益，经教育不改的，人民法院可以根据有关人员或者有关单位的申请，撤销其监护人的资格，依法另行指定监护人。故本题选 B。

13.【答案】B

考点提示：本题考查残疾人权益保护的相关知识。

完整解析：根据《残疾人就业条例》第九条，用人单位安排残疾人就业达不到其所在地省、自治区、直辖市人民政府规定比例的，应当缴纳残疾人就业保障金。根据《残疾人就业保障金征收使用管理办法》第七条和第八条，用人单位安排 1 名持有"中华人民共和国残疾人证"（1 至 2 级）或"中华人民共和国残疾军人证"（1 至 3 级）的人员就业的，按照安排 2 名残疾人就业计算。保障金年缴纳额 =（上年用人单位在职职工人数×所在地省、自治区、直辖市人民政府规定的安排残疾人就业比例-上年用人单位实际安排的残疾人就业人数）×上年用人单位在职职工年平均工资。本题中，残疾人 4 人，包括持有残疾人证（2 级）和残疾军人证（3 级）的残疾人各一名，所以相当于 6 名残疾人就业。保障金年缴纳额 =（600×1.5%-6）×5 = 15（万元）。故本题选 B。

*14.【答案】A

考点提示：本题考查婚姻解除的条件、程序与法律后果。

完整解析：所谓夫妻共同债务,是指夫妻双方因婚姻关系共同生活及在婚姻关系存续期间履行法定抚养义务所负的债务。一般包括夫妻在婚姻关系存续期间为解决共同生活所需的衣、食、住、行、医疗等活动以及履行法定义务和在共同生产经营过程中所负的债务。在此案例中,如果刘某赌博的行为与家庭生活无关,谢某则没有义务清偿债务。如果与家庭生活有关可能成为夫妻共同债务,谢某有义务清偿债务。故本题选 A。

*15.【答案】C

考点提示：本题考查婚姻家庭关系法规与政策的相关知识。

完整解析：补领结婚证不适用《婚姻登记条例》关于结婚登记的规定。故本题选 C。

*16.【答案】A

考点提示：本题考查一般收养关系成立的条件中的有关送养人条件的知识。

完整解析：孤儿的监护人送养未成年孤儿的,必须事先征得对其有抚养义务的人的同意。有抚养义务的人不同意送养,监护人不愿意继续履行监护职责的,应当依照《中华人民共和国民法通则》的规定变更监护人。故本题选 A。

*17.【答案】D

考点提示：本题考查特殊收养关系成立的条件的相关知识。

完整解析：收养三代以内同辈旁系血亲的子女和收养继子女,可以不受"不满 14 周岁"的限制。故本题选 D。

*18.【答案】D

考点提示：本题考查收养关系的法律效力。

完整解析：拟制血亲的父母子女关系并非自然形成,而是由法律设定,是指本无父母子女之间的血缘关系,但法律视同相互之间具有父母子女之间的权利和义务。拟制血亲的父母子女关系有两类:一是因收养而形成的养父母与养子女关系;二是形成抚养教育关系的继父母与继子女关系。故本题选 D。

*19.【答案】C

考点提示：本题考查遗嘱继承的法律规定的相关知识。

完整解析：根据《中华人民共和国继承法》第二十七条,有下列情形之一的,遗产中的有关部分按照法定继承办理:(一)遗嘱继承人放弃继承或者受遗赠人放弃受遗赠的;(二)遗嘱继承人丧失继承权的;(三)遗嘱继承人、受遗赠人先于遗嘱人死亡的;(四)遗嘱无效部分所涉及的遗产;(五)遗嘱未处分的遗产。故本题选 C。

*20.【答案】B

考点提示：本题考查法定继承的法律规定的相关知识。

完整解析：《中华人民共和国继承法》第三十条规定,夫妻一方死亡后另一方再婚的,有权处分所继承的财产,任何人不得干涉。故本题选 B。

*21.【答案】B

考点提示：本题考查遗产处理的法律规定。

完整解析：继承人继承遗产应当清偿被继承人依法应当缴纳的税款和债务,缴纳税款和清偿债务以被继承人的遗产实际价值为限。故本题选 B。

22.【答案】C

考点提示：本题考查信访事项的提出、受理、办理和督办的相关知识。

完整解析：根据《信访条例》规定,多人采用走访形式提出共同的信访事项的,应当推选代表,代表人数不得超过 5 人。故 A 项错误。根据《信访条例》规定,信访人在信访过程中应当遵守法律法规,不得损害国家、社会、集体的利益和其他公民的合法权利,自觉维护社会公共秩序和信访秩序,不得有下列行为:(一)在国家机关办公场所周围、公共场所非法聚集,围堵、冲击国家机关,拦截公务车辆,或者堵塞、阻断交通的;(二)携带危险物品、管制器具的;(三)侮辱、殴打、威胁国家机关工作人员,或者非法限制他人人身自由的;(四)在信访接待场所滞留、滋事，或者将生活不能自理的人弃留在信访接待场所的；(五)煽动、串联、胁迫、以财物诱使、幕后操纵他人信访或者以信访为名借机敛财的；(六)扰乱公共秩序、妨害国家和公共安全的其他行为。故 B、D 两项错误。故本题选 C。

23.【答案】B

考点提示: 本题考查突发事件应对的过程与方法的相关知识。

完整解析: 根据《突发事件应急预案管理办法》第二十二条规定,专项应急预案、部门应急预案至少每 3 年进行一次应急演练。故 A 项错误。第十五条规定,编制应急预案应当在开展风险评估和应急资源调查的基础上进行。故 B 项正确。第二十条规定,应急预案审批单位应当在应急预案印发后的 20 个工作日内依照下列规定向有关单位备案,故 C 项错误。政府及其部门应急预案分为专项应急预案和部门应急预案,故 D 项错误。故本题选 B。

24.【答案】A

考点提示: 本题考查未成年人社区矫正的相关知识。

完整解析:《社区矫正实施办法》专门就未成年人社区矫正进行了规定,明确对未成年人实施社区矫正应当遵循教育、感化、挽救的方针,按照下列规定执行:对未成年人的社区矫正应当与成年人分开进行;对未成年社区矫正人员给予身份保护,其矫正宣告不公开进行,其矫正档案应当保密;未成年社区矫正人员的矫正小组应当有熟悉青少年成长特点的人员参加;针对未成年人的年龄、心理特点和身心发育需要等特殊情况,采取有益于其身心健康发展的监督管理措施;采用未成年人容易接受的方式,开展思想、法制、道德教育和心理辅导;协调有关部门为未成年社区矫正人员就学、就业等提供帮助;督促未成年社区矫正人员的监护人履行监护职责,承担抚养、管教等义务;采取其他有利于未成年社区矫正人员改过自新、融入正常社会生活的必要措施。故本题选 A。

25.【答案】D

考点提示: 本题考查吸毒成瘾认定及其检测程序规定的具体知识。

完整解析: 根据《吸毒检测程序规定》,被检测人对现场检测结果有异议的,可以在被告知检测结果之日起 3 日内,向现场检测的公安机关提出实验室检测申请。故本题选 D。

26.【答案】A

考点提示: 本题考查戒毒措施的相关知识。

完整解析: 根据《中华人民共和国禁毒法》,强制隔离戒毒的期限为 2 年。执行强制隔离戒毒 1 年后,经诊断评估,对于戒毒情况良好的戒毒人员,强制隔离戒毒场所可以提出提前解除强制隔离戒毒的意见,报强制隔离戒毒的决定机关批准。所以,小张接受强制隔离戒毒的期限不少于 1 年,即 12 个月。故本题选 A。

27.【答案】A

考点提示: 本题考查治安管理处罚的种类和适用的相关知识。

完整解析:《中华人民共和国治安管理处罚法》规定,已满 14 周岁不满 18 周岁的人违反治安管理的,从轻或者减轻处罚;不满 14 周岁的人违反治安管理的,不予处罚,但是应当责令其监护人严加管教。故本题选 A。

28.【答案】D

考点提示: 本题考查烈士褒扬金和烈士遗属抚恤优待方面的定期抚恤金相关知识。

完整解析: 享受定期抚恤金的烈士遗属,由其户口所在地的县级人民政府民政部门发给"定期抚恤金领取证",凭证领取定期抚恤金。故本题选 D。

29.【答案】D

考点提示: 本题考查残疾抚恤的具体规定的相关知识。

完整解析: 中止抚恤的伤残人员在刑满释放并恢复政治权利或者取消通缉后,经本人申请,并经民政部门审查符合条件的,从第二个月起恢复抚恤,原停发的抚恤金不予补发。故本题选 D。

30.【答案】C

考点提示: 本题考查退役士兵安置主要方式的相关知识。

完整解析:县级以上地方人民政府退役士兵安置工作主管部门,应当组织自主就业的退役士兵参加职业教育和技能培训,经考试考核合格的,发给相应的学历证书、职业资格证书并推荐就业。退役士兵退役1年内参加职业教育和技能培训的,费用由县级以上人民政府承担;退役士兵退役1年以上参加职业教育和技能培训的,按照国家相关政策执行。自主就业退役士兵的职业教育和技能培训经费列入县级以上人民政府财政预算。故本题选C。

31.【答案】A

考点提示:本题考查烈士遗属抚恤优待的相关知识。

完整解析:根据《光荣院管理办法》第十一条规定,集中供养对象未满16周岁或者已满16周岁仍在接受义务教育的,光荣院应当保障其接受义务教育所需费用。故本题选A。

32.【答案】B

考点提示:本题考查居民委员会的组织设置的相关知识。

完整解析:居民委员会既不是一级政权组织,也不是基层政府的派出机构,而是居民自我管理、自我教育、自我服务的基层群众性自治组织,故A项错误;居民委员会提倡社区党组织班子成员、社区居民委员会成员与业主委员会成员交叉任职,故C项错误;新建住宅区居民入住率达到50%的,应及时成立社区居民委员会,在此之前应成立居民小组或由相邻的社区居民委员会代管,实现对社区居民的全员管理和无缝隙管理。故本题选B。

33.【答案】D

考点提示:本题考查村民委员会选举中关于选民登记的相关规定。

完整解析:小刘不满18周岁,不够选举资格,故A项错误。选举须本人自愿参加,小王虽然达到选举的年龄,但是他不愿意参加,则不应该列入选举名单,故B项错误。小张达到了选举年龄,而且愿意参加选举,但他已参加邻村的选举,不符合条件,故C项错误。故本题选D。

34.【答案】B

考点提示:本题考查社区便民商业性服务中推动和规范家庭服务业发展的相关知识。

完整解析:《家庭服务业管理暂行办法》中规定,家庭服务机构在家庭服务活动中不得利用家庭服务之便强行向消费者推销商品,故A项错误。《家庭服务业管理暂行办法》中规定,家庭服务机构在家庭服务活动中不得扣押家庭服务员身份、学历、资格证明等证件原件,故B项正确。消费者有权要求家庭服务机构按照合同约定指派或介绍家庭服务员或提供服务,消费者有权要求家庭服务机构如实提供家庭服务员的道德品行、教育状况、职业技能、相关工作经历、健康状况等个人信息,故C项错误。《家庭服务业管理暂行办法》第十五条规定,家庭服务机构应当明确告知涉及家庭服务员利益的服务合同内容,应允许家庭服务员查阅、复印家庭服务合同,保护其合法权益,故D项错误。故本题选B。

35.【答案】D

考点提示:本题考查《中华人民共和国信托法》。

完整解析:《中华人民共和国信托法》第六十六条规定,公益信托的受托人未经公益事业管理机构批准,不得辞任,故A项错误。受托人的权利:(1)取得报酬的权利;(2)优先受偿的权利;(3)起诉的权利,故B项错误。公益事业管理机构应当检查受托人处理公益信托事务的情况及财产状况,故C项错误。公益信托终止的,受托人应当于终止事由发生之日起15日内,将终止事由和终止日期报告公益事业管理机构,故D项正确。故本题选D。

36.【答案】B

考点提示:本题考查公益性捐赠税前扣除规定中的税收优惠政策规定。

完整解析:企业发生的公益性捐赠支出,在年度利润总额12%以内的部分,准予在计算应纳税所得额时扣除。故应扣除600万元,剩余4400万元。故本题选B。

37.【答案】B

考点提示:本题考查公益事业捐赠的规定。

完整解析:捐赠人与慈善组织约定财产的用途与受益人时,不得指定其利害关系人为受益人。任何组织与个人不能利用慈善捐赠，以任何方式宣传烟草制品。故 B 项错误，本题选 B。

38.【答案】A

考点提示：本题考查志愿服务组织管理规定。

完整解析：《志愿服务记录办法》第二十一条规定：(1)参加志愿服务时间累计达到 100 小时的，认定为一星级志愿者；(2)参加志愿服务时间累计达到 300 小时的，认定为二星级志愿者；(3)参加志愿服务时间累计达到 600 小时的，认定为三星级志愿者；(4)参加志愿服务时间累计达到 1000 小时的，认定为四星级志愿者。(5)参加志愿服务时间累计达到 1500 小时的，认定为五星级志愿者。故本题选 A。

39.【答案】B

考点提示：本题考查社会团体登记事项的管理的相关知识。

完整解析：2014 年 2 月 26 日民政部发布了《民政部关于贯彻落实国务院取消全国性社会团体分支机构、代表机构登记行政审批项目的决定有关问题的通知》中规定：社会团体的分支机构、代表机构不具有法人资格，不得另行制定章程，在社会团体授权的范围内开展活动、发展会员，法律责任由设立该分支机构、代表机构的社会团体承担。故 B 项正确。社会团体不得设立地域性分支机构，不得在分支机构、代表机构下再设立分支机构、代表机构。故 A、C 两项错误。全国性社会团体分支机构不能超出授权的范围开展活动，故 D 项错误。故本题选 B。

40.【答案】C

考点提示：本题考查社会团体管理中税收政策的相关规定。

完整解析：非营利组织企业所得税免税收入范围：(一)接受其他单位或者个人捐赠的收入；(二)除《中华人民共和国企业所得税法》第七条规定的财政拨款以外的其他政府补助收入，但不包括因政府购买服务取得的收入；(三)按照省级以上民政、财政部门规定收取的会费；(四)不征税收入和免税收入滋生的银行存款利息收入；(五)财政部、国家税务总局规定的其他收入。故本题选 C。

41.【答案】A

考点提示：本题考查民办非企业单位的管理中财务制度的相关知识。

完整解析：接受审计监督的有两种情形：一是民办非企业资产来源属于国家资助或者社会捐赠、资助时，应当接受审计机关的监督；二是民办非企业单位变更法定代表人或者负责人时，登记管理机关、业务主管单位应当组织对其进行财务审计。故本题选 A。

42.【答案】B

考点提示：本题考查基金会的治理结构的相关知识。

完整解析：未在基金会担任专职工作的理事不得从基金会获取报酬，在基金会领取报酬的理事不得超过理事总人数的 1/3，故 A 项错误。理事任期由章程规定，但每届任期不得超过 5 年。理事任届期满，连选可以连任，故 B 项正确。作为基金会的法定代表人，理事长不得同时担任其他组织的法定代表人，故 C 项错误。用私人财产设立的非公募基金会，相互间有近亲属关系的基金会理事，总数不得超过理事总人数的 1/3，故 D 项错误。故本题选 B。

43.【答案】A

考点提示：本题考查基金会的设立条件。

完整解析：根据《基金会管理条例》的规定，非公募基金会的原始基金不低于 200 万元人民币。故本题选 A。

44.【答案】C

考点提示：本题考查我国劳动就业和劳动关系法规与政策中的就业服务和就业援助的相关知识。

完整解析：《中华人民共和国就业促进法》第六十六条规定，违反本法规定，职业中介机构向劳动者收取押金的，由劳动行政部门责令限期退还劳动者，并以每人五百元以上二千元以下的标准处以罚款。故本题选 C。

45.【答案】D

考点提示：本题考查劳动合同的解除和终止的相关知识。

完整解析:《中华人民共和国劳动合同法》规定,用人单位初次实行劳动合同制度或者国有企业改制重新订立劳动合同时,劳动者在该用人单位连续工作满 10 年且距法定退休年龄不足 10 年的,劳动者提出或者同意续订、订立劳动合同的,除劳动者提出订立固定期限劳动合同外,应当订立无固定期限劳动合同。故公司不得与老张终止劳动合同,但可根据实际情况,与老张协商变更工作岗位。故本题选 D。

46.【答案】D

考点提示:本题考查劳动合同的解除。

完整解析:《中华人民共和国劳动合同法》规定,用人单位以暴力、威胁或者非法限制人身自由的手段强迫劳动者劳动的,或者用人单位违章指挥、强令冒险作业危及劳动者人身安全的,劳动者可以立即解除劳动合同,无须事先告知用人单位。故本题选 D。

47.【答案】B

考点提示:本题考查劳动合同中关于工作时间和休息休假的规定。

完整解析:《国务院关于修改〈国务院关于职工工作时间的规定〉的决定》第三条规定,职工每日工作 8 小时,每周工作 40 小时。《中华人民共和国劳动法》第四十一条规定,用人单位由于生产经营需要,经与工会和劳动者协商后可以延长工作时间,一般每日不得超过 1 小时;因特殊原因需要延长工作时间的,在保障劳动者身体健康的条件下延长工作时间每日不得超过 3 小时,但是每月不得超过 36 小时。为了生产经营的需要,加班 2 小时,故 A 项错误;C、D 两项加班时间都超过了 36 小时。故本题选 B。

48.【答案】A

考点提示:本题考查劳动合同的内容。

完整解析:《中华人民共和国劳动合同法》规定,劳动合同期限 3 个月以上不满 1 年的,试用期不得超过 1 个月;劳动合同期限 1 年以上不满 3 年的,试用期不得超过 2 个月;3 年以上固定期限和无固定期限的劳动合同,试用期不得超过 6 个月。故本题选 A。

49.【答案】D

考点提示:本题考查劳动保护中关于女职工特殊保护的相关知识。

完整解析:女职工生育享受 98 天产假,其中产前可以休假 15 天;难产的,增加产假 15 天;生育多胞胎的,每多生育 1 个婴儿,增加产假 15 天。女职工怀孕未满 4 个月流产的,享受 15 天产假;怀孕满 4 个月流产的,享受 42 天产假。甲可以享受产假 98+15=113 天,故 A 项错误;乙可以享受 98+15=113 天,故 B 项错误;丙可享受 15 天产假,故 C 项错误;丁可享受 42 天产假,故本题选 D。

50.【答案】A

考点提示:本题考查劳动保障监察的相关规定。

完整解析:劳动保障行政部门对下列事项实施劳动保障监察:(1)用人单位制定内部劳动保障规章制度的情况;(2)用人单位与劳动者订立劳动合同的情况;(3)用人单位遵守禁止使用童工规定的情况;(4)用人单位遵守女职工和未成年工特殊劳动保护规定的情况;(5)用人单位遵守工作时间和休息休假规定的情况;(6)用人单位支付劳动者工资和执行最低工资标准的情况;(7)用人单位参加各项社会保险和缴纳社会保险费的情况;(8)职业介绍机构、职业技能培训机构和职业技能考核鉴定机构遵守国家有关职业介绍、职业技能培训和职业技能考核鉴定的规定的情况;(9)法律法规规定的其他劳动保障监察事项。故本题选 A。

51.【答案】D

考点提示:本题考查劳动保障监察的相关知识。

完整解析:劳动保障行政部门对下列事项实施劳动保障监察:(1)用人单位制定内部劳动保障规章制度的情况;(2)用人单位与劳动者订立劳动合同的情况;(3)用人单位遵守禁止使用童工规定的情况;(4)用人单位遵守女职工和未成年工特殊劳动保护规定的情况;(5)用人单位遵守工作时间和休息休假规定的情况;(6)用人单位支付劳动者工资和执行最低工资标准的情况;(7)用人单位参加各项社会保险和缴纳社会保险费的情况;(8)职业介绍机构、职业技能培训机构和职业技能考核鉴定机构遵守国家有关职业介绍、职业技能培训和职业技能考核鉴定的规定的情况;(9)法律法规规定的其他劳动保障监察事项。故本题选 D。

52.【答案】D

考点提示: 本题考查集体合同的规定。

完整解析: 集体合同仅适用于企业,故 A 项错误;依法签订的集体合同或专项集体合同,对用人单位和本单位的全体职工具有法律约束力,故 B 项错误;用人单位与职工个人签订的劳动合同约定的劳动条件和劳动报酬等标准,不得低于集体合同或专项集体合同的规定,故 C 项错误;集体合同双方协商代表协商一致,可以变更或解除集体合同或专项集体合同。故本题选 D。

53.【答案】A

考点提示: 本题考查突发公共卫生事件的应对机制建设。

完整解析:《突发公共卫生事件应急条例》第四条规定,突发事件发生后,省、自治区、直辖市人民政府成立地方突发事件应急处理指挥部,省、自治区、直辖市人民政府主要领导人担任总指挥,负责领导、指挥本行政区域内突发事件应急处理工作。故本题选 A。

54.【答案】A

考点提示: 本题考查社区卫生服务机构需要具备的条件的相关知识。

完整解析: 中华人民共和国原卫生部、中医药局于 2006 年 6 月印发《城市社区卫生服务中心、站基本标准》。在人员方面,要求每个社区卫生服务中心至少配备 6 名从事全科医学专业工作的执业医师,9 名注册护士。每个社区卫生服务站至少配备 2 名从事全科医学专业工作的执业医师。故 B 项错误。在床位方面,不鼓励社区卫生服务中心设置住院病床,如确需设置,可设一定数量以护理康复为主要功能的病床,但不能超过 50 张,故 C 项错误。社区卫生服务站一般不设病床。业务用房方面,明确提出了满足最低限度需要的建筑面积要求,社区卫生服务中心建筑面积不低于 1000 平方米,社区卫生服务站不低于 150 平方米。故 D 项错误。故本题选 A。

55.【答案】A

考点提示: 本题考查流动人口婚育证明的办理及生育服务登记的相关知识。

完整解析: 流动人口成年育龄妇女应当自到达现居住地之日起 30 日内提交婚育证明。故本题选 A。

56.【答案】C

考点提示: 本题考查养老保险的法规与政策的相关知识。

完整解析:《基本养老保险基金投资管理办法》第四十七条规定,投资股票、股票基金、混合基金、股票型养老金产品的比例,合计不得高于养老基金资产净值的 30%。故本题选 C。

57.【答案】D

考点提示: 本题考查工伤保险制度的法规与政策。

完整解析:《工伤保险条例》第十九条规定,职工或者其直系亲属认为是工伤,用人单位不认为是工伤的,由用人单位承担举证责任。故本题选 D。

58.【答案】A

考点提示: 本题考查社会保险基金的相关知识。

完整解析:《中华人民共和国社会保险法》第七十一条规定,国家设立全国社会保障基金,由中央财政预算拨款以及国务院批准的其他方式筹集的资金构成,用于社会保障支出的补充、调剂。故 A 项正确。《中华人民共和国社会保险法》第六十九条规定,社会保险基金在保证安全的前提下,按照国务院规定投资运营实现保值增值。社会保险基金不得违规投资运营,不得用于平衡其他政府预算,不得用于兴建、改建办公场所和支付人员经费、运行费用、管理费用,或者违反法律法规规定挪作其他用途。故 B、C、D 三项错误。故本题选 A。

59.【答案】D

考点提示: 本题考查随军未就业的军人配偶保险的相关知识。

完整解析: 根据 2003 年国务院办公厅、中央军委办公厅印发的《中国人民解放军军人配偶未就业期间社会保险暂行办法》的规定,军人所在单位后勤机关按照缴费基数 11%的规模,为未就业随军配偶建立养老保险个人账户,所需资金由个人和国家共同负担,其中,个人按 6%的比例缴费,国家按 5%的比例给予个人账户补贴。故本题选 D。

60.【答案】C

考点提示：本题考查退役医疗保险的相关知识。

完整解析：《中华人民共和国军人保险法》第二十条规定,参加军人退役医疗保险的军官、文职干部和士官应当缴纳军人退役医疗保险费,国家按照个人缴纳的军人退役医疗保险费的同等数额给予补助。义务兵和供给制学员不缴纳军人退役医疗保险费,国家按照规定的标准给予军人退役医疗保险补助。故本题选 C。

二、多项选择题

61.【答案】AD

考点提示：本题考查法规的主要种类的相关知识。

完整解析：行政法规是指国务院根据宪法和法律制定的有关行政管理等方面的规范性文件。按照国务院《行政法规制定程序条例》的规定,行政法规的名称一般称"条例",也可以称"规定""办法"等。C 项是浙江省的条例,不是国务院颁发,故本题选 AD。

62.【答案】ACDE

考点提示：本题考查社会力量参与社会救助的相关知识。

完整解析：根据《社会救助暂行办法》对社会力量参与社会救助的相关规定,(一)社会力量参与社会救助的形式包括：国家鼓励单位和个人等社会力量通过捐赠、设立帮扶项目、创办服务机构、提供志愿服务等方式参与社会救助。故 C 项正确。(二)社会力量参与社会救助的优惠政策：社会力量参与社会救助,按照国家有关规定享受财政补贴、税收优惠、费用减免等政策。故 A 项正确。(三)政府购买服务：县级以上地方人民政府可以将社会救助中的具体服务事项通过委托、承包、采购等方式,向社会力量购买服务。故 B 项错误。(四)社会救助中的社会工作服务：县级以上地方人民政府应当发挥社会工作服务机构和社会工作者的作用,为社会救助对象提供社会融入、能力提升、心理疏导等专业服务。故 D 项正确。(五)对社会力量参与社会救助的支持：社会救助管理部门及相关机构应当建立社会力量参与社会救助的机制和渠道,提供社会救助项目、需求信息,为社会力量参与社会救助创造条件、提供便利。故 E 项正确。故本题选 ACDE。

63.【答案】ABCD

考点提示：本题考查低保动态管理的相关知识。

完整解析：根据民政部政策规定,对收入来源不固定、有劳动能力和劳动条件的低保家庭,原则上城市按月、农村按季复核。故 A、B 两项正确。对短期内家庭经济状况和家庭成员基本情况相对稳定的低保家庭,可每半年复核一次。故 C 项正确。对城市三无人员和家庭成员中有重病、重残人员且收入基本无变化的低保家庭,可每年复核一次。故 D 项正确。《最低生活保障审核审批办法(试行)》规定,乡镇人民政府(街道办事处)应当根据低保家庭成员和其家庭经济状况的变化情况进行分类复核,并根据复核情况及时报请县级人民政府民政部门办理低保金停发、减发或者增发手续。故本题选 ABCD。

64.【答案】ADE

考点提示：本题考查低保申请的民主评议的知识。

完整解析：民主会议是以居民委员会为单位进行,故 A 项正确。村(居)民代表人数不得少于参加评议总人数的三分之二。故 B 项错误。家庭经济状况调查结束后,乡镇人民政府(街道办事处)应当在 5 个工作日内,在村(居)民委员会的协助下,以村(居)为单位对申请人家庭经济状况调查结果的客观性、真实性进行民主评议。故 C 项错误。有条件的地方,县级人民政府民政部门可以派人参加民主评议。故 D 项正确。民主评议由乡镇人民政府(街道办事处)工作人员、村(居)党组织和村(居)委会成员、熟悉村(居)民情况的党员代表、村(居)民代表等参加。故 E 项正确。故本题选 ADE。

65.【答案】AB

考点提示：本题考查教育救助的含义与形式的相关知识。

完整解析：教育救助根据不同教育阶段需求,采取减免相关费用、发放助学金、给予生活补助、安排勤工助学等方式实施,保障教育救助对象基本学习、生活需求。故本题选 AB。

*66.【答案】CE

考点提示:本题考查遗产处理的法律规定。

完整解析:转继承是继承人在继承开始后、遗产分割前死亡,其所应继承的遗产份额转由其继承人承受的一项制度。故 A、B 两项错误。遗产分割要坚持保留胎儿继承份额的原则。遗产分割时,应当保留胎儿的继承份额。应当为胎儿保留的遗产份额没有保留的,应从继承人所继承的遗产中扣回。为胎儿保留的遗产份额,如胎儿出生后死亡的,由其继承人继承;如胎儿出生时就是死体的,由被继承人的继承人继承。故 C 项正确。《中华人民共和国继承法》第二十五条规定,继承开始后,继承人放弃继承的,应当在遗产处理前,作出放弃继承的表示。没有表示的,视为接受继承。受遗赠人应当在知道受遗赠后两个月内,作出接受或者放弃受遗赠的表示。到期没有表示的,视为放弃受遗赠。E 项视为放弃接受遗赠,则按法定继承处理。故本题选 CE。

67.【答案】ACDE

考点提示:本题考查当事人在调节中的权利和义务。

完整解析:根据《中华人民共和国人民调解法》规定,当事人在参与调解活动的过程中享有广泛的民事权利。(一)选择或者接受人民调解员:当事人既可以接受人民调解委员指定的调解员,也可以选择自己喜欢和信任的调解员。故 C 项正确。(二)接受调解、拒绝调解或者要求终止调解:当事人可以接受人民调解委员会的调解,也可以拒绝调解,在调解活动进行过程中,还可以随时要求终止调解,充分尊重当事人的意愿。故 B 项错误。(三)要求调解公开进行或者不公开进行:当事人可以自主选择调解的方式是否公开。这主要考虑到民事纠纷和矛盾的复杂性,对一些涉及个人隐私或当事人不愿意公开调解的案件,本着充分尊重当事人的原则。故 E 项正确。(四)自主表达意愿、自愿达成调解协议。权利和义务总是统一的,《中华人民共和国人民调解法》除规定了调解活动中当事人享有的广泛权利外,还同时规定了当事人的义务,主要包括三个方面的内容:(一)如实陈述纠纷事实。故 A 项正确。(二)遵守调解现场秩序,尊重人民调解员。(三)尊重对方当事人行使权利。故 D 项正确。故本题选 ACDE。

68.【答案】ABCE

考点提示:本题考查关于进一步推进和完善社区矫正的政策措施的相关知识。

完整解析:《关于组织社会力量参与社区矫正工作的意见》提出了要"进一步鼓励引导社会力量参与社区矫正工作",其内容一是引导政府向社会力量购买社区矫正社会工作服务。故 E 项正确。二是鼓励引导社会组织参与社区矫正工作。故 D 项错误。三是发挥基层群众性自治组织的作用。故 B 项正确。四是鼓励企事业单位参与社区矫正工作。故 C 项正确。五是切实加强社区矫正志愿者队伍建设。故 A 项正确。六是进一步加强矫正小组建设。故本题选 ABCE。

69.【答案】BCE

考点提示:本题考查军人抚恤优待法规与政策。

完整解析:优抚医院应当为在院优抚对象提供良好的医疗服务和生活保障,主要包括:(一)健康检查;(二)疾病诊断、治疗和护理;(三)康复训练;(四)健康指导;(五)精神慰藉;(六)生活必需品供给;(七)生活照料;(八)文体活动。故本题选 BCE。

70.【答案】ABCE

考点提示:本题考查军队离退休干部安置法规与政策。

完整解析:军休干部管理委员会是在服务管理机构内军休干部自我教育、自我管理、自我服务的群众性组织。故 A、E 两项正确。服务管理机构内设有军休干部管理委员会的,服务管理机构应当加强对军休干部管理委员会的指导。故 B 项正确。军休干部服务管理机构是服务和管理军休干部的专设机构,承担军休干部服务管理具体工作。故 C 项正确。按照有关规定组织开展活动,发挥军休干部管理委员会的作用,定期听取军休干部管理委员会工作情况报告,研究解决其反映的问题。服务管理机构新聘用工作人员,除国家政策性安置、按照人事管理权限由上级任命、涉密岗位等人员外,应当面向社会公开招聘。故 D 项错误。故本题选 ABCE。

71.【答案】BCD

考点提示:本题考查居民委员会的性质、组织设置的相关知识。

完整解析：《中华人民共和国城市居民委员会组织法》规定，居民委员会由主任、副主任和委员共 5 至 9 人组成。故本题选 BCD。

72.【答案】DE

考点提示：本题考查村民委员会选举的相关知识。

完整解析：村民选举委员会应当根据村民委员会主任、副主任、委员的职数，分别拟定候选人名单。候选人名额应当多于应选名额。故 A 项错误。参加投票的村民人数超过登记参加选举的村民半数的，选举有效。故 B 项错误。候选人获得参加投票的村民过半数的选票，始得当选。故 C 项错误。村民委员会成员候选人，应当由登记参加选举的村民直接提名，根据拟定的候选人名单，按照得票多少确定。故 D 项正确。村民选举委员会应当对候选人的选举竞争材料进行审核把关，应当组织候选人与村民见面，由候选人介绍履职设想，回答村民提问。故 E 项正确。故本题选 DE。

73.【答案】ACE

考点提示：本题考查民办非企业单位管理的法规与政策。

完整解析：按照《国务院机构改革和职能转变方案》及《中共中央关于全面深化改革若干重大问题的决定》的规定，行业协会商会类、科技类、公益慈善类、城乡社区服务类社会组织，成立这些社会组织，直接向民政部门依法申请登记，不再需要业务主管单位审查同意。故本题选 ACE。

74.【答案】BCD

考点提示：本题考查基金会管理的法规与政策。

完整解析：基金会设监事。关于监事，有如下规定：(1)监事任期与理事任期相同。理事任期由章程规定，但每届任期不得超过 5 年。理事任届期满，连选可以连任。故 C 项正确。(2)理事、理事的近亲属和基金会财会人员不得兼任监事。(3)监事不得从基金会获取报酬。故 A 项错误。(4)监事及其近亲属不得与其所在的基金会有任何交易行为。故 E 项错误。监事的职责有：(1)依照章程规定的程序检查基金会财务和会计资料，监督理事会遵守法律和章程的情况。故 B 项正确。(2)列席理事会会议，有权向理事会提出质询和建议。故 D 项正确。(3)向登记管理机关、业务主管单位及税务、会计主管部门反映情况。故本题选 BCD。

75.【答案】BCE

考点提示：本题考查集体合同、劳务派遣和非全日制用工的规定。

完整解析：《中华人民共和国劳动合同法》第六十一条规定，劳务派遣单位和用工单位不得向被派遣劳动者收取费用。故 A 项错误。劳务派遣用工是补充形式，只能在临时性、辅助性或者替代性的工作岗位上实施。故 B 项正确。根据《中华人民共和国劳动合同法》第九十二条规定，违反本法规定，未经许可，擅自经营劳务派遣业务的，由劳动行政部门责令停止违法行为，没收违法所得，并处违法所得一倍以上五倍以下的罚款；没有违法所得的，可以处五万元以下的罚款。劳务派遣单位、用工单位违反本法有关劳务派遣规定的，由劳动行政部门责令限期改正；逾期不改正的，以每人五千元以上一万元以下的标准处以罚款，对劳务派遣单位，吊销其劳务派遣业务经营许可证。用工单位给被派遣劳动者造成损害的，劳务派遣单位与用工单位承担连带赔偿责任。故 C 项正确。劳务派遣单位是用人单位，应当履行用人单位对劳动者的义务。劳务派遣单位应当与被派遣劳动者订立 2 年以上的固定期限劳动合同，按月支付劳动报酬。故 D 项错误。被派遣劳动者在无工作期间，劳务派遣单位应当按照所在地人民政府规定的最低工资标准，向其按月支付报酬。故 E 项正确。故本题选 BCE。

76.【答案】ABDE

考点提示：本题考查工资、工作时间和休息休假的相关知识。

完整解析：确定和调整最低工资标准应当综合参考下列因素：(1)劳动者本人及平均赡养人口的最低生活费用；(2)社会平均工资水平；(3)劳动生产率；(4)就业状况；(5)地区之间经济发展水平的差异。故本题选 ABDE。

77.【答案】AC

考点提示：本题考查城乡居民基本养老保险与职工基本养老保险制度的衔接。

完整解析：根据《中华人民共和国社会保险法》的规定，参加基本养老保险的个人，在达到法定退休年龄时累计缴费不满 15 年的,可以缴费至满 15 年,按月领取基本养老金,也可以转入新型农村社会养老保险或城镇居民社会养老保险(以上两项制度已经合并为城乡居民基本养老保险),并享受相关待遇。故本题选 AC。

78.【答案】ABCE

考点提示:本题考查生育保险待遇的相关知识。

完整解析:生育保险待遇包括生育医疗费用和生育津贴。生育医疗费用包括以下三项:(1)生育的医疗费用。具体包括女职工生育的检查费、接生费、手术费、住院费和药费。超出规定的医疗服务费和药费(含自费药品和营养药品的药费)由职工个人负担。(2)计划生育的医疗费用。(3)法律法规规定的其他项目费用。例如,女职工生育出院后,因生育引起疾病的医疗费,由生育保险基金支付。职工有下列情形之一的,可以享受生育津贴:女职工生育享受产假;享受计划生育手术产假;法律法规规定的其他情形。故本题选 ABCE。

79.【答案】BDE

考点提示:本题考查失业保险制度的法规与政策。

完整解析:根据《中华人民共和国社会保险法》第四十五条的规定,失业人员领取失业保险金应当符合以下条件:(1)失业前用人单位和本人已经缴纳失业保险费满一年;(2)非因本人意愿中断就业;(3)已经进行失业登记,并有求职要求。以上三个条件必须同时符合才可以领取失业保险金。故本题选 BDE。

80.【答案】ABDE

考点提示:本题考查社会保险基金与征缴的相关知识。

完整解析:《中华人民共和国社会保险法》在明确了劳动者社会保险权利的同时,进一步区分了义务参保人和自愿参保人:所有签订了劳动合同的职工及其用人单位都是义务参保人,应当参加职工基本养老保险;无雇主的个体工商户、未在用人单位参加基本养老保险的非全日制从业人员,以及其他灵活就业人员则是自愿参保人,可以参加职工基本养老保险。户籍和国籍都不能影响个人参加养老保险。根据《中华人民共和国社会保险法》第九十五条和第九十六条的规定,进城务工的农村居民和被征地农民,都依照该法参加社会保险制度。根据《中华人民共和国社会保险法》第九十七条的规定,外国人在中国境内就业的,参照本法规定参加社会保险。总而言之,所有居民,无论其国籍和户籍,都有参加职工基本养老保险的权利,其中,具有稳定劳动关系的全日制职工(公务员及参照《中华人民共和国公务员法》管理的工作人员除外)及其用人单位是义务参保者,其他人则是自愿参保者。故本题选 ABDE。

社会工作法规与政策(中级)2016年真题参考答案及解析

一、单项选择题

1.【答案】D

考点提示:本题考查法规的主要种类。

完整解析:国务院部门规章是指国务院有关部门,根据法律和国务院的行政法规、决定、命令,在部门的职权范围内依法按照《规章制定程序条例》制定的规章。这里所指的国务院部门规章的制定机关包括国务院各部、委员会、中国人民银行、审计署和具有行政管理职能的直属机构。规章的名称一般称"规定""办法"等,但不得称"条例",B、C两项错误。故本题选 D。

2.【答案】B

考点提示:本题考查政府购买社会工作服务的主体。

完整解析:《民政部、财政部关于政府购买社会工作服务的指导意见》指出:各级民政部门具体负责本级政府购买社会工作服务的统筹规划、组织实施和绩效评估。故本题选 B。

3.【答案】B

考点提示:特困人员供养申请。

完整解析:特困人员供养的审批程序按照《社会救助暂行办法》规定,乡镇人民政府、街道办事处应当及时了解掌握居民的生活情况,发现符合特困供养条件的人员,应当主动为其依法办理供养。故本题选 B。

4.【答案】C

考点提示:本题考查住房救助法规与政策。

完整解析:国家对符合规定标准的住房困难的最低生活保障家庭、分散供养的特困人员给予住房救助。住房救助通过配租公共租赁住房、发放住房租赁补贴、农村危房改造等方式实施。住房困难标准和救助标准,由县级以上地方人民政府根据本行政区域经济社会发展水平、住房价格水平等因素确定并公布。故本题选 C。

5.【答案】C

考点提示:本题考查低保申请者的家庭经济状况调查的相关知识。

完整解析:《最低生活保障审核审批办法(试行)》指出:家庭经济状况界定为申请人及其家庭成员拥有的全部可支配收入和家庭财产。故本题选 C。

6.【答案】D

考点提示:本题考查低保申请的审核审批和低保金发放的相关知识。

完整解析:《最低生活保障审核审批办法(试行)》规定,对于公示有异议的,县级人民政府民政部门应当重新组织调查核实,在 20 个工作日内作出审批决定,并对拟批准的申请重新公示。故本题选 D。

7.【答案】D

考点提示:本题考查低保动态管理的相关知识。

完整解析:低保家庭应当向乡镇人民政府(街道办事处)定期报告家庭人口、收入和财产状况的变化情况,考虑到低保家庭的各种情况不同,城市"三无"人员和家庭成员中有重病、重残人员且收入基本无变化的低保家庭,可每年复核一次。短期内家庭经济状况和家庭成员基本情况相对稳定的低保家庭,可每半年复核一次。收入来源不固定、有劳动能力和劳动条件的低保家庭,原则上城市按月、农村按季复核。本题目中的低保家庭无固定收入来源、不定期外出打工,所以应按月复核。故本题选 D。

8.【答案】A

考点提示:本题考查自然灾害的灾后救助工作。

完整解析：《自然灾害救助条例》规定，自然灾害的灾后救助工作中，居民住房恢复重建补助对象由受灾人员本人申请或者由村民小组、居民小组提名。故本题选 A。

9.【答案】B

考点提示：本题考查临时救助的法规与政策。

完整解析：《国务院关于全面建立临时救助制度的通知》规定，临时救助工作要坚持应救尽救，确保有困难的群众都能求助有门，按规定得到及时救助；坚持适度救助，着眼于解决基本生活困难、摆脱临时困境，既要尽力而为，又要量力而行；坚持公开公正，做到政策公开、过程透明、结果公正；坚持制度衔接，加强各项救助、保障制度的衔接配合，形成整体合力；坚持资源统筹，政府救助、社会帮扶、家庭自救有机结合。故本题选 B。

10.【答案】A

考点提示：本题考查老年人权益内容中的关于家庭赡养与扶养的相关知识。

完整解析：《中华人民共和国老年人权益保障法》规定，赡养人有义务耕种或者委托他人耕种老年人承包的田地，照管或者委托他人照管老年人的林木和牲畜等，收益归老年人所有。在本题目中，小赵委托同学帮父亲照管承包的田地，按规定，其收益应归老赵所有。故本题选 A。

11.【答案】A

考点提示：本题考查老年人权益保护内容中社会服务的主要任务。

完整解析：《国务院关于加快发展养老服务业的意见》规定，各地在制定城市总体规划、控制性详细规划时，必须按照人均用地不少于0.1平方米的标准，分区分级规划设置养老服务设施。该市现有人口50万人，所以规划设置养老服务实施用地应不少于5万平方米。故本题选 A。

12.【答案】C

考点提示：本题考查劳动就业与劳动关系领域女职工的特殊保护的相关知识。

完整解析：《女职工劳动保护特别规定》规定，对怀孕7个月以上的女职工，用人单位不得延长劳动时间或者安排夜班劳动，并应当在劳动时间内安排一定的休息时间。故本题选 C。

13.【答案】A

考点提示：本题考查对未成年人重新犯罪的预防的相关知识。

完整解析：根据《中华人民共和国未成年人保护法》规定，对违法犯罪未成年人，实行教育、感化、挽救的方针，坚持教育为主、惩罚为辅的原则。故本题选 A。

14.【答案】D

考点提示：本题考查残疾人权益的相关内容。

完整解析：《关于加快发展残疾人托养服务的意见》规定，加大残疾人托养服务扶持力度；加大残疾人托养服务公共财政投入力度；完善残疾人托养服务机构土地政策，民间资本举办的非营利性残疾人托养服务机构享受与公办托养机构相同的土地使用政策；落实相关税收和价格政策，残疾人托养服务机构用水、用电、用气和用暖，按居民价格标准收费。故本题选 D。

15.【答案】C

考点提示：本题考查农村残疾人扶贫开发的相关知识。

完整解析：对农村残疾人实施特别扶持包括：对参加新型农村社会养老保险的重度残疾人，地方政府为其代缴部分或全部最低标准的养老保险费；通过农村医疗救助制度，帮助符合条件的贫困残疾人参加新型农村合作医疗，并随着筹资水平的提高，逐步提高门诊和住院报销比例，扩大报销范围。故本题选 C。

*16.【答案】D

考点提示：本题考查离婚后的子女抚养问题。

完整解析：探望权是男女双方离婚后，不直接抚养子女的一方依法享有的权利。离婚后，不直接抚养子女的父或母有探望子女的权利，另一方有协助的义务。行使探望权利的方式、时间由当事人协议；协议不成时，由人民法院判决。故本题选 D。

*17.【答案】C

考点提示:本题考查收养成立的条件和程序的相关知识。

完整解析:不满14周岁的未成年人符合以下情形之一的,可以被收养:①丧失父母的孤儿;②查找不到生父母的弃婴和儿童;③生父母有特殊困难无力抚养的子女。故本题选C。

*18.【答案】B

考点提示:本题考查收养解除的条件和程序。

完整解析:《中华人民共和国收养法》规定,收养关系解除后,养父母与养子女之间的身份即行消除,彼此不再存在父母子女之间的权利义务。收养关系解除后,经养父母抚养的成年养子女,对缺乏劳动能力又缺乏生活来源的养父母,应当给付生活费。因养子女成年后虐待、遗弃养父母而解除收养关系的,养父母可以要求养子女补偿收养期间支出的生活费和教育费。故本题选B。

*19.【答案】C

考点提示:本题考查遗产处理的相关法律知识。

完整解析:《中华人民共和国继承法》规定,法定继承人是指根据法律规定可依法继承被继承人遗产的人,法定继承人范围包括:配偶、子女、父母、兄弟姐妹、祖父母、外祖父母以及对公、婆或岳父、岳母尽了主要赡养义务的丧偶儿媳、女婿。老周曾孙可以通过代位继承的方式继承老周的遗产。故本题选C。

*20.【答案】B

考点提示:本题考查遗嘱的撤销。

完整解析:《中华人民共和国继承法》规定的遗嘱形式包括公证遗嘱、自书遗嘱、代书遗嘱、录音遗嘱和口头遗嘱五种。其中公证遗嘱是要求最为严格的遗嘱,是证明遗嘱人意思最有力、最可靠的遗嘱形式,所以老马的住房继承应按照公证遗嘱办理。故本题选B。

21.【答案】C

考点提示:本题考查当事人在调解中的权利和义务。

完整解析:《中华人民共和国人民调解法》规定,人民调解委员会调解纠纷,必须出于双方当事人的自愿。当事人发生纠纷以后,是否经过人民调解委员会调解,首先决定于当事人愿不愿意接受调解,当事人接受调解,人民调解委员会就予以受理;如果当事人不同意某个调解委员的调解,就应当尊重当事人的意愿,更换调解委员;如果当事人根本不同意人民调解委员会调解,就不得硬性调解或者强迫调解。故本题选C。

22.【答案】B

考点提示:本题考查信访事项的提出、受理、办理和督办的相关知识。

完整解析:信访事项应当自受理之日起60日内办结,A项错误;情况复杂的,经本行政机关负责人批准,可以适当延长办理期限,但延长期限不得超过30日,B项正确。信访人对行政机关作出的信访事项处理意见不服的,可以自收到书面答复之日起30日内请求原办理行政机关的上一级行政机关复查,C、D两项错误。故本题选B。

23.【答案】C

考点提示:本题考查突发事件应对的过程与方法。

完整解析:我国于2007年8月颁布的《中华人民共和国突发事件应对法》规定,社会安全事件发生后,组织处置工作的人民政府应当立即组织有关部门并由公安机关针对事件的性质和特点,依照有关法律、行政法规和国家其他有关规定,采取下列一项或者多项应急处置措施:(1)强制隔离使用器械相互对抗或者以暴力行为参与冲突的当事人,妥善解决现场纠纷和争端,控制事态发展;(2)对特定区域内的建筑物、交通工具、设备、设施以及燃料、燃气、电力、水的供应进行控制;(3)封锁有关场所、道路,查验现场人员的身份证件,限制有关公共场所内的活动;(4)加强对易受冲击的核心机关和单位的警卫,在国家机关、军事机关、国家通讯社、广播电台、电视台、外国驻华使领馆等单位附近设置临时警戒线;(5)法律、行政法规和国务院规定的其他必要措施。故本题选C。

24.【答案】A

考点提示:本题考查社区矫正小组的内容。

完整解析:《社区矫正实施办法》规定,社区矫正人员为女性的,矫正小组当有女性成员。故本题选A。

25.【答案】C

考点提示：本题考查戒毒措施。

完整解析：《中华人民共和国禁毒法》规定,对严重违反社区戒毒协议或者在社区戒毒期间又吸食、注射毒品的,应当及时向公安机关报告。故本题选 C。

26.【答案】A

考点提示：本题考查强制隔离戒毒的知识。

完整解析：《中华人民共和国禁毒法》规定,强制隔离戒毒的期限为 2 年。强制隔离戒毒期满前,经诊断评估,对于需要延长戒毒期限的戒毒人员,由强制隔离戒毒场所提出延长戒毒期限的意见,报强制隔离戒毒的决定机关批准。强制隔离戒毒的期限最长可以延长 1 年。故本题选 A。

27.【答案】D

考点提示：本题考查治安管理处罚的适用。

完整解析：《中华人民共和国治安管理处罚法》规定,已满14 周岁不满18 周岁的人违反治安管理的,从轻或者减轻处罚;不满 14 周岁的人违反治安管理的,不予处罚,但是应当责令其监护人严加管教。在本题中,小刚不满 14 周岁,根据规定,不予处罚,但是应当责令其监护人严加管教。故本题选 D。

28.【答案】D

考点提示：本题考查烈士证书的发放。

完整解析：由评定或者批准机关填发"中华人民共和国烈士通知书",寄给烈士遗属户口所在地的县、市、市辖区人民政府,然后由烈士遗属户口所在地的县、市、市辖区人民政府填写"中华人民共和国烈士证明书"并颁发。烈士遗属中的持证人由烈士遗属协商确定,协商不通的,按照下列顺序确定持证人:父母(抚养人)、配偶、子女。有多个子女的,由长子女持证。无前述亲属的,由烈士的兄弟姐妹持证,有多个兄弟姐妹的发给年长的兄弟姐妹。以上亲属均没有的,不发烈士证明书。故本题选 D。

29.【答案】C

考点提示：本题考查死亡抚恤的具体规定。

完整解析：多次获得荣誉称号或者立功的烈士、因公牺牲军人、病故军人,其遗属由县级人民政府民政部门按照其中最高等级奖励的增发比例,增发一次性抚恤金。故本题选 C。

30.【答案】B

考点提示：本题考查残疾抚恤的具体规定。

完整解析：《军人抚恤优待条例》规定,退出现役的因战、因公致残的残疾军人因旧伤复发死亡的,由县级人民政府民政部门按照因公牺牲军人的抚恤金标准发给其遗属一次性抚恤金,其遗属享受因公牺牲军人遗属抚恤待遇。故本题选 B。

31.【答案】C

考点提示：本题考查退役士兵安置的相关知识。

完整解析：《退役士兵安置条例》规定,退役士兵进行安置时,应当按照属地管理原则进行办理。

32.【答案】B

考点提示：本题考查军队离退休干部安置的相关内容。

完整解析：军队离休干部休养所应提供的保障工作有:(1)按时发放军休干部离退休费和津贴补贴;(2)按规定落实军休干部医疗、交通、探亲等待遇,帮助符合条件的军休干部落实优待待遇;(3)协调做好军休干部的医疗保障工作,建立健康档案,开展医疗保健知识普及活动,引导军休干部科学保健、健康养生;(4)组织开展适宜军休干部的文化体育活动,引导和鼓励军休干部参与社会文化活动;(5)定期了解军休干部情况和需求,提供必要的关心、照顾;(6)协助办理军休干部去世后的丧葬事宜,按照政策规定落实遗属待遇。故本题选 B。

33.【答案】D

考点提示：本题考查居民自治中民主选举的相关知识。

完整解析：《中华人民共和国城市居民委员会组织法》第八条规定,居民委员会主任、副主任和委员,由本居住地区全体有选举权的居民或者由每户派代表选举产生;根据居民意见,也可以由每个居民小组选举代表 2~3 人选举产生。居民委员会每届任期 5 年。《中华人民共和国城市居民委员会组织法》第八条规定,社区居民委员会每届任期 5 年,其成员可以连选连任。故本题选 D。

34.【答案】D

考点提示:本题考查村民委员会选举的知识。

完整解析:《中华人民共和国城市居民委员会组织法》规定,列入参加选举的村民名单的有:(1)户籍在本村并且在本村居住的村民;(2)户籍在本村,不在本村居住,本人表示参加选举的村民;(3)户籍不在本村,在本村居住 1 年以上,本人申请参加选举,并且经村民会议或者村民代表会议同意参加选举的公民。故本题选 D。

35.【答案】D

考点提示:本题考查村民委员会成员的罢免和补选相关内容。

完整解析:《中华人民共和国村民委员会组织法》规定,本村 1/5 以上有选举权的村民或是 1/3 以上的村民代表联名可以提出罢免村民委员会的要求,启动罢免程序。故本题选 D。

36.【答案】D

考点提示:本题考查居民委员会的组织设置方面内容。

完整解析:《关于加强和改进城市社区居民委员会建设工作的意见》进一步要求加快社区居委会组织全覆盖,新建住宅区居民入住率达到 50% 的,应及时成立社区居民委员会,在此之前应成立居民小组或有相邻的社区居民委员会代管,实现对社区居民的全员管理和无缝隙管理。故本题选 D。

37.【答案】C

考点提示:本题考查社区综合服务设施和信息化建设方面内容。

完整解析:老城区和已建成居住区没有社区居民委员会工作用房和居民公益性服务设施的或者不能满足需要的,由区(县、市)人民政府负责建设,也可以从其他社区设施中调剂置换或者以购买、租借等方式解决,所需资金由地方各级人民政府统筹解决。故本题选 C。

38.【答案】C

考点提示:本题考查社区信息化建设方面内容。

完整解析:《关于推进社区公共服务综合信息平台建设的指导意见》规定,推进社区公共服务综合信息平台建设的总体目标,到 2020 年,除部分不具备条件的地区外,全国大部分街道均应用社区公共服务综合信息平台,乡镇应用比例大幅提高,政府基本公共服务事项主要依托社区公共服务综合信息平台统一办理。故本题选 C。

39.【答案】B

考点提示:本题考查社区建设的主要任务相关知识。

完整解析:根据《国务院办公厅关于印发社区服务体系建设规划(2011—2015)》规定,力争到"十二五"期末,新增社区服务从业人员 200 万人,每个社区至少拥有一名大学生或一名社会工作专业人员,80% 以上的社区党员和 30% 以上的社区居民参与社区志愿服务活动,基本形成一支专业素质较高、服务能力较强、社区居民满意的社区服务队伍。故本题选 B。

40.【答案】C

考点提示:本题考查公益性捐赠税前扣除规定的相关知识。

完整解析:《中华人民共和国企业所得税法》规定,企业发生的公益性捐赠支出,在年度利润总额 12% 以内的部分,准予在计算应纳税所得额时扣除。《中华人民共和国个人所得税法》规定,捐赠未超过纳税义务人的应纳税所得额 30% 的部分,可以从其应纳税所得额中扣除。故本题选 C。

41.【答案】C

考点提示:本题考查志愿服务组织管理规定的相关知识。

完整解析:《志愿服务记录办法》第八条规定,志愿服务时间是指志愿者实际提供志愿服务的时间,以小时为计量单位,不包括往返交通时间。A 项错误。志愿者服务组织将志愿服务信息记入志愿服务记录前,应向社会公示不少于3个工作日。B项错误。鼓励博物馆、公共图书馆、体育场馆等公共文化体育设施和公园、旅游景点等场所,对有良好志愿服务记录的志愿者免费或者优惠开放,鼓励城市公共交通对有良好志愿服务记录的志愿者给予票价减免优待。D项错误。故本题选C。

42.【答案】A

考点提示:本题考查社会团体管理中的年检与评估的相关内容。

完整解析:依据《社会组织评估管理办法》的规定,社会组织的评估等级有效期为5年。故本题选A。

43.【答案】A

考点提示:本题考查民办非企业单位成立登记的相关知识。

完整解析:《民办非企业单位登记暂行办法》规定,个人出资且担任民办非企业单位负责人的,可申请办理民办非企业单位(个体)登记;两人或两人以上合伙举办的,可申请办理民办非企业单位(合伙)登记;两人或两人以上举办且具备法人条件的,可申请办理民办非企业单位(法人)登记。需要注意的是,由企业事业单位、社会团体和其他社会力量举办的或由上述组织与个人共同举办的,应当申请民办非企业单位(法人)登记。故本题选A。

44.【答案】B

考点提示:本题考查基金会的分类及其设立条件。

完整解析:依据《中国基金会管理条例》规定,公募基金会按照募捐的地域范围,分为全国性公募基金会和地方性公募基金会。故本题选B。

45.【答案】D

考点提示:本题考查基金会的审计制度。

完整解析:基金会开展重大公益项目的,应当实施专项审计,在活动结束后向登记管理机关报送经注册会计师审计的专项审计报告,并按照登记管理机关的要求向社会公布:(1)当年该项目的捐赠收入占基金会当年捐赠总收入的1/5以上且金额超过人民币50万元的;(2)当年该项目的支出占基金会当年总支出的1/5以上且金额超过人民币50万元的;(3)持续时间超过3年的。故本题选D。

46.【答案】B

考点提示:本题考查就业服务与就业援助的相关知识。

完整解析:职业中介机构不得有下列行为:(1)提供虚假就业信息;(2)发布的就业信息中包含歧视性内容;(3)伪造、涂改、转让职业中介许可证;(4)为无合法证照的用人单位提供职业中介服务;(5)介绍未满16周岁的未成年人就业;(6)为无合法身份证件的劳动者提供职业中介服务;(7)介绍劳动者从事法律、法规禁止从事的职业;(8)扣押劳动者的居民身份证和其他证件或者向劳动者收取押金;(9)以暴力、胁迫、欺诈等方式进行职业中介活动;(10)超出核准的业务范围经营;(11)其他违反法律、法规规定的行为。故本题选B。

47.【答案】A

考点提示:本题考查平等就业与自主择业原则。

完整解析:《中华人民共和国就业促进法》规定,劳动者依法享有平等就业和自主择业的权利。国家保障妇女享有与男子平等的劳动权利。用人单位招用人员,除国家规定的不适合妇女的工种或者岗位外,不得以性别为由拒绝录用妇女或者提高对妇女的录用标准。故本题选A。

48.【答案】B

考点提示:本题考查劳动合同的内容方面的知识。

完整解析:《中华人民共和国劳动合同法》规定,劳动合同应当以书面形式订立,并具备以下条款:(1)用人单位的名称、住所和法定代表人或者主要负责人;(2)劳动者的姓名、住址和居民身份证或者其他有效身份证件号码;(3)劳动合同期限;(4)工作内容和工作地点;(5)工作时间和休息休假;(6)劳动报酬;(7)社会保险;(8)劳动保护、劳动条件和职业危害防护;(9)法律、法规规定应当纳入劳动合同的其他事项。故本题选B。

49.【答案】D

考点提示:本题考查无效劳动合同的种类与法律效力。

完整解析:《中华人民共和国劳动合同法》规定,无效的劳动合同,从订立的时候起,就没有法律约束力。

劳动合同部分无效,不影响其他部分效力的,其他部分仍然有效。劳动合同被确认无效,劳动者已付出劳动的,用人单位应当向劳动者支付劳动报酬。劳动报酬的数额,参照本单位相同或者相近岗位劳动者的劳动报酬确定。故本题选 D。

50.【答案】B

考点提示:本题考查劳动就业领域关于职工年休假的相关知识。

完整解析:《职工带薪年休假条例》规定,职工累计工作已满 1 年不满 10 年的,年休假 5 天;已满 10 年不满 20 年的,年休假 10 天;已满 20 年的,年休假 15 天。故本题选 B。

51.【答案】C

考点提示:本题考查劳动保护与职业培训方面关于未成年工的特殊保护的相关知识。

完整解析:《中华人民共和国劳动法》规定,已满 16 周岁不满 18 周岁的未成年人只能从事与其身体的成长发育程度相适应的劳动,且用人单位应对其进行特殊劳动保护。在本题中,小明的做法符合法律规定。故本题选 C。

52.【答案】A

考点提示:本题考查劳动保障监察的程序方面关于调查期限的相关知识。

完整解析:《劳动保障监察条例》规定,劳动保障行政部门对违反劳动保障法律、法规或者规章的行为的调查,应当自立案之日起 60 个工作日内完成;对情况复杂的,经劳动保障行政部门负责人批准,可以延长 30 个工作日。故本题选 A。

53.【答案】D

考点提示:本题考查集体合同的订立、变更、解除和终止方面的内容。

完整解析:《集体合同规定》规定,职工代表大会或者全体职工讨论集体合同草案或专项集体合同草案,应当有 2/3 以上职工代表或者职工出席,且须经全体职工代表半数以上或者全体职工半数以上同意,集体合同草案或专项集体合同草案方获通过。故本题选 D。

54.【答案】C

考点提示:本题考查医疗服务法规与政策方面促进人才向基层流动的内容。

完整解析:《关于印发"十二五"期间深化医药卫生体制改革规划暨实施方案》规定,进一步完善相关政策措施,鼓励引导医务人员到基层服务。建立上级医院与基层医疗卫生机构之间的人才合作交流机制,探索区域人才柔性流动方式,促进县乡人才联动。开展免费医学生定向培养,实施全科医生特岗计划,充实基层人才队伍。严格落实城市医院和疾病预防控制机构医生晋升中高级职称前到农村服务累计 1 年以上的政策。鼓励大医院退休医生到基层和农村执业。对到艰苦边远地区基层医疗卫生机构服务的医务人员,落实津补贴政策或给予必要补助。故本题选 C。

55.【答案】D

考点提示:本题考查公共卫生体系建设的内容。

完整解析:《中华人民共和国食品安全法》规定,发生食品安全事故的单位应当立即予以处置,防止事故扩大。事故发生单位和接收病人进行治疗的单位应当及时向事故发生地县级卫生行政部门报告。故本题选 D。

56.【答案】C

考点提示:本题考查职工基本养老保险关系的转移、接续。

完整解析:《城镇企业职工基本养老保险关系转移接续暂行办法》规定,基本养老保险关系不在户籍所在地,且在每个参保地的累计缴费年限均不满 10 年的,将其基本养老保险关系及相应资金归集到户籍所在地,由户籍所在地按规定办理待遇领取手续。故本题选 C。

57.【答案】A

考点提示:本题考查医疗保险中大病保险制度的内容。

完整解析:《国务院办公厅关于全面实施城乡居民大病保险的意见》规定,大病保险业务承办机构原则上应当是商业保险机构承办。故本题选 A。

58.【答案】D

考点提示:本题考查失业保险待遇的内容。

完整解析:在领取和停止领取失业保险待遇方面,根据《中华人民共和国社会保险法》第四十五条的规定,失业人员领取失业保险金应当符合以下条件:(1)失业前用人单位和本人已经缴纳失业保险费满一年;(2)非因本人意愿中断就业;(3)已经进行失业登记,并有求职要求。以上三个条件必须同时符合才可以领取失业保险金。故本题选 D。

59.【答案】B

考点提示:本题考查社会保险基金。

完整解析:《中华人民共和国社会保险法》规定,社会保险基金在保证安全的前提下,按照国务院规定投资运营实现保值增值。社会保险基金不得违规投资运营,不得用于平衡其他政府预算,不得用于兴建、改建办公场所和支付人员经费、运行费用、管理费用,或者违反法律、法规规定挪作其他用途。故本题选 B。

60.【答案】A

考点提示:本题考查随军未就业的军人配偶保险。

完整解析:根据 2003 年国务院办公厅、中央军委办公厅印发的《中国人民解放军军人配偶未就业期间社会保险暂行办法》规定,未就业随军配偶按照本人基本生活补贴标准金额 1% 的比例缴费,国家按照其缴纳的同等数额给个人账户补贴。故本题选 A。

二、多项选择题

61.【答案】CDE

考点提示:本题考查社会救助类型和社会力量参与社会救助的知识。

完整解析:《社会救助暂行办法》对社会力量参与社会救助作出了明确的规定,县级以上地方人民政府应当发挥社会工作服务机构和社会工作者的作用,为社会救助对象提供社会融入、能力提升、心理疏导等专业服务。故本题选 CDE。

62.【答案】ABCD

考点提示:本题考查低保对象资格的相关内容。

完整解析:《最低生活保障审核审批办法(试行)》规定,共同生活的家庭成员包括:配偶;父母和未成年子女;已成年但不能独立生活的子女,包括在校接受本科及以下学历教育的成年子女;其他具有法定赡养、扶养、抚养义务关系并长期共同居住的人员。下列人员不计入共同生活的家庭成员:连续 3 年以上(含 3 年)脱离家庭独立生活的宗教教职人员;在监狱、劳动教养场所内服刑、劳动教养的人员;省级民政部门根据本条原则和有关程序认定的其他人员。故本题选 ABCD。

63.【答案】ABCD

考点提示:本题考查低保申请者的家庭经济状况调查。

完整解析:《最低生活保障审核审批办法(试行)》将家庭经济状况界定为申请人及其家庭成员拥有的全部可支配收入和家庭财产。家庭可支配收入是指扣除缴纳的个人所得税及个人按规定缴纳的社会保障性支出后的收入。主要包括:(1)工资性收入指因任职或者受雇而取得的工资、薪金、奖金、劳动分红、津贴、补贴以及与任职或者受雇有关的其他所得等。(2)家庭经营净(纯)收入指从事生产、经营及有偿服务活动所得。包括从事种植、养殖、采集及加工等农林牧渔业的生产收入,从事工业、建筑业、手工业、交通运输业、批发和零售贸易业、餐饮业、文教卫生业和社会服务业等经营及有偿服务活动的收入等。(3)财产性收入包括动产收入和不动产收入。动产收入是指出让无形资产、特许权等收入,储蓄存款利息、有价证券红利、储蓄性保险投资及其他股息和红利等收入,集体财产收入分红和其他动产收入等。不动产收入是指转租承包土地经营权、出租或者出让房产及其他不动产收入等。(4)转移性收入指国家、单位、社会团体对居民家庭的各种转移支付和居民家庭间的收入转移。包括赡养费、扶养费、抚养费,离退休金、失业保险金,社会救济金、遗属补助费、赔偿收入,接受遗产收入、接受捐赠(赠送)收入等。(5)其他应当计入家庭收入的项目。故本题选 ABCD。

64.【答案】ABDE

考点提示:本题考查残疾人权益的主要内容中扶持政策方面的知识。

完整解析:为保障残疾人的劳动权利的实现,《中华人民共和国残疾人保障法》和《残疾人就业条例》作了以下具体规定:一是在残疾人就业方式方面,规定残疾人劳动就业实行集中与分散相结合的方针,采取优惠政策和扶持保护措施,通过多渠道、多层次、多种形式,使残疾人劳动就业逐步普及、稳定、合理;二是在残疾人就业促进方面,国家对残疾人福利性企业事业组织和城乡残疾人个体劳动者,实行税收减免政策和其他扶持政策;三是在残疾人就业保护和培训方面,国家保护残疾人福利性企业事业组织的财产所有权和经营自主权,其合法权益不受侵犯。国家对从事个体经营的残疾人,免除行政事业性收费。故本题选 ABDE。

*65.【答案】BDE

考点提示:本题考查结婚的必备条件。

完整解析:《中华人民共和国婚姻法》规定,结婚的必备条件包括:必须男女双方完全自愿;必须达到法定婚龄;必须符合一夫一妻的基本原则。故本题选 BDE。

66.【答案】ABC

考点提示:本题考查信访事项的提出、受理、办理和督办。

完整解析:多人采用走访形式提出共同的信访事项的,应当推选代表,代表人数不超过 5 人。故本题选 ABC。

67.【答案】ABCD

考点提示:本题考查社区矫正监督管理。

完整解析:《关于对判处管制、宣告缓刑的犯罪分子适用禁止令有关问题的规定(试行)》规定,人民法院可以根据犯罪情况,禁止判处管制、宣告缓刑的犯罪分子在管制执行期间、缓刑考验期限内接触以下一类或者几类人员:(1)未经对方同意,禁止接触被害人及其法定代理人、近亲属;(2)未经对方同意,禁止接触证人及其法定代理人、近亲属;(3)未经对方同意,禁止接触控告人、批评人、举报人及其法定代理人、近亲属;(4)禁止接触同案犯;(5)禁止接触其他可能受其侵害、滋扰的人或者可能诱发其再次危害社会的人。故本题选 ABCD。

68.【答案】ACD

考点提示:本题考查烈士褒扬金和烈士遗属抚恤优待。

完整解析:《军人抚恤优待条例》第十二条规定,现役军人死亡被批准为烈士的,依照《烈士褒扬条例》的规定发给烈士遗属烈士褒扬金。《军人抚恤优待条例》第十三条规定,现役军人死亡,根据其死亡性质和死亡时的月工资标准,由县级人民政府民政部门发给其遗属一次性抚恤金,标准是:烈士和因公牺牲的,为上一年度全国城镇居民人均可支配收入的 20 倍加本人 40 个月的工资;病故的,为上一年度全国城镇居民人均可支配收入的 2 倍加本人 40 个月的工资。月工资或者津贴低于排职少尉军官工资标准的,按照排职少尉军官工资标准计算。《军人抚恤优待条例》第十六条规定,对符合下列条件之一的烈士遗属、因公牺牲军人遗属、病故军人遗属,发给定期抚恤金:(1)父母(抚养人)、配偶无劳动能力、无生活费来源或者收入水平低于当地居民平均生活水平的;(2)子女未满 18 周岁或者已满 18 周岁但因上学或者残疾无生活费来源的;(3)兄弟姐妹未满 18 周岁或者已满 18 周岁但因上学无生活费来源且由该军人生前供养的。由的父母年事已高,收入低于当地居民平均生活水平。《工伤保险条例》第三十九条规定,职工因工死亡,其近亲属按照下列规定从工伤保险基金领取丧葬补助金、供养亲属抚恤金和一次性工亡补助金。可见,职工因工作死亡的,可以获取一次性工亡补助金。由于本题中的李海是烈士,不属于因工死亡的范围,故排除 B 项。因公牺牲军人遗属定期抚恤金,是针对因公牺牲军人遗嘱发放的抚恤金,而李海是烈士,不在此范围,故排除 E 项。故本题选 ACD。

69.【答案】ABDE

考点提示:本题考查居民委员会与政府组织的关系。

完整解析:《中华人民共和国城市居民委员会组织法》和《关于加强和改进城市社区居民委员会建设工作的意见》规定,居民委员会的工作经费和来源、居民委员会成员的生活补贴费的范围、标准和来源,由不设区的市、市辖区的人民政府或者上级人民政府规定并拨付。《中办发〔2010〕27 号文件》明确提出,要将社区居民委员会的工作经费、人员报酬以及服务设施和社区信息化建设等项经费纳入财政预算。故本题选ABDE。

70.【答案】ACD

考点提示：本题考查村民委员会的性质、结构和主要功能。

完整解析：我国农村的村民委员会是村民自我管理、自我教育、自我服务的基层群众性自治组织，如同居民委员会一样，村民委员会同样具有群众性、自治性、地域性等特征。村委会的设立、撤销、范围调整，由乡、民族乡、镇的人民政府提出，经村民会议讨论统一，报县级人民政府批准。村委会可以根据需要设人民调解、治安保卫、公共卫生与计划生育等委员会。村民委员会成员可以兼任下属委员会成员。村民委员会由主任、副主任和委员共三到七人组成，并要求村委会成员中应当有妇女成员，多民族村民居住的村应当有人数较少的民族的成员。故本题选ACD。

71.【答案】AC

考点提示：本题考查彩票的兑奖管理。

完整解析：《彩票管理条例》第二十六条，规定彩票中奖奖金应当以人民币现金或者现金支票形式一次性兑付。故本题选AC。

72.【答案】AB

考点提示：本题考查社会团体的分支结构和代表机构的设立。

完整解析：社会团体应当将分支机构、代表机构的财务、账户纳入社会团体统一管理，不得以设立分支机构、代表机构的名义收取或变相收取管理费、赞助费等，不得将上述机构委托其他组织运营，确保分支机构、代表机构依法办事，按章程开展活动，C、D两项错误。社会团体的分支机构、代表机构名称不得以各类法人组织的名称命名，不得在名称中使用"中国""中华""全国""国家"等字样，开展活动应当使用冠有所属社会团体名称的规范全称，E项错误。故本题选AB。

73.【答案】ACDE

考点提示：本题考查理事会的职责。

完整解析：《基金会管理条例》明确规定，理事会每年至少召开两次会议。理事会会议须有2/3以上理事出席方能召开；理事会决议须经出席理事过半数通过方为有效。但下列重要事项的决议，须经出席理事表决，2/3以上通过方为有效：(1)章程的修改；(2)选举或者罢免理事长、副理事长、秘书长；(3)章程规定的重大募捐、投资活动；(4)基金会的分立、合并。故本题选ACDE。

74.【答案】AC

考点提示：本题考查劳动合同的解除的相关知识。

完整解析：《中华人民共和国劳动合同法》规定，用人单位单方解除劳动合同，应当事先将理由通知工会；严重违反用人单位的规章制度的，用人单位可以解除劳动合同。故本题选AC。

75.【答案】ACD

考点提示：本题考查工作时间与休息休假的内容。

完整解析：《中华人民共和国劳动法》规定，我国实行以标准工时制度为基础，其他工时制度为补充的工时制度，B项错误。用人单位因特殊原因需要延长工作时间的，在保障劳动者身体健康的条件下延长工作时间每日不得超过3小时，但是每月不得超过36小时，E项错误。故本题选ACD。

76.【答案】ACE

考点提示：本题考查劳动争议的开庭和裁决。

完整解析：《中华人民共和国劳动争议调解仲裁法》规定，仲裁庭对专门性问题认为需要鉴定的，可以交由当事人约定的鉴定机构鉴定；当事人没有约定或者无法达到约定的，由仲裁庭指定的鉴定机构鉴定，B项错误。申请人收到书面通知，无正当理由拒不到庭或者未经仲裁庭同意中途退庭的，可以视为撤回仲裁申请。被申请人收到书面通知，无正当理由拒不到庭或者未经仲裁庭同意中途退庭的，可以缺席裁决，D项错误。故本题选ACE。

77.【答案】ABDE

考点提示：本题考查社区卫生服务机构的服务内容。

完整解析：《城市社区卫生服务机构管理办法（试行）》规定，公共卫生服务包括健康教育、传染病和慢性病防治、计划免疫、妇幼保健、老年保健、康复、计划生育技术指导等12项具体内容。故本题选ABDE。

78.【答案】CDE

考点提示：本题考查城镇居民基本医疗保险的参保范围。

完整解析：《关于开展城镇居民基本医疗保险试点的指导意见》指出，不属于城镇职工基本医疗保险制度覆盖范围的中小学阶段的学生（包括职业高中、中专、技校学生）、少年儿童和其他非从业城镇居民都可自愿参加城镇居民基本医疗保险。故本题选CDE。

79.【答案】ABDE

考点提示：本题考查社会保险的监督。

完整解析：个人与所在用人单位发生社会保险争议的，可以依法申请调解、仲裁，提起诉讼。用人单位侵害个人社会保险权益的，个人也可以要求社会保险行政部门或者社会保险费征收机构依法处理。故本题选ABDE。

80.【答案】BCDE

考点提示：本题考查军人保险的主要内容。

完整解析：军人保险基金是军人保险制度的重要物质基础，《中华人民共和国军人保险法》对军人保险的相关内容作了明确规定。军人保险基金包括军人伤亡保险基金、军人退役养老保险基金、军人退役医疗保险基金和随军未就业的军人配偶保险基金。故本题选BCDE。

社会工作法规与政策(中级)2015年真题参考答案及解析

一、单项选择题

1.【答案】C

考点提示:本题考查党的十八届三中全会对社会建设的论述。

完整解析:中共十八届三中全会《中共中央关于全面深化改革若干重大问题的决定》提出了要激发社会组织活力,适合由社会组织提供的公共服务和解决的事项,交由社会组织承担;提出了限期实现行业协会商会与行政机关真正脱钩;行业协会商会类、科技类、公益慈善类、城乡社区服务类社会组织成立时直接依法申请登记的政策原则。故本题选C。

2.【答案】C

考点提示:本题考查推动社会工作专业岗位开发和专业人才使用的要求中,明确相关事业单位社会工作专业岗位的知识。

完整解析:具体来讲,对老年人福利机构、残疾人福利和服务机构、儿童福利机构、收养服务机构、妇女儿童援助机构、困难职工帮扶机构、婚姻家庭服务机构、青少年服务机构、社会救助服务和管理机构、优抚安置服务保障机构等以社会工作服务为主的事业单位,可将社会工作专业岗位明确为主体专业技术岗位。对学校、医院、人口计生服务机构等需要开展社会工作服务的单位,要将社会工作专业岗位纳入专业技术岗位管理范围。故本题选C。

3.【答案】C

考点提示:本题考查社会救助制度建立原则。

完整解析:《社会救助暂行办法》为社会救助事业发展提供了法律依据,有利于统筹社会救助体系建设,不断完善托底线、救急难、可持续的社会救助制度,形成保障困难群众基本生活的安全网。故本题选C。

4.【答案】D

考点提示:本题考查低保申请的审核审批的相关知识。

完整解析:县级人民政府民政部门在提出审批意见前,应当全面审查乡镇人民政府(街道办事处)上报的申请材料、调查材料和审核意见,并按照不低于30%的比例入户抽查。故本题选D。

5.【答案】D

考点提示:本题考查低保对象资格。

完整解析:持有非农业户口的居民可以申请城市低保,持有农业户口的居民可以申请农村低保。共同生活的家庭成员分别持有非农业户口和农业户口的,一般按户籍类别分别申请城市低保和农村低保。故本题选D。

6.【答案】A

考点提示:本题考查低保申请的审核审批以及低保金发放的相关知识。

完整解析:家庭成员申请有困难的,可以委托村民委员会、居民委员会代为提出申请,乡镇人民政府、街道办事处应当通过入户调查、邻里访问、信函索证、群众评议、信息核查等方式,对申请人的家庭收入状况、财产状况进行调查核实,提出初审意见,在申请人所在村、社区公示后报县级人民政府民政部门审批。故本题选A。

7.【答案】C

考点提示:本题考查低保申请的民主评议的相关知识。

完整解析:《最低生活保障审核审批办法(试行)》规定,家庭经济状况调查结束后,乡镇人民政府(街道办事处)应当在五个工作日内,在村(居)民委员会的协助下,以村(居)为单位对申请人家庭经济状况调查结果的客观性、真实性进行民主评议。村(居)民代表人数不得少于参加评议总人数的三分之二。故本题选 C。

8.【答案】C

考点提示:本题考查低保申请审核审批与低保金发放中对特殊人员的照顾相关知识。

完整解析:考虑到低保申请者的情况有所不同,为了保障特别困难的家庭及其成员的生活水平,对低保家庭中的下列人员,可以采取多种措施提高救助水平:(1)老年人;(2)未成年人;(3)重度残疾人;(4)重病患者;(5)县级以上地方人民政府确定的其他生活困难人员。故本题选 C。

9.【答案】B

考点提示:本题考查家庭赡养与扶养的相关知识。

完整解析:老年人的婚姻自由受法律保护。子女或者其他亲属不得干涉老年人离婚、再婚及婚后的生活。赡养人的赡养义务不因老年人的婚姻关系变化而消除。故本题选 B。

10.【答案】B

考点提示:本题考查妇女权益保护中关于婚姻家庭权益的内容。

完整解析:《中华人民共和国妇女权益保障法》规定,国家保障妇女享有与男子平等的婚姻家庭权利,这些权益包括婚姻自主权、生育权、反对家庭暴力、家庭财产权和子女监护权。故本题选 B。

11.【答案】D

考点提示:本题考查未成年人救助保护的相关知识。

完整解析:《关于加强和改进流浪未成年人救助保护工作的意见》规定,流出地救助保护机构要对流浪未成年人的家庭监护情况进行调查评估:对确无监护能力的,由救助保护机构协助监护人及时委托其他人员代为监护;对拒不履行监护责任、经反复教育不改的,由救助保护机构向人民法院提出申请,撤销其监护人资格,依法另行指定监护人。故本题选 D。

12.【答案】B

考点提示:本题考查残疾人权益中康复的相关知识。

完整解析:康复工作应当从实际出发,将现代康复技术与传统康复技术相结合。以社区康复为基础,康复机构为骨干,残疾人家庭为依托;以实用、易行、受益广的康复内容为重点,优先开展残疾儿童抢救性治疗和康复;发展符合康复要求的科学技术,鼓励自主创新,加强康复新技术的研究、开发和应用,为残疾人提供有效的康复服务。故本题选 B。

*13.【答案】D

考点提示:本题考查可撤销婚姻的相关知识。

完整解析:可撤销婚姻是指已经成立的婚姻因违反结婚的条件,经撤销权人申请,由有权机关依法予以撤销的婚姻。受胁迫而缔结的婚姻属于可撤销婚姻。故本题选 D。

*14.【答案】C

考点提示:本题考查夫妻财产制。

完整解析:夫妻共同财产是指在婚姻关系存续期间所得的下列财产:工资、奖金;生产、经营的收益;知识产权的收益;继承或赠与所得的财产;其他应当归共同所有的财产。根据最高人民法院关于适用《中华人民共和国婚姻法》若干问题的解释(二),"其他应当归共同所有的财产"包括:一方以个人财产投资取得的收益;男女双方实际取得或者应当取得的住房补贴、住房公积金;男女双方实际取得或者应当取得的养老保险金、破产安置补偿费。A、B、D 三项属于夫妻法定个人特有财产。故本题选 C。

*15.【答案】A

考点提示:本题考查一般收养关系成立的条件。

完整解析:不满 14 周岁的未成年人符合下列情形之一的,可以被收养:(1)丧失父母的孤儿;(2)查找不到生父母的弃婴和儿童;(3)生父母有特殊困难无力抚养的子女。故本题选 A。

*16.【答案】A

考点提示:本题考查特殊收养关系成立的条件。

完整解析:收养孤儿、残疾儿童或社会福利机构抚养的查找不到生父母的弃婴和儿童,可以不受收养人无子女和收养1名的限制。故本题选A。

*17.【答案】B

考点提示:本题考查遗嘱订立的相关知识。

完整解析:《中华人民共和国继承法》规定,遗嘱人在危急情况下,可以立口头遗嘱。故本题选B。

*18.【答案】B

考点提示:本题考查继承权的丧失。

完整解析:继承权丧失的原因有几种情况:故意杀害被继承人的;为争夺遗产而杀害其他继承人的;遗弃被继承人或者虐待被继承人情节严重的;伪造、篡改或者销毁遗嘱情节严重的。故本题选B。

19.【答案】D

考点提示:本题考查人民调解程序中结束调解的内容。

完整解析:人民调解员在调解纠纷过程中,发现纠纷有可能激化的,应当采取有针对性的预防措施;对有可能引起治安案件、刑事案件的纠纷,应当及时向当地公安机关或者其他有关部门报告。派出所为公安系统的基层组织,上级公安机关的派出机构。故本题选D。

20.【答案】D

考点提示:本题考查人民调解的原则。

完整解析:尊重当事人的权利,不得因调解而阻止当事人依法通过仲裁、行政、司法等途径维护自己的权利,这是调解工作必须遵守的第一原则,也是人民调解的保障。故本题选D。

21.【答案】A

考点提示:本题考查信访制度改革的相关知识。

完整解析:省级领导干部每半年至少1天、市厅级领导干部每季度至少1天、县(市、区、旗)领导干部每月至少1天、乡镇(街道)领导干部每周至少1天在信访接待场所,按照属地管理、分级负责的原则接待群众来访,省、市及其工作部门领导干部一般不接待越级上访。故本题选A。

22.【答案】D

考点提示:本题考查社区矫正警告、处罚及减刑的相关知识。

完整解析:《社区矫正实施办法》规定,社区矫正人员有下列情形之一的,县级司法行政机关应当给予警告,并出具书面决定。违反关于报告、会客、外出、居住地变更规定的;社区矫正人员因就医、家庭重大变故等原因,确需离开所居住的市、县(旗),在七日以内的,应当报经司法所批准;超过七日的,应当由司法所签署意见后报经县级司法行政机关批准。故本题选D。

23.【答案】A

考点提示:本题考查禁毒工作的总体要求。

完整解析:县级以上各级人民政府应当将禁毒工作纳入国民经济和社会发展规划,并将禁毒经费列入本级财政预算。故本题选A。

24.【答案】D

考点提示:本题考查社区戒毒的相关知识。

完整解析:社区戒毒专职工作人员、社区民警、社区医务人员、社区戒毒人员的家庭成员以及戒毒志愿者共同组成社区戒毒工作小组具体实施社区戒毒,A项错误;城市街道办事处、乡镇人民政府负责社区戒毒工作,B项错误;离开社区戒毒执行地所在县(市、区)3日以上的,须书面报告,C项错误。故本题选D。

25.【答案】C

考点提示:本题考查烈士评定机关的相关知识。

完整解析:公民在执行武器装备科研试验任务中牺牲的,由国务院有关部门提出评定烈士的报告,送国务院民政部门审查评定。故本题选 C。

26.【答案】C

考点提示：本题考查退役士兵保险关系的续接。

完整解析：根据国务院和中央军委规定，军队退休干部和部分离休干部(主要是解放战争时期入伍的团职以下和抗日战争时期入伍的营职以下以及相当职级的离休干部)移交地方后,由民政部门管理。故本题选 C。

27.【答案】C

考点提示：本题考查残疾等级的认定。

完整解析：《军人抚恤优待条例》规定,退出现役的军人和移交政府安置的军队离休、退休干部需要认定残疾性质和评定残疾等级的,由省级人民政府民政部门认定和评定。故本题选 C。

28.【答案】B

考点提示：本题考查退役士兵安置的基本原则。

完整解析：国家建立以扶持就业为主、自主就业、安排工作、退休、供养等多种方式相结合的退役士兵安置制度,妥善安置退役士兵。故本题选 B。

29.【答案】C

考点提示：本题考查退役士兵安置方式中安排工作的相关知识。

完整解析：退役士兵符合下列条件之一的,由人民政府安排工作:士官服现役满 12 年的;服现役期间平时荣获二等功以上奖励或者战时荣获三等功以上奖励的;因战致残评定为 5 级至 8 级残疾等级的;是烈士子女的。由人民政府安排工作的退役士兵,服现役年限和符合本条规定的待安排工作时间计算为工龄,享受所在单位同等条件人员的工资、福利待遇。故本题选 C。

30.【答案】D

考点提示：本题考查居民委员会的主要职能。

完整解析：《中华人民共和国城市居民委员会组织法》规定,市、市辖区的人民政府有关部门,需要居民委员会或者它的下属委员会协助进行的工作,应当经市、市辖区的人民政府或者它的派出机关同意并统一安排。故本题选 D。

31.【答案】B

考点提示：本题考查居民委员会中居民自治方面民主选举的相关知识。

完整解析：对人户分离的城镇居民,原则上要在经常居住地进行登记,对愿意参加户口所在地选举的,要尊重其自主选择的权利,但不得重复行使选举权利。故本题选 B。

32.【答案】A

考点提示：本题考查村民委员会的性质和组织构成。

完整解析：村民委员会的设立、撤销、范围调整,由乡、民族乡、镇的人民政府提出,经村民会议讨论同意,报县级人民政府批准。故本题选 A。

33.【答案】D

考点提示：本题考查村民(代表)会议的相关知识。

完整解析：村民会议由村民委员会召集,应当提前 10 天通知村民。故本题选 D。

34.【答案】D

考点提示：本题考查社区综合服务设施和信息化建设的相关知识。

完整解析：要将社区居民委员会工作用房和居民公益性服务设施建设纳入城市规划、土地利用规划和社区发展相关专项规划,并与社区卫生、警务、文化、体育、养老等服务设施统筹规划建设,使每百户居民拥有的社区综合性服务设施面积不低于 20 平方米。故本题选 D。

35.【答案】C

考点提示：本题考查居民委员会和相关组织的关系。

完整解析：驻社区单位虽然不参与所在地的居民委员会具体工作,但应对其工作予以支持。要强化驻社区单位的社区建设责任,为社区委员会提供人力、物力、财力支持。故本题选 C。

36.【答案】D

考点提示:本题考查社区社会工作服务的相关知识。

完整解析:根据《关于加快推进社区社会工作服务的意见》,加快推进社区社会工作服务的主要任务之一是建立健全社区、社会组织和社会工作专业人才联动服务机制。故本题选 D。

37.【答案】A

考点提示:本题考查公益事业的捐赠人和受赠人的权利与义务。

完整解析:《中华人民共和国合同法》第一百八十六条规定,赠予人在赠予财产的权利转移之前可以撤销赠予。具有救灾、扶贫等社会公益、道德义务性质的赠予合同或者经过公证的赠予合同,不适用前款规定。故本题选 A。

38.【答案】C

考点提示:本题考查公益信托的设立与终止的具体规定。

完整解析:根据《中华人民共和国信托法》第三十五条规定,受托人有权依照信托文件的约定取得报酬。信托文件未作事先约定的,经信托当事人协商同意,可以做出补充约定;未作事先约定和补充约定的,不得收取报酬,A 项错误。《中华人民共和国信托法》第三十条规定,受托人应当自己处理信托事务,但信托文件另有规定或者有不得已事由的,可以委托他人代为处理,B 项错误。《中华人民共和国信托法》第七十三条规定,公益事业管理机构违反本法规定的,委托人、受托人或者受益人有权向人民法院起诉,D 项错误。故本题选 C。

39.【答案】A

考点提示:本题考查社会团体登记程序的相关知识。

完整解析:申请成立社会团体,应当经业务主管单位审查同意,由发起人向登记管理机关申请筹备。申请筹备时,须向登记管理机关提交筹备申请书、业务主管单位的批准文件、验资报告、场所使用权证明、章程草案、发起人和拟任负责人的基本情况和身份证明等文件。故本题选 A。

40.【答案】C

考点提示:本题考查成立民办非企业单位的条件。

完整解析:民办非企业单位必须拥有与其业务活动相适应的合法财产,且其合法财产中的非国有资产份额不得低于总财产的三分之二。故本题选 C。

41.【答案】B

考点提示:本题考查民办非企业单位的分类。

完整解析:民办非企业单位根据其依法承担民事责任的不同方式分为民办非企业单位(法人)、民办非企业单位(合伙)和民办非企业单位(个体)三种。故本题选 B。

42.【答案】D

考点提示:本题考查非营利性组织的免税收入。

完整解析:非营利组织的下列收入为免税收入:(1)接受其他单位或者个人捐赠的收入;(2)除《中华人民共和国企业所得税法》第七条规定的财政拨款以外的其他政府补助收入,但不包括因政府购买服务取得的收入;(3)按照省级以上民政、财政部门规定收取的会费;(4)不征税收入和免税收入滋生的银行存款利息收入;(5)财政部、国家税务总局规定的其他收入。故本题选 D。

43.【答案】D

考点提示:本题考查基金会中理事会的组成及职责。

完整解析:为了保证基金会的公益性和民间性,基金会理事长、副理事长和秘书长不得由现职国家工作人员兼任。故本题选 D。

44.【答案】A

考点提示:本题考查促进就业法律法规中关于就业服务与管理的相关知识。

完整解析:公共就业服务机构为劳动者免费提供下列服务:(1)就业政策法规咨询;(2)职业供求信息、市场工资指导价位信息和职业培训信息发布;(3)职业指导和职业介绍;(4)对就业困难人员实施就业援助;(5)办理就业登记、失业登记等事务;(6)其他公共就业服务。故本题选 A。

45.【答案】B

考点提示:本题考查劳动合同的解除。

完整解析:用人单位以暴力、威胁或者非法限制人身自由的手段强迫劳动者劳动的,或者用人单位违章指挥、强令冒险作业危及劳动者人身安全的,劳动者可以立即解除劳动合同,不需事先告知用人单位。故本题选 B。

46.【答案】D

考点提示:本题考查无固定期限劳动合同。

完整解析:《中华人民共和国劳动合同法》第十四条第二款规定,用人单位与劳动者协商一致,可以订立无固定期限劳动合同。有下列情形之一,劳动者提出或者同意续订、订立劳动合同的,除劳动者提出订立固定期限劳动合同外,应当订立无固定期限劳动合同:(1)劳动者在该用人单位连续工作满 10 年的;(2)用人单位初次实行劳动合同制度或者国有企业改制重新订立劳动合同时,劳动者在该用人单位连续工作满 10 年且距法定退休年龄不足 10 年的;(3)连续订立 2 次固定期限劳动合同,且劳动者没有《中华人民共和国劳动合同法》第三十九条和第四十条第一项、第二项规定的情形,续订劳动合同的。故本题选 D。

47.【答案】A

考点提示:本题考查延长工作时间的规定。

完整解析:根据《中华人民共和国劳动法》第四十一条规定,用人单位由于生产经营需要,经与工会和劳动者协商后可以延长工作时间,一般每日不得超过 1 小时;因特殊原因需要延长工作时间的,在保障劳动者身体健康的条件下延长工作时间每日不得超过 3 小时,但是每月不得超过 36 小时。B、C 两项错误。目前我国实行五天工作制,劳动者的公休假日为每周 2 日。休息日安排劳动者工作又不能安排补休的,支付不低于工资的200%的工资报酬。D 项错误。《中华人民共和国劳动法》第四十二条规定,生产设备、交通运输线路、公共设施发生故障,影响生产和公众利益,必须及时抢修的情形下,不受第四十一条限制。故本题选 A。

48.【答案】A

考点提示:本题考查年休假制度。

完整解析:《职工带薪年休假条例》第四条规定,职工有下列情形之一的,不享受当年的年休假:(1)职工依法享受寒暑假,其休假天数多于年休假天数的;(2)职工请事假累计 20 天以上且单位按照规定不扣工资的;(3)累计工作满 1 年不满 10 年的职工,请病假累计 2 个月以上的;(4)累计工作满 10 年不满 20 年的职工,请病假累计 3 个月以上的;(5)累计工作满 20 年以上的职工,请病假累计 4 个月以上的。故本题选 A。

49.【答案】D

考点提示:本题考查针对劳动者的职业培训的相关内容。

完整解析:国家采取措施建立健全劳动预备制度,A 项错误;县级以上人民政府根据经济社会发展和市场需求,制定并实施职业能力开发计划,B 项错误;地方各级人民政府鼓励和支持开展就业培训,帮助失业人员提高职业技能,增强其就业能力和创业能力,C 项错误。故本题选 D。

50.【答案】D

考点提示:本题考查劳动争议仲裁。

完整解析:劳动争议申请仲裁的时效期间为一年,A 项错误;当事人对仲裁裁决不服的,可以自收到仲裁裁决书之日起 15 日内向人民法院提起诉讼,B 项错误;仲裁庭裁决劳动争议案件,应当自劳动争议仲裁委员会受理仲裁申请之日起 45 日内结束,C 项错误。案情复杂需要延期的,经劳动争议仲裁委员会主任批准,可以延期并书面通知当事人,但是延长期限不得超过 15 日。故本题选 D。

51.【答案】D

考点提示:本题考查劳动关系方面关于集体协商的内容。

完整解析:未建立工会的,由本单位职工民主推荐,并经本单位半数以上职工同意,可以推选一定数量的职工作为协商代表。故本题选 D。

52.【答案】B

考点提示:本题考查乡村医生队伍建设。

完整解析:对乡村医生提供的基本医疗服务,主要由个人和新农合基金进行支付。故本题选 B。

53.【答案】B

考点提示:本题考查计划生育法规与政策的一般规定。

完整解析:2013 年 11 月 15 日《中共中央关于全面深化改革若干重大问题的决定》中提出坚持计划生育的基本国策,启动实施一方是独生子女的夫妇可生育两个孩子的政策,逐步调整完善生育政策,促进人口长期均衡发展。故本题选 B。

54.【答案】A

考点提示:本题考查养老保险待遇。

完整解析:城乡居民养老保险待遇由基础养老金和个人账户养老金构成,支付终身。故本题选 A。

55.【答案】C

考点提示:本题考查职工基本养老保险关系的转移、接续。

完整解析:基本养老保险关系不在户籍所在地,且在其基本养老保险关系所在地累计缴费年限不满 10 年的,将其基本养老保险关系转回上一个缴费年限满 10 年的原参保地办理待遇领取手续。本题中,王某工作期间均参加了当地的城镇职工基本养老保险,但只在丙省工作超过了 10 年,故王某的养老保险待遇领取地应当是丙省。故本题选 C。

56.【答案】C

考点提示:本题考查城镇职工基本养老保险制度。

完整解析:基本医疗保险统筹基金和个人账户要划定各自的支付范围,分别核算,不得相互挤占,A 项错误;统筹基金的支付标准原则上控制在当地职工年平均工资的 10% 左右,B 项错误;起付标准以上、最高支付限额以下的医疗费用,主要从统筹基金中支付,个人也要负担一定比例,D 项错误。故本题选 C。

57.【答案】D

考点提示:本题考查工伤保险的参保范围。

完整解析:《工伤保险条例》明确规定,中华人民共和国境内的企业、事业单位、社会团体、民办非企业单位、基金会、律师事务所、会计师事务所等组织和有雇工的个体工商户应当按照本条例规定参加工伤保险。故本题选 D。

58.【答案】D

考点提示:本题考查失业保险待遇。

完整解析:根据《中华人民共和国社会保险法》规定,累计缴费十年以上的,领取失业保险金的期限最长为二十四个月。故本题选 D。

59.【答案】B

考点提示:本题考查城镇居民基本医疗保险制度。

完整解析:用人单位缴费率应控制在职工工资总额的 6% 左右,其中一部分用于建立统筹基金,一部分划入个人账户,A 项错误;基本医疗保险统筹基金和个人账户要划定各自的支付范围,分别核算,不得相互挤占,C 项错误;基本医疗保险基金由统筹基金和个人账户构成,D 项错误。故本题选 B。

60.【答案】C

考点提示:本题考查军人退役的养老保险制度。

完整解析:军人退出现役后,应当根据退役后的职业身份,分别参加职工基本养老保险、城乡居民基本养老保险或者机关事业单位离退休金制度,A 项错误;军人退出现役参加基本养老保险的,国家给予退役养老保险补助,B 项错误;军人退役养老保险补助标准,由中国人民解放军总原后勤部会同国务院有关部门,按照国家规定的基本养老保险缴费标准、军人工资水平等因素拟订,报国务院、中央军事委员会批准,D 项错误。故本题选 C。

二、多项选择题

61.【答案】CDE

考点提示:本题考查低保对象的资格。

完整解析:下列人员不计入共同生活的家庭成员:连续三年以上脱离家庭独立生活的宗教教职人员;在监狱、劳动教养场所内服刑、劳动教养的人员;省级人民政府民政部门根据本条原则和有关程序认定的其他人员。故本题选 CDE。

62.【答案】ABCE

考点提示:本题考查特困人员供养的方式与内容。

完整解析:特困人员供养的方式与内容主要包括:(1)提供基本生活条件;(2)对生活不能自理的给予照料;(3)提供疾病治疗;(4)办理丧葬事宜。故本题选 ABCE。

63.【答案】ACD

考点提示:本题考查妇女权益保护中妇女维护自身合法权益的方式。

完整解析:对妇女实施性骚扰或者家庭暴力,构成违反治安管理行为的,受害人可以提请公安机关对违法行为人依法给予行政处罚,也可以依法向人民法院提起民事诉讼。妇女的合法权益受到侵害的,可以向妇女组织投诉。故本题选 ACD。

*64.【答案】BCE

考点提示:本题考查一般收养成立的条件。

完整解析:有特殊困难无力抚养子女的生父母,必须双方共同送养;如果生父母一方下落不明或查找不到,可以单方送养。故本题选 BCE。

*65.【答案】ABCE

考点提示:本题考查遗产分割的相关知识。

完整解析:遗产分割时,应当保留胎儿的继承份额。应当为胎儿保留的遗产份额没有保留的,应从继承人所继承的遗产中扣回。为胎儿保留的遗产份额,如胎儿出生后死亡的,由其继承人继承。如胎儿出生时就是死体的,由被继承人的继承人继承。故本题选 ABCE。

66.【答案】ADE

考点提示:本题考查调解协议的内容、效力及确认。

完整解析:经人民调解委员会调解达成调解协议后,双方当事人认为有必要的,可以自调解协议生效之日起三十日内共同向人民法院申请司法确认,B 项错误;经人民调解委员会调解达成的调解协议,具有法律约束力,当事人应当按照约定履行,C 项错误。故本题选 ADE。

67.【答案】ABDE

考点提示:本题考查信访事项的提出。

完整解析:多人采用走访形式提出共同信访事项的,应当推选代表,代表人数不得超过 5 人,C 项错误。故本题选 ABDE。

68.【答案】ABE

考点提示:本题考查治安管理处罚程序中的调查的相关知识。

完整解析:根据《中华人民共和国治安管理处罚法》规定,公安机关对于违反治安管理行为有关的场所、物品、人身可以进行检查。检查时,人民警察不得少于 2 人,并应当出示工作证件和县级以上人民政府公安机关开具的检查证明文件。故本题选 ABE。

69.【答案】ABE

考点提示:本题考查烈士安葬的相关知识。

完整解析:烈士陵园、烈士集中安葬墓区是国家建立的专门安葬、纪念、宣传烈士的重要场所,C 项错误;烈士骨灰盒或者灵柩应当覆盖中华人民共和国国旗,D 项错误。故本题选 ABE。

70.【答案】ACDE

考点提示:本题考查评定烈士的标准。

完整解析:根据《军人抚恤优待条例》的规定,现役军人死亡,符合下列情形之一的,批准为烈士:(1)对敌作战死亡,或者对敌作战负伤在医疗终结前因伤死亡的;(2)因执行任务遭敌人或者犯罪分子杀害,或者被俘、被捕后不屈遭敌人杀害或者折磨致死的;(3)为抢救和保护国家财产、人民生命财产或者执行反恐任务和处置突发事件死亡的;(4)因执行军事演习、战备航行飞行、空降和导弹发射训练、试航试飞任务以及参加武器装备科研试验死亡的;(5)在执行外交任务或者国家派遣的对外援助、维持国际和平任务中牺牲的;(6)其他死难情节特别突出,堪为楷模的。现役军人在执行对敌作战、边海防执勤或者抢险救灾任务中失踪,经法定程序宣告死亡的,按照烈士对待。故本题选 ACDE。

71.【答案】ACE

考点提示:本题考查居民委员会和相关组织的关系。

完整解析:《中华人民共和国城市居民委员会组织法》第十九条规定,机关、团体、部队、企业事业组织,不参加所在地的居民委员会,但是应当支持所在地的居民委员会的工作。所在地的居民委员会讨论同这些单位有关的问题,需要他们参加会议时,他们应当派代表参加,并且遵守居民委员会的有关决定和居民公约。所列单位的职工及家属、军人及随军家属,参加居住地区的居民委员会。故本题选 ACE。

72.【答案】ABC

考点提示:本题考查村民委员会在民主管理和民主监督方面的知识。

完整解析:《中华人民共和国村民委员会组织法》规定,审计事项包括:本村财务收支情况;本村债权债务情况;政府拨付和接受社会捐赠的资金、物资管理使用情况;本村生产经营和建设项目的发包管理以及公益事业建设项目招标投标情况;本村资金管理使用以及本村集体资产、资源的承包、租赁、担保、出让情况,征地补偿费的使用、分配情况;本村五分之一以上的村民要求审计的其他事项。故本题选 ABC。

73.【答案】BCDE

考点提示:本题考查公益慈善事业与职业服务的相关知识。

完整解析:民政部门要积极支持和推动社区志愿服务活动,工会组织要广泛开展职工志愿服务活动,共青团组织要不断深化青年志愿者行动,妇联组织要扎实推进巾帼志愿服务活动。故本题选 BCDE。

74.【答案】BCDE

考点提示:本题考查我国社会组织中的基金会申请免税资格的认定条件。

完整解析:除当年新设立或登记的社会组织外,社会组织申请前年度的检查结论为合格,A 项错误。故本题选 BCDE。

75.【答案】CD

考点提示:本题考查劳动合同解除的相关知识。

完整解析:裁减人员时,应当优先留用下列人员:(1)与本单位订立较长期限的固定期限劳动合同的;(2)与本单位订立无固定期限劳动合同的;(3)家庭无其他就业人员,有需要赡养的老年或者抚养未成年人的。故本题选 CD。

76.【答案】CDE

考点提示:本题考查劳动争议处理的原则、范围和机构。

完整解析:根据《中华人民共和国劳动争议调解仲裁法》第二条规定,我国劳动争议调解仲裁的范围包括:因确认劳动关系发生的争议;因订立、履行、变更、解除和终止劳动合同发生的争议;因除名、辞退和辞职、离职发生的争议;因工作时间、休息休假、社会保险、福利、培训以及劳动保护发生的争议;因劳动报酬、工伤医疗费、经济补偿或者赔偿金等发生的争议;法律、行政法规规定的其他劳动争议。故本题选 CDE。

77.【答案】ABDE

考点提示:本题考查劳动关系方面集体协商的程序。

完整解析:一方首席代表提出协商的具体内容和要求,另一方首席代表就对方的要求做出回应,C 项错误。故本题选 ABDE。

78.【答案】ABCD

考点提示:本题考查流动人口在现居住地享受的计划生育服务和奖励优待。

完整解析:《流动人口计划生育工作条例》第十条规定,流动人口在现居住地享受下列计划生育服务和奖励、优待。具体如下:(1)免费参加有关人口与计划生育法律知识和生殖健康知识普及活动;(2)依法免费获得避孕药具,免费享受国家规定的其他基本项目的计划生育技术服务;(3)晚婚晚育或者在现居住地施行计划生育手术的,按照现居住地省、自治区、直辖市或者较大的市的规定,享受休假等;(4)实行计划生育的,按照流动人口现居住地省、自治区、直辖市或者较大的市的规定,在生产经营等方面获得支持、优惠,在社会救济等方面享受优先照顾。故本题选 ABCD。

79.【答案】CDE

考点提示:本题考查的是城乡居民基本养老保险制度的参保范围。

完整解析:根据相关规定,年满 16 周岁(不含在校学生),非国家机关和事业单位工作人员及不属于职工基本养老保险制度覆盖范围的城乡居民,可以在户籍地参加城乡居民养老保险。对于灵活就业人员、个体工商户等职工基本养老保险制度的自愿参保者而言,既可以选择参加职工基本养老保险,也可以选择参加城乡居民基本养老保险。故本题选 CDE。

80.【答案】ABCE

考点提示:本题考查的是随军未就业的军人配偶社会保险的相关知识。

完整解析:《中国人民解放军军人配偶未就业期间社会保险暂行办法》规定,缴费基数参照上年度全国城镇职工月平均工资 60% 的比例确定。用人单位不向劳动者支付经济补偿,D 项错误。故本题选 ABCE。

社会工作法规与政策(中级)2014年真题参考答案及解析

一、单项选择题

1.【答案】B

考点提示:本题考查的是社会政策。

完整解析:社会政策是政府在社会价值的指导下,为实现其社会目标而采取的社会行动的总和。故 A 项错误,B 项正确。社会政策是公共政策中的重要领域之一。故 C 项错误。社会政策的主要内容是社会保障政策、公共医疗卫生政策、公共住房政策、公共教育政策、劳动就业政策、针对专门人群的社会政策、社会政策的其他内容。故 D 项错误。故本题选 B。

2.【答案】B

考点提示:本题考查的是城市低保的资金来源。

完整解析:城市低保的资金来源主要有以下三方面:(1)城市低保所需资金,由人民政府列入财政预算,纳入社会救济专项资金支出项目,专项管理,专款专用。(2)中央财政对中西部财政困难地区和老工业基地给予专项补贴。(3)国家鼓励社会组织和个人为城市低保提供捐赠、资助;所提供的捐赠、资助,全部纳入当地城市低保资金。其中政府财政预算资金为主要来源。故本题选 B。

3.【答案】A

考点提示:本题考查的是低保申请的审核审批以及低保金发放。

完整解析:《城市居民最低生活保障条例》规定,县级人民政府民政部门经审查,对符合享受城市居民最低生活保障待遇条件的家庭,应当区分下列不同情况批准其享受城市居民最低生活保障待遇。对不符合享受城市居民最低生活保障待遇条件的,应当书面通知申请人,并说明理由。故本题选 A。

4.【答案】B

考点提示:本题考查的是最低生活保障制度法规与政策。

完整解析:农村最低生活保障标准由县级以上地方人民政府按照能够维持当地农村居民全年基本生活所必需的吃饭、穿衣、用水、用电等费用确定,并报上一级地方人民政府备案后公布执行。农村最低生活保障标准要随着当地生活必需品价格变化和人民生活水平提高适时进行调整。故本题选 B。

5.【答案】D

考点提示:本题考查的是低保动态管理。

完整解析:乡(镇)人民政府和县级人民政府民政部门要采取多种形式,定期或不定期调查了解农村困难群众的生活状况,及时将符合条件的困难群众纳入保障范围,并根据其家庭经济状况的变化,及时按程序办理停发、减发或增发最低生活保障金的手续。保障对象和补助水平的变动情况要及时向社会公示。在本题中,老李一家收入比去年有所增加,故其低保金应相应减少。故本题选 D。

6.【答案】D

考点提示:本题考查的是特困人员供养法规与政策。

完整解析:农村五保供养标准不得低于当地村民的平均生活水平,并根据当地村民平均生活水平的提高适时调整。故本题选 D。

7.【答案】B

考点提示:本题考查的是医疗救助法规与政策。

完整解析:在切实将城乡低保家庭成员和五保户纳入医疗救助范围的基础上,逐步将其他经济困难家庭人员纳入医疗救助范围。其他经济困难家庭人员主要包括低收入家庭重病患者以及当地政府规定的其他特殊困难人员。故 A 项错误。要根据救助对象的不同医疗需求,开展医疗救助服务。要坚持以住院救助为主,同时兼顾门诊救助。故 B 项正确。充分发挥医疗救助的便民救急作用。对于申请医疗救助的其他经济困难人员,或到尚未开展即时结算的定点医疗机构就医的医疗救助对象,当地民政部门要及时受理,并按规定办理审批手续,使困难群众能够及时享受到医疗服务。救助对象治疗需要转诊至非定点医疗机构治疗的,应当由定点医疗机构出具转诊证明,由救助对象报当地县级人民政府民政部门核准备案。故 C、D 两项错误。故本题选 B。

8.【答案】D

考点提示:本题考查的是住房救助法规与政策。

完整解析:申请廉租房保障的家庭,应当由户主向户口所在地街道办事处或者镇人民政府提出书面申请。故本题选 D。

9.【答案】C

考点提示:本题考查的是住房救助法规与政策。

完整解析:根据《廉租住房保障办法》,新建廉租住房应将单套的建筑面积控制在 50 平方米以内,并根据城市低收入住房困难家庭的居住需要,合理确定套型结构。故本题选 C。

10.【答案】A

考点提示:本题考查的是法律援助的申请和审查程序。

完整解析:请求国家赔偿的,应向赔偿义务机关所在地的法律援助机构提出申请。故本题选 A。

11.【答案】C

考点提示:本题考查的是临时救助中流浪乞讨人员救助的程序。

完整解析:救助站对流浪乞讨人员的救助是一项临时性社会救助措施,一般不超过 10 天。除此之外,在下列三种情况下,救助站也应当终止救助:(1)救助站发现流浪乞讨人员故意提供虚假个人情况的,应当终止救助;(2)流浪乞讨人员自愿放弃救助离开救助站的,救助站不得限制;(3)流浪乞讨人员擅自离开救助站的,视同放弃救助,救助站应当终止救助。丙不属于救助站应当终止救助的情况。故本题选 C。

12.【答案】B

考点提示:本题考查的是受灾人员救助法规与政策。

完整解析:突发灾害发生后,各级民政部门根据灾害发展态势和程序,及时启动本级灾害救助应急预案,并采取应急救助措施,确保 24 小时内各项救灾措施落实到位。故本题选 B。

13.【答案】B

考点提示:本题考查的是受灾救助法规与政策。

完整解析:灾后重建即灾民房屋重建,是指因自然灾害造成灾区群众住房倒塌或严重损坏需要重新建设和修缮的过程。B 项中的老赵一家的房屋并无损坏,故不属于政府恢复重建补助对象。故本题选 B。

14.【答案】B

考点提示:本题考查的是老年人权益保护的法规与政策。

完整解析:《中华人民共和国老年人权益保障法》第四十四条规定,设立养老机构应当向县级以上人民政府民政部门申请行政许可;经许可的,依法办理相应的登记。故本题选 B。

15.【答案】D

考点提示:本题考查的是妇女权益保护的法律责任。

完整解析:遭受家庭暴力的妇女的维权方式主要有以下几种:(1)受害者可以到居住地附近的居委会或者村委会以及自己所在单位提出请求,以上这些部门应当找到施暴者进行调解。(2)受害者可以打 110 向公安机关寻求帮助。此时实施暴力造成受害者轻微伤的,可以要求公安机关给予施暴方治安管理处罚,如警告、罚款、拘留。(3)长期遭受家庭暴力的受害妇女可以家庭暴力为由要求离婚,在离婚时获得包括人身损害和精神损害在内的离婚损害赔偿。(4)对于已经构成犯罪的家庭暴力行为,受害者可以依《中华人民共和国刑事诉讼法》的有关规定,向人民法院起诉。(5)受害妇女可以及时向妇联或妇女公益组织等求助。故本题选 D。

16.【答案】A

考点提示:本题考查的是孤儿和流浪未成年人的保护与安置。

完整解析:预防未成年人流浪是家庭、学校、政府和社会的共同责任,做好源头预防是解决未成年人流浪问题的治本之策。家庭是预防和制止未成年人流浪的第一责任主体,应当依法履行对未成年人的监护责任和抚养义务。故本题选A。

17.【答案】C

考点提示:本题考查的是残疾人权益的主要内容。

完整解析:国家有计划地举办各级各类特殊教育师范院校、专业,在普通师范院校附设特殊教育班(部),培养、培训特殊教育师资。普通师范院校开设特殊教育课程或者讲授有关内容,使普通教师掌握必要的特殊教育知识。特殊教育教师和手语翻译,享受特殊教育津贴。故本题选C。

＊18.【答案】D

考点提示:本题考查的是婚姻解除的条件、程序和法律后果。

完整解析:《中华人民共和国婚姻法》第三十二条第二款列举了常见的、多发的四类具体离婚原因,作为认定夫妻感情确已破裂、判决准予离婚的情形,使法定离婚理由的概括性规定与列举性规定互相补充,结合运用。有下列情形之一,调解无效的,应准予离婚:(1)重婚或有配偶者与他人同居的;(2)实施家庭暴力或虐待、遗弃家庭成员的;(3)有赌博、吸毒等恶习屡教不改的;(4)因感情不和分居满两年的。故本题选D。

＊19.【答案】B

考点提示:本题考查的是财产继承中法定继承的法律规定。

完整解析:法定继承人的范围:(1)配偶。C项正确。(2)子女。A项正确。(3)父母。(4)兄弟姐妹。(5)祖父母、外祖父母。孙子女、外孙子女不属于法定继承人的范围,但他们可以通过代位继承方式取得其祖父母、外祖父母的遗产。老李女儿、女婿均已去世,所以其外孙女可以通过代位继承的方式获得遗产。故D项正确。(6)符合法定条件的丧偶儿媳、女婿。故本题选B。

＊20.【答案】A

考点提示:本题考查法定继承的法律规定。

完整解析:法定继承人的顺序是指法律规定的各法定继承人继承遗产的先后次序。继承开始后,适用法定继承时,法定继承人并不是同时都参加继承,而是按照法律规定的先后顺序参加继承,即先由前一顺序人继承,只有在无前一顺序继承人或前一顺序继承人全部丧失继承权或全部放弃继承权的情况下,才由第二顺序继承人继承。第一顺序继承人:配偶、子女、父母。丧偶的儿媳对公婆、丧偶的女婿对岳父母尽了主要赡养义务的,作为第一顺序继承人。第二顺序继承人:兄弟姐妹、祖父母、外祖父母。本题中蔡女士、招娣、天天和亮亮作为第一顺序继承人继承老王的遗产,因母亲再婚时大钢已成年,与老王构不成有抚养关系的父子,故不能继承老王的遗产。故本题选A。

＊21.【答案】D

考点提示:本题考查的是收养关系中收养解除的法律效力。

完整解析:按法律规定,成年养子女与生父母及其他近亲属的权利义务关系是否恢复,可以由成年养子女与生父母协商确定。小雨未与生父母恢复权利义务关系。A、B两项错误。收养关系解除后,经养父母抚养的成年养子女,对缺乏劳动能力又缺乏生活来源的养父母,应当给付生活费。因养子女成年后虐待、遗弃养父母而解除收养关系的,养父母可以要求养子女补偿收养期间支出的生活费和教育费。小雨与其养父是依法协议解除收养关系的,故C项错误。小雨养父缺乏劳动能力又缺乏生活来源,因此小雨应当给付生活费。故本题选D。

＊22.【答案】C

考点提示:本题考查法定继承的法律规定。

完整解析:只有在继父母将继子女收养为养子女后,他们之间才具有法律拟制直系血亲关系;或者继父母与继子女之间形成了抚养关系,他们之间才能适用《中华人民共和国婚姻法》上的父母子女关系。小敏没有受继父的抚养教育,此类继父母子女关系为纯粹的直系姻亲关系。这种形式的继父母子女关系而言,其并没有形成养父母养子女关系,而且也不具有抚养关系,只是因为父母一方再婚而形成了名分上的父母子女关系。未形成法律抚育关系。故小敏不是遗产的法定继承人。故本题选C。

23.【答案】C

考点提示:本题考查的是人民调解的概念和原则。

完整解析:人民调解委员会调解纠纷,必须出于双方当事人的自愿。老张的行为违反了当事人自愿调解原则。故本题选C。

24.【答案】D

考点提示:本题考查的是信访事项的提出、受理、办理和督办。

完整解析:对《信访条例》第十五条规定的信访事项,应当告知信访人分别向有关的人民代表大会及其常务委员会、人民法院、人民检察院提出。对已经或者依法应当通过诉讼、仲裁、行政复议等法定途径解决的,不予受理,但应当告知信访人按照有关法律、行政法规规定程序向有关机关提出。故D项正确。对依照法定职责属于本级人民政府或者其工作部门处理决定的信访事项,应当转送有权处理的行政机关;情况重大、紧急的,应当及时提出建议,报请本级人民政府决定。A项错误。信访事项涉及下级行政机关或者其工作人员的,按照"属地管理、分级负责,谁主管、谁负责"的原则,直接转送有权处理的行政机关,并抄送下一级人民政府信访工作机构。B项错误。有关行政机关应当自收到转送、交办的信访事项之日起15日内决定是否受理并书面告知信访人,并按要求通报信访工作机构。C项错误。故本题选D。

25.【答案】C

考点提示:本题考查的是社会矫正法规与政策。

完整解析:社区矫正人员应当自人民法院判决、裁定生效之日或者离开监所之日起10日内到居住地县级司法行政机关报到。A项错误。社区矫正人员因就医、家庭等重大原因,确需离开所居住的市、县(旗),在7日以内的,应当报经司法所批准;超过7日的,应当由司法所签署意见后报经县级司法行政机关批准。B项错误。缓刑的社区矫正人员受到司法行政机关三次警告仍不改正的,可向人民法院提出撤销缓刑的建议。D项错误。故本题选C。

26.【答案】D

考点提示:本题考查的是禁毒的法律责任。

完整解析:《中华人民共和国禁毒法》第五十九条规定,有下列行为之一,构成犯罪的,依法追究刑事责任;尚不构成犯罪的,依法给予治安管理处罚:(一)走私、贩卖、运输、制造毒品的……A项错误。第六十条规定,有下列行为之一,构成犯罪的,依法追究刑事责任;尚不构成犯罪的,依法给予治安管理处罚:(一)包庇走私、贩卖、运输、制造毒品的犯罪分子,以及为犯罪分子窝藏、转移、隐瞒毒品或者犯罪所得财物的……B项错误。第六十一条规定,容留他人吸食、注射毒品或者介绍买卖毒品,构成犯罪的,依法追究刑事责任;尚不构成犯罪的,由公安机关处十日以上十五日以下拘留,可以并处三千元以下罚款;情节较轻的,处五日以下拘留或者五百元以下罚款。C项错误。第六十九条规定,公安机关、司法行政部门或者其他有关主管部门的工作人员在禁毒工作中有下列行为之一,构成犯罪的,依法追究刑事责任;尚不构成犯罪的,依法给予处分:(一)包庇、纵容毒品违法犯罪人员的……D项正确。故本题选D。

27.【答案】C

考点提示:本题考查的是军人抚恤优待条例。

完整解析:现役军人残疾被认定为因战致残、因公致残或者因病致残的,依照规定享受抚恤。其中,因战、因公致残,残疾等级被评定为一级至十级的,均可享受抚恤。因病致残,残疾等级被评定为一级至六级的,方可享受抚恤。A、D两项错误。一次性抚恤金的发放要遵循一定的顺序。第一顺序是烈士、因公牺牲军人、病故军人的父母(抚养人)、配偶、子女。第二顺序是没有父母(抚养人)、配偶、子女的,发给未满18周岁的兄弟姐妹和已满18周岁但无生活费来源且由该军人生前供养的兄弟姐妹。B项错误。优抚对象的认定:复员军人是指在1954年10月31日(具体是指1954年10月31日开始试行义务兵役制以前参加中国工农红军、东北抗日联军、中国共产党领导的脱产游击队、八路军、新四军、解放军、中国人民志愿军等)之前入伍、后经批准从部队复员的人员。C项正确。故本题选C。

28.【答案】C

考点提示:本题考查的是退役士兵安置主要方式中的安排工作。

完整解析:非因退役士兵本人原因,接收单位未按照规定安排退役士兵上岗的应当从所在地人民政府退役士兵安置工作主管部门开出介绍信的当月起,按照不低于本单位同等条件人员平均工资80%的标准逐月发给退役士兵生活费至其上岗为止。故本题选C。

29.【答案】A

考点提示:本题考查的是退役士兵安置主要方式中的安排工作。

完整解析:退役士兵符合下列条件之一的,由人民政府安排工作:(1)士官服现役满12年的;(2)服现役期间平时荣获二等功以上奖励或者战时荣获三等功以上奖励的;(3)因战致残被评定为5级至8级残疾等级的;(4)是烈士子女的。故本题选A。

30.【答案】B

考点提示:本题考查的是居民委员会的性质、组织设置和主要职能。

完整解析:居委会有以下几个方面的特殊性质:基层性、群众性、自治性。故本题选B。

31.【答案】D

考点提示:本题考查的是居民委员会的性质、组织设置和主要职能。

完整解析:依法组织居民开展自治,这是由居民委员会的自治性质决定的。依法组织居民开展自治活动,具体说来就是居民委员会要宣传宪法、法律、法规和国家的政策,维护居民的合法权益;定期召集社区居民会议或社区成员代表会议,民主协调办理本居住地区居民的公共事务和公益事业,推进社区建设;调解民间纠纷,及时化解居民群间的矛盾纠纷;及时向人民政府或其派出机关反映居民群众的意见、要求和提出建议。故本题选D。

32.【答案】D

考点提示:本题考查的是居民委员会的性质、组织设置和主要职能。

完整解析:居民委员会的设立、撤销、规模调整,由不设区的市、市辖区的人民政府决定。故本题选D。

33.【答案】C

考点提示:本题考查的是村民委员会选举和村民(代表)会议。

完整解析:召开村民小组会议,应有本村民小组18周岁以上的村民2/3以上,或者本村民小组2/3以上的户的代表参加,所作决定应当经到会人员的过半数同意。A、B两项错误。村民会议由村民委员会召集。根据《中华人民共和国村民委员会组织法》的有关规定,下列情况下村民委员会应当召开村民会议:(1)需要讨论决定涉及村民切身利益的重大事项;(2)需要制定、修改村民自治章程村规民约;(3)遇有村民委员会设立、撤销、范围调整的情形;(4)选举、补进和罢免村民委员会成员;(5)有1/10以上的村民提议时。C项正确。《中华人民共和国村民委员会组织法》第十六条规定,本村1/5以上有选举权的村民或者1/3以上的村民代表联名,可以提出罢免村民委员会成员的要求,并说明要求罢免的理由。被提出罢免的村民委员会成员有权提出申辩意见。罢免村民委员会成员,须有登记参加选举的村民过半数投票,并须经投票的村民过半数通过。D项错误。故本题选C。

34.【答案】B

考点提示:本题考查的是城市社区居民自治法规与政策。

完整解析:根据《中共中央办公厅、国务院办公厅关于加强和改进城市社区居民委员会建设工作的意见》的规定,社区专职工作人员报酬标准原则上不低于上年度当地社会平均工资水平。故本题选B。

35.【答案】A

考点提示:本题考查的是公益事业捐赠的规定。

完整解析:自然人、法人或者其他组织捐赠财产用于公益事业的,应当是自愿和无偿的;禁止强行摊派或者变相摊派。故本题选 A。

36.【答案】B

考点提示:本题考查的是公益慈善事业中救灾捐赠管理的规定。

完整解析:对灾区不适用的境内救灾捐赠物资,经捐赠人书面同意,报县级以上民政部门批准后可以变卖。对灾区不适用的境外救灾捐赠物资,应当报省级民政部门批准后方可变卖。故本题选 B。

37.【答案】A

考点提示:本题考查的是志愿服务管理规定。

完整解析:志愿者组织、公益慈善类组织和社会服务机构将志愿服务信息记入志愿服务记录前,应当在本组织或机构内进行公示,接受社会监督。公示时间不得少于 3 个工作日,公示期满无异议的,记入志愿服务记录。故本题选 A。

38.【答案】B

考点提示:本题考查的是社会团体成立登记中成立社会团体的条件。

完整解析:成立社会团体,会员数必须达到法定要求。如果会员全部为单位会员,则会员数应在 30 个以上;如果会员全部由个人会员组成,则会员数应在 50 个以上;如果会员由个人会员和单位会员混合组成,则会员总数不得少于 50 个。故本题选 B。

39.【答案】C

考点提示:本题考查的是社会团体管理中的登记事项管理。

完整解析:社会团体的章程应当包括会员资格及其权利、义务。A 项正确。社会团体的分支机构、代表机构应当按照其所属的社会团体的章程所规定的宗旨和业务范围,在该社会团体授权的范围内开展活动、发展会员。B 项正确。社会团体换届产生新一届理事长(会长)、副理事长(副会长)、秘书长后,无论是否发生人员、职务变动,均应按照相关规定,及时到登记管理机关办理负责人变更备案手续。C 项错误。任何单位和个人不得侵占、私分或者挪用社会团体的资产。按照国家有关规定所取得的合法收入,必须用于章程规定的业务活动,不得在会员中分配。D 项正确。故本题选 C。

40.【答案】C

考点提示:本题考查的是民办非企业单位的成立登记。

完整解析:民办非企业单位是指企业事业单位、社会团体和其他社会力量以及公民个人利用非国有资产举办的,从事非营利性社会服务活动的社会组织。A、B 两项错误。民办非企业单位不得设立分支机构。D 项错误。故本题选 C。

41.【答案】A

考点提示:本题考查的是民办非企业单位的成立登记。

完整解析:验资报告应当由具备资质的会计师事务所出具。其中资金来源是指民办非企业单位的开办资金来源应当合法,国有资产出资不得超过资金总额的 1/3。在本题中,民办非企业社会工作专业服务机构的资金总额为 12 万元,故该高校的出资额不得高于 4 万元。故本题选 A。

42.【答案】B

考点提示:本题考查的是基金会管理法规与政策。

完整解析:国务院民政部门负责下列基金会、基金会代表机构的登记管理工作:(1)全国性公募基金会;(2)拟由非内地居民担任法定代表人的基金会;(3)原始基金超过 2000 万元,发起人向国务院民政部门提出设立申请的非公募基金会;(4)境外基金会在中国内地设立的代表机构。故本题选 B。

43.【答案】C

考点提示:本题考查的是基金会的设立。

完整解析:境外基金会在中国内地设立代表机构,应当经有关业务主管单位同意后,向登记管理机关提交下列文件:申请书;基金会在境外依法登记成立的证明和基金会章程;拟设代表机构负责人身份证明及简历;住所证明;业务主管单位同意在中国内地设立代表机构的文件。C 项不需要提交。故本题选 C。

44.【答案】C

考点提示: 本题考查的是就业服务与就业援助。

完整解析: 设立职业中介机构,应依法办理行政许可。经许可的职业中介机构,应当向工商行政部门办理登记。未经依法许可和登记的机构,不得从事职业中介活动。地方各级人民政府和有关部门不得举办或者与他人联合举办经营性的职业中介机构。故本题选 C。

45.【答案】D

考点提示: 本题考查的是就业服务与就业援助。

完整解析: 县级以上人民政府建立健全公共就业服务体系,设立公共就业服务机构,为劳动者免费提供下列服务:(1)就业政策法规咨询;(2)职业供求信息、市场工资指导价位信息和职业培训信息发布;(3)职业指导和职业介绍;(4)对就业困难人员实施就业援助;(5)办理就业登记、失业登记等事务;(6)其他公共就业服务。地方各级人民政府和有关部门、公共就业服务机构举办的招聘会,不得向劳动者收取费用。故 A、B、C 三项错误。故本题选 D。

46.【答案】C

考点提示: 本题考查的是工作时间和休息休假的规定。

完整解析: 用人单位延长工作时间,应当按照下列标准支付高于劳动者正常工作时间工资的工资报酬:安排劳动者延长工作时间的,支付不低于工资的150%的工资报酬;休息日安排劳动者工作又不能安排补休的,支付不低于工资的200%的工资报酬;法定休假日安排劳动者工作的,支付不低于工资的300%的工资报酬。这 7 天是由两个部分组成的,即法定休假日和休息日。有 3 天是法定休假日,也就是在这 3 日加班的劳动者,企业应按照不低于劳动者本人日工资或小时工资的300%支付加班工资。剩下 4 天是休息日,用人单位应首先安排劳动者补休,不能安排补休的,按照不低于劳动者本人日工资或小时工资的200%付加班工资,即 900＋800＝1700(元)。故本题选 C。

47.【答案】B

考点提示: 本题考查的是劳动保护中女职工的特殊保护。

完整解析: 女职工在孕期、产期、哺乳期内,用人单位一般不得解除劳动合同。A 项错误。用人单位不得在女职工怀孕期、产期、哺乳期减低其基本工资。B 项正确。对怀孕 7 个月以上的女职工,不得安排其延长工作时间和夜班劳动。C 项错误。女职工产假期间的生育津贴,对已参加生育保险的,按照用人单位上年度职工月平均工资的标准由生育保险基金支付。D 项错误。故本题选 B。

48.【答案】C

考点提示: 本题考查的是集体合同的规定。

完整解析: 集体合同由工会代表企业职工一方与用人单位订立;尚未建立工会的用人单位,由上级工会指导劳动者推举的代表与用人单位订立。A 项错误。集体合同中劳动报酬和劳动条件等标准不得低于当地人民政府规定的最低标准;用人单位与劳动者订立的劳动合同中劳动报酬和劳动条件等标准不得低于集体合同规定的标准。B 项错误。用人单位违反集体合同,侵犯职工劳动权益的,工会可以依法要求用人单位承担责任;因履行集体合同发生争议,经协商解决不成的,工会可以依法申请仲裁、提起诉讼。C 项正确。集体合同订立后,应当报送劳动行政部门;劳动行政部门自收到集体合同文本之日起 15 日内未提出异议的,集体合同即行生效。D 项错误。故本题选 C。

49.【答案】D

考点提示: 本题考查的是劳动争议处理的规定。

完整解析: 劳动者应当在劳动争议发生之日起 60 日内向劳动争议仲裁委员会提出书面申请。劳动者对仲裁裁决不服欲提起民事诉讼的,必须在收到仲裁书之日起 15 日内向人民法院提起诉讼。法律规定先行仲裁,对仲裁不服才可以起诉。D 项错误。故本题选 D。

50.【答案】D

考点提示: 本题考查的是劳动争议处理的规定中的劳动争议仲裁。

完整解析:《中华人民共和国劳动争议调解仲裁法》第二十七条规定,劳动争议申请仲裁的时效期间为一年。仲裁时效期间从当事人知道或者应当知道其权利被侵害之日起计算。前款规定的仲裁时效,因当事人一方向对方当事人主张权利,或者向有关部门请求权利救济,或者对方当事人同意履行义务而中断。从中断时起,仲裁时效期间重新计算。劳动关系存续期间因拖欠劳动报酬发生争议的,劳动者申请仲裁不受本条第一款规定的仲裁时效期间的限制;但是,劳动关系终止的,应当自劳动关系终止之日起一年内提出。故本题选 D。

51.【答案】D

考点提示:本题考查的是劳动保障监察的实施。

完整解析:违反劳动保障法律、法规或者规章的行为在 2 年内未被劳动保障行政部门发现,也未被举报、投诉的,劳动保障行政部门不再查处。故本题选 D。

52.【答案】C

考点提示:本题考查的是公共卫生体系建设。

完整解析:重大公共卫生服务项目主要由各级预防保健专业机构和指定的医疗卫生机构等按照要求组织实施。故本题选 C。

53.【答案】D

考点提示:本题考查的是突发公共卫生事件的应对机制建设。

完整解析:突发事件监测机构、医疗卫生机构和有关单位发现有《突发公共卫生事件应急条例》第十九条规定的情形之一的,应当在 2 小时内向所在地县级人民政府卫生行政主管部门报告;接到报告的卫生行政主管部门应当在 2 小时内向本级人民政府报告,并同时向上级人民政府卫生行政主管部门和国务院卫生行政主管部门报告。县级人民政府应当在接到报告后 2 小时内向设区的市级人民政府或者上一级人民政府报告;设区的市级人民政府应当在接到报告后 2 小时内向省、自治区、直辖市人民政府报告。A、B、C 三项均正确。D 项应为在 1 小时内报告。故本题选 D。

54.【答案】C

考点提示:本题考查的是城市社区卫生服务机构的服务对象。

完整解析:社区卫生服务机构以社区、家庭和居民为服务对象,以妇女、儿童、老年人、慢性病人、残疾人、贫困居民等为服务重点,开展健康教育、预防、保健、康复、计划生育技术服务和一般常见病、多发病的诊疗服务,具有社会公益性质,属于非营利性医疗机构。故本题选 C。

55.【答案】D

考点提示:本题考查的是流动人口计划生育的管理办法。

完整解析:育龄夫妻生育第一个子女的,可以在现居住地的乡(镇)人民政府或者街道办事处办理生育服务登记。办理生育服务登记,应当提供下列证明材料:(1)夫妻双方的居民身份证;(2)结婚证;(3)女方的婚育证明和男方户籍所在地的乡(镇)人民政府或者街道办事处出具的婚育情况证明材料。故本题选 D。

56.【答案】B

考点提示:本题考查的是社会保险基金与征缴。

完整解析:用人单位应当自用工之日起 30 日内为其职工向社会保险经办机构申请办理社会保险登记。未办理社会保险登记的,由社会保险经办机构核定其应当缴纳的社会保险费。故本题选 B。

57.【答案】D

考点提示:本题考查的是城乡居民基本养老保险制度的法规与政策。

完整解析:不属于城镇职工基本医疗保险制度覆盖范围的中小学阶段的学生(包括职业高中、中专、技校学生)、少年儿童和其他非从业城镇居民都可自愿参加城镇居民基本医疗保险。故本题选 D。

58.【答案】D。

考点提示:本题考查的是失业保险制度的法规与政策。

完整解析:《失业保险条例》第十五条规定,失业人员在领取失业保险金期间有下列情形之一的,停止领取失业保险金,并同时停止享受其他失业保险待遇:(1)重新就业的;(2)应征服兵役的;(3)移居境外的;(4)享受基本养老保险待遇的;(5)被判刑收监执行或者被劳动教养的;(6)无正当理由,拒不接受当地人民政府指定的部门或者机构介绍的工作的;(7)有法律、行政法规规定的其他情形的。故本题选 D。

59.【答案】B

考点提示:本题考查的是工伤保险的法规与政策。

完整解析:根据《工伤保险条例》第三十九条规定,一次性工亡补助金标准为上一年度全国城镇居民人均可支配收入的 20 倍。故本题选 B。

60.【答案】A

考点提示:本题考查的是生育保险的法规与政策。

完整解析:生育保险根据"以支定收,收支基本平衡"的原则筹集资金,由企业按照其工资总额的一定比例向社会保险经办机构缴纳生育保险费,建立生育保险基金。生育保险费的提取比例由当地人民政府根据计划内生育人数和生育津贴、生育医疗费等项费用确定,并可根据费用支出情况适时调整,但最高不得超过工资总额的百分之一。企业缴纳的生育保险费作为期间费用处理,列入企业管理费用。职工个人不缴纳生育保险费。故 A 项正确,C、D 两项错误。生育保险基金由劳动部门所属的社会保险经办机构负责收缴、支付和管理。生育保险基金应存入社会保险经办机构在银行开设的生育保险基金专户。银行应按照城乡居民个人储蓄同期存款利率计息,所得利息转入生育保险基金。B 项错误。故本题选 A。

二、多项选择题

61.【答案】ABCD

考点提示:本题考查的是社会工作专业人才队伍建设的重点工程。

完整解析:到 2020 年,我国社会工作专业人才队伍建设的总体目标是:建立健全社会工作专业人才法规、政策和制度体系,造就一支结构合理、素质优良的社会工作专业人才队伍,使之适应构建社会主义和谐社会的要求,满足人民群众日益增长的社会服务需求。到 2020 年,依托现有资源,建立 500 家社会工作专业重点实训基地。加快推进社会工作硕士专业学位教育发展,到 2020 年培养和引进 3 万名社会工作硕士专业学位研究生,300 名社会工作专业博士,3000 名"双师型"专业教师。故本题选 ABCD。

62.【答案】ABCD

考点提示:本题考查的是最低生活保障制度法规与政策。

完整解析:《城市居民最低生活保障条例》第十四条规定,享受城市居民最低生活保障待遇的城市居民有下列行为之一的,由县级人民政府民政部门给予批评教育或者警告,追回其冒领的城市居民最低生活保障款物;情节恶劣的,处冒领金额 1 倍以上 3 倍以下的罚款:(1)采取虚报、隐瞒、伪造等手段,骗取享受城市居民最低生活保障待遇的;(2)在享受城市居民最低生活保障待遇期间家庭收入情况好转,不按规定告知管理审批机关,继续享受城市居民最低生活保障待遇的。故本题选 ABCD。

63.【答案】BCE

考点提示:本题考查的是医疗救助中城乡医疗救助的形式。

完整解析:医疗救助的形式主要有三种,即社会力量资助、城市医疗救助基金补助和医疗机构减免有关费用。对于城乡低保家庭成员、五保户和其他经济困难家庭人员,要资助其参加城镇居民基本医疗保险或新型农村合作医疗,并对其难以负担的基本医疗自付费用给予补助。A 项错误。同时,要完善救助服务内容,根据救助对象的不同医疗需求而开展医疗救助服务。要坚持以住院救助为主,同时兼顾门诊救助。住院救助主要帮助解决因病住院救助对象个人负担的医疗费用;门诊救助主要帮助解决符合条件的救助对象患有常见病、慢性病、需要长期药物维持治疗,急诊、急救的个人负担的医疗费用。故本题选 BCE。

64.【答案】ABDE

考点提示:本题考查的是我国社会救助法规与政策。

完整解析:《城市居民最低生活保障条例》第二条规定,持有非农业户口的城市居民,凡共同生活的家庭成员人均收入低于当地城市居民最低生活保障标准的,均有从当地人民政府获得基本生活物质帮助的权利,张大爷一直未婚,靠收废品为生,符合条件,A项正确。同时城市困难家庭可申请二次临时救助,D项正确。《关于进一步完善城乡医疗救助制度的意见》中规定,在切实将城乡低保家庭成员和五保户纳入医疗救助范围的基础上,逐步将其他经济困难家庭人员纳入医疗救助范围。其他经济困难家庭人员主要包括低收入家庭重病患者以及当地政府规定的其他特殊困难人员,张大爷符合条件,B项正确。城镇中的老年人可以享受医疗保险待遇,E项正确。五保供养的对象为农村困难群众,而张大爷作为城市社区居民无法享受。故C项错误。故本题选ABDE。

*65.【答案】ABCE

考点提示:本题考查的是妇女权益的主要内容。

完整解析:按照法律规定,夫妻书面约定婚姻关系存续期间所得的财产归各自所有,女方因抚育子女、照料老人、协助男方工作等承担较多义务的,有权在离婚时要求男方予以补偿。离婚时的家务补偿制度不适用于夫妻财产共同所有的情况。故D项错误。故本题选ABCE。

66.【答案】ABCD

考点提示:本题考查的是残疾人权益的主要内容。

完整解析:无障碍设施的建设和改造,应当符合残疾人的实际需要。A项正确。国家采取措施,为残疾人信息交流无障碍创造条件。B项正确。有条件的公共停车场应当为残疾人设置专用停车位。E项错误。组织选举的部门应当为残疾人参加选举提供便利。C项正确。盲人携带导盲犬出入公共场所,应当遵守国家有关规定。D项正确。故本题选ABCD。

*67.【答案】CDE

考点提示:本题考查的是婚姻解除的条件、程序与法律后果。

完整解析:《中华人民共和国婚姻法》第四十一条规定,离婚时,原为夫妻共同生活所负的债务,应当共同偿还。共同财产不足清偿的,或财产归各自所有的,由双方协议清偿;协议不成时,由人民法院判决。A项错误。第四十条规定,夫妻书面约定婚姻关系存续期间所得的财产归各自所有,一方因抚育子女、照料老人、协助另一方工作等付出较多义务的,离婚时有权向另一方请求补偿,另一方应当予以补偿。B项错误。第四十二条规定,离婚时,如一方生活困难,另一方应从其住房等个人财产中给予适当帮助。具体办法由双方协议;协议不成时,由人民法院判决。C项正确。第三十九条规定,离婚时,夫妻的共同财产由双方协议处理;协议不成时,由人民法院根据财产的具体情况,照顾子女和女方权益的原则判决。夫或妻在家庭土地承包经营中享有的权益等,应当依法予以保护。D项正确。分割夫妻共同财产时,须坚持以下原则:一是男女平等;二是保护妇女、儿童的合法权益;三是不损害国家、集体和他人利益;四是照顾无过错一方;五是有利于生产和方便生活;六是尊重当事人意愿。E项正确。故本题选CDE。

*68.【答案】ABCD

考点提示:本题考查的是财产继承中法定继承的法律规定。

完整解析:继承开始后,适用法定继承时,法定继承人并不是同时都参加继承,而是按照法律规定的先后顺序参加继承,即先由第一顺序的继承人继承,只有在无第一顺序继承人或第一顺序继承人全部丧失继承权或全部放弃继承权的情况下,才由第二顺序的继承人继承。第一顺序继承人:配偶、子女、父母。丧偶的儿媳对公婆、丧偶的女婿对岳父母尽了主要赡养义务的,作为第一顺序继承人。第二顺序继承人:兄弟姐妹、祖父母、外祖父母。郑阿姨的大儿子、小儿子有权继承遗产,故A、B两项正确。二儿媳尽了主要赡养义务,依然有权继承遗产,C项正确。孙子女、外孙子女不属于法定继承人的范围,但他们可以通过代位继承方式取得其祖父母、外祖父母的遗产。郑阿姨的二儿子已去世,所以其女儿小萌可以通过代位继承获得遗产。故D项正确。故本题选ABCD。

*69.【答案】ABC

考点提示:本题考查的是财产继承中遗嘱继承的法律规定。

完整解析:《中华人民共和国继承法》第十六条规定,公民可以依照本法规定立遗嘱处分个人财产。并可以指定遗嘱执行人。公民可以立遗嘱将个人财产指定由法定继承人的一人或者数人继承。公民可以立遗嘱将个人财产赠给国家、集体或者法定继承人以外的人。故A、B、C三项正确。D、E两项错误。故本题选ABC。

70.【答案】BCDE

考点提示：本题考查的是社区矫正实施中的社区矫正监督管理。

完整解析：《社区矫正实施办法》第十一条规定，社区矫正人员应当定期向司法所报告遵纪守法、接受监督管理、参加教育学习、社区服务和社会活动的情况。发生居所变化、工作变动、家庭重大变故以及接触对其矫正产生不利影响人员的，社区矫正人员应当及时报告。保外就医的社区矫正人员还应当每个月向司法所报告本人身体情况，每三个月向司法所提交病情复查情况。小溪奶奶生活长期不能自理，这不属于家庭重大变故，A项错误。故本题选BCDE。

71.【答案】CD

考点提示：本题考查的是公益慈善事业中的彩票管理的规定。

完整解析：《彩票管理条例实施细则》第五十七条规定，彩票公益金按照政府性基金管理办法纳入预算，实行收支两条线管理，专项用于社会福利、体育等社会公益事业，结余下年继续使用，不得用于平衡财政一般预算。故本题选CD。

72.【答案】BCDE

考点提示：本题考查的是军人抚恤优待中死亡抚恤的具体规定。

完整解析：现役军人死亡，根据其死亡性质和死亡时的月工资标准，由县级人民政府民政部门发给其遗属一次性抚恤金，D项正确。烈士和因公牺牲的，为上一年度全国城镇居民人均可支配收入的20倍加本人40个月的工资。A项错误。月工资或者津贴低于排职少尉军官工资标准的，按照排职少尉军官工资标准计算。E项正确。获得荣誉称号或者立功的烈士、因公牺牲军人、病故军人，其遗属在应当享受的一次性抚恤金的基础上，由县级人民政府民政部门按照下列比例增发一次性抚恤金：(1)获得中央军事委员会授予荣誉称号的，增发35%；(2)获得军队军区级单位授予荣誉称号的，增发30%；(3)立一等功的，增发25%，B项正确；(4)立二等功的，增发15%；(5)立三等功的，增发5%。对生前做出特殊贡献的烈士、因公牺牲军人、病故军人，除按照本条例规定发给其遗属一次性抚恤金外，军队可以按照有关规定发给其遗属一次性特别抚恤金。C项正确。故本题选BCDE。

73.【答案】ABCD

考点提示：本题考查的是村民(代表)会议和民主管理、民主监督。

完整解析：《中华人民共和国村民委员会组织法》第二十四条规定，涉及村民利益的下列事项，经村民会议讨论决定方可办理：(1)本村享受误工补贴的人员及补贴标准；(2)本村集体经济所得收益的使用；(3)本村公益事业的兴办和筹资筹劳方案及建设承包方案；(4)土地承包经营方案；(5)村集体经济项目的立项、承包方案；(6)宅基地的使用方案；(7)征地补偿费的使用、分配方案；(8)以借贷、租赁或者其他方式处分村集体财产；(9)村民会议认为应当由村民会议讨论决定的涉及村民利益的其他事项。村民会议可以授权村民代表会议讨论决定前款规定的事项。故本题选ABCD。

74.【答案】BCD

考点提示：本题考查的是社会团体成立登记中成为社会团体的条件。

完整解析：成立社会团体应有合法的资产和经费来源，全国性的社会团体有10万元以上活动资金，A项不符合登记条件。地方性的社会团体和跨行政区域的社会团体有3万元以上活动资金，E项不符合登记条件。故本题选BCD。

75.【答案】ABCE

考点提示：本题考查的是社会团体成立登记中的登记程序。

完整解析：《社会团体登记管理条例》第十三条规定，有下列情形之一的，登记管理机关不予批准筹备：(1)有根据证明申请筹备的社会团体的宗旨、业务范围不符合本条例第四条的规定的；(2)在同一行政区域内已有业务范围相同或者相似的社会团体，没有必要成立的；(3)发起人、拟任负责人正在或者曾经受到剥夺政治权利的刑事处罚，或者不具有完全民事行为能力的；(4)在申请筹备时弄虚作假的；(5)有法律、行政法规禁止的其他情形的。A、C、E三项正确。第十四条规定，社会团体的法定代表人，不得同时担任其他社会团体的法定代表人。B项正确。故本题选ABCE。

76.【答案】ABDE

考点提示：本题考查的是民办非企业单位的管理。

完整解析：《民办非企业单位登记管理暂行条例》第二十五条规定，民办非企业单位有违规情形的，由登记管理机关予以警告，责令改正，可以限期停止活动；情节严重的，予以撤销登记；构成犯罪的，依法追究刑事责任。前款规定的行为有违法经营额或者违法所得的，予以没收，可以并处违法经营额1倍以上3倍以下或者违法所得3倍以上5倍以下的罚款。故本题选ABDE。

77.【答案】ABC

考点提示：本题考查的是劳动合同中非全日制用工的规定。

完整解析：《中华人民共和国劳动合同法》第六十九条规定，非全日制用工双方当事人可以订立口头协议。从事非全日制用工的劳动者可以与一个或者一个以上用人单位订立劳动合同；但是，后订立的劳动合同不得影响先订立的劳动合同的履行。E项错误，A项正确。第七十条规定，非全日制用工双方当事人不得约定试用期。B项正确。第七十二条规定，非全日制用工小时计酬标准不得低于用人单位所在地人民政府规定的最低小时工资标准。非全日制用工劳动报酬结算支付周期最长不得超过十五日。C项正确。第七十一条规定，非全日制用工双方当事人任何一方都可以随时通知对方终止用工。终止用工，用人单位不向劳动者支付经济补偿。D项错误。故本题选ABC。

78.【答案】BCE

考点提示：本题考查的是城乡居民基本养老保险制度的法规与政策。

完整解析：根据《国务院关于开展新型农村社会养老保险试点的指导意见》，养老金待遇由基础养老金和个人账户养老金组成，支付终身。A项错误。中央确定的基础养老金标准为每人每月55元。B项正确。地方政府可以根据实际情况提高基础养老金标准，对于长期缴费的农村居民，可适当加发基础养老金，提高和加发部分的资金由地方政府支出。C项正确。个人账户养老金的月计发标准为个人账户全部储存额除以139。D项错误。参保人死亡，个人账户中的资金余额，除政府补贴外，可以依法继承；政府补贴余额用于继续支付其他参保人的养老金。E项正确。故本题选BCE。

79.【答案】ABC

考点提示：本题考查的是城乡居民基本养老保险制度的法规与政策。

完整解析：《中华人民共和国社会保险法》第十条规定，无雇工的个体工商户、未在用人单位参加基本养老保险的非全日制从业人员及其他灵活就业人员可以参加基本养老保险，由个人缴纳基本养老保险费。公务员和参照公务员法管理的工作人员养老保险的办法由国务院规定。故本题选ABC。

80.【答案】ABC

考点提示：本题考查的是基本医疗保险制度的法规与政策。

完整解析：基本医疗保险医疗服务设施费用主要包括住院床位费及门（急）诊留观床位费。对已包含在住院床位费或门（急）诊留观床位费中的日常生活用品、院内运输用品和水、电等费用，基本医疗保险基金不另行支付，定点医疗机构也不得再向参保人员单独收费。A、B、C三项正确。

基本医疗保险基金不予支付的生活服务项目和服务设施费用，主要包括：（1）就（转）诊交通费、急救车费；（2）空调费、电视费、电话费、婴儿保温箱费、食品保温箱费、电炉费、电冰箱费及损坏公物赔偿费；（3）陪护费、护工费、洗理费、门诊煎药费；（4）膳食费；（5）文娱活动费以及其他特需生活服务费用。其他医疗服务设施项目是否纳入基本医疗保险基金支付范围，由各省（自治区、直辖市）劳动保障行政部门规定。D、E两项错误。故本题选ABC。

社会工作法规与政策(中级)2013年真题参考答案及解析

一、单项选择题

1.【答案】A

考点提示:本题考查的是我国社会政策的发展趋势中优化社会政策的基本原则。

完整解析:为了提高社会政策的公平性和社会效益,政府提出了"基本公共服务均等化"的原则,A项正确。正在积极探索建立适度普惠型的福利体制,B项错误。我国社会政策正在从过去的城乡二元社会政策结构转向城乡一体化的社会政策模式,C项错误。我国经济与社会发展模式必须以经济建设为中心,D项错误。故本题选A。

2.【答案】A

考点提示:本题考查的是社会政策的制定主体。

完整解析:民主党派可以独立提出社会政策提案,但不能制定法律法规,B项错误。行政法规由国务院制定并发布,C项错误。工会组织无权制定行政法规,D项错误。故本题选A。

3.【答案】C

考点提示:本题考查的是城市最低生活保障的发放。

完整解析:题目中,赵某一家人均月收入低于所在城市的最低生活保障标准,符合领取城市低保的条件,应当按其家庭人均收入与最低生活保障标准的差额领取,每人每月100元,一家三口每月共领取300元。故本题选C。

4.【答案】B

考点提示:本题考查的是最低生活保障申请的审核主体。

完整解析:最低生活保障待遇由其所在地的街道办事处或者镇人民政府进行审核,故本题选B。

5.【答案】C

考点提示:本题考查的是农村五保供养的审批程序。

完整解析:我国《农村五保供养工作条例》规定,县级民政部门应当自收到审核意见和有关材料之日起20日内作出审批决定。故本题选C。

6.【答案】A

考点提示:本题考查的是城乡医疗救助的申请与审批程序。

完整解析:救助对象因治疗需要转诊至非定点医疗机构治疗的,应当由定点医疗机构出具转诊证明,由救助对象报当地县级民政部门核准备案。题目中的救助对象为王某。故本题选A。

7.【答案】C

考点提示:本题考查的是廉租住房的实物配租方式。

完整解析:《廉租住房保障办法》规定,采取实物配租方式的,配租面积为城市低收入住房困难家庭现住房面积与保障面积标准的差额。题目中,该市廉租住房保障面积标准为每人10平方米,张某一家三口可免收租金的部分共30平方米。故本题选C。

8.【答案】A

考点提示:本题考查的是法律援助的申请程序。

完整解析:根据我国《法律援助条例》规定,公民请求给予社会保险待遇、最低生活保障待遇或者请求发给抚恤金、救济金的,向提供社会保险待遇、最低生活保障待遇或者发给抚恤金、救济金的义务机关所在地的法律援助机构提出申请,所以黄某应当向提供其社会保险待遇的义务机关所在地的法律援助机构提出申请。故本题选 A。

9.【答案】C

考点提示：本题考查的是自然灾害中受灾人员的灾后救助工作。

完整解析：《自然灾害救助条例》规定,受灾地区县级人民政府民政部门应当在每年10月底前统计、评估本行政区域受灾人员当年冬季、次年春季的基本生活困难和需求,核实救助对象,编制工作台账,制定救助方案。经本级人民政府批准后组织实施,并报上一级人民政府民政部门备案。故本题选C。

10.【答案】B

考点提示：本题考查的是受灾人员救助法规与政策。

完整解析：《国家自然灾害救助应急预案》规定,Ⅱ级响应由国家减灾委副主任(民政部部长)组织协调。故本题选B。

11.【答案】D

考点提示：本题考查的是公益事业捐赠的规定。

完整解析：《中华人民共和国公益事业捐赠法》规定,捐赠人应当依法履行捐赠协议、按照捐赠协议约定的期限和方式将捐赠财产转移给受赠人。故本题选D。

12.【答案】C

考点提示：本题考查的是老年人权益中家庭赡养与扶养的内容。

完整解析：《中华人民共和国老年人权益保障法》规定,赡养人不得以放弃继承权或者其他理由,拒绝履行赡养义务。赡养人不履行赡养义务,老年人有要求赡养人付给赡养费等权利。故本题选C。

13.【答案】B

考点提示：本题考查的是老年人权益中家庭赡养与扶养的内容。

完整解析：《中华人民共和国老年人权益保障法》规定,由兄、姐扶养的弟、妹成年后,有负担能力的,对年老无赡养人的兄、姐有扶养的义务。故本题选B。

14.【答案】D

考点提示：本题考查的是妇女权益中婚姻家庭权益的内容。

完整解析：《中华人民共和国妇女权益保障法》规定,女方在怀孕期间、分娩后一年内或者终止妊娠后六个月内,男方不得提出离婚。女方提出离婚的,或者人民法院认为确有必要受理男方离婚请求的,不在此限。故本题选D。

15.【答案】B

考点提示：本题考查的是预防未成年人犯罪的法律责任。

完整解析：《中华人民共和国未成年人保护法》规定,胁迫、诱骗、利用未成年人乞讨或组织未成年人进行有害其身心健康的表演等活动的都属于违法行为。公安机关应当采取有力措施,依法维护校园周边的治安和交通秩序,预防和制止侵害未成年人合法权益的违法犯罪行为。故本题选B。

16.【答案】A

考点提示：本题考查的是残疾人权益的主要内容。

完整解析：国家对接受义务教育的残疾学生免收学费,提供免费教科书,并给予寄宿生活费等费用补助。故本题选A。

*17.【答案】A

考点提示：本题考查的是婚姻关系解除的条件、程序与法律后果。

完整解析：处理离婚后,哺乳期内的子女抚养问题,以随哺乳的母亲抚养为原则。故本题选A。

*18.【答案】B

考点提示：本题考查的是遗嘱继承的法律规定。

完整解析：《中华人民共和国继承法》规定,下列人员不能作为遗嘱见证人:(1)无行为能力人、限制行为能力人;(2)继承人、受遗赠人;(3)与继承人、受遗赠人有利害关系的人。故本题选B。

*19.【答案】D

考点提示:本题考查的是法定继承的法律规定。

完整解析:继承顺序是指由法律规定的各法定继承人继承遗产的先后顺序。法定继承分为两种继承顺序,第一顺序继承人:配偶、子女、父母;第二顺序继承人:兄弟姐妹、祖父母、外祖父母。继承开始后,由第一顺序继承人继承,第二顺序继承人不继承。没有第一顺序继承人继承的,由第二顺序继承人继承。《中华人民共和国继承法》规定中所说的子女,包括婚生子女、非婚生子女、养子女和有扶养关系的继子女。在本题中,老赵的妻子、父母、儿子小明、养子小亮均为第一顺序继承人。《中华人民共和国继承法》规定,同一顺序继承人继承遗产的份额,一般应当均等。因此小明只能继承父亲五分之一的遗产。故本题选 D。

*20.【答案】D

考点提示:本题考查的是收养关系解除的法律效力。

完整解析:收养关系解除后,未成年的养子女与生父母及其他近亲属的权利义务关系自行恢复。成年养子女与生父母权利义务关系协商恢复。故本题选 D。

*21.【答案】B

考点提示:本题考查的是收养关系成立的条件和程序。

完整解析:《中华人民共和国收养法》规定,收养人应当同时具备下列条件:(1)无子女;(2)有抚养教育被收养人的能力;(3)未患有在医学上认为不应当收养子女的疾病;(4)年满30周岁。故本题选 B。

*22.【答案】B

考点提示:本题考查的是收养关系成立的条件和程序。

完整解析:《中华人民共和国收养法》规定,配偶一方死亡,另一方送养未成年子女的,死者一方的父母有优先抚养的权利。故本题选 B。

23.【答案】C

考点提示:本题考查的是信访事项的受理。

完整解析:《信访条例》规定,有关机关收到信访事项后,不能当场答复的,应当自收到信访事项之日起15日内书面告知信访人。故本题选 C。

24.【答案】B

考点提示:本题考查的是社区矫正法规与政策。

完整解析:社区矫正有安置救济的任务,应帮助社区服刑人员解决在就业、生活、法律、心理等方面遇到的困难和问题,以利于他们顺利适应社会生活。故本题选 B。

25.【答案】A

考点提示:本题考查的是戒毒措施。

完整解析:《中华人民共和国禁毒法》规定,对于吸毒成瘾人员,公安机关可以责令其接受社区戒毒。故本题选 A。

26.【答案】D

考点提示:本题考查的是烈士褒扬金和烈士遗属抚恤优待。

完整解析:《烈士褒扬条例》规定,烈士遗属除享受本条例第十一条规定的烈士褒扬金外,属于《军人抚恤优待条例》以及相关规定适用范围的,还享受一次性工亡补助金以及相当于烈士本人40个月遗属特别补助金。故本题选 D。

27.【答案】C

考点提示:本题考查的是残疾军人抚恤的标准及待遇。

完整解析:《军人抚恤优待条例》规定,退出现役的因战、因公、因病致残的残疾军人因病死亡的,对其遗属增发12个月的残疾抚恤金作为丧葬补助费;其中,因战、因公致残的一级至四级残疾军人因病死亡的,其遗属享受病故军人遗属抚恤待遇。故本题选 C。

28.【答案】B

考点提示:本题考查的是军人抚恤优待中优待的具体内容。

完整解析:《军人抚恤优待条例》规定,军队师(旅)级以上单位政治机关批准随军的现役军官家属、文职干部家属、士官家属,由驻军所在地的公安机关办理落户手续。故本题选 B。

29.【答案】A

考点提示:本题考查的是退役士兵安置法规与政策。

完整解析:《退役士兵安置条例》规定,退役士兵安置地为退役士兵入伍时的户口所在地。但是,入伍时普通高等学校在校学生的退役士兵,退出现役后不复学的,其安置地为入学前的户口所在地。本题中的小李退役后没有复学,其安置地应为入学前的户口所在地,即甲县。故本题选 A。

30.【答案】A

考点提示:本题考查的是退役士兵安置的主要方式。

完整解析:《退役士兵安置条例》规定,"退役士兵待安排工作期间,安置地人民政府应当按照不低于当地最低生活水平的标准,按月发给生活补助费"。故本题选 A。

31.【答案】B

考点提示:本题考查的是军队退休干部的安置办法。

完整解析:军队干部经批准退休后,由部队军以上政治机关填发退休干部证明书和介绍信,并将干部个人档案材料转至退休安置地区的民政部门。故本题选 B。

32.【答案】B

考点提示:本题考查的是居民委员会的性质、组织设置和主要职能。

完整解析:《中华人民共和国城市居民委员会组织法》规定,居民会议由居民委员会召集和主持。有五分之一以上的十八周岁以上的居民、五分之一以上的户或者三分之一以上的居民小组提议,应当召集居民会议。故本题选 B。

33.【答案】A

考点提示:本题考查的是村民(代表)会议。

完整解析:《中华人民共和国村民委员会组织法》规定,召开村民会议,应当由本村十八周岁以上的村民过半数,或者本村三分之二以上的户的代表参加,村民会议所做决定应当经到会人员的过半数通过。故本题选 A。

34.【答案】B

考点提示:本题考查的是村民委员会的选举。

完整解析:《中华人民共和国村民委员会组织法》规定,村民委员会每届任期 3 年,届满应当及时举行换届选举。故本题选 B。

35.【答案】A

考点提示:本题考查的是社区建设法规与政策。

完整解析:《民政部关于在全国推进城市社区建设的意见》规定,适应城市现代化的要求加强社区党的组织和社区居民自治组织建设,建立起以地域性为特征、以认同感为纽带的新型社区,构建新的社区组织体系。故本题选 A。

36.【答案】B

考点提示:本题考查的是社区建设的主要任务。

完整解析:《民政部关于在全国推进城市社区建设的意见》规定,拓展社区服务属于城市社区建设内容。故本题选 B。

37.【答案】B

考点提示:本题考查的是社区公共服务的内容。

完整解析:社会公共服务包括社区就业服务、社区社会保障服务、社区救助服务、社区卫生和计划生育服务、社区文化教育体育服务、社区流动人口管理服务、社区安全服务。开设社区连锁经营小型超市属于商业服务。故本题选 B。

38.【答案】C

考点提示: 本题考查的是彩票管理的规定。

完整解析:《彩票管理条例》规定,国务院财政部门负责全国的彩票监督管理工作。故本题选 C。

39.【答案】A

考点提示: 本题考查的是志愿服务的性质。

完整解析: 志愿服务具有自愿性、非营利性、无偿性。故本题选 A。

40.【答案】C

考点提示: 本题考查的是社会团体的管理。

完整解析:《社会团体登记管理条例》规定,社会团体的分支机构、代表机构是社会团体的组成部分,不具有法人资格,应当按照其所属于的社会团体的章程所规定的宗旨和业务范围,在该社会团体授权的范围内使用规范全称开展活动、发展会员。社会团体的分支机构不得再设立分支机构。社会团体不得设立地域性的分支机构。故本题选 C。

41.【答案】B

考点提示: 本题考查的是社会团体成立登记。

完整解析:《社会团体登记管理条例》规定,筹备成立的社会团体,应当自登记管理机关批准筹备之日起 6个月内召开会员大会或者会员代表大会。故本题选 B。

42.【答案】C

考点提示: 本题考查的是民办非企业单位成立登记。

完整解析: 成立民办非企业单位的条件之一是有与其业务活动相适应的合法财产。其合法财产中的非国有资产份额不得低于总财产的三分之二。开办资金须达到本行(事)业所规定的最低限额。故本题选 C。

43.【答案】D

考点提示: 本题考查的是基金会的治理结构。

完整解析:《基金会管理条例》规定,基金会理事遇有个人利益与基金会利益关联时,不得参与相关事宜的决策;基金会理事、监事及其近亲属不得与其所在的基金会有任何交易行为。故本题选 D。

44.【答案】D

考点提示: 本题考查的是基金会的分类及其设立条件。

完整解析:《基金会管理条例》规定,全国性公募基金会的原始基金不低于 800 万元人民币,地方性公募基金会的原始基金不低于 400 万元人民币,非公募基金会的原始基金不低于 200 万元人民币;原始基金必须为到账货币资金。故本题选 D。

45.【答案】A

考点提示: 本题考查的是劳动合同的订立。

完整解析:《中华人民共和国劳动法》规定,无效的劳动合同,从订立的时候起,就没有法律约束力。故本题选 A。

46.【答案】D

考点提示: 本题考查的是劳动合同的解除和终止。

完整解析:《中华人民共和国劳动合同法》规定,有下列情形之一的,用人单位提前三十日以书面形式通知劳动者本人或者额外支付劳动者一个月工资后,可以解除劳动合同:(一)劳动者患病或者非因工负伤,在规定的医疗期满后不能从事原工作,也不能从事由用人单位另行安排的工作的;(二)劳动者不能胜任工作,经过培训或者调整工作岗位,仍不能胜任工作的;(三)劳动合同订立时所依据的客观情况发生重大变化,致使劳动合同无法履行,经用人单位与劳动者协商,未能就变更劳动合同内容达成协议的。故本题选 D。

47.【答案】C

考点提示：本题考查的是女职工和未成年工的特殊保护的内容。

完整解析：《中华人民共和国劳动法》规定，用人单位不得安排女职工在怀孕期间从事国家规定的第三级体力劳动强度的劳动和孕期禁忌从事的劳动，对怀孕 7 个月以上的女职工，不得安排其延长工作时间和夜班劳动。故本题选 C。

48.【答案】C

考点提示：本题考查的是就业服务与就业援助。

完整解析：《中华人民共和国就业促进法》规定，违反本法规定，职业中介机构提供虚假就业信息，为无合法证照的用人单位提供职业中介服务，伪造、涂改、转让职业中介许可证的，由劳动行政部门或者其他主管部门责令改正；有违法所得的，没收违法所得，并处一万元以上五万元以下的罚款；情节严重的，吊销职业中介许可证。故本题选 C。

49.【答案】B

考点提示：本题考查的是劳动争议处理的规定。

完整解析：《中华人民共和国劳动争议调解仲裁法》规定，中华人民共和国境内的用人单位与劳动者发生的下列劳动争议，适用本法：(1)因确认劳动关系发生的争议；(2)因订立、履行、变更、解除和终止劳动合同发生的争议；(3)因除名、辞退和辞职、离职发生的争议；(4)因工作时间、休息休假、社会保险、福利、培训以及劳动保护发生的争议；(5)因劳动报酬、工伤医疗费、经济补偿或者赔偿金等发生的争议；(6)法律、法规规定的其他劳动争议。B 项属于工伤认定，不在上述情形之中。故本题选 B。

50.【答案】B

考点提示：本题考查的是劳动保障监察的规定。

完整解析：用人单位女职工生育享受产假少于 90 天的，由劳动保障行政部门责令改正，按照受侵害的劳动者每人 1000 元以上 5000 元以下的标准计算，处以罚款。故本题选 B。

51.【答案】B

考点提示：本题考查的是疾病预防控制法规与政策的主要内容。

完整解析：《艾滋病防治条例》规定，县级以上地方人民政府卫生主管部门指定的医疗卫生机构，应当按照国务院卫生主管部门会同国务院其他有关部门制定的艾滋病自愿咨询和检测办法，为自愿接受艾滋病咨询、检测的人员免费提供咨询和初筛检测。B 项错误。故本题选 B。

52.【答案】B

考点提示：本题考查的是城市社区卫生服务法规与政策。

完整解析：《国务院关于发展城市社区卫生服务的指导意见》规定，民政部门负责将社区卫生服务纳入社区建设规划，探索建立以社区卫生服务为基础的城市医疗救助制度。故本题选 B。

53.【答案】C

考点提示：本题考查的是流动人口计划生育的管理办法。

完整解析：《流动人口计划生育工作条例》规定，流动人口居住的街道办事处不得要求已婚育龄妇女返回户籍所在地进行避孕节育情况检查。故本题选 C。

54.【答案】B

考点提示：本题考查的是城市医疗服务体制建设。

完整解析：《医药卫生体制改革近期重点实施方案(2009—2011 年)》规定，逐步将公立医院补偿由服务收费、药品加成收入和财政补助三个渠道改为服务收费和财政补助两个渠道。故本题选 B。

55.【答案】D

考点提示：本题考查的是基本医疗制度的法规与政策。

完整解析：公务员小张、外企职工老李、国企职工小陈都属于城镇基本医疗保险制度的覆盖范围，不应入选。故本题选 D。

56.【答案】B

考点提示：本题考查的是失业保险基金的内容。

完整解析：城镇企业事业单位应按照本单位工资总额的2%缴纳失业保险费。城镇企业事业单位职工按照本人工资的1%缴纳失业保险费,城镇企业事业单位招用的农民合同制工人,本人不缴纳失业保险费。故本题选B。

57.【答案】C

考点提示：本题考查的是失业保险待遇的内容。

完整解析：《中华人民共和国社会保险法》规定,失业人员在领取失业保险金期间有下列情形之一的,停止领取失业保险金,并同时停止享受其他失业保险待遇:(1)重新就业的;(2)应征服兵役的;(3)移居境外的;(4)享受基本养老保险待遇的;(5)无正当理由,拒不接受当地人民政府指定部门或者机构介绍的适当工作或者提供的培训的。小王、老张、老李均属于停止享受失业保险待遇的情形。故本题选C。

58.【答案】B

考点提示：本题考查的是工伤保险制度的法规与政策。

完整解析：《工伤保险条例》规定,职工因工致残被鉴定为一级至四级伤残的,保留劳动关系,退出工作岗位,享受以下待遇:(1)从工伤保险基金按伤残等级支付一次性伤残补助金,标准为:一级伤残为27个月的本人工资,二级伤残为25个月的本人工资,三级伤残为23个月的本人工资,四级伤残为21个月的本人工资。(2)从工伤保险基金按月支付伤残津贴,标准为:一级伤残为本人工资的90%,二级伤残为本人工资的85%,三级伤残为本人工资的80%,四级伤残为本人工资的75%。伤残津贴实际金额低于当地最低工资标准的,由工伤保险基金补足差额。(3)工伤职工达到退休年龄并办理退休手续后,停发伤残津贴,按照国家规定享受基本养老保险待遇,基本养老保险待遇低于伤残津贴的由工伤保险基金补足差额。故本题选B。

59.【答案】C

考点提示：本题考查的是工伤认定与劳动能力鉴定的内容。

完整解析：《工伤保险条例》规定,劳动能力鉴定由用人单位、工伤职工或者其近亲属向设区的市级劳动能力鉴定委员会提出申请,并提供工伤认定决定和职工工伤医疗的有关资料。故本题选C。

60.【答案】C

考点提示：本题考查的是生育保险制度的法规与政策。

完整解析：《企业职工生育保险试行办法》规定,女职工生育按照法律、法规的规定享受产假。产假期间的生育津贴按照本企业上年度职工月平均工资计发,由生育保险基金支付。女职工生育的检查费、接生费、手术费、住院费和药费由生育保险基金支付。超出规定的医疗服务费和药费(含自费药品和营养药品的药费)由职工个人负担。故本题选C。

二、多项选择题

61.【答案】ACDE

考点提示：本题考查的是社会政策制定过程的主要步骤。

完整解析：社会政策制定过程主要有以下步骤:(1)确定社会政策议程;(2)设计社会政策方案;(3)审查社会政策方案;(4)审议及批准社会政策。故本题选ACDE。

62.【答案】ADE

考点提示：本题考查的是低保申请者的家庭经济状况调查。

完整解析：在核算申请人家庭收入时,按国家规定获得的优待抚恤金、计划生育奖励与扶助、教育和见义勇为等方面的奖励性补助一般不计入家庭收入。故本题选ADE。

63.【答案】CD

考点提示：本题考查的是住房救助法规与政策。

完整解析：当无正当理由连续6个月以上未在所承租的廉租住房居住和无正当理由累计6个月以上未交纳廉租住房租金时,廉租住房租户应当按照规定或合同约定退回廉租住房。故本题选CD。

64.【答案】ABCE

考点提示: 本题考查的是法律援助的申请和审查程序。

完整解析: 公民在依法请求国家赔偿、请求支付劳动报酬、请求发给抚恤金、请求给予最低生活保障待遇需要代理时,因经济困难没有委托代理人的,可以向法律援助机构申请法律援助。故本题选 ABCE。

65.【答案】ABCD

考点提示: 本题考查的是自然灾害救助工作的原则。

完整解析: 自然灾害救助工作应遵循的原则包括以人为本和政府主导、分级管理、社会互助、灾民自救。故本题选 ABCD。

66.【答案】ABCD

考点提示: 本题考查的是老年人权益的主要内容。

完整解析:《中华人民共和国老年人权益保障法》规定,赡养人不得以放弃继承权或其他理由,拒绝履行赡养义务。故本题选 ABCD。

67.【答案】ABCE

考点提示: 本题考查的是孤儿和流浪未成年人的保护与安置。

完整解析: 由民政部门监护的孤儿可以在敬老院、孤儿学校、SOS 儿童村、流浪未成年人救助保护中心等机构集中安置。故本题选 ABCE。

68.【答案】ABCD

考点提示: 本题考查的是妇女权益中婚姻家庭的权益。

完整解析:《中华人民共和国妇女权益保障法》规定,父母双方对未成年子女享有平等的监护权。父亲死亡、丧失行为能力或者有其他情形不能担任未成年子女的监护人的,任何人不得干涉母亲的监护权。E 项的错误。故本题选 ABCD。

*69.【答案】AC

考点提示: 本题考查的是法定继承人的范围和顺序。

完整解析: 老张生命危急时所立的口头遗嘱在其身体逐步康复后是无效的。老张的儿女是第一顺序继承人,由于老张女儿先死亡,老张的外孙女行使代位继承权。故本题选 AC。

*70.【答案】ACE

考点提示: 本题考查的是收养成立的条件和程序。

完整解析:《中华人民共和国收养法》规定,下列不满十四周岁的未成年人可以被收养:(1)丧失父母的孤儿;(2)查找不到生父母的弃婴和儿童;(3)生父母有特殊困难无力抚养的子女。故本题选 ACE。

71.【答案】ABCE

考点提示: 本题考查的是人民调解的程序。

完整解析: 人民调解员调解纠纷,调解不成的,应当终止调解,D 项错误。故本题选 ABCE。

72.【答案】BCDE

考点提示: 本题考查的是社区矫正的法规与政策。

完整解析: 社区矫正人员每月参加教育学习时间不少于八小时。社区矫正人员每月参加社区服务时间不少于八小时。根据社区矫正人员的心理状态、行为特点等具体情况,应当采取有针对性的措施进行个别教育和心理辅导。司法行政机关应当根据社区矫正人员的需要,协调有关部门和单位开展职业培训和就业指导,帮助落实社会保障措施。故本题选 BCDE。

73.【答案】ACDE

考点提示: 本题考查的是戒毒措施。

完整解析: 吸毒人员可以自行到具有戒毒治疗资质的机构接受戒毒治疗、怀孕妇女不适用强制隔离戒毒、强制隔离戒毒的期限为两年、戒毒人员可以自愿在戒毒康复场所劳动。故本题选 ACDE。

74.【答案】ABCD

考点提示：本题考查的是志愿服务中的权利与义务。

完整解析：志愿者不得向志愿服务对象索取或变相索取报酬。故本题选ABCD。

75.【答案】ABD

考点提示：本题考查的是基金会的治理结构。

完整解析：《基金会管理条例》规定，下列重要事项的决议，须经出席理事表决，2/3以上人数通过方为有效：(1)章程的修改；(2)选举或者罢免理事长、副理事长、秘书长；(3)章程规定的重大募捐、投资活动；(4)基金会的分立、合并。故本题选ABD。

76.【答案】BCDE

考点提示：本题考查的是劳动合同的订立。

完整解析：订立劳动合同，应当遵循合法公平、平等自愿、协商一致、诚实信用的原则。故本题选BCDE。

77.【答案】ABD

考点提示：本题考查的是流动人口计划生育的管理办法。

完整解析：计划生育技术服务机构和从事计划生育技术服务的医疗、保健机构应当在各自的职责范围内，针对育龄人群开展人口与计划生育基础知识宣传教育，对已婚育龄妇女开展孕情检查、随访服务工作，承担计划生育、生殖保健的咨询、指导和技术服务。故本题选ABD。

78.【答案】BE

考点提示：本题考查的是城镇职工基本养老保险制度的法规与政策。

完整解析：所有城镇企业及其职工都应当参加基本养老保险，A项错误。城镇职工基本养老保险缴费比例为20%，其中8%计入个人账户，C项错误。个人账户储存额只用于职工养老，不得提前支取，D项错误。故本题选BE。

79.【答案】ABCD

考点提示：本题考查的是工伤保险制度的法规与政策。

完整解析：《工伤保险条例》规定，职工符合本条例第十四条、第十五条的规定，但是有下列情形之一的，不得认定为工伤或者视同工伤：(1)故意犯罪的；(2)醉酒或者吸毒的；(3)自残或者自杀的。故本题选ABCD。

80.【答案】CD

考点提示：本题考查的是生育保险制度的法规与政策。

完整解析：生育保险费由企业缴纳，职工个人不缴纳，女职工产假期间的生育津贴，对已参加生育保险的，按照用人单位上年度职工月平均工资的标准由生育保险基金支付，对未参加生育保险的，按照女职工产假前工资的标准由用人单位支付，女职工怀孕未满4个月流产的，享受15天产假。故本题选CD。

社会工作法规与政策(中级)全真模拟试卷(一)参考答案及解析

一、单项选择题

1.【答案】A

考点提示: 本题考查行政法规的名称。

完整解析: 行政法规是指国务院根据宪法和法律制定的有关行政管理方面的规范性文件,按照《行政法规制定程序条例》,行政法规的名称一般称"条例",也可以称"规定""办法"等。分析选项可知,A项属于行政法规,B项属于国家法律,C、D两项属于地方性法规。故本题选A。

2.【答案】B

考点提示: 本题考查购买社会工作服务的主体。

完整解析:《民政部 财政部关于政府购买社会工作服务的指导意见》对政府购买社会工作服务的主体作出了明确规定,各级政府是购买社会工作服务的主体。故本题选B。

3.【答案】D

考点提示: 本题考查社会救助的监督检查。

完整解析:《社会救助暂行办法》规定,县级以上人民政府及其社会救助管理部门应当加强对社会救助工作的监督检查,完善相关监督管理制度。故本题选D。

4.【答案】B

考点提示: 本题考查低保对象资格。

完整解析:《最低生活保障审核审批办法(试行)》规定,户籍状况、家庭收入和家庭财产是认定低保对象的三个基本要件。故本题选B。

5.【答案】C

考点提示: 本题考查临时救助的方式。

完整解析: 各地要根据救助对象的实际情况,综合运用发放临时救助金、发放实物和提供转介服务等多种救助方式,发挥临时救助应急、过渡、衔接、补充的制度作用,不断提升救助效益。故本题选C。

6.【答案】B

考点提示: 本题考查父母子女权利义务关系。

完整解析:《中华人民共和国民法典》第一千零六十七条规定,父母不履行抚养义务的,未成年子女或不能独立生活的成年子女,有要求父母给付抚养费的权利。成年子女不履行赡养义务的,缺乏劳动能力或者生活困难的父母,有要求成年子女给付赡养费的权利。故A、C两项正确。第二十六条规定,父母对未成年子女负有抚养、教育和保护的义务。成年子女对父母负有赡养、扶助和保护的义务。故D项正确。父母对成年子女的抚养是有条件的,一般情况下,父母抚养子女到18周岁,对18周岁以上能够维持正常生活的子女不再担负抚养义务,故B项错误。故本题选B。

7.【答案】C

考点提示: 本题考查国家司法救助的标准。

完整解析: 按照六部委文件,各地应根据当地经济社会发展水平制定具体救助标准,以案件管辖地上一年度职工月平均工资为基准,一般在36个月的工资总额之内。损失特别重大、生活特别困难,需适当突破救助限额的,应严格审核控制,救助金额不得超过人民法院依法判决的赔偿数额。故本题选C。

8.【答案】C

考点提示: 本题考查法定财产制。

完整解析: 我国的法定财产制是婚后所得共同制,指在婚姻关系存续期间,夫妻双方或一方所得的财产,除另有约定或夫妻法定个人特有财产外,均属夫妻共同财产,为夫妻共同所有。故本题选 C。

9.**【答案】**B

考点提示: 本题考查老年人权益中的住房权。

完整解析: 住房权是指老年人有权居住在条件良好的房屋及拥有自有的或承租的住房的权利。老年人的住房权包括:(1)赡养人应当妥善安排老年人的住房,不得强迫老年人居住或者迁居到条件低劣的房屋;(2)老年人自有的或者承租的住房,子女或者其他亲属不得侵占,不得擅自改变产权关系或者租赁关系;(3)老年人自有的住房,赡养人有维修的义务。故本题选 B。

10.**【答案】**B

考点提示: 本题考查继承权的丧失。

完整解析:《中华人民共和国民法典》第一千一百二十五条规定,继承人有下列行为之一的,丧失继承权:(一)故意杀害被继承人;(二)为争夺遗产而杀害其他继承人;(三)遗弃被继承人,或者虐待被继承人情节严重;(四)伪造、篡改、隐匿或者销毁遗嘱,情节严重;(五)以欺诈、胁迫手段迫使或者妨碍被继承人设立、变更或者撤回遗嘱,情节严重。继承人有前款第三项至第五项行为,确有悔改表现,被继承人表示宽恕或者事后在遗嘱中将其列为继承人的,该继承人不丧失继承权。在本题中,老大和老三都是向先生的法定继承人,老大为了争夺遗产故意杀害老三,老大丧失继承权。故本题选 B。

11.**【答案】**D

考点提示: 本题考查被继承人债务的清偿原则。

完整解析:《中华人民共和国民法典》第一千一百六十一条规定,继承人以所得遗产实际价值为限清偿被继承人依法应当缴纳的税款和债务。超过遗产实际价值部分,继承人自愿偿还的不在此限。继承人放弃继承的,对被继承人依法应当缴纳的税款和债务可以不负清偿责任。在本题中,小周偿还的债务已经超过遗产实际价值,所以小周可以自愿偿还剩余部分,也可以不再继续偿还。故本题选 D。

12.**【答案】**B

考点提示: 本题考查人民调解的登记程序。

完整解析: 人民调解委员会对所发生的纠纷,无论受理的或不受理的,都要分别进行登记。对受理的纠纷,登记是进行调解的第一道程序,是决定受理的文字记载。一些可以当即调解解决的纠纷,也可以在调解解决后补办登记。老广和儿子的纠纷虽然立即得到了调解,但仍需补办登记。故本题选 B。

13.**【答案】**B

考点提示: 本题考查农村留守儿童救助保护机制。

完整解析: 学校、幼儿园、医疗机构、村(居)民委员会、社会工作服务机构、救助管理机构、福利机构及其工作人员,在工作中发现农村留守儿童脱离监护单独居住生活或失踪、其监护人丧失监护能力或不履行监护责任、疑似遭受家庭暴力、疑似遭受意外伤害或不法侵害等情况的,应当在第一时间向公安机关报告。故本题选 B。

14.**【答案】**C

考点提示: 本题考查残疾人公共服务的内容。

完整解析: 根据《中华人民共和国残疾人保障法》,关于残疾人公共服务的内容如下:(1)县级以上人民政府对残疾人搭乘公共交通工具,应当根据实际情况给予便利和优惠,因此 A 项错误;(2)残疾人可以免费携带随身必备的辅助器具,因此 B 项错误;(3)盲人持有效证件免费乘坐市内公共汽车、电车、地铁、渡船等公共交通工具,因此 C 项正确;(4)盲人读物邮件免费寄递,因此 D 项错误。故本题选 C。

15.**【答案】**C

考点提示: 本题考查夫妻共同财产的规定。

完整解析:《中华人民共和国民法典》第一千零六十二条规定,夫妻在婚姻关系存续期间所得的下列财产,为夫妻的共同财产,归夫妻共同所有:(一)工资、奖金、劳务报酬;(二)生产、经营、投资的收益;(三)知识产权的收益;(四)继承或者受赠的财产,但是本法第一千零六十三条第三项规定的除外;(五)其他应当归共同所有的财产。夫妻对共同财产,有平等的处理权。第一千零六十三条规定,下列财产为夫妻一方的个人财产:(一)一方的婚前财产;(二)一方因受到人身损害获得的赔偿或者补偿;(三)遗嘱或者赠与合同中确定只归一方的财产;(四)一方专用的生活用品;(五)其他应当归一方的财产。A、B两项是婚前财产,故排除A、B两项。婚后工资是夫妻共同财产,故C项正确。一方因受到人身损害获得的赔偿或者补偿是个人财产,故D项错误。故本题选C。

16.【答案】A

考点提示:本题考查收养关系成立的程序。

完整解析:《中华人民共和国民法典》第一千一百一十一条规定,自收养关系成立之日起,养父母与养子女间的权利义务关系,适用本法关于父母子女关系的规定;养子女与养父母的近亲属间的权利义务关系,适用本法关于子女与父母的近亲属关系的规定。故本题选A。

17.【答案】D

考点提示:本题考查法定继承人的顺序。

完整解析:《中华人民共和国民法典》根据亲属关系的亲疏远近和抚养关系的密切程度规定了两种继承顺序。继承开始后,先由第一顺序继承人继承。没有第一顺序继承人或第一顺序继承人放弃继承权或丧失继承权而全部不能继承时,由第二顺序继承人继承。第一顺序的法定继承人包括配偶、子女、父母,因此D项正确。此外,丧偶儿媳对公婆和丧偶女婿对岳父母尽了主要赡养义务的,可以作为第一顺序法定继承人,继承公婆或岳父母的遗产,因此A、B两项错误。第二顺序法定继承人包括兄弟姐妹、祖父母、外祖父母,因此C项错误。故本题选D。

18.【答案】C

考点提示:本题考查遗产分割的原则。

完整解析:《中华人民共和国民法典》第一千一百二十三条规定,继承开始后,按照法定继承办理;有遗嘱的,按照遗嘱继承或者遗赠办理;有遗赠扶养协议的,按照协议办理。故A项错误。第一千一百五十五条规定,遗产分割时,应当保留胎儿的继承份额。胎儿娩出时是死体的,保留的份额按照法定继承办理。故B项错误。第一千一百三十二条规定,继承人应当本着互谅互让、和睦团结的精神,协商处理继承问题。遗产分割的时间、办法和份额,由继承人协商确定;协商不成的,可以由人民调解委员会调解或者向人民法院提起诉讼。故C项正确。第一千一百五十六条规定,遗产分割应当有利于生产和生活需要,不损害遗产的效用。不宜分割的遗产,可以采取折价、适当补偿或者共有等方法处理。故D项错误。故本题选C。

19.【答案】B

考点提示:本题考查信访行为的有关规定。

完整解析:《信访条例》第二十条规定,信访人在信访过程中应当遵守法律、法规,不得损害国家、社会、集体的利益和其他公民的合法权利,自觉维护社会公共秩序和信访秩序,不得有下列行为:(1)在国家机关办公场所周围、公共场所非法聚集,围堵、冲击国家机关,拦截公务车辆,或者堵塞、阻断交通的;(2)携带危险物品、管制器具的,因此A项错误;(3)侮辱、殴打、威胁国家机关工作人员,或者非法限制他人人身自由的;(4)在信访接待场所滞留、滋事,或者将生活不能自理的人弃留在信访接待场所的,因此D项错误;(5)煽动、串联、胁迫、以财物诱使、幕后操纵他人信访或者以信访为名借机敛财;(6)扰乱公共秩序、妨害国家和公共安全的其他行为,因此C项错误。故本题选B。

20.【答案】C

考点提示:本题考查人民调解的原则。

完整解析:人民调解应当遵循依法调解原则、自愿平等原则、尊重当事人权利的原则。其中自愿平等原则表现为以下三个方面:(1)人民调解委员会调解纠纷,必须出于双方当事人的自愿;(2)调解协议必须经双方当事人一致同意;(3)调解协议的履行必须出自当事人的自愿。C项内容只体现了人民调节中依法调解的原则,未体现自愿平等的原则。故本题选C。

21.【答案】A

考点提示:本题考查强制隔离戒毒的规定。

完整解析:《中华人民共和国禁毒法》规定,怀孕或者正在哺乳自己不满1周岁婴儿的妇女吸毒成瘾的,不适用强制隔离戒毒,因此A项正确,B项错误。不满16周岁的未成年人吸毒成瘾的,可以不适用强制隔离戒毒,因此C、D两项错误。故本题选A。

22.【答案】B

考点提示:本题考查法定继承人的范围。

完整解析:《中华人民共和国民法典》第一千一百二十七条规定,遗产按照下列顺序继承:(一)第一顺序:配偶、子女、父母;(二)第二顺序:兄弟姐妹、祖父母、外祖父母。继承开始后,由第一顺序继承人继承,第二顺序继承人不继承;没有第一顺序继承人继承的,由第二顺序继承人继承。本编(指继承编)所称子女,包括婚生子女、非婚生子女、养子女和有扶养关系的继子女。本编所称父母,包括生父母、养父母和有扶养关系的继父母。本编所称兄弟姐妹,包括同父母的兄弟姐妹、同父异母或者同母异父的兄弟姐妹、养兄弟姐妹、有扶养关系的继兄弟姐妹。在本题中,小李是老李的养子,属于法定继承人,可以合法继承老李的遗产。故本题选B。

23.【答案】C

考点提示:本题考查遗赠扶养协议的效力。

完整解析:《中华人民共和国民法典》第一千一百二十三条规定,继承开始后,按照法定继承办理;有遗嘱的,按照遗嘱继承或者遗赠办理;有遗赠扶养协议的,按照协议办理。最高人民法院关于适用《中华人民共和国民法典》继承编的解释(一)第三条规定,被继承人生前与他人订有遗赠扶养协议,同时又立有遗嘱的,继承开始后,如果遗赠扶养协议与遗嘱没有抵触,遗产分别按协议和遗嘱处理;如果有抵触,按协议处理,与协议抵触的遗嘱全部或者部分无效。在本题中,谢女士生前与保姆签订了遗赠抚养协议,谢女士去世后,应该优先按照遗赠抚养协议办理相关事宜。故本题选C。

24.【答案】D

考点提示:本题考查人民调解的原则。

完整解析:人民调解的基本原则有:(1)依法调解原则。受理和调解纠纷的范围要符合法律、法规和规章的规定;调解纠纷要以法律、政策和社会主义道德规范作为辨别是非的标准;调解达成的协议要符合法律、法规、规章和政策的规定。(2)自愿平等原则。人民调解委员会调解纠纷,必须出于双方当事人的自愿;调解协议必须经双方当事人一致同意;调解协议的履行必须出自当事人的自愿。(3)尊重当事人诉讼权利的原则。调解不是起诉的必经程序,不得因未经调解或调解不成而阻止当事人向人民法院起诉。人民调解委员会在开展调解工作时,必须依据法律、法规、规章和政策进行调解,法律、法规、规章和政策没有明确规定的,依据社会公德进行调解。故本题选D。

25.【答案】C

考点提示:本题考查烈士褒扬金的标准。

完整解析:烈士褒扬金标准为烈士牺牲时上一年度全国城镇居民人均可支配收入的30倍。战时,参战牺牲的烈士褒扬金标准可以适当提高。故本题选C。

26.【答案】A

考点提示:本题考查一次性抚恤金的发放顺序。

完整解析:除按照一定的标准外,发放一次性抚恤金还要遵循一定的顺序。一次性抚恤金发给烈士、因公牺牲军人、病故军人的父母(抚养人)、配偶、子女;没有父母(抚养人)、配偶、子女的,发给未满18周岁的兄弟姐妹和已满18周岁但无生活来源且由该烈士生前供养的兄弟姐妹。发放一次性抚恤金时,有第一顺序亲属的,则第二顺序亲属不享受抚恤金;没有第一顺序亲属的,由第二顺序亲属享受抚恤金。故本题选A。

27.【答案】C

考点提示:本题考查为退役士兵安排工作的规定。

完整解析:退役士兵符合下列条件之一的,由人民政府安排工作:士官现役满12年的;服现役期间平时荣获二等功以上奖励或者战时荣获三等功以上奖励的;因战致残被评定为五级至八级残疾等级的;是烈士子女。符合安排工作条件的退役士兵,退役时自愿选择自主就业的,依照自主就业规定办理,享受自主就业相关政策。故本题选 C。

28.【答案】D

考点提示:本题考查选民登记的相关规定。

完整解析:《中华人民共和国村民委员会组织法》第十三条规定,年满 18 周岁的村民,不分民族、种族、性别、职业、家庭出身、宗教信仰、教育程度、财产状况、居住期限,都有选举权和被选举权;但是,依照法律被剥夺政治权利的人除外。村民委员会选举前,应当对下列人员进行登记,列入参加选举的村民名单:(1)户籍在本村并且在本村居住的村民;(2)户籍在本村,不在本村居住,本人表示参加选举的村民;(3)户籍不在本村,在本村居住 1 年以上,本人申请参加选举,并且经村民会议或者村民代表会议同意参加选举的公民。故本题选 D。

29.【答案】D

考点提示:本题考查现役军人死亡批准为烈士的条件。

完整解析:现役军人死亡符合下列情形之一的批准为烈士:对敌作战死亡或者对敌作战负伤在医疗终结前因伤死亡的;因执行任务遭敌人或者犯罪分子杀害,或者被俘、被捕后不屈遭敌人杀害或者被折磨致死的;为抢救和保护国家财产、人民生命财产或者参加处置突发事件死亡的;因执行军事演习、战备航行飞行、空降和导弹发射训练、试飞任务以及参加武器装备科研实验死亡的;其他死难情节特别突出,堪称后人楷模的。另外,现役军人在执行对敌作战、边海防执勤或者抢救灾任务中失踪,经法定程序宣告死亡的,按照烈士对待。故本题选 D。

30.【答案】B

考点提示:本题考查民主协商的相关内容。

完整解析:根据《关于加强城乡社区协商的意见》,受政府或有关部门委托的协商事项,协商结果要及时向基层政府或有关部门报告,基层政府和有关部门要认真研究吸纳,并以适当方式反馈。对协商过程中持不同意见的群众,协商组织要及时做好解释说明工作。协商结果违反法律法规的,基层政府应当依法纠正,并做好法治宣传教育工作。故本题选 B。

31.【答案】C

考点提示:本题考查死亡抚恤中关于病故的具体规定。

完整解析:现役军人死亡,发给其遗属一次性抚恤金的标准是:病故的,为上一年度全国城镇居民人均可支配收入的 2 倍加本人 40 个月的工资。苏某为病故,其一次性抚恤金应为 18000×2+2000×40＝11.6 万元。故本题选 C。

32.【答案】A

考点提示:本题考查推进社区减负增效的措施。

完整解析:根据《中共中央　国务院关于加强和完善城乡社区治理的意见》,实行基层政府统一对社区工作进行综合考核评比,各职能部门不再单独组织考核评比活动,取消对社区工作的"一票否决"事项。故本题选 A。

33.【答案】C

考点提示:本题考查军人抚恤优待相关知识。

完整解析:《军人抚恤优待条例》第四十一条规定,经军队师(旅)级以上单位政治机关批准随军的现役军官家属、文职干部家属、士官家属,由驻军所在地的公安机关办理落户手续。随军前是国家机关、社会团体、企业事业单位职工的,驻军所在地人民政府人力资源社会保障部门应当接收和妥善安置。故本题选 C。

34.【答案】D

考点提示:本题考查烈士遗属抚恤优待。

完整解析:《烈士褒扬条例》规定,遗属符合就业条件的,由当地人民政府人力资源社会保障部门优先提供就业服务。故本题选 D。

35.【答案】D

考点提示：本题考查捐赠人的权利。

完整解析：《中华人民共和国公益事业捐赠法》第八条规定，对捐赠人进行公开表彰，应当事先征求捐赠人的意见。在本题中，相关公益机构打算就此组织一次公开的表彰大会，应该征求小辉本人的意见。故本题选 D。

36.【答案】A

考点提示：本题考查公益事业捐赠。

完整解析：《中华人民共和国公益事业捐赠法》规定，自然人、法人或者其他组织均可捐赠财产，用于公益事业。捐赠主体是多元的，捐赠是一项平等的权利。故本题选 A。

37.【答案】A

考点提示：本题考查捐赠人的义务。

完整解析：捐赠的财产应当是其有权处分的合法财产，捡来的钱不属于自己的合法财产。故本题选 A。

38.【答案】C

考点提示：本题考查社会团体的章程。

完整解析：根据《社会团体登记管理条例》，登记管理机关应当自收到社会团体章程的有效文件之日起 60 日内，作出准予登记或者不予登记的决定。准予登记的，颁发《社会团体法人登记证书》；不予登记的，应当向发起人说明理由。故本题选 C。

39.【答案】D

考点提示：本题考查成立社会团体的条件。

完整解析：成立社会团体的条件：会员数达到法定要求，会员全部为单位会员的会员数应在 30 个以上，会员全部为个人会员的，会员数应在 50 个以上；有规范的名称和相应的组织机构，全国性的社会团体的名称冠以"中国""全国""中华"等字样的，应当按照国家有关规定经过批准，地方性的社会团体的名称不得冠以"中国""全国""中华"等字样；有固定的住所；有与其业务活动相适应的专职工作人员；有合法的资产和经费来源；有独立承担民事责任的能力。故本题选 D。

40.【答案】C

考点提示：本题考查基金会的组成。

完整解析：《基金会管理条例》对基金会的组成有明确规定，具体内容如下：基金会设理事会。理事会是基金会的决策机构，根据法律、法规和章程开展活动，对基金会负责。理事会的理事为 5 人至 25 人，具体人数由章程规定，因此 A 项错误。理事任期由章程规定，但每届任期不得超过 5 年，因此 B 项错误。用私人财产设立的非公募基金会，相互间具有近亲属关系的总数不得超过理事总人数的 1/3；其他基金会，相互间具有近亲属关系的不得同时在理事会任职，因此 C 项正确，D 项错误。故本题选 C。

41.【答案】C

考点提示：本题考查受赠人的权利和义务。

完整解析：受赠人有公开接受捐赠的权利和受赠财产的使用、管理情况，接受社会监督的义务。故本题选 C。

42.【答案】D

考点提示：本题考查经营劳务派遣业务的条件。

完整解析：经营劳务派遣业务应当具备下列条件：(1)注册资金不得少于人民币 200 万元，因此 A 项错误；(2)有与开展业务相适应的固定的经营场所和设施，因此 B 项错误；(3)有符合法律、行政法规规定的劳务派遣管理制度，因此 D 项正确；(4)法律、行政法规规定的其他条件。另外，经营劳务派遣业务，应当向劳动行政部门依法申请行政许可，因此 C 项错误。故本题选 D。

43.【答案】B

考点提示：本题考查志愿者培训管理。

完整解析:志愿服务组织应尊重志愿者本人的意愿,根据其时间、能力等条件,安排从事相应的志愿服务活动,故 B 项错误。故本题选 B。

44.【答案】A

考点提示:本题考查社会团体的知识。

完整解析:社会团体会费标准的制定或修改须经会员大会讨论,必须有 2/3 以上会员或会员代表出席,并须经到会会员或会员代表半数以上表决通过方能生效。故本题选 A。

45.【答案】C

考点提示:本题考查女职工的特殊保护。

完整解析:根据《中华人民共和国劳动法》和《女职工劳动保护特别规定》,女职工生育享受 98 天产假,其中产前可以休假 15 天;难产的,增加产假 15 天;生育多胞胎的,每生育 1 个婴儿增加产假 15 天。本题中,小璐怀的是三胞胎,如果顺产的话,应该增加产假 30 天,如果难产还需增加产假,因此小璐至少应该享受 128 天的产假。故本题选 C。

46.【答案】A

考点提示:本题考查劳动合同的种类。

完整解析:劳动者在同一用人单位连续工作 10 年以上,当事人双方同意延续劳动合同的,应当订立无固定期限的劳动合同。故本题选 A。

47.【答案】A

考点提示:本题考查试用期期限。

完整解析:同一用人单位与同一劳动者只能约定 1 次试用期,劳动合同期限 3 个月以上不满 1 年的,试用期不得超过 1 个月;劳动合同期限 1 年以上不满 3 年的,试用期不得超过 2 个月;3 年以上固定期限和无固定期限的劳动合同,试用期不得超过 6 个月;以完成一定工作任务为期限的劳动合同或者劳动合同期限不满 3 个月的,不得约定试用期。故本题选 A。

48.【答案】B

考点提示:本题考查集体协商的程序。

完整解析:《集体合同规定》第三十二条规定,集体协商任何一方均可就签订集体合同或专项集体合同及相关事宜,以书面形式向对方提出进行集体协商的要求,因此 A 项错误;一方提出进行集体协商要求的,另一方应当在收到集体协商要求之日起 20 日内以书面形式给以回应,无正当理由不得拒绝进行集体协商,因此 B 项正确,C 项错误。《集体合同规定》第三十三条规定,集体协商议题可由提出协商一方起草,也可由双方指派代表共同起草,因此 D 项错误。故本题选 B。

49.【答案】D

考点提示:本题考查集体合同的规定。

完整解析:集体合同或专项集体合同期限一般为 1~3 年,因此 A 项错误;如果期满或双方约定的终止条件出现,集体合同或专项集体合同即行终止,因此 B 项错误;在集体合同或专项集体合同期满前 3 个月内,任何一方均可向对方提出重新签订或续订的要求,因此 C 项错误;集体合同草案或专项集体合同草案经职工代表大会或者职工大会通过后,由集体协商双方首席代表签字,因此 D 项正确。故本题选 D。

50.【答案】B

考点提示:本题考查乡村医生培养培训制度。

完整解析:县级卫生行政部门对在村卫生室执业的乡村医生每年免费培训不少于两次,累计培训时间不少于两周。故本题选 B。

51.【答案】A

考点提示:本题考查食品安全法规与政策的工作目标。

完整解析:到 2020 年,基于风险分析和供应链管理的食品安全监督体系初步建立。到 2035 年,基本实现食品安全领域国家治理体系和治理能力现代化。故本题选 A。

52.【答案】A

考点提示:本题考查婚育证明的办理和交验。

完整解析:根据《流动人口计划生育工作条例》,流动人口中的成年育龄妇女应当自到达现居住地之日起30日内提交婚育证明。本题中,小华和小旭夫妇到达甲市的时间是2020年6月30日,他们应当在30日内提交婚育证明,因此他们应该在2020年7月30日前提交婚育证明。故本题选A。

53.【答案】B

考点提示:本题考查流动人口婚育证明的办理。

完整解析:流动人口中的成年育龄妇女应当自到达现居住地之日起30日内提交婚育证明。故本题选B。

54.【答案】C

考点提示:本题考查计划生育相关知识。

完整解析:《中华人民共和国人口与计划生育法》规定,公民实行计划生育手术,享受国家规定的休假,地方人民政府可以给予奖励。故本题选C。

55.【答案】A

考点提示:本题考查工伤鉴定相关知识。

完整解析:《工伤保险条例》第十五条第一款规定,职工有下列情形之一的,视同工伤:(1)在工作时间和工作岗位,突发疾病死亡或者在48小时之内经抢救无效死亡的;(2)在抢险救灾等维护国家利益、公共利益活动中受到伤害的;(3)职工原在军队服役,因战、因公负伤致残,已取得革命伤残军人证,到用人单位后旧伤复发的。故本题选A。

56.【答案】C

考点提示:本题考查社会保险费征缴。

完整解析:《中华人民共和国社会保险法》第五十八条明确规定,用人单位应当自用工之日起30日内为其职工向社会保险经办机构申请办理社会保险登记。故本题选C。

57.【答案】D

考点提示:本题考查失业保险金领取的条件。

完整解析:《中华人民共和国社会保险法》第四十五条规定,失业人员符合下列条件的,从失业保险基金中领取失业保险金:(1)失业前用人单位和本人已缴纳失业保险费满一年的;(2)非因本人意愿中断就业的;(3)已经进行失业登记,并有求职要求的。以上三个条件必须同时符合才可以领取失业保险金。分析选项可知,A、B、C三位职工均不符合非因本人意愿中断就业的条件,只有D项同时符合三个条件。故本题选D。

58.【答案】C

考点提示:本题考查工伤保险待遇的相关内容。

完整解析:在因工伤产生的费用中,由用人单位支付的包括:(1)治疗工伤期间的工资福利;(2)五级、六级伤残职工按月领取的伤残津贴;(3)终止或者解除劳动合同时,应当享受的一次性伤残就业救助金。在本题中,小峰在工作时间和工作场所内,因工作原因导致右手被炸伤,属于工伤,因此小峰应该享受工伤的待遇,他所在的单位应该支付其治疗期间的工资福利。故本题选C。

59.【答案】D

考点提示:本题考查失业保险基金的内容。

完整解析:失业保险基金的来源:(1)城镇企业事业单位及其职工缴纳的失业保险费;(2)失业保险基金的利息;(3)财政补贴;(4)依法纳入失业保险基金的其他资金。从缴费标准上看,城镇企业事业单位按照本单位工资总额的2%缴纳失业保险费,城镇企业事业单位职工按照本人工资总额的1%缴纳失业保险费。城镇企业事业单位招用的农民合同制工人本人不缴纳失业保险费。省、自治区、直辖市人民政府根据本行政区域失业人员数量和失业保险基金数额,报经国务院批准后,可以适当调整本行政区域失业保险费的费率。故本题选D。

60.【答案】C

考点提示:本题考查社会保险相关知识。

完整解析:经当地工伤保险经办机构同意,因工负伤的职工张某到另一统筹地区就医,由此产生的交通费、食宿费由张某所在单位承担。故本题选 C。

二、多项选择题

61.【答案】DE

考点提示:本题考查行使国家立法权的机关。

完整解析:《中华人民共和国立法法》规定,全国人民代表大会和全国人民代表大会常务委员会行使国家立法权。也就是说,全国人民代表大会及其常务委员会具有制定法律的权力,除此之外的其他任何机构都不具备制定全国性法律的权力。故本题选 DE。

62.【答案】BCDE

考点提示:本题考查加强民办社会工作服务机构能力建设的要求。

完整解析:《民政部关于进一步加快推进民办社会工作服务机构发展的意见》对加强民办社会工作服务机构能力建设提出了四点要求:(1)进一步增强民办社会工作服务机构内部治理能力;(2)着力提升民办社会工作服务机构服务水平;(3)建立健全民办社会工作服务机构联系志愿者制度;(4)加强民办社会工作服务机构党群组织建设。A 项的内容是发挥社会工作行业组织的功能与作用的要求之一,因此排除。故本题选 BCDE。

63.【答案】ABCD

考点提示:本题考查社会救助制度建立原则。

完整解析:社会救助制度坚持托底线、救急难、可持续,与其他社会保障制度相衔接,社会救助水平与经济社会发展水平相适应。社会救助工作应当遵循公开、公平、公正、及时的原则。故本题选 ABCD。

64.【答案】DE

考点提示:本题考查单独申请低保的条件。

完整解析:《最低生活保障审核审批办法(试行)》第十条规定,申请人有下列情况之一的,可以单独提出申请:(1)困难家庭中丧失劳动能力且单独立户的成年重度残疾人;(2)脱离家庭、在宗教场所居住三年以上(含三年)的生活困难的宗教教职人员。故本题选 DE。

65.【答案】BCD

考点提示:本题考查低保的动态管理。

完整解析:考虑到低保家庭的各种不同情况,民政部政策规定,对城市"三无"人员和家庭成员有重病、重残人员且收入基本无变化的低保家庭,可每年复核一次,因此 A 项错误,B 项正确;对短期内家庭经济状况和家庭成员基本情况相对稳定的低保家庭,可每半年复核一次,因此 C 项正确;对收入来源不固定、有劳动能力和劳动条件的低保家庭,原则上城市按月、农村按季复核,因此 D 项正确,E 项错误。故本题选 BCD。

66.【答案】AB

考点提示:本题考查家庭赡养的相关规定。

完整解析:根据《中华人民共和国老年人权益保障法》,赡养人应当履行对老年人经济上供养、生活上照料和精神上慰藉的义务,照顾老年人的特殊需要。其中赡养人是指老年人的子女及其他依法负有赡养义务的人;赡养人的配偶应当协助赡养人履行赡养义务。赡养人的赡养义务是一项法定责任,赡养人不得以放弃继承权或者其他理由,拒绝履行义务。在本题中,对老徐有法定赡养义务的是他的两个儿子。故本题选 AB。

67.【答案】BCDE

考点提示:本题考查留守儿童关爱保护的基本原则。

完整解析:《关于加强农村留守儿童关爱保护工作的意见》对留守儿童的关爱保护工作作出了相关规定,其中基本原则包括坚持家庭尽责、坚持政府主导、坚持全民关爱、坚持标本兼治。故本题选 BCDE。

68.【答案】DE

考点提示:本题考查流浪乞讨人员救助的内容。

完整解析:救助站对流浪乞讨人员实行救助的内容主要包括:提供符合食品卫生要求的食物;提供符合基

本条件的住处;对在站内突发急病的,及时送医院救治;帮助与其亲属或者所在单位联系;对没有交通费返回其住所地或者所在单位的,提供乘车凭证。综上,D、E 两项不符。故本题选 DE。

69.【答案】ABC

考点提示:本题考查诉讼离婚的法定标准。

完整解析:《中华人民共和国民法典》第一千零七十九条规定,夫妻一方要求离婚的,可以由有关组织进行调解或者直接向人民法院提起离婚诉讼。人民法院审理离婚案件,应当进行调解;如果感情确已破裂,调解无效的,应当准予离婚。有下列情形之一,调解无效的,应当准予离婚:(一)重婚或者与他人同居;(二)实施家庭暴力或者虐待、遗弃家庭成员;(三)有赌博、吸毒等恶习屡教不改;(四)因感情不和分居满二年;(五)其他导致夫妻感情破裂的情形。一方被宣告失踪,另一方提起离婚诉讼的,应当准予离婚。经人民法院判决不准离婚后,双方又分居满一年,一方再次提起离婚诉讼的,应当准予离婚。与他人同居、实施家庭暴力、长期赌博屡教不改,小敏丈夫的上述三种行为均可准予离婚,故 A、B、C 三项正确。戒毒成功、分居不满二年,不可准予离婚,故排除 D、E 两项。故本题选 ABC。

70.【答案】AB

考点提示:本题考查遗嘱的形式。

完整解析:《中华人民共和国民法典》第一千一百三十九条规定,公证遗嘱由遗嘱人经公证机构办理。小红的爷爷经过公正机关的公正订立了遗嘱,故 A 项正确。第一千一百三十四条规定,自书遗嘱由遗嘱人亲笔书写,签名,注明年、月、日。小陈的奶奶亲笔书写了遗嘱,并签名,注明了年、月、日,故 B 项正确。第一千一百三十八条规定,遗嘱人在危急情况下,可以立口头遗嘱。口头遗嘱应当有两个以上见证人在场见证。危急情况消除后,遗嘱人能够以书面或者录音录像形式立遗嘱的,所立的口头遗嘱无效。小黄的爷爷说口头遗嘱的时候,只有保姆一人在场,故 C 项错误。第一千一百三十五条规定,代书遗嘱应当有两个以上见证人在场见证,由其中一人代书,并由遗嘱人、代书人和其他见证人签名,注明年、月、日。小吕的姥姥订立了口头遗嘱,有三人在场,但没有签名,也没有标注日期,故 D 项错误。第一千一百三十七条规定,以录音录像形式立的遗嘱,应当有两个以上见证人在场见证。遗嘱人和见证人应当在录音录像中记录其姓名或者肖像,以及年、月、日。小王的奶奶以录音的形式订立遗嘱,没有见证人,故 E 项错误。故本题选 AB。

71.【答案】BCD

考点提示:本题考查被收养人条件。

完整解析:《中华人民共和国民法典》第一千零九十三条规定,下列未成年人,可以被收养:(一)丧失父母的孤儿;(二)查找不到生父母的未成年人;(三)生父母有特殊困难无力抚养的子女。故本题选 BCD。

72.【答案】ABC

考点提示:本题考查人民调解工作应当遵守的原则。

完整解析:人民调解工作的原则主要包括:依法调解原则,必须依据法律、法规、规章和政策进行调解;自愿平等原则;尊重当事人诉讼权利的原则。故本题选 ABC。

73.【答案】CD

考点提示:本题考查捐赠财产的使用。

完整解析:《中华人民共和国公益事业捐赠法》第十八条规定,受赠人与捐赠人订立了捐赠协议的,应当按照协议约定的用途使用捐赠财产,不得擅自改变捐赠财产的用途。如果确需改变用途的,应当征得捐赠人的同意,因此 A 项错误。《基金会管理条例》第二十九条规定,基金会工作人员工资福利和行政办公支出不得超过当年总支出的10%,因此 B 项错误;公募基金会每年用于从事章程规定的公益事业支出,不得低于上一年总收入的70%,因此 D 项正确;非公募基金会每年用于从事章程规定的公益事业支出,不得低于上一年基金余额的8%,因此 E 项错误。《中华人民共和国公益事业捐赠法》第十七条规定,公益性社会团体应当将受赠财产用于资助符合其宗旨的活动和事业。对于接受的救助灾害的捐赠财产,应当及时用于救助活动。基金会每年用于资助公益事业的资金数额,不得低于国家规定的比例,因此 C 项正确。故本题选 CD。

74.【答案】ACDE

考点提示:本题考查优抚对象及其子女享受的教育优待。

完整解析:义务兵和初级士官退出现役后,报考国家公务员、高等学校和中等职业学校,在与其他考生同等条件下优先录取;残疾军人、烈士子女、因公牺牲军人子女,一级至四级残疾军人的子女与部队现役军人的子女报考普通中等职业学校、高等学校,在与其他考生同等条件下优先录取;接受学历教育的,在同等条件下优先享受国家规定的各项助学政策;现役军人子女入公办中小学校和幼儿园、托儿所,在同等条件下优先接收。因此 B 项错误。故本题选 ACDE。

75.【答案】ACE

考点提示:本题考查劳动合同履行的原则。

完整解析:劳动合同履行的原则有:(1)实际履行原则;(2)全面履行原则;(3)合作履行原则。故本题选 ACE。

76.【答案】ABCD

考点提示:本题考查捐赠财产使用规定。

完整解析:依据《中华人民共和国公益事业捐赠法》,受赠人在征得捐赠人的同意后可以改变捐赠用途;公益性社会团体应当遵守国家的有关规定,实现捐赠财产的保值、增值;捐赠人有权向受赠人查询捐赠财产的使用、管理情况,并提出意见和建议;受赠人可以依法变卖受赠财产,但其所取得的全部收入应用于捐赠目的,符合捐赠财产使用规定。因此 E 项错误。故本题选 ABCD。

77.【答案】ABC

考点提示:本题考查军人伤亡保险的相关规定。

完整解析:军人因下列情形之一死亡或者致残的,不享受军人保险待遇。这些情形包括:(1)故意犯罪的;(2)醉酒或者吸毒的;(3)自残或者自杀的;(4)法律、行政法规和军事法规规定的其他情形。分析选项可知,A 项中的孙某是由于故意犯罪受伤,不享受军人保险待遇;B 项中的刘某是由于醉酒受伤,不享受军人保险待遇;C 项中的王某是由于自残受伤,不享受军人保险待遇;D、E 两项中的吴某和李某是因公致残,应该按照评定的残疾等级和相应的保险金标准,给付他们军人残疾保险金。故本题选 ABC。

78.【答案】BCD

考点提示:本题考查对女职工实行"四期"保护。

完整解析:《中华人民共和国社会保险法》规定,职工应当参加生育保险,由用人单位缴纳生育保险费,并统一由税务部门征收。换句话说,生育保险是不需要个人缴纳的,必须由企业缴纳,因此 A 项错误。按照国家规定,女职工产假期间的生育津贴,以本人生育或者流产前 12 个月平均缴费工资为基数计发,因此 B 项正确。女职工生育享受 98 天产假,其中产前可以休假 15 天;难产的,应增加产假 15 天;生育多胞胎的,每多生育 1 个婴儿,可增加产假 15 天。女职工怀孕未满 4 个月流产的,享受 15 天产假;怀孕满 4 个月流产的,享受 42 天产假。因此 C、D 两项正确,E 项错误。故本题选 BCD。

79.【答案】AB

考点提示:本题考查城镇职工基本医疗保险的缴费比例。

完整解析:基本医疗保险基金由统筹基金和个人账户构成。职工个人缴费率一般为本人工资收入的 2%,全部计入个人账户,因此 A 项正确。用人单位缴费率应控制在职工工资总额的 6% 左右,划入个人账户,因此 B 项正确。统筹基金的资金不能划入个人账户,因此 C、D、E 三项错误。故本题选 AB。

80.【答案】ABCD

考点提示:本题考查社会保险经办机构工作人员的法律责任。

完整解析:社会保险经办机构及其工作人员有下列行为之一的,由社会保险行政部门责令改正;给社会保险基金、用人单位或者个人造成损失的,依法承担赔偿责任;对直接负责的主管人员和其他直接责任人员依法给予处分:(1)未履行社会保险法定职责的;(2)未将社会保险基金存入财政专户的;(3)克扣或者拒不按时支付社会保险待遇的;(4)丢失或者篡改缴费记录、享受社会保险待遇记录等社会保险数据、个人权益记录的;(5)有违反社会保险法律、法规的其他行为的。泄露用人单位和个人信息不在责令整改的范围内。故本题选 ABCD。

社会工作法规与政策(中级)全真模拟试卷(二)参考答案及解析

一、单项选择题

1.【答案】B

考点提示:本题考查社会政策的主体。

完整解析:从广泛意义上看,全体民众都应该是社会政策的主体。人们通过参与社会政策的服务和管理、纳税、缴纳各种费用、奉献慈善捐赠和提供志愿服务等方式参与社会政策的实践。从这个意义上看,社会政策是在党的领导下和政府主导下全民共同参与的社会事业。故本题选 B。

2.【答案】C

考点提示:本题考查社会工作教育与研究人才培养引进工程。

完整解析:《社会工作专业人才队伍建设中长期规划(2011—2020 年)》提出了社会工作专业人才队伍建设的十大重点工程。其中第三点是社会工作教育与研究人才培养引进工程。适应我国社会工作蓬勃发展需要,着眼于培养高层次、领军型社会工作教育与研究人才,将高等学校中社会工作教育与研究人才培养纳入国家高素质教育人才培养工程、青年英才开发计划。在统筹考虑现有社会工作学科研究布局和资源基础上,推动社会工作学科重点研究基地建设,到 2020 年,依托现有资源,建立 500 家社会工作专业重点实训基地。加快推进社会工作硕士专业学位教育发展,到 2020 年,培养和引进 3 万名社会工作硕士专业学位研究生,300 名社会工作专业博士,3000 名"双师型"专业教师。故本题选 C。

3.【答案】A

考点提示:本题考查推动社会工作专业岗位开发和专业人才使用的要求。

完整解析:社会工作专业岗位是社会工作专业人才发挥作用的舞台,要研究制定社会工作专业岗位开发设置政策措施。与我国加强社会建设的进程相适应,深入研究城乡社区、相关单位和社会组织使用社会工作专业人才的政策措施。按照精简效能、按需设置、循序渐进的原则,研究社会工作专业岗位设置范围、数量结构、配备比例、职责任务和任职条件,建立健全社会工作专业岗位开发设置的政策措施和标准体系。故本题选 A。

4.【答案】C

考点提示:本题考查社会政策的相关知识。

完整解析:资源提供者是社会政策主体在社会政策制定过程中的一个重要角色。从某种意义上说,社会政策制定是对社会资源的再分配,社会政策实施则是把这种对社会资源的再分配落到实处。即使是社会政策的评估和调整,也不能没有社会资源的支持与配合。所有这些社会资源都离不开直接主体尤其是政府财政的支持。政府向各类对象提供社会工作服务的行为,反映了政府扮演的角色是资源提供者。故本题选 C。

5.【答案】D

考点提示:本题考查加强社会工作专业培训的要求。

完整解析:《关于加强社会工作专业人才队伍建设的意见》提出,要组织实施三项工程、开展两项培训。第一项工程是社会工作服务人才职业能力建设工程。第二项工程是实施高层次社会工作专业人才培养工程。第三项工程是实施社会工作管理人才综合素质提升工程。D 项属于"大力发展社会工作专业教育"里的内容,而非"大力开展社会工作专业培训"里的内容。故本题选 D。

6.【答案】C

考点提示:本题考查低保申请的审批。

完整解析:根据《最低生活保障审核审批办法(试行)》,在低保申请的审核审批中,县级人民政府民政部门在提出审批意见前,应当全面审查乡镇人民政府(街道办事处)上报的申请材料、调查材料和审批意见,并按照不低于30%的比例入户抽查。故本题选C。

7.【答案】D

考点提示: 本题考查教育救助的含义和形式。

完整解析: 按照《社会救助暂行办法》,国家对在义务教育阶段就学的最低生活保障家庭成员、特困供养人员,给予教育救助。对在高中教育(含中等职业教育)、普通高等教育阶段就学的最低生活保障家庭成员、特困供养人员,以及不能入学接受义务教育的残疾儿童,根据实际情况给予适当的教育救助。教育救助根据不同教育阶段需求,采取减免相关费用、发放助学金、给予生活补助、安排勤工助学等方式实施,保障教育救助对象的基本学习和生活需求。故本题选D。

8.【答案】C

考点提示: 本题考查临时救助的对象。

完整解析:《国务院关于全面建立临时救助制度的通知》规定,临时救助的对象包括家庭对象和个人对象。家庭对象是因火灾、交通事故等意外事件,家庭成员突发重大疾病等原因,导致基本生活暂时出现严重困难的家庭;因生活必需支出突然增加超出家庭承受能力,导致基本生活暂时出现严重困难的最低生活保障家庭;遭遇其他特殊困难的家庭。个人对象是因遭遇火灾、交通事故、突发重大疾病或其他特殊困难,暂时无法得到家庭支持,导致基本生活陷入困境的个人。在本题中,C项的居民丙是由于个人情感问题导致精神状态不佳,不符合临时救助的标准,因此不能成为临时救助的对象。故本题选C。

9.【答案】B

考点提示: 本题考查救助站的救助期限。

完整解析:《城市生活无着的流浪乞讨人员救助管理办法》实施细则规定,救助站应当根据受助人员的情况确定救助期限,一般不超过10天。因特殊情况需要延长的,报上级民政主管部门备案。故本题选B。

10.【答案】D

考点提示: 本题考查城乡医疗救助基金的来源。

完整解析:《城乡医疗救助基金管理办法》第五条规定,县级以上人民政府建立城乡医疗救助基金。城乡医疗救助基金来源主要包括:(1)地方各级财政部门每年根据本地区开展城乡医疗救助工作的实际需要,按照预算管理的相关规定,在年初公共财政预算和彩票公益金中安排的城乡医疗救助资金,因此A项正确;(2)社会各界自愿捐赠的资金,因此B项正确;(3)城乡医疗救助基金形成的利息收入,因此C项正确;(4)按规定可用于城乡医疗救助的其他资金,没有说明是医疗机构盈利所得的资金,因此D项错误。故本题选D。

11.【答案】B

考点提示: 本题考查家庭赡养的相关责任。

完整解析:《中华人民共和国老年人权益保障法》第十九条规定,赡养人不得以放弃继承权或者其他理由,拒绝履行赡养义务。赡养人不履行赡养义务,老年人有要求赡养人付给赡养费等权利,因此A项错误,B项正确;上述法律第二十二条规定,老年人对个人的财产,依法享有占有、使用、收益和处分的权利,子女或者其他亲属不得干涉,不得以窃取、骗取、强行索取等方式侵犯老年人的财产权益,因此C项错误;上述法律第十四条规定,赡养人是指老年人的子女及其他依法负有赡养义务的人,因此D项错误。故本题选B。

12.【答案】A

考点提示: 本题考查建设养老院的相关规定。

完整解析:《民政部关于进一步扩大养老服务供给 促进养老服务消费的实施意见》规定,实施特困人员供养服务设施(敬老院)改造提升工程,确保全国养老院服务质量建设专项行动排查出的特困人员供养服务设施(敬老院)的重大安全隐患2020年底前全部整改到位,2022年底前每个县至少建有一所以农村特困失能、残疾老年人专业照护为主的县级层面特困人员供养服务设施(敬老院)。故本题选A。

13.【答案】D

考点提示: 本题考查保护未成年人的人身与生命安全的相关内容。

完整解析:根据《中华人民共和国未成年人保护法》,学校、幼儿园、托儿所和公共场所发生突发事件时,应当优先救护未成年人。因此,在突发事件的救护工作中,应该优先救助未成年人,所以本题中应该优先救护幼儿园的孩子。故本题选 D。

14.【答案】C

考点提示:本题考查实施未成年人教育救助的程序。

完整解析:申请教育救助,须本人或监护人提出申请,经村委会(居委会)调查核实,乡镇政府、城市街道办事处审核,县级民政部门复核、审批。故本题选 C。

15.【答案】B

考点提示:本题考查可撤销婚姻的相关规定。

完整解析:《中华人民共和国民法典》第一千零五十二条规定,因胁迫结婚的,受胁迫的一方可以向人民法院请求撤销婚姻。请求撤销婚姻的,应当自胁迫行为终止之日起一年内提出。被非法限制人身自由的当事人请求撤销婚姻的,应当自恢复人身自由之日起一年内提出。故 A、C 两项错误,B 项正确。第一千零五十三条规定,一方患有重大疾病的,应当在结婚登记前如实告知另一方;不如实告知的,另一方可以向人民法院请求撤销婚姻。请求撤销婚姻的,应当自知道或者应当知道撤销事由之日起一年内提出。故 D 项错误。故本题选 B。

16.【答案】C

考点提示:本题考查收养人的条件。

完整解析:《中华人民共和国民法典》第一千零九十八条规定,收养人应当同时具备下列条件:(一)无子女或者只有一名子女;(二)有抚养、教育和保护被收养人的能力;(三)未患有在医学上认为不应当收养子女的疾病;(四)无不利于被收养人健康成长的违法犯罪记录;(五)年满三十周岁。小花已经收养了两名儿子,小柳不满三十周岁,他们均不能成为收养人,故排除 A、D 两项。第一千一百零二条规定,无配偶者收养异性子女,收养人与被收养人的年龄应当相差四十周岁以上。小虎是男性,与被收养的女孩年龄差距小于四十周岁,所以小虎不能收养这名小女孩,故排除 B 项。故本题选 C。

17.【答案】B

考点提示:本题考查居民委员会相关知识。

完整解析:《中华人民共和国城市居民委员会组织法》第十条规定,居民会议由居民委员会召集和主持。故本题选 B。

18.【答案】A

考点提示:本题考查居民委员会相关知识。

完整解析:《中华人民共和国城市居民委员会组织法》第七条规定,居民委员会由主任、副主任和委员共 5 至 9 人组成。故本题选 A。

19.【答案】C

考点提示:本题考查村民委员会的相关知识。

完整解析:《中华人民共和国村民委员会组织法》第三条规定,村民委员会的设立、撤销、范围调整,由乡、民族乡、镇的人民政府提出,经村民会议讨论同意,报县级人民政府批准。故本题选 C。

20.【答案】C

考点提示:本题考查人民调解的相关知识。

完整解析:调解委员要先向双方当事人进行调查,了解他们的意见和要求,了解纠纷发生、发展的全过程,记录他们提供的证人证言及其他证据,如需查看现场的,还应及时查看现场,必要时可作现场勘验笔录。同时还要向知情人、周围群众、当事人工作单位、与纠纷有关的相关单位等了解情况。在深入调查收集材料的基础上进行分析研究,提出调解方案。故本题选 C。

21.【答案】C

考点提示:本题考查孤儿的监护人责任。

完整解析:监护人的责任主要有:应当依法履行监护职责,维护孤儿的合法权益。监护人不履行监护职责或侵害被监护人的合法权益的,应当承担相应的法律责任,人民法院可以根据有关人员或有关单位的申请,依法撤销监护人的资格。故本题选 C。

22.【答案】B

考点提示:本题考查减刑的相关规定。

完整解析:《中华人民共和国社区矫正法》规定,人民法院应当在收到社区矫正机构的减刑建议书后 30 日内作出裁定,并将裁定书送达社区矫正机构,同时抄送人民检察院、公安机关。故本题选 B。

23.【答案】D

考点提示:本题考查强制隔离戒毒的规定。

完整解析:根据《中华人民共和国禁毒法》,吸毒成瘾人员有下列情形之一的,由县级以上人民政府公安机关作出强制隔离戒毒的决定:(1)拒绝接受社区戒毒的;(2)在社区戒毒期间吸食、注射毒品的;(3)严重违反社区戒毒协议的;(4)经社区戒毒、强制隔离戒毒后再次吸食、注射毒品的。故本题选 D。

24.【答案】A

考点提示:本题考查烈士名单呈报的单位。

完整解析:根据《烈士褒扬条例》,评定为烈士的,由国务院退役军人事务部门负责将烈士名单呈报党和国家功勋荣誉表彰工作委员会。故本题选 A。

25.【答案】A

考点提示:本题考查离婚对夫妻财产关系造成的后果。

完整解析:《中华人民共和国民法典》第一千零八十八条规定,夫妻一方因抚育子女、照料老年人、协助另一方工作等负担较多义务的,离婚时有权向另一方请求补偿,另一方应当给予补偿。具体办法由双方协议;协议不成的,由人民法院判决。故本题选 A。

26.【答案】D

考点提示:本题考查法定继承人的范围。

完整解析:法定继承人的范围包括 A、B、C 三项以及子女、兄弟姐妹、对公婆或岳父母尽了主要赡养义务的丧偶儿媳、女婿。故本题选 D。

27.【答案】B

考点提示:本题考查调解协议的确认。

完整解析:根据《中华人民共和国人民调解法》,经人民调解委员会调解达成调解协议后,双方当事人认为有必要的,可以自调解协议生效之日起 30 日内共同向人民法院申请司法确认,人民法院应当及时对调解协议进行审查,依法确认调解协议的效力。本题中,小艳和小伟两个人应该在 30 日内共同向人民法院申请司法确认,即在 2020 年 11 月 9 日前共同向人民法院申请司法确认。故本题选 B。

28.【答案】A

考点提示:本题考查定期抚恤金的标准。

完整解析:根据《军人抚恤优待条例》,定期抚恤金的数额有一定的标准,该标准应当参照全国城乡居民家庭人均收入水平确定。定期抚恤金的标准及调整办法,由国务院退役军人事务部门会同国务院财政部门规定。故本题选 A。

29.【答案】C

考点提示:本题考查一次性抚恤金的发放顺序。

完整解析:一次性抚恤金的发放顺序如下:发给烈士、因公牺牲军人、病故军人的父母(抚养人)、配偶、子女;没有父母(抚养人)、配偶、子女的,发给未满 18 周岁的兄弟姐妹和已满 18 周岁但无生活费来源且由该军人生前供养的兄弟姐妹。故本题选 C。

30.【答案】D

考点提示:本题考查军休干部管理委员会的性质。

完整解析:根据《军队离休退休干部服务管理办法》,军休干部管理委员会是在服务管理机构内军休干部自我教育、自我管理、自我服务的群众性组织。故本题选 D。

31.【答案】B

考点提示:本题考查突发事件的监测与预警。

完整解析:可以预警的自然灾害、事故灾难和公共卫生事件的预警级别,按照突发事件发生的紧急程度、发展势态和可能造成的危害程度分为一级、二级、三级和四级,分别用红色、橙色、黄色和蓝色标识。故本题选 B。

32.【答案】D

考点提示:本题考查自然灾害的救助款物管理。

完整解析:自然灾害救助款物应当用于受灾人员的紧急转移安置,基本生活救助,医疗救助,教育、医疗等公共服务设施和住房的恢复重建,自然灾害救助物资的采购、储存和运输,以及因灾遇难人员亲属的抚慰等项支出。故本题选 D。

33.【答案】B

考点提示:本题考查彩票公益金的使用情况。

完整解析:根据《彩票公益金管理办法》,省级以上民政、体育行政等彩票公益金使用部门、单位,应当于每年 3 月底前向同级财政部门报送上一年度彩票公益金使用情况。故本题选 B。

34.【答案】C

考点提示:本题考查志愿者的权利。

完整解析:志愿者有退出志愿服务组织的权利。因此,退出志愿服务组织是志愿者的权利,不能随意剥夺。本题中,小英想多用点时间复习考研,可以正常退出志愿者社团。故本题选 C。

35.【答案】B

考点提示:本题考查志愿服务的基本特征。

完整解析:根据《志愿服务条例》,志愿服务的基本特征有自愿性、无偿性和公益性。自愿性是志愿服务的首要特征;无偿性是志愿服务的重要特征和本质特征;公益性是志愿服务的价值特征,同时决定了志愿服务行为的目的属性。故本题选 B。

36.【答案】C

考点提示:本题考查星级评定制度。

完整解析:《志愿服务记录办法》第二十一条规定,参加志愿服务时间累计达到 100 小时的,认定为一星级志愿者;参加志愿服务时间累计达到 300 小时的,认定为二星级志愿者;参加志愿服务时间累计达到 600 小时的,认定为三星级志愿者;参加志愿服务时间累计达到 1000 小时的,认定为四星级志愿者;参加志愿服务时间累计达到 1500 小时的,认定为五星级志愿者。故本题选 C。

37.【答案】B

考点提示:本题考查社会团体撤销登记的相关规定。

完整解析:撤销登记指的是登记管理机关依据法律规定撤销社会团体登记的行政行为。根据《社会团体登记管理条例》,可能导致撤销登记的情形包括:(1)在申请登记时弄虚作假,骗取社会团体登记;(2)自取得《社会团体法人登记证书》之日起一年未开展活动;(3)社会团体严重违规;(4)社会团体的活动违反其他法律、法规,有关国家机关认为应当撤销登记的,由登记管理机关撤销登记。故本题选 B。

38.【答案】D

考点提示:本题考查增强社区社会组织服务功能的主要措施。

完整解析:根据《民政部关于大力培育发展社区社会组织的意见》,增强社区社会组织的服务功能的主要措施如下:(1)提供社区服务;(2)扩大居民参与;(3)培育社区文化;(4)促进社区和谐。其中 D 项中的加大扶持力度是对社区社会组织加大培育扶持力度的措施。故本题选 D。

39.【答案】C

考点提示:本题考查成立社会团体审查登记事项。

完整解析:社会团体成立时需要登记:名称、住所、宗旨、业务范围、活动地域、法定代表人、活动资金、业务主管单位。故本题选 C。

40.【答案】B

考点提示:本题考查社会团体的终止。

完整解析:社会团体在办理注销登记前,应在业务主管单位及其他有关机关的指导下,成立清算组织,完成清算工作。在清算结束之日起 15 日内,社会团体应向登记管理机关提交法人代表人签署的注销登记申请书。故本题选 B。

41.【答案】D

考点提示:本题考查居委会相关知识。

完整解析:《中华人民共和国城市居民委员会组织法》第二十条规定,市、市辖区的人民政府有关部门,需要居民委员会或者它的下属委员会协助进行的工作,应当经市、市辖区的人民政府或者它的派出机关同意并统一安排,市、市辖区的人民政府的有关部门,可以对居民委员会有关的下属委员会进行业务指导。故本题选 D。

42.【答案】B

考点提示:本题考查居民会议。

完整解析:《中华人民共和国城市居民委员会组织法》第十条第二款规定,居民会议由居民委员会召集和主持。由 1/5 以上的 18 周岁以上的居民、1/5 以上的户或者 1/3 以上的居民小组提议,应当召集居民会议。涉及全体居民利益的重要问题,居民委员会必须提请居民会议讨论决定。依据此规定,该城市社区的居民会议可由 1300 名以上年满 18 周岁的居民、600 户以上的居民家庭或 4 个以上居民小组提议。故本题选 B。

43.【答案】D

考点提示:本题考查选民登记的相关规定。

完整解析:《中华人民共和国村民委员会组织法》第十三条规定,年满 18 周岁的村民,不分民族、种族、性别、职业、家庭出身、宗教信仰、教育程度、财产状况、居住期限,都有选举权和被选举权;但是,依照法律被剥夺政治权利的人除外。村民委员会选举前,应当对下列人员进行登记,列入参加选举的村民名单:(1)户籍在本村并且在本村居住的村民;(2)户籍在本村,不在本村居住,本人表示参加选举的村民;(3)户籍不在本村,在本村居住 1 年以上,本人申请参加选举,并且经村民会议或者村民代表会议同意参加选举的公民。已在户籍所在村或者居住村登记参加选举的村民,不得再参加其他地方村民委员会的选举。分析选项可知,A 项中的小浩没有参加选举的意愿,因此 A 项排除;B 项中的小生居住时间不足 1 年,不符合参加选举的条件,因此 B 项错误;C 项中的小忠不满 18 周岁,不符合选举的条件,因此 C 项错误;D 项中的小哲符合(3)的规定。故本题选 D。

44.【答案】D

考点提示:本题考查村民委员会的任期。

完整解析:《中华人民共和国村民委员会组织法》第十一条规定,村民委员会主任、副主任和委员,由村民直接选举产生。任何组织或者个人不得指定、委派或者撤换村民委员会成员。村民委员会每届任期 5 年,届满应当及时举行换届选举。村民委员会成员可以连选连任。故本题选 D。

45.【答案】C

考点提示:本题考查捐赠人的权利。

完整解析:捐赠人单独捐赠的工程项目或者主要由捐赠人出资兴建的工程项目,可以由捐赠人提出工程项目的名称,报县级以上人民政府批准,故本题选 C。

46.【答案】B

考点提示:本题考查劳动合同相关内容。

完整解析:《中华人民共和国劳动合同法》第四十条规定,有下列情形之一的,用人单位提前 30 日以书面形式通知劳动者本人或者额外支付劳动者一个月工资后,可以解除劳动合同:(1)劳动者患病或者非因工负伤,在规定的医疗期满后不能从事原工作,也不能从事由用人单位另行安排的工作的;(2)劳动者不能胜任工作,经过培训或者调整工作岗位,仍不能胜任工作的;(3)劳动合同订立时所依据的客观情况发生重大变化,致使劳动合同无法履行,经用人单位与劳动者协商,未能就变更劳动合同内容达成协议的。所以,企业可以提前30日书面通知小丁,解除与小丁的劳动合同,或给予经济补偿以解除劳动合同。故本题选 B。

47.【答案】C

考点提示:本题考查劳动法中对女职工的有关规定。

完整解析:根据《中华人民共和国劳动法》,用人单位不得安排女职工在怀孕期间从事国家规定的第三级体力劳动强度的劳动和孕期禁忌从事的劳动,对怀孕 7 个月以上的女职工,不得安排其延长工作时间和夜班劳动,故 A、B、D 三项说法均正确。故本题选 C。

48.【答案】B

考点提示:本题考查年休假制度。

完整解析:根据《职工带薪年休假条例》,机关、团体、企业、事业单位、民办非企业单位、有雇工的个体工商户等单位的职工连续工作 1 年以上的,享受带薪年休假。职工累计工作已满 1 年不满 10 年的,年休假 5 天;已满 10 年不满 20 年的,年休假 10 天;已满 20 年的,年休假 15 天。国家法定休假日、休息日不计入年休假的假期。小李进入单位已经 8 年,所以可以享受 5 天年休假。故本题选 B。

49.【答案】B

考点提示:本题考查集体协商的代表。

完整解析:根据《集体合同规定》,集体协商双方的代表人数应当对等,每方代表至少 3 人,并各确定一名首席代表。故本题选 B。

50.【答案】D

考点提示:本题考查 2020 年的卫生与健康事业发展目标。

完整解析:国务院《"十三五"卫生与健康规划》指出,"十三五"期间我国卫生与健康事业发展的总体目标是:到 2020 年,覆盖城乡居民的基本医疗卫生制度基本建立,实现人人享有基本医疗卫生服务,人均预期寿命在 2015 年基础上提高 1 岁。故本题选 D。

51.【答案】B

考点提示:本题考查非全日制用工的内容。

完整解析:非全日制用工,是指以小时计酬为主,劳动者在同一用人单位一般平均每日工作时间不超过 4 小时,每周工作时间累计不超过 24 小时的用工形式。本题中的用工情形属于非全日制用工。非全日制用工有下列特点:①非全日制用工双方当事人可以订立口头协议。从事非全日制用工的劳动者可以与一个或者一个以上用人单位订立劳动合同。但是,后订立的劳动合同不得影响先订立的劳动合同的履行。②非全日制用工双方当事人不得约定试用期。③非全日制用工双方当事人任何一方都可以随时通知对方终止用工。终止用工时,用人单位不向劳动者支付经济补偿。故本题选 B。

52.【答案】A

考点提示:本题考查劳动合同相关知识。

完整解析:《中华人民共和国劳动合同法》第三十九条第二项规定,劳动者严重违反用人单位的规章制度的,用人单位可以解除劳动合同。刘某违反了规章制度而且严重失职,其行为对本单位的工作任务的完成造成严重影响,因此该公司可以解除与刘某的合同。故本题选 A。

53.【答案】A

考点提示:本题考查突发公共卫生事件应急预案的启动和执行。

完整解析:根据突发事件应急处理的需要,应急处理指挥部有权紧急调集人员、储备的物资、交通工具以及相关设施、设备。必要时,对人员进行疏散或者隔离,并可以依法对传染病疫区实行封锁,对食物和水源采取控制措施。故本题选 A。

54.【答案】D

考点提示：本题考查职业病病人的待遇。

完整解析：根据《中华人民共和国职业病防治法》，用人单位应当按照国家有关规定，安排职业病病人进行治疗、康复和定期检查，因此 A 项正确；用人单位对不适宜继续从事原工作的职业病病人，应当调离原岗位，并妥善安置，因此 B 项正确；用人单位对从事接触职业病危害作业的劳动者，应当给予适当岗位津贴，因此 C 项正确；职业病病人除依法享有工伤保险外，依照有关民事法律，尚有获得赔偿的权利的，有权向用人单位提出赔偿要求，因此 D 项错误。故本题选 D。

55.【答案】C

考点提示：本题考查基本养老保险费的缴纳比例。

完整解析：《国务院办公厅关于印发降低社会保险费率综合方案》规定，职工按照国家规定的本人工资为缴费基数，按照8%的缴纳比例缴纳基本养老保险费，计入个人账户。故本题选 C。

56.【答案】D

考点提示：本题考查基本医疗保险。

完整解析：职工应当参加职工基本医疗保险，由用人单位和职工按照国家规定共同缴纳基本医疗保险费。故本题选 D。

57.【答案】D

考点提示：本题考查失业保险。

完整解析：领取失业保险金的期限可以与前次失业应领取而尚未领取的失业保险金的期限合并计算，但是最长不得超过 24 个月。故本题选 D。

58.【答案】B

考点提示：本题考查军人保险。

完整解析：伤亡保险不能转出；医疗保险由政府缴纳，可以转出；养老保险由政府缴纳，可以转出。故本题选 B。

59.【答案】D

考点提示：本题考查基本养老保险的缴费基数。

完整解析：《国务院办公厅关于印发降低社会保险费率综合方案的通知》规定，个体工商户和灵活就业人员参加企业职工基本养老保险，可以在本省全口径城镇单位就业人员平均工资的 60%～300% 之间选择适当的缴费基数。故本题选 D。

60.【答案】A

考点提示：本题考查《中华人民共和国军人保险法》的相关规定。

完整解析：《中华人民共和国军人保险法》第二十九条规定，地方人民政府和有关部门应当为随军未就业的军人配偶提供就业指导、培训等方面的服务。随军未就业的军人配偶无正当理由拒不接受当地人民政府就业安置，或者无正当理由拒不接受当地人民政府指定部门、机构介绍的适当工作、提供的就业培训的，停止给予保险缴费补助。分析选项可知，应该停止小段妻子的保险缴费补助。故本题选 A。

二、多项选择题

61.【答案】AB

考点提示：本题考查普惠型社会政策的缺点。

完整解析：普惠型和特惠型社会政策各有其优缺点。普惠型社会政策的优点是对象覆盖面广，社会效益大，不需要复杂的对象资格甄别程序，因此可以避免"贫困烙印"等问题；缺点在于需要花费的资金往往很多，对解决贫困问题的针对性不够强。特惠型社会政策的优缺点与普惠型社会政策正好相反。分析选项可知，C、D、E 三项为特惠型社会政策的缺点。故本题选 AB。

62.【答案】BCDE

考点提示：本题考查政府购买社会工作服务的对象。

完整解析:根据《民政部　财政部关于政府购买社会工作服务的指导意见》,政府购买社会工作服务的对象主要是社会团体、民办非企业单位、基金会及企事业单位。故本题选 BCDE。

63.【答案】ABE

考点提示:本题考查可以采取多种措施提高救助水平的相关规定。

完整解析:《最低生活保障审核审批办法(试行)》第二十八条规定,对低保家庭中的下列人员,可以采取多种措施提高救助水平:(1)老年人;(2)未成年人;(3)重度残疾人;(4)重病患者;(5)县级以上地方人民政府确定的其他生活困难人员。故本题选 ABE。

64.【答案】AE

考点提示:本题考查结婚的必备条件。

完整解析:《中华人民共和国民法典》第一千零四十六条规定,结婚应当男女双方完全自愿,禁止任何一方对另一方加以强迫,禁止任何组织或者个人加以干涉。第一千零四十七条规定,结婚年龄,男不得早于二十二周岁,女不得早于二十周岁。第一千零四十八条规定,直系血亲或者三代以内的旁系血亲禁止结婚。第一千零五十一条规定,有下列情形之一的,婚姻无效:(一)重婚;(二)有禁止结婚的亲属关系;(三)未到法定婚龄。故本题选 AE。

65.【答案】ABE

考点提示:本题考查《法律援助条例》。

完整解析:被告人是视力、听力、语言有障碍的残疾人或者未成年人而没有委托辩护人的,或者被告人可能被判死刑而没有委托辩护人的,人民法院为被告人指定辩护时,法律援助机构应当提供法律援助,无须对被告人进行经济状况的审查。故本题选 ABE。

66.【答案】AE

考点提示:本题考查妇女的合法权益。

完整解析:妇女享有与男子平等的政治权利、文化教育权利、劳动权利、财产权利、人身权利和婚姻家庭权利。不让妇女上学侵犯了妇女的文化教育权利,将妇女随意许配他人侵犯了妇女的婚姻家庭权利。故本题选 AE。

67.【答案】CD

考点提示:本题考查老年人权益的相关内容。

完整解析:《中华人民共和国老年人权益保障法》第十九条规定,赡养人不得以放弃继承权或者其他理由,拒绝履行赡养义务,因此 B 项错误。第二十一条规定,老年人的婚姻自由受法律保护,子女或者其他亲属不得干涉老年人离婚、再婚及婚后的生活,因此 A、E 两项错误,C 项正确。第二十二条规定,老年人对个人的财产,依法享有占有、使用、收益和处分的权利,子女或者其他亲属不得干涉,不得以窃取、骗取、强行索取等方式侵犯老年人的财产权益,因此 D 项正确。故本题选 CD。

68.【答案】ABCE

考点提示:本题考查遗嘱继承的相关规定。

完整解析:《中华人民共和国民法典》第一千一百四十三条规定,无民事行为能力人或者限制民事行为能力人所立的遗嘱无效。遗嘱必须表示遗嘱人的真实意思,受欺诈、胁迫所立的遗嘱无效。伪造的遗嘱无效。故 A、B 两项不符合规定。第一千一百二十六条规定,继承权男女平等。故 C 项不符合规定。第一千一百三十九条规定,公证遗嘱由遗嘱人经公证机构办理。故 D 项符合规定。第一千一百三十三条规定,自然人可以依照本法规定立遗嘱处分个人财产,并可以指定遗嘱执行人。故 E 项不符合规定。故本题选 ABCE。

69.【答案】CE

考点提示:本题考查认定夫妻感情确已破裂的标准。

完整解析:《中华人民共和国民法典》第一千零七十九条规定,夫妻一方要求离婚的,可以由有关组织进行调解或者直接向人民法院提起离婚诉讼。人民法院审理离婚案件,应当进行调解;如果感情确已破裂,调解无效的,应当准予离婚。有下列情形之一,调解无效的,应当准予离婚:(一)重婚或者与他人同居;(二)实施家庭暴力或者虐待、遗弃家庭成员;(三)有赌博、吸毒等恶习屡教不改;(四)因感情不和分居满二年;(五)其他导致夫妻感情破裂的情形。一方被宣告失踪,另一方提起离婚诉讼的,应当准予离婚。经人民法院判决不准离婚后,双方又分居满一年,一方再次提起离婚诉讼的,应当准予离婚。故本题选 CE。

70.【答案】CD

考点提示:本题考查无人继承又无人受遗赠遗产的处理。

完整解析:《中华人民共和国民法典》第一千一百六十条规定,无人继承又无人受遗赠的遗产,归国家所有,用于公益事业;死者生前是集体所有制组织成员的,归所在集体所有制组织所有。故本题选 CD。

71.【答案】BCD

考点提示:本题考查烈士评定机关的相关规定。

完整解析:按照《烈士褒扬条例》,公民牺牲情形评定烈士的,由死者生前所在工作单位、死者遗属或者事件发生地的组织、公民向死者生前工作单位所在地、死者遗属户口所在地或者事件发生地的县级人民政府退役军人事务部门提供有关死者牺牲情节的材料,由收到材料的县级人民政府退役军人事务部门调查核实后提出评定烈士的报告,报本级人民政府审核,因此 A 项错误。按照《军人抚恤优待条例》,军人牺牲情形批准烈士,属于因战死亡的,由军队团级以上单位政治机关批准,因此 B 项正确。军人牺牲情形批准烈士,属于非因战死亡的,由军队军级以上单位政治机关批准,因此 C 项正确。军队评定的烈士,由中央军事委员会政治工作部送国务院退役军人事务部门备案,因此 D 项正确。评定为烈士的,由国务院退役军人事务部门负责将烈士名单呈报党和国家功勋荣誉表彰工作委员会,因此 E 项错误。故本题选 BCD。

72.【答案】AC

考点提示:本题考查残疾军人抚恤的标准及待遇。

完整解析:《军人抚恤优待条例》第二十六条规定,退出现役的残疾军人,按照残疾等级享受残疾抚恤金,残疾抚恤金由县级人民政府退役军人事务部门发给,因此 A 项正确。第三十条规定,对分散安置的一级至四级残疾军人发给护理费,因战、因公三级和四级残疾的,护理费为当地职工月平均工资的 40%,因此 B 项错误。第三十一条规定,残疾军人需要配置假肢、代步三轮车等辅助器械,退出现役的,由省级人民政府退役军人事务部门负责解决,因此 C 项正确。老苏的家属不符合家属安置优待条件,因此 D 项错误。军人遗属才可申请军人遗属抚恤待遇,因此 E 项错误。故本题选 AC。

73.【答案】ABCE

考点提示:本题考查军人抚恤优待。

完整解析:《军人抚恤优待条例》规定,D 项应为因执行军事演习、战备航行飞行、空降和导弹发射训练、试航试飞任务以及参加武器装备科研试验死亡的。故本题选 ABCE。

74.【答案】CDE

考点提示:本题考查裁减人员的相关规定。

完整解析:根据《中华人民共和国劳动合同法》,裁减人员时,应当优先留用下列人员:(1)与本单位订立较长期限的固定期限劳动合同的;(2)与本单位订立无固定期限劳动合同的;(3)家庭无其他就业人员,有需要扶养的老年人或者未成年人的。用人单位依照第四十一条第一款规定即依照企业破产法规定进行重整裁减人员,在六个月内重新招用人员的,应当通知被裁减的人员,并在同等条件下优先招用被裁减的人员。分析选项可知,A、B 两项是用人单位不得解除劳动合同的情形,因此 A、B 两项错误。故本题选 CDE。

75.【答案】CD

考点提示:本题考查民办非企业单位。

完整解析:民办非企业单位包括事业单位利用非国有资产举办的,从事非营利性社会服务活动的社会组织;社会团体利用非国有资产举办的,从事非营利性社会服务活动的社会组织;国有企业利用非国有资产举办的,从事非营利性社会服务活动的社会组织。故本题选 CD。

76.【答案】BCD

考点提示:本题考查受赠人。

完整解析:依据《中华人民共和国公益事业捐赠法》,公益性社会团体、公益性非营利的事业单位、县级以上人民政府可以作为受赠人。故本题选 BCD。

77.【答案】ABC

考点提示:本题考查劳动合同无效或者部分无效。

完整解析:下列情形中,劳动合同无效或者部分无效:以欺诈、胁迫的手段或者乘人之危,使对方在违背真实意思的情况下订立或者变更劳动合同的;用人单位免除自己的法定责任、排除劳动者权利的;违反法律、行政法规强制性规定的。故本题选 ABC。

78.【答案】CD

考点提示:本题考查基本养老保险金的参保范围。

完整解析:《国务院关于建立统一的城乡居民基本养老保险制度的意见》《中华人民共和国社会保险法》对基本养老保险金的参保范围的规定如下:(1)对于灵活就业人员、个体工商户等职工基本养老保险制度的自愿参保者而言,既可以选择参加职工基本养老保险,也可以选择参加城乡居民基本养老保险,但不可以同时参加,因此 A、B 两项错误。(2)职工养老保险的参保与劳动关系特征密切相关,凡是签订了劳动合同的职工必须参加职工基本养老保险,但城乡居民基本养老保险则与户籍相关,城乡居民只能在户籍所在地参加居民养老保险,因此 C、D 两项正确。(3)职工养老保险有义务参保人和自愿参保人,而城乡居民养老保险则是非强制性的,所有参保人均是自愿参保人,因此 E 项错误。故本题选 CD。

79.【答案】ABE

考点提示:本题考查工伤认定的相关规定。

完整解析:《工伤保险条例》第十五条规定,职工有下列情形之一的,视同工伤:(1)在工作时间和工作岗位,突发疾病死亡或者在 48 小时之内经抢救无效死亡的;(2)在抢险救灾等维护国家利益、公共利益活动中受到伤害的;(3)职工原在军队服役,因战、因公负伤致残,已取得革命伤残军人证,到用人单位后旧伤复发的。分析选项可知 C、D 两项属于认定为工伤的情形。故本题选 ABE。

80.【答案】ABC

考点提示:本题考查军人保险基金的相关规定。

完整解析:《中华人民共和国军人保险法》第三十条规定,军人保险基金包括军人伤亡保险基金、军人退役养老保险基金、军人退役医疗保险基金和随军未就业的军人配偶保险基金,因此 A 项正确。各项军人保险基金按照军人保险险种分别建账、分账核算,执行军队的会计制度,因此 B 项正确。第三十二条规定,军人应当缴纳的保险费,由其所在单位代扣代缴,因此 C 项正确。随军未就业的军人配偶应当缴纳的保险费,由军人所在单位代扣代缴,因此 D 项错误。第三十四条规定,军人保险基金按照国家和军队的预算管理制度,实行预算、决算管理,因此 E 项错误。故本题选 ABC。

图书在版编目(CIP)数据

社会工作法规与政策(中级)历年真题及全真模拟试卷 / 李永新编 . —北京 : 世界图书出版公司北京公司,2014. 3(2022. 11 重印)
全国社会工作者职业水平考试辅导用书
ISBN 978-7-5100-7239-0

Ⅰ. ①社… Ⅱ. ①李… Ⅲ. ①法律-中国-水平考试-习题集②社会政策-中国-水平考试-习题集 Ⅳ. ①D920.4-44②D601-44

中国版本图书馆 CIP 数据核字(2013)第 289919 号

书　　名	社会工作法规与政策(中级)历年真题及全真模拟试卷	
	SHEHUI GONGZUO FAGUI YU ZHENGCE (ZHONGJI) LINIAN ZHENTI JI QUANZHEN MONI SHIJUAN	
编　　者	李永新	
责任编辑	夏　丹	
特约编辑	李　瑶	
出版发行	世界图书出版公司北京公司	
地　　址	北京市东城区朝内大街 137 号	
邮　　编	100010	
电　　话	010-64038355(发行)　64037380(客服)　64033507(总编室)	
网　　址	http://www. wpcbj. com. cn	
邮　　箱	wpcbjst@ vip. 163. com	
销　　售	各地新华书店	
印　　刷	三河市海新印务有限公司	
开　　本	787 mm×1092 mm　1/16	
印　　张	21	
字　　数	504 千字	
版　　次	2014 年 3 月第 1 版	
印　　次	2022 年 11 月第 13 次印刷	
国际书号	ISBN 978-7-5100-7239-0	
定　　价	40.00 元	

如有质量或印装问题,请拨打售后服务电话 010-82838515

社会工作法规与政策（中级）
2022 年真题（含参考答案及解析）

重要提示：

　　为维护您的个人权益，确保考试的公平公正，请您协助我们监督考试实施工作。

　　本场考试规定：监考老师要向本考场全体考生展示题本密封情况，并邀请 2 名考生代表验封签字后，方能开启试卷袋。

社会工作法规与政策（中级）2022年真题

一、单项选择题（共60题，每题1分。每题的备选项中，只有1个最符合题意）

1. 关于社会政策的说法，正确的是（　　）。
A. 社会政策对象是指具体实施社会政策的组织
B. 特惠型社会政策无需复杂的对象甄别程序
C. 普惠型社会政策易于避免"贫困烙印"问题
D. 改革开放以来，我国社会政策的普惠型特点呈加强趋势

2. 根据《民政部、财政部关于政府购买社会工作服务的指导意见》，政府购买社会工作服务的程序是（　　）和指导实施。
A. 拟定计划、申报预算、组织购买
B. 拟定计划、组织购买、签订合同
C. 编制预算、拟定计划、组织购买
D. 编制预算、组织购买、签订合同

3. 根据《最低生活保障审核确认办法》，最低生活保障边缘家庭一般指不符合最低生活保障条件，家庭人均收入低于当地最低生活保障标准（　　），且财产状况符合相关规定的家庭。
A. 1.2倍　　　　　　　　　　　　B. 1.5倍
C. 1.8倍　　　　　　　　　　　　D. 2倍

4. 城市居民老韩一家享受最低生活保障待遇，全家无固定收入来源，老韩身体残疾，无法工作，依靠妻子外出打零工补贴家用。根据《最低生活保障审核确认办法》，当地街道办事处对老韩一家的家庭经济状况应当（　　）核查一次。
A. 每月　　　　　　　　　　　　B. 每季度
C. 每半年　　　　　　　　　　　D. 每年

5. 根据《特困人员认定办法》，财产符合当地特困人员财产状况规定的下列人员，可纳入特困人员救助或供养范围的是（　　）。
A. 朱某，19周岁，无直系亲属，生活困难，以打零工为生
B. 秦某，35周岁，四级肢体残疾，与父母相依为命，依靠父母工资生活
C. 尤某，60周岁，丧偶，生活困难，唯一的儿子常年在外打工
D. 许某，67周岁，无亲无故，承包地收入低于当地最低生活保障标准

6. 根据《特困人员认定方法》，下列特困人员，可以继续享受特困人员供养待遇的是（　　）。
A. 周某，65岁，走失后被宣告失踪
B. 吴某，经康复训练后恢复了劳动能力

C. 郑某，依法被判处刑罚且在监狱服刑

D. 王某，考入某中等职业学校

7. 甲县乙镇丙村最低生活保障对象老赵，因病在丁医院住院手术，经报销后仍难以承担符合规定的基本医疗自付费用，申请医疗救助。根据《社会救助暂行办法》，老赵的医疗费用应由（　　）。

A. 甲县医疗保障局直接办理

B. 乙镇人民政府审批

C. 丙村村民委员会审核

D. 丁医院向主管部门申请

8. 小刚，甲市最低生活保障家庭成员，在乙市丙高校攻读全日制本科，拟申请教育救助，根据《社会救助暂行办法》，小刚应当向（　　）提出。

A. 甲市民政局   B. 甲市教育局

C. 乙市民政局   D. 丙高校

9. 小田偶遇年近 70 岁的刘大爷沿街乞讨，根据《城市生活无着的流浪乞讨人员救助管理办法》《城市生活无着的流浪乞讨人员救助管理办法实施细则》，关于救助刘大爷的说法，正确的是（　　）。

A. 小田应联系公安机关将刘大爷送到救助站，不得私自护送

B. 小田若帮刘大爷向救助站求助，刘大爷可自行决定是否求助

C. 刘大爷若不同意向救助站求助，救助站应当主动为刘大爷提供救助

D. 刘大爷向救助站求助后，若无法提供个人情况，救助站应先查明情况再提供救助

10. 根据《民政部关于加强农村留守老年人关爱服务工作的意见》，农村留守老年人赡养和关爱服务的责任主体是（　　）。

A. 家庭   B. 村民委员会

C. 人民政府   D. 为老服务组织

11. 下列哪种情况丈夫不可以提离婚？（　　）

A. 中止妊娠后 7 个月   B. 分娩后 13 个月

C. 生病休假 3 个月   D. 怀孕 5 个月

12. 小红，5 岁，甲县乙村人，多次遭受父母殴打，致四级伤残。人民法院依法撤销了小红父母的监护人资格，并指定小红的姑姑为其监护人。根据《中华人民共和国未成年人保护法》，下列人员、组织，有义务负担小红成年前抚养费的是（　　）。

A. 小红的父母   B. 乙村村民委员会

C. 甲县民政局   D. 甲县残疾人联合会

13. 某企业为集中使用残疾人的用人单位，该企业在职职工总数为 200 人。根据《中华人民共和国残疾人就业条例》，该企业从事全日制工作的残疾人职工最少有（　　）。

A. 30 人   B. 40 人

C. 50 人   D. 60 人

14. 苗苗，3 岁，户籍所在地为甲县乙镇，患先天性听力障碍，为照顾年幼的苗苗，其父母一直未外出工作，全家享受最低生活保障待遇。近期，父母想为苗苗申请残疾儿童康复救助，植入人工耳蜗。根据《国务院关于建立残疾儿童康复救助制度的实施意见》，苗苗父母应

向( )提出申请。

    A. 乙镇人民政府   B. 甲县民政局

    C. 甲县卫生健康委员会   D. 甲县残疾人联合会

15. 根据《中华人民共和国民法典》,下列情形应认定为无效婚姻的是( )。

    A. 赵某在婚外与钱某维系同居的关系

    B. 孙某与李某结婚,孙某的父亲与李某的外祖母是堂兄妹

    C. 周某与吴某结婚时,周某未到法定婚龄,目前仍未到法定婚龄

    D. 郑某与王某已婚,郑某在婚前确诊不孕症,在结婚登记前未如实告知王某

16. 根据《中华人民共和国民法典》,一方受胁迫缔结的婚姻,可以请求撤销婚姻的请求权人是( )。

    A. 双方当事人

    B. 双方当事人的近亲属

    C. 受胁迫的一方

    D. 受胁迫一方的近亲属

17. 根据《中华人民共和国民法典》,男女双方登记申请离婚,经婚姻登记机关查明双方自愿离婚,并( ),予以登记,发给离婚证。

    A. 重婚或有配偶与他人同居的

    B. 实施家庭暴力或虐待家庭成员的

    C. 因感情不和分居满2年

    D. 已对子女抚养、财产及债务处理协商一致

18. 冯某、陈某于2018年结婚。根据《中华人民共和国民法典》《最高人民法院关于适用〈中华人民共和国民法典〉婚姻家庭编的解释(一)》,下列财产应当认定为夫妻共同财产的是( )。

    A. 冯某于婚前存款50万元,婚后所得的利息4.8万元

    B. 冯某用婚前存款50万元投资经营餐厅,婚后盈利的13.5万元

    C. 陈某婚前个人所有的一处住房,婚后自然增值的50万元

    D. 陈某婚前个人收藏的古玩,婚后自然增值

19. 秦某夫妇依法收养了小周,并将其抚养成人,后小周与秦某夫妇依法解除了收养关系。现秦某夫妇年事已高,缺乏劳动能力又缺乏生活来源。根据《中华人民共和国民法典》,小周对秦某夫妇应当履行的责任是( )。

    A. 应付生活费

    B. 给予适当经济补偿

    C. 补偿收养期间秦某夫妇支出的抚养费

    D. 全部返还收养期间秦某夫妇的抚养支出

20. 张某与丈夫沈某生有大沈、小沈二子,沈某早逝,沈某的哥哥依法收养了小沈。2014年6月,张某与李某再婚。之后,李某与前妻所生的8岁儿子小李一直由张某与李某抚养。2021年8月,张某与李某因车祸去世,二人未订立遗嘱,且双方父母均已去世。根据《中华人民共和国民法典》,张某与李某的遗产应当由( )继承。

    A. 大沈   B. 大沈、小沈

C. 大沈、小李   D. 大沈、小沈、小李

21. 根据《中华人民共和国民法典》,下列完全民事行为能力人在住院治疗期间订立且已注明或记录年、月、日的遗嘱,应当认定有效的是( )。

    A. 戴某亲笔书写并签名的遗嘱

    B. 李某经一位护士代书并见证所立的遗嘱

    C. 王某经女儿和女婿见证所立的录音遗嘱

    D. 张某的两位网友通过视频远程见证所立的口头遗嘱

22. 小刚、小敏夫妻二人因家庭琐事经常争吵,小敏提出离婚,小刚以孩子需父母照顾为由不同意离婚,并向社区人民调解委员会提出了调解申请。人民调解员王阿姨、张阿姨来到小刚家中调解。根据《中华人民共和国人民调解法》,关于小刚、小敏调解事项的说法,正确的是( )。

    A. 小刚、小敏应当接受调解

    B. 小刚若担心女性调解员偏袒小敏,可申请一名男性调解员加入调解

    C. 考虑到王阿姨、张阿姨年龄较大,调解情况可由小敏或小刚记录

    D. 人民调解委员会可自行决定在社区微信公众号上发布调解过程的详细信息

23. 甲市乙县是旅游热点地区,旅游旺季时突发泥石流,致使大量旅客滞留。根据《中华人民共和国突发事件应对法》,( )应当立即采取措施,控制事态发展。

    A. 甲市人民政府   B. 甲市文旅部门

    C. 乙县人民政府   D. 乙县文旅部门

24. 服刑人员郑某因突发重病保外就医住院,获准暂予监外执行。郑某入院前户籍在某市甲区,居住地在该市乙区。郑某父母户籍地在该市丙区,长期居住在该市丁区二女儿家中,在郑某出院后将其接回二女儿家中共同生活。根据《中华人民共和国社区矫正法》,郑某暂予监外执行期间的社区矫正执行地为( )。

    A. 甲区   B. 乙区

    C. 丙区   D. 丁区

25. 社区矫正对象杨某,因工作需要经常到本省其他市县出差,遂向社区矫正机构提出经常性跨市、县活动的书面申请并获准。根据《中华人民共和国社区矫正法实施办法》,该申请获得批准一次的有效期为( )。

    A. 1 个月   B. 3 个月

    C. 6 个月   D. 12 个月

26. 根据《中华人民共和国治安管理处罚法》,违反治安管理行为人有下列情形,应当从重处罚的是( )。

    A. 出于他人胁迫或诱骗的

    B. 已满 14 周岁不满 18 周岁的

    C. 6 个月内曾受过治安管理处罚的

    D. 主动消除违法后果但未获得被侵害人谅解的

27. 根据《中华人民共和国英雄烈士保护法》,县级以上地方人民政府、军队有关部门应当在( )举行纪念烈士活动。

    A. 清明节   B. 建军节

    C. 烈士纪念日   D. 国庆节

28. 根据《烈士褒扬条例》,烈士证书的制发以(　　)名义颁发。

A. 民政部

B. 退役军人事务部

C. 人力资源和社会保障部

D. 党和国家功勋荣誉表彰工作委员会办公室

29. 根据《中华人民共和国兵役法》,士兵服现役的时间自(　　)之日起算。

A. 个人报名材料审核通过

B. 个人入伍通知书送达

C. 征集工作机构现场登记

D. 征集工作机构批准入伍

30. 根据《中华人民共和国退役军人保障法》,下列安置方式可适用于退役义务兵的是(　　)。

A. 供养

B. 退休

C. 转业

D. 逐月领取退役金

31. 根据《中华人民共和国退役军人保障法》,退役军人的政治、生活等待遇与其(　　)挂钩。

A. 所在部队建设发展

B. 安置地经济社会发展

C. 服役期间所作贡献

D. 退役后所作贡献

32. 根据《军队离休退休干部服务管理办法》,军休干部服务管理应当坚持的原则是(　　)。

A. 以人为本、分类保障、就近就便、融入社会

B. 贡献为本、分层保障、意愿为先、优先叠加

C. 政治关心、生活照顾、服务为先、依法管理

D. 政治关心、生活照顾、情绪慰藉、综合保障

33. 根据《中华人民共和国城市居民委员会组织法》,居民公约由居民会议讨论制定并报程序备案后,应当由(　　)监督执行。

A. 民政部门

B. 街道办事处

C. 居民委员会

D. 居民代表会议

34. 张村举行村民委员会换届选举。根据《中华人民共和国村民委员会组织法》,下列人员有可能当选张村村民委员会成员的是(　　)。

A. 小李,17周岁,由张村三分之一村民联名推荐

B. 老张,58周岁,已连续两次当选张村村民委员会委员

C. 小张,20周岁,户籍不在张村,在张村居住未满1年

D. 老夏,56周岁,户籍在张村,现居住在李村并已参加了李村的换届选举

35. 根据《中华人民共和国民法典》,居民委员会、村民委员会属于(　　)。

A. 营利法人

B. 非营利法人

C. 特别法人

D. 非法人组织

36. 根据《中华人民共和国慈善法》,下列慈善组织的募捐行为,属于慈善募捐中定向募捐的是(   )。

   A. 甲校友基金会为家庭贫困大学生通过互联网募集捐款

   B. 乙文化教育基金会通过慈善展览向理事会成员募集捐款

   C. 丙社会团队为患罕见病儿童在街头开展募集捐款

   D. 丁社会工作服务机构在商场举办了手工艺品义卖募集捐款

37. 某慈善组织为具有公开募捐资格的基金会,其 2021 年总收入 2000 万,总支出 1800 万。根据《中华人民共和国慈善法》,该组织 2021 年慈善管理行政费用最高为(   )。

   A. 200 万   B. 180 万

   C. 160 万   D. 144 万

38. 某国企为甲省乙市丙县丁镇某公办小学全资捐款建设图书馆,根据《中华人民共和国公益事业捐赠法》,该国企可以提出图书馆工程项目的名称,报(   )批准。

   A. 甲省民政部门

   B. 乙市教育行政部门

   C. 丙县人民政府

   D. 丁镇人民代表大会

39. 甲市拟进一步加强当地志愿服务行政管理工作,根据《志愿服务条例》,负责该市志愿服务行政管理工作的是(   )。

   A. 市文明办   B. 市团委

   C. 市民政局   D. 市青年联合会

40. 阳光志愿者协会注册地为甲省乙市,根据《志愿服务记录与证明出具办法(试行)》,该协会应当按照统一的信息数据标准,将志愿者的志愿服务信息录入(   )的信息系统。

   A. 国务院民政部门指定

   B. 甲省志愿服务联盟建立

   C. 乙市志愿服务联合会建立

   D. 阳光志愿者协会自建

41. 根据民政部、财政部《关于取消社会团体会费标准备案规范会费管理的通知》,关于社会团体会费的说法,正确的是(   )。

   A. 会费标准的额度可具有浮动性

   B. 会员代表大会可制定会费标准

   C. 理事会可修改会费标准

   D. 会费标准制定修改可采取举手表决的方式

42. 根据《中华人民共和国民办非企业单位登记暂行办法》,下列情形符合民办非企业单位申请登记条件要求的是(   )。

   A. 活动场所使用权限不超过一年的

   B. 合法财产中国有资产份额占四分之一的

   C. 章程草案中载明盈利可分配的

   D. 章程草案中载明解体时财产返还出资人

43. 某公司注册地为甲省乙市丙区,拟投入原始资金 500 万元,成立地方性公募基金会,拟任法定代表人为乙市居民,住所地拟设在乙市丁区。根据《基金会管理条例》,该公司应当向( )人民政府民政部门提出登记申请。
    A. 甲省   B. 乙市
    C. 丙区   D. 丁区

44. 根据《中华人民共和国劳动合同法》,关于非全日制用工的说法,正确的是( )。
    A. 非全日制用工双方当事人应当订立书面协议
    B. 非全日制用工双方当事人不得约定试用期
    C. 非全日制用工双方当事人任何一方终止用工需提前 3 日通知对方
    D. 非全日制用工计酬标准不得低于用人单位所在地在岗员工平均工资水平

45. 甲公司与冯某签订劳动合同,将其派遣到乙公司,一段时间后,冯某发现乙公司自聘的保洁人员与其做同样的工作,但工资待遇更高。经劳动仲裁部门认定,冯某权益受到损害。根据《中华人民共和国劳动合同法》,关于对冯某的损害承担责任的说法,正确的是( )。
    A. 甲公司独自对冯某受到的损害承担赔偿责任
    B. 乙公司独自对冯某受到的损害承担赔偿责任
    C. 甲公司和乙公司对冯某受到的损害承担连带赔偿责任
    D. 甲公司和乙公司对冯某受到的损害按比例承担赔偿责任

46. 2017 年 8 月,某公司与杨某签订了为期两年的劳动合同。合同期满,双方续签 2 年。2020 年 12 月,公司进行年终考核,杨某考核结果为不合格,被公司认定为不能胜任工作。经公司培训,杨某于 2021 年 2 月重新上岗,2021 年 7 月,公司通知杨某按期终止劳动合同,但杨某不同意,且要求公司与自己签订无固定期限劳动合同。根据《中华人民共和国劳动合同法》,关于处理杨某与公司劳动纠纷的说法,正确的是( )。
    A. 公司应当与杨某签订固定期限劳动合同
    B. 公司应当与杨某签订无固定期限劳动合同
    C. 公司可以终止劳动合同,但应向杨某支付经济补偿
    D. 公司可以终止劳动合同,且无需向杨某支付经济补偿

47. 某企业与本企业职工进行集体协商,马某为企业职工一方协商代表。根据《集体合同规定》,关于马某履行协商代表职责期间的权利与义务的说法,正确的是( )。
    A. 马某应享受正常劳动工资
    B. 该企业工会不得取消马某协商代表资格
    C. 该企业不得与马某解除劳动合同
    D. 该企业应当增加马某当年年休假的天数

48. 根据《最低工资规定》,最低工资标准( )至少调整一次。
    A. 每年   B. 每两年
    C. 每三年   D. 每五年

49. 根据《中华人民共和国精神卫生法》,对已经发生自身伤害行为的严重精神障碍患者,经其( )同意,医疗机构应当对患者实施住院治疗。
    A. 近亲属   B. 监护人
    C. 所在单位   D. 所在(村)居民委员会

50. 根据《职工带薪年休假条例》,下列职工可以享受当年年休假的是( )。

A. 小贾,某小学教师,累计工作满 3 年,请事假累计 15 天

B. 小王,某个体户雇工,累计工作满 5 年,请事假累计 10 天

C. 小秦,某机关干部,累计工作满 8 年,请病假累计 2 个月 15 天

D. 小齐,某企业经理,累计工作满 15 年,请病假累计 4 个月

51. 李某就单位拖欠其劳务报酬,与所在单位达成调解协议,单位承诺 20 日内履行,现已逾期。根据《中华人民共和国劳动争议调解仲裁法》,李某可依法向( )申请支付令。

A. 劳动争议仲裁委员会

B. 人力资源社会保障行政部门

C. 公安机关

D. 人民法院

52. 根据《拖欠农民工工资"黑名单"管理暂行办法》,关于拖欠工资"黑名单"管理的说法,正确的是( )。

A. 人力资源社会保障行政部门将用人单位列入拖欠工资"黑名单"的,应提前电话告知

B. 自作出列入决定之日起,用人单位首次被列入拖欠工资"黑名单"的期限为 2 年

C. 人力资源社会保障行政部门决定将用人单位移出拖欠工资"黑名单"的,无需公示

D. 用人单位被移出拖欠工资"黑名单"管理的,相关部门联合惩戒措施即行终止

53. 根据《国务院关于促进健康服务业发展的若干意见》,某省的下列做法,属于发展社区健康养老服务的是( )。

A. 引导开发与健康管理、养老等服务相关的保险产品

B. 推动三甲医院与老年护理院之间的转诊与合作

C. 鼓励医疗机构将护理服务延伸至居民家庭

D. 培育国家知名的中医药品牌和服务机构

54. 李某,甲省户籍,高中毕业后服役两年,退役后在家务农 3 年,未参加城乡居民基本养老保险。李某顺利通过成人高考,后又考取甲地某机关公务员。工作 5 年后,李某辞职自主创业,以灵活就业人员身份参加甲地城镇职工基本养老保险 10 年,根据《城乡养老保险制度衔接暂行办法》、人力资源和社会保障部《关于印发城镇企业职工基本养老保险关系转移接续若干具体问题意见的通知》,当前李某城镇职工基本养老保险的累计缴费年限为( )。

A. 10 年   B. 15 年

C. 17 年   D. 20 年

55. 根据《城镇企业职工基本养老保险关系转移接续暂行办法》,参保人员转移接续基本养老保险关系时,符合待遇领取条件的以本人各年度缴费工资、缴费年限和( )对应的各年度在岗职工平均工资计算其基本养老金。

A. 首次就业地   B. 各阶段就业所在地

C. 户籍所在地   D. 待遇领取地

56. 根据《国务院关于建立统一的城乡居民基本养老保险制度的意见》,下列原在甲地居住的人员,可在乙地参加城乡居民养老保险的是( )。

A. 赵某,15 周岁,户籍随父母迁至乙地,在某中学就读

B. 王某,20 周岁,甲地户籍,在乙地高校全日制就读

C. 张某,35 周岁,户籍随配偶迁至乙地,全职妈妈

D. 李某,50 周岁,甲地户籍,随子女在乙地长期居住

57. 根据《医疗保障基金使用监督管理条例》,下列行为应予以处罚的是( )。

A. 医生为慢性病患者超量开药

B. 参保人员行动困难委托他人代为购药

C. 药店要求参保人员凭医疗保障凭证实名购药

D. 医生在急诊中使用医疗保障基金支付范围以外的药品

58. 女职工小贾产假前月工资为 9700 元,其所在公司上年度职工月平均工资为 6800 元,其所在地上年度城镇职工月平均工资为 5500 元,小贾所在公司依法参加了生育保险。根据《中华人民共和国社会保险法》,小贾产假期间每月所享受的生育津贴标准是( )。

A.5500 元   B.6800 元

C.8250 元   D.9700 元

59. 根据《中华人民共和国社会保险法》,失业人员失业前,用人单位和本人累计缴费满 5 年不足 10 年的,领取失业保险金的期限最长为( )。

A.6 个月   B.12 个月

C.18 个月   D.24 个月

60. 根据《关于规范社会保险缴费基数有关问题的通知》,某单位发放给职工的支出中,应纳入工资总额并在计算社会保险缴费基数时作为依据的是( )。

A. 先进个人奖金   B. 独生子女费

C. 出差补助   D. 冬季取暖补贴

二、多项选择题(共 20 题,每题 2 分。每题的备选项中,有 2 个或 2 个以上符合题意,至少有 1 个错项。错选,本题不得分;少选,所选的每个选项得 0.5 分)

61. 某市在制定社会治理发展规划时收集到多方面建议。下列建议符合《中华人民共和国国民经济和社会发展第十四个五年规划和二〇三五年远景目标纲要》的有( )。

A. 进一步完善基层民主协商制度

B. 进一步畅通和规范市场主体参与社会治理的途径

C. 加强村级组织的责任负担并向其放权赋能

D. 强化县(区)乡(街)社会治理,弱化市域社会治理

E. 更好地发挥群团组织在社会治理中的作用

62. 某镇社会救助经办机构受理了魏某一家的最低生活保障申请,遂组织开展家庭经济状况调查。根据《最低生活保障审核确认办法》,下列人员应当计入共同生活家庭成员的有( )。

A. 魏某妻子,48 周岁,因病失业在家

B. 魏某女儿,23 周岁,全日制研究生

C. 魏某儿子,20 周岁,全日制本科生

D. 魏某母亲,72 周岁,一直在魏某妹妹家生活

E. 魏某岳父,75 周岁,中风瘫痪后一直在魏某家生活

63. 某地发生自然灾害后收到了一批社会捐赠的无指定意向的救助款物,根据《自然灾害救助条例》,对于这批救助款物的使用,正确的有(   )。

A. 将收到的帐篷、棉被发放给受灾人员

B. 将收到的发电机、柴油发放到受灾停电的医院

C. 向因灾遇难人员亲属发放慰问品

D. 租赁库房存储部分救助物资

E. 将剩余的部分捐款发放给参加救灾工作的志愿者

64. 根据《中华人民共和国法律援助法》,下列人员申请法律援助,不受经济困难条件限制的有(   )。

A. 小赵,烈士赵某的儿子,为维护赵某的人格权益

B. 小王,因再审改判无罪,请求国家赔偿

C. 小李,请求支付劳动报酬

D. 小张,请求工伤事故人身损害赔偿

E. 小刘,因见义勇为行为主张民事赔偿

65. 大强、小芳为兄妹,大强未婚,无子女。2021 年,大强遇车祸致残,生活不能自理。根据《中华人民共和国民法典》,小芳履行对大强扶养义务的法定条件包括(   )。

A. 小芳有扶养意愿   B. 小芳有负担能力

C. 小芳由大强扶养长大   D. 大强缺乏劳动能力

E. 大强缺乏生活来源

66. 杨某的父亲去世,根据《中华人民共和国民法典》,下列情形视为杨某接受继承的有(   )。

A. 杨某在父亲生前声明解除父子关系

B. 杨某在继承开始后遗产处理前,未作出任何表示

C. 杨某在继承开始后遗产处理前,书面作出放弃继承表示

D. 杨某在遗产处理后,书面作出放弃继承表示

E. 杨某年轻时,其父母离婚后分别再婚,杨某随母亲与继父生活

67. 根据《中华人民共和国民法典》,关于继承开始的"通知"的说法,正确的有(   )。

A. 继承开始后,知道被继承人死亡的继承人应当及时通知其他继承人和遗嘱执行人

B. 继承人中无人知道被继承人死亡的,由被继承人生前所在单位或者住所地的居民委员会、村民委员会负责通知

C. 继承人中无人知道被继承人死亡的,由被继承人生前住所地的民政部门负责通知

D. 继承人中知道被继承人死亡而不能通知的,由被继承人生前所在单位或者住所地的居民委员会、村民委员会负责通知

E. 继承人中知道被继承人死亡而不能通知的,由被继承人生前住所地的民政部门负责通知

68. 根据《中华人民共和国禁毒法》,下列吸毒成瘾人员,应当对其作出强制隔离戒毒决定的有(   )。

A. 秦某,15 周岁,某中学在读,拒绝接受社区戒毒

B. 魏某,21 周岁,在社区戒毒期间吸食毒品

C. 赵某,25 周岁,社区康复期间再次注射毒品

D. 韩某,30 周岁,严重违反社区戒毒协议,4 次拒绝接受检测

E. 乔某,35 周岁,正在哺乳自己 8 个月的儿子,社区康复后再次吸食毒品

69. 根据《中华人民共和国军人地位和权益保障法》,下列人员属于军人家属的有(   )。

A. 齐某,65 周岁,退休教师,现役军人的养父

B. 楚某,55 周岁,农民,退役军人的父亲

C. 蒋某,45 周岁,公司员工,原配偶为军人但已故

D. 韩某,21 周岁,全日制本科生,现役军人的儿子

E. 赵某,10 周岁,某小学生,现役军人的继子

70. 根据《社会组织评估管理办法》,某志愿服务联合会于 2021 年 6 月参加等级评估,被民政部门评为 3A 级社会组织。下列该组织的做法正确的有(   )。

A. 将评估等级证书作为信誉证明出示

B. 将评估等级牌匾悬挂在其办公室明显位置

C. 要求自动获得公益性捐赠税前扣除资格

D. 计划在评估等级有效期满前两年申请重新参加等级评估

E. 要求民政部门简化年度检查程序

71. 根据《中华人民共和国劳动合同法》,下列职工可以获得用人单位经济补偿的有(   )。

A. 赵某,所在公司向其提出解除劳动合同,赵某同意解除

B. 钱某,严重违反所在公司的规章制度,该公司与其解除劳动合同

C. 孙某,所在公司未为其缴纳社会保险费,遂与该公司解除劳动合同

D. 李某,开始依法享受基本养老保险待遇,与所在公司的劳动合同终止

E. 周某,在患病医疗期满后不能从事原岗位工作,所在公司与其解除劳动合同

72. 赵某于 2021 年 4 月入职某公司,公司口头告知其试用期为三个月,但未与其签订书面劳动合同,工作刚满两个月,公司通知赵某,因其请假较多,故与其解除劳动合同,赵某不服。根据《中华人民共和国劳动合同法》,关于赵某与公司劳动纠纷的说法,正确的有(   )。

A. 因赵某处于试用期,公司可以随时解除与赵某的劳动合同

B. 公司可以解除与赵某的劳动合同,应当向赵某支付经济补偿

C. 公司辞退赵某构成违法解除劳动合同,应当向赵某支付赔偿金

D. 公司未与赵某订立书面劳动合同,应当向赵某支付 2 个月的 2 倍工资

E. 公司未与赵某订立书面劳动合同,应当向赵某支付 1 个月的 2 倍工资

73. 根据《保障农民工工资支付条例》,下列单位支付农民工工资的做法,正确的是(   )。

A. 甲建筑公司以工地剩余水泥支付农民工工资

B. 乙建筑公司实行计件工资制,与农民工约定工资支付周期为一周

C. 丙建筑公司约定的支付日恰逢春节假期,在节前向农民工支付工资

D. 分包单位丁建筑公司拖欠的农民工工资,由施工总承包单位先行清偿

E. 戊建筑公司在申请注销登记前清偿拖欠的农民工工资

74. 根据《集体合同规定》,协调处理集体协商争议的程序包括(   )。

A. 受理协调处理申请

B. 调查了解争议的情况

C. 研究制定协调处理争议的方案

D. 对争议进行协调处理

E. 制作新的《集体合同》

75. 小李,甲市户籍,受聘乙市某企业做电焊工,被派往该企业驻丙市项目多年,期间与丁市户籍的小王结婚,二人婚后常住戊市。最近小李拟进行职业病诊断,根据《中华人民共和国职业病防治法》,小李可以在(   )进行诊断。

A. 甲市   B. 乙市

C. 丙市   D. 丁市

E. 戊市

76. 根据《中华人民共和国食品安全法》,关于食品安全事故处置的说法,正确的有(   )。

A. 县级以上地方人民政府应制定本行政区域的食品安全事故应急预案,并报上一级人民政府备案

B. 发生食品安全事故的单位应及时向事故发生地县级人民政府食品安全监督管理部门报告

C. 发生食品安全事故的单位应立即采取措施以防止事故扩大

D. 县级以上食品安全监督管理部门应立即同有关部门组织对因食品安全事故导致人身伤害人员的救治

E. 县级以上食品安全监督管理部门应对事故现场进行卫生处理并组织调查

77. 有五人原本的户籍为甲省,原城镇职工基本养老保险关系在乙省,现五人辞职后到丙省就业,并在当地参加城镇职工基本养老保险。根据《城镇企业职工基本养老保险关系转移接续暂行办法》,这五人中,应由乙省继续保留其基本养老保险关系,并由丙省的社保经办机构为其建立临时基本养老保险缴费账户的有(   )。

A. 孙某,女,20周岁,累计缴费不足1年

B. 张某,女,25周岁,曾中断养老保险缴费

C. 赵某,女,45周岁,曾中断养老保险缴费

D. 王某,男,45周岁,曾中断养老保险缴费

E. 李某,男,55周岁,未曾中断养老保险缴费

78. 根据《中华人民共和国社会保险法》,参加城镇职工基本养老保险的个人,领取基本养老金的条件有(   )。

A. 在境内居住   B. 达到法定退休年龄

C. 连续缴费满10年   D. 累计缴费满15年

E. 基本养老保险关系在户籍所在地

79. 正在领取失业保险金的五名失业人员出现情况变化,根据《中华人民共和国社会保险法》,应当停止领取失业保险金,同时停止享受其他失业保险待遇的有(   )。

A. 冯某,重新就业

B. 陈某,应征服兵役

C. 楚某,移民境外

D. 魏某,开始享受基本养老保险待遇

E. 蒋某,参加所在地组织的就业培训

80. 根据《工伤保险条例》,职工出现以下情形,应当认定或视同工伤的有( )。

A. 患职业病的

B. 在工作时间和工作岗位,突发疾病死亡的

C. 在抢险救灾等维护国家利益活动中受到伤害的

D. 在上下班途中,受到本人主要责任交通事故伤害的

E. 因工外出期间,由于工作原因发生事故受到伤害的

社会工作法规与政策(中级)2022年真题参考答案及解析

一、单项选择题

1.【答案】C

考点提示:本题考查社会政策。

完整解析:社会政策的主体是指公共政策制定和实施过程中的主动行动者,也就是公共政策的制定者和实施者;社会政策的对象是指各项社会政策所针对的民众,即社会政策范围中各类社会福利项目的受益人和各项社会服务的接受者。故 A 项错误。

普惠型社会政策的优点是对象覆盖面广,社会效益大,不需要复杂的对象资格甄别程序,因此可以避免"贫困烙印"等问题;缺点在于需要花费的资金往往很多,对解决贫困问题的针对性不够强。特惠型社会政策与普惠型社会政策的优缺点正好相反。故 B 项错误,C 项正确。

在计划经济时期,我国社会政策的普惠型特点比较突出,而改革开放以后,我国社会政策的普惠型特点弱化,特惠型特点加强。近十年来,我国社会政策的普惠型特点又再次加强。故 D 项错误。

故本题选 C。

2.【答案】D

考点提示:本题考查政府购买社会工作服务的程序。

完整解析:政府购买社会工作服务的程序是"编制预算—组织购买—签订合同—指导实施"。故本题选 D。

3.【答案】B

考点提示:本题考查最低生活保障的申请与审核。

完整解析:《最低生活保障审核确认办法》第八条规定,最低生活保障边缘家庭一般指不符合最低生活保障条件,家庭人均收入低于当地最低生活保障标准 1.5 倍,且财产状况符合相关规定的家庭。故本题选 B。

4.【答案】C

考点提示:本题考查最低生活保障家庭经济状况核查。

完整解析:《最低生活保障审核确认办法》第三十一条规定,对短期内经济状况变化不大的最低生活保障家庭,乡镇人民政府(街道办事处)每年核查一次;对收入来源不固定、家庭成员有劳动能力的最低生活保障家庭,每半年核查一次。核查期内最低生活保障家庭的经济状况没有明显变化的,不再调整最低生活保障金额度。发生重大突发事件时,前款规定的核查期限可以适当延长。老韩一家无固定收入来源,但其妻子有劳动能力,属于每半年核查一次的情况。故本题选 C。

5.【答案】D

考点提示:本题考查特困人员救助或供养的范围。

完整解析:《特困人员认定办法》第四条规定,同时具备以下条件的老年人、残疾人和未成年人,应当依法纳入特困人员救助供养范围:(一)无劳动能力;(二)无生活来源;(三)无法定赡养、抚养、扶养义务人或者其法定义务人无履行义务能力。

第五条规定,符合下列情形之一的,应当认定为本办法所称的无劳动能力:(一)60 周岁以上的老年人;(二)未满 16 周岁的未成年人;(三)残疾等级为一、二、三级的智力、精神残疾人,残疾等级为一、二级的肢体残疾人,残疾等级为一级的视力残疾人;(四)省、自治区、直辖市人民政府规定的其他情形。(《关于改革完善社会救助制度的意见》将特困救助供养覆盖的未成年人年龄从 16 周岁延长至 18 周岁)

第六条规定,收入低于当地最低生活保障标准,且财产符合当地特困人员财产状况规定的,应当认定为本办法所称的无生活来源。

朱某以打零工为生,具备工作能力,故排除 A 项。秦某与父母相依为命,其法定抚养义务人具备履行义务的能力,故排除 B 项。尤某的儿子常年在外打工,说明其法定赡养义务人有履行义务的能力,故排除 C 项。当服务对象的收入总和低于当地最低生活保障标准,且财产符合当地特困人员财产状况规定的,应当认定为本办法所称的无生活来源。许某无亲无故,虽然有收入,但其承包地收入低于当地最低生活保障标准,可以被认定为无生活来源。故本题选 D。

6.【答案】D

考点提示:本题考查享受特困人员供养的条件。

完整解析:《特困人员认定办法》第六条规定,收入低于当地最低生活保障标准,且财产符合当地特困人员财产状况规定的,应当认定为本办法所称的无生活来源。

第二十四条规定,特困人员有下列情形之一的,应当及时终止救助供养:(一)死亡或者被宣告死亡、被宣告失踪;(二)具备或者恢复劳动能力;(三)依法被判处刑罚,且在监狱服刑;(四)收入和财产状况不再符合本办法第六条规定;(五)法定义务人具有了履行义务能力或者新增具有履行义务能力的法定义务人;(六)自愿申请退出救助供养。

特困人员中的未成年人,可继续享有救助供养待遇至 18 周岁;年满 18 周岁仍在接受义务教育或者在普通高中、中等职业学校就读的,可继续享有救助供养待遇。

周某走失后被宣告失踪,应当及时终止救助供养,故排除 A 项。吴某经康复训练后恢复了劳动能力,故排除 B 项。郑某依法被判处刑罚且在监狱服刑,故排除 C 项。王某考入某中等职业学校,可以继续享有救助供养待遇,故 D 项正确。

故本题选 D。

7.【答案】A

考点提示:本题考查城乡医疗救助的申请与审批程序。

完整解析:《社会救助暂行办法》第三十条规定,申请医疗救助的,应当向乡镇人民政府、街道办事处提出,经审核、公示后,由县级人民政府医疗保障部门审批。最低生活保障家庭成员和特困供养人员的医疗救助,由县级人民政府医疗保障部门直接办理。老赵属于最低生活保障对象,可以直接去甲县医疗保障局办理业务。故本题选 A。

8.【答案】D

考点提示:本题考查教育救助的形式与标准。

完整解析:《社会救助暂行办法》第三十六条规定,申请教育救助,应当按照国家有关规定向就读学校提出,按规定程序审核、确认后,由学校按照国家有关规定实施。小刚想要申请教育救助,应当向丙高校提出。故本题选 D。

9.【答案】B

考点提示:本题考查流浪乞讨人员救助管理。

完整解析:市民在街头遇见流浪人员,询问该流浪人员是否需要救助,需要救助的可以引导或护送他们到救助管理站求助,也可以拨打 24 小时求助热线电话或拨打 110 报警;若是危重病人、疑似精神病人,可直接拨打 120 急救电话。故 A 项错误。

当流浪乞讨人员向救助站表达出求助意愿时,救助站才会考虑实行救助。向救助站求助的流浪乞讨人员应当如实提供本人的姓名等基本情况,并将随身携带物品在救助站登记,向救助站提出求助需求。刘大爷可以自行决定是否接受救助,故 B 项正确;在刘大爷不同意向救助站求助的情况下,救助站不得违背刘大爷的意愿,实施救助,故 C 项错误。

对因年老、年幼、残疾等原因无法提供个人情况的,救助站应当先提供救助,再查明情况。对拒不如实提供个人情况的,不予救助。刘大爷无法提供个人情况,没有提供虚假个人情况,所以救助站应当先提供救助,再查明情况,故 D 项错误。

故本题选 B。

10.【答案】A

考点提示：本题考查农村留守老年人赡养与关爱服务。

完整解析：《民政部关于加强农村留守老年人关爱服务工作的意见》指出，家庭是农村留守老年人赡养和关爱服务的责任主体。子女或其他赡养人要依法履行对老年人经济上供养、生活上照料和精神上慰藉的义务。子女或其他赡养人、扶养人应当经常看望或者问候留守老年人，不得忽视、冷落老年人。故本题选 A。

11.【答案】D

考点提示：本题考查离婚的特殊规定。

完整解析：《中华人民共和国民法典》规定，女方在怀孕期间、分娩后一年内或中止妊娠后六个月内，男方不得提出离婚；但是，女方提出离婚的，或者人民法院认为确有必要受理男方离婚请求的除外。该规定是为了保护妇女和婴儿、胎儿的身心健康，是在一定条件下对男方离婚请求权的一种限制。这一限制不是禁止男方提出离婚要求，只是在时间上予以限制。故本题选 D。

12.【答案】A

考点提示：本题考查给予未成年人抚养费的义务人。

完整解析：《中华人民共和国未成年人保护法》规定，父母或者其他监护人不依法履行监护职责或者侵害被监护的未成年人的合法权益的，人民法院可以根据有关人员或者单位的申请，依法作出人身安全保护令或者撤销监护人资格。被撤销监护人资格的父母或者其他监护人应当依法继续负担抚养费用。故本题选 A。

13.【答案】C

考点提示：本题考查集中使用残疾人企业的相关规定。

完整解析：《中华人民共和国残疾人就业条例》规定，集中使用残疾人的用人单位中从事全日制工作的残疾人职工，应当占本单位在职职工总数的 25% 以上。该企业在职职工为 200 人，故从事全日制工作的残疾人职工最少是 50 人[计算过程:$200 \times 25\% = 50$ 人]。故本题选 C。

14.【答案】D

考点提示：本题考查残疾儿童康复救助制度流程申请。

完整解析：残疾儿童监护人根据意愿可向残疾儿童户籍所在地或居住证发放地县级残联组织提出申请。监护人也可委托他人、医疗机构、康复机构、社会组织、社会救助经办机构等代为申请。故本题选 D。

15.【答案】C

考点提示：本题考查无效婚姻。

完整解析：《中华人民共和国民法典》第一千零五十一条规定，有下列情形之一的，婚姻无效：（一）重婚；（二）有禁止结婚的亲属关系；（三）未到法定婚龄。

第一，重婚。任何人不得同时有两个或两个以上的配偶，有配偶者违反一夫一妻原则而再行结婚的，构成重婚，重婚属于无效婚姻。赵某在婚外与钱某存在同居关系，但不代表二人结婚，故排除 A 项。

第二，有禁止结婚的亲属关系。在我国，法律规定禁止直系血亲或者三代以内的旁系血亲结婚，凡违反该规定结婚的，都是无效婚姻。三代以内旁系血亲是指同源于祖（外祖）父母的旁系血亲。孙某与李某结婚，孙某的父亲与李某的外祖母是堂兄妹，二人不是直系血亲关系，也不是三代以内旁系血亲关系，故排除 B 项。

第三，未到法定婚龄。法律规定，男女双方必须达到法定婚龄才能结婚，一方或双方未到法定婚龄结婚的，可认定为无效婚姻。但应当指出，一方或双方当事人在结婚时未达到法定婚龄，在发生婚姻效力争议时，当事人双方均已达到法定婚龄并已办理了结婚登记的，则不对婚姻作无效的认定。周某与吴某结婚时，周某未到法定婚龄，目前仍未到法定婚龄，故二人的婚姻可以被认定为无效婚姻。故 C 项正确。

另外，还存在可撤销婚姻的情况。一方患有重大疾病的，应当在结婚登记前如实告知另一方，不如实告知的，另一方可以向人民法院请求撤销婚姻。郑某与王某已婚，郑某在婚前确诊不孕症，在结婚登记前未如实告知王某。二人的婚姻属于可撤销婚姻。故排除 D 项。

故本题选 C。

16.【答案】C

考点提示:本题考查可撤销婚姻的请求权人。

完整解析:《中华人民共和国民法典》第一千零五十二条规定,因胁迫结婚的,受胁迫一方可以向人民法院请求撤销该婚姻。故本题选 C。

17.【答案】D

考点提示:本题考查婚姻解除的条件、程序与法律后果。

完整解析:《中华人民共和国民法典》第一千零七十八条规定,婚姻登记机关查明双方确实是自愿离婚,并已经对子女抚养、财产以及债务处理等事项协商一致的,予以登记,发给离婚证。故本题选 D。

18.【答案】B

考点提示:本题考查夫妻共同财产。

完整解析:夫妻共同财产是在婚姻关系存续期间所得的下列财产:工资、奖金、劳务报酬;生产、经营的收益;知识产权的收益;继承或受赠的财产(遗嘱或赠与合同中确定只归一方的财产除外);其他应当归共同所有的财产。

根据《最高人民法院关于适用〈中华人民共和国民法典〉婚姻家庭编的解释(一)》第二十五条,"其他应当归共同所有的财产"包括:一方以个人财产投资取得的收益;男女双方实际取得或者应当取得的住房补贴、住房公积金;男女双方实际取得或者应当取得的基本养老保险金、破产安置补偿费。此外,根据《最高人民法院关于适用〈中华人民共和国民法典〉婚姻家庭编的解释(一)》第二十六条、第二十七条,夫妻一方个人财产在婚后产生的收益,除孳息和自然增值外,应认定为夫妻共同财产;由一方婚前承租、婚后用共同财产购买的房屋,登记在一方名下的,应当认定为夫妻共同财产。

冯某的婚前存款在婚后所得的利息属于孳息和自然增值部分,是个人财产,故排除 A 项。冯某用婚前财产投资后,婚后盈利部分属于夫妻共同财产,故 B 项正确。陈某婚前房产在婚后的自然增值部分属于个人财产,故排除 C 项。陈某婚前个人收藏的古玩,在婚后自然增值部分属于个人财产,故排除 D 项。故本题选 B。

19.【答案】A

考点提示:本题考查收养解除的法律效力。

完整解析:《中华人民共和国民法典》规定,收养关系解除后,经养父母抚养的成年养子女,对缺乏劳动能力又缺乏生活来源的养父母,应当给付生活费。因养子女成年后虐待、遗弃养父母而解除收养关系的,养父母可以要求养子女补偿收养期间支出的抚养费。秦某夫妇年事已高,缺乏劳动能力又缺乏生活来源,小周应当给付秦某夫妇生活费。故本题选 A。

20.【答案】C

考点提示:本题考查法定继承。

完整解析:子女是与父母血缘关系最近的直系亲属,依法享有继承父母遗产的权利。子女包括婚生子女、非婚生子女、养子女和有抚养关系的继子女。养父母与养子女有相互继承遗产的权利,但养子女无权继承生父母的遗产。养子女和生父母间的权利和义务,因收养关系的成立而消除,所以小沈没有权利继承张某的遗产,故排除 B、D 两项。小李为李某之子,且一直由张某和李某抚养,有权利继承夫妻二人的遗产,故本题选 C。

21.【答案】A

考点提示:本题考查不同类型遗嘱的有效认定情况。

完整解析:自书遗嘱是遗嘱人亲笔书写的遗嘱。自书遗嘱具有订立方便、不易伪造、不需要见证人的特点,是最常见的遗嘱方式。自书遗嘱由遗嘱人亲笔书写全部内容和签名,须注明年、月、日。戴某亲笔书写并签名的遗嘱,属于有效遗嘱,故 A 项正确。

代书遗嘱是由遗嘱人口授,由他人代为书写的遗嘱。遗嘱人没有书写能力或因其他原因不能亲笔书写遗嘱的,可由他人代笔制作书面遗嘱。代书遗嘱应当有两个以上见证人在场见证,由其中一人代书,注明年、月、日,并由代书人、其他见证人和遗嘱人签名。李某经一位护士代书并见证所立的遗嘱,不满足两个以上见证人的条件,故 B 项错误。

录音录像遗嘱是指由遗嘱人口述,经录音、录像磁带录制而设立的遗嘱。遗嘱人以录音形式立的遗嘱,应当有两个以上见证人在场见证。须由遗嘱人、见证人将有关视听资料封存,并签名,注明年、月、日。依据《中华人民共和国民法典》的相关规定,下列人员不能作为遗嘱见证人:无民事行为能力人、限制民事行为能力人以及其他不具有见证能力的人;继承人、受遗赠人;与继承人、受遗赠人有利害关系的人。根据《最高人民法院关于适用〈中华人民共和国民法典〉继承编的解释(一)》第二十四条,继承人、受遗赠人的债权人、债务人,共同经营的合伙人,也应当视为与继承人、受遗赠人有利害关系,不能作为遗嘱的见证人。王某经女儿和女婿见证所立的录音遗嘱无效,女儿和女婿属于继承人,不能成为遗嘱见证人。故 C 项错误。

口头遗嘱是遗嘱人以口头形式设立的遗嘱。口头遗嘱制作方便、简单,但容易被篡改、伪造,故通常加以一定的限制。遗嘱人在危急情况下,可以立口头遗嘱。口头遗嘱应当有两个以上见证人在场见证。危急情况解除后,遗嘱人能够用书面或者录音录像形式立遗嘱的,所立的口头遗嘱无效。两位网友通过视频远程见证张某所立的口头遗嘱,远程不满足在场见证这一条件,故 D 项错误。

故本题选 A。

22.【答案】B

考点提示:本题考查人民调解。

完整解析:当事人可以向人民调解委员会申请调解;人民调解委员会也可以主动调解。当事人一方明确拒绝调解的,不得调解。所以,小刚和小敏可以自愿选择接受或者不接受调解,故 A 项错误。

人民调解委员会根据调解纠纷的需要,可以指定一名或者数名人民调解员进行调解,也可以由当事人选择一名或者数名人民调解员进行调解。故 B 项正确。

经人民调解委员会调解达成调解协议的,可以制作调解协议书。当事人认为无需制作调解协议书的,可以采取口头协议方式,人民调解员应当记录协议内容。所以,应当由人民调解员记录调解内容,故 C 项错误。

当事人在人民调解活动中可以要求调解公开进行或者不公开进行,所以,人民调解委员会无权自行公开详细信息,故 D 项错误。

故本题选 B。

23.【答案】C

考点提示:本题考查突发事件的分级。

完整解析:国家建立统一领导、综合协调、分类管理、分级负责、属地管理为主的应急管理体制。县级人民政府应当对本行政区域内突发事件的应对工作负责;涉及两个以上行政区域的,由有关行政区域共同的上一级人民政府负责,或者由各有关行政区域的上一级人民政府共同负责。事故发生在乙县,应由乙县人民政府负责。故本题选 C。

24.【答案】D

考点提示:本题考查社区矫正执行地。

完整解析:《中华人民共和国社区矫正法》规定,社区矫正决定机关判处管制、宣告缓刑、裁定假释、决定或者批准暂予监外执行时应当确定社区矫正执行地。社区矫正执行地为社区矫正对象的居住地。社区矫正对象在多个地方居住的,可以确定经常居住地为执行地。郑某出院后,其父母将其接回二女儿家中(丁区)共同生活,说明丁区为郑某目前的经常居住地。故本题选 D。

25.【答案】C

考点提示:本题考查社区矫正人员跨区域活动。

完整解析:《中华人民共和国社区矫正法实施办法》规定,社区矫正对象确因正常工作和生活需要经常性跨市、县活动的,应当由本人提出书面申请,写明理由、经常性去往市县名称、时间、频次等,同时提供相应证明,由执行地县级社区矫正机构批准,批准一次的有效期为六个月。故本题选 C。

26.【答案】C

考点提示:本题考查治安管理处罚的种类和适用情形。

完整解析:《中华人民共和国治安管理处罚法》规定,违反治安管理有下列情形之一的,从重处罚:(一)有较严重后果的;(二)教唆、胁迫、诱骗他人违反治安管理的;(三)对报案人、控告人、举报人、证人打击报复的;(四)六个月内曾受过治安管理处罚的。故本题选 C。

27.【答案】C

考点提示:本题考查烈士纪念日。

完整解析:《中华人民共和国英雄烈士保护法》第五条规定,每年 9 月 30 日为烈士纪念日,国家在首都北京天安门广场人民英雄纪念碑前举行纪念仪式,缅怀英雄烈士。县级以上地方人民政府、军队有关部门应当在烈士纪念日举行纪念活动。举行英雄烈士纪念活动,邀请英雄烈士遗属代表参加。故本题选 C。

28.【答案】D

考点提示:本题考查烈士评定。

完整解析:烈士证书以党和国家功勋荣誉表彰工作委员会办公室名义制发。县级以上人民政府每年在烈士纪念日举行颁授仪式,向烈士遗属颁授烈士证书。故本题选 D。

29.【答案】D

考点提示:本题考查士兵服现役的时间。

完整解析:《中华人民共和国兵役法》规定,士兵服现役的时间自征集工作机构批准入伍之日起算。士兵退出现役的时间为部队下达退出现役命令之日。故本题选 D。

30.【答案】A

考点提示:本题考查退役士兵安置的主要方式。

完整解析:《中华人民共和国退役军人保障法》规定,对退役的义务兵,国家采取自主就业、安排工作、供养等方式妥善安置。故本题选 A。

31.【答案】C

考点提示:本题考查退役军人的待遇。

完整解析:《中华人民共和国退役军人保障法》规定,退役军人保障应当与经济发展相协调,与社会进步相适应。退役军人安置工作应当公开、公平、公正。退役军人的政治、生活等待遇与其服现役期间所作贡献挂钩。故本题选 C。

32.【答案】C

考点提示:本题考查军休干部服务管理应当坚持的原则。

完整解析:《军队离休退休干部服务管理办法》规定,从维护军休干部的合法权益出发,贯彻执行国家关于军休干部的法律法规和政策,完善军休干部服务保障和教育管理机制,落实军休干部政治待遇和生活待遇。军休干部服务管理坚持政治关心、生活照顾、服务为先、依法管理的原则。故本题选 C。

33.【答案】C

考点提示:本题考查居民会议内容的监督执行。

完整解析:居民会议讨论制定居民公约,其内容不得与宪法、法律、法规和国家的政策相抵触,并报不设区的市、市辖区的人民政府或者它的派出机关备案,由居民委员会监督执行。故本题选 C。

34.【答案】B

考点提示:本题考查当选村委会成员的条件。

完整解析:年满十八周岁的村民,不分民族、种族、性别、职业、家庭出身、宗教信仰、教育程度、财产状况、居住期限,都有选举权和被选举权;但是,依照法律被剥夺政治权利的人除外。小李未满十八周岁,不能成为村民委员会成员,故排除 A 项。

村民委员会主任、副主任和委员,由村民直接选举产生。任何组织或者个人不得指定、委派或者撤换村民委员会成员。村民委员会每届任期五年,届满应当及时举行换届选举。村民委员会成员可以连选连任。老张连续两次当选村委会委员,可以连选连任,故 B 项正确。

村民委员会选举前,应当对下列人员进行登记,列入参加选举的村民名单:(一)户籍在本村并且在本村居住的村民;(二)户籍在本村,不在本村居住,本人表示参加选举的村民;(三)户籍不在本村,在本村居住一年以上,本人申请参加选举,并且经村民会议或者村民代表会议同意参加选举的公民。已在户籍所在村或者居住村登记参加选举的村民,不得再参加其他地方村民委员会的选举。小张的户籍不在张村,在张村居住未满一年,所以不能成为村委会成员,故排除 C 项。老夏现居住在李村并已参加了李村的换届选举,不得再参加其他地方村民委员会的选举,故排除 D 项。

故本题选 B。

35.【答案】C

考点提示:本题考查特别法人。

完整解析:机关法人、农村集体经济组织法人、城镇农村的合作经济组织法人、基层群众性自治组织法人,为特别法人。居民委员会、村民委员会属于基层群众性自治组织法人。故本题选 C。

36.【答案】B

考点提示:本题考查定向募捐。

完整解析:慈善募捐是指慈善组织基于慈善宗旨募集财产的活动。慈善募捐包括面向社会公众的公开募捐和面向特定对象的定向募捐。只有 B 项是面向理事会成员开展的募捐活动,属于有特定对象的情况。故本题选 B。

37.【答案】B

考点提示:本题考查慈善组织的管理行政费用。

完整解析:慈善组织中具有公开募捐资格的基金会开展慈善活动的年度支出,不得低于上一年总收入的 70% 或者前三年收入平均数额的 70%;年度管理费用不得超过当年总支出的 10%,特殊情况下,年度管理行政费用难以符合前述规定的,应当报告其登记的民政部门并向社会公开说明情况。1800 万×10% = 180 万,所以该组织的慈善管理行政费用最高为 180 万。故本题选 B。

38.【答案】C

考点提示:本题考查公益慈善事业募捐与捐赠的规定。

完整解析:《中华人民共和国公益事业捐赠法》规定,捐赠人对于捐赠的公益事业工程项目可以留名纪念;捐赠人单独捐赠的工程项目或者主要由捐赠人出资兴建的工程项目,可以由捐赠人提出工程项目的名称,报县级以上人民政府批准。故本题选 C。

39.【答案】C

考点提示:本题考查志愿服务行政管理工作。

完整解析:《志愿服务条例》规定,国家和地方精神文明建设指导机构建立志愿服务工作协调机制,加强对志愿服务工作的统筹规划、协调指导、督促检查和经验推广。国务院民政部门负责全国志愿服务行政管理工作;县级以上地方人民政府民政部门负责本行政区域内志愿服务行政管理工作。县级以上人民政府有关部门按照各自职责,负责与志愿服务有关的工作。工会、共产主义青年团、妇女联合会等有关人民团体和群众团体应当在各自的工作范围内做好相应的志愿服务工作。故本题选 C。

40.【答案】A

考点提示:本题考查志愿者信息录入的相关规定。

完整解析:《志愿服务记录与证明出具办法(试行)》规定,志愿服务组织可以通过国务院民政部门指定的志愿服务信息系统记录志愿服务信息,也可以通过其他志愿服务信息系统或者纸质载体等形式记录。其他志愿服务信息系统或者纸质载体等形式记录的志愿者个人基本信息、志愿服务情况等信息,志愿服务组织应当按照统一的信息数据标准录入国务院民政部门指定的志愿服务信息系统,实现数据互联互通。故本题选 A。

41.【答案】B

考点提示:本题考查社会团体的管理。

完整解析:第一,经社会团体登记管理机关批准成立的社会团体,可以向个人会员和单位会员收取会费。

第二,社会团体可以合理制定会费标准。会费标准不得具有浮动性。第三,社会团体制定或者修改会费标准,应当召开会员大会或者会员代表大会,应当有$\frac{2}{3}$以上会员或者会员代表出席,并经出席会员或者会员代表$\frac{1}{2}$以上表决通过,表决采取无记名投票方式进行。第四,社会团体应当自通过会费标准决议之日起 30 日内,将决议向全体会员公开。第五,社会团体收取会费,应当按照规定使用财政部和省(自治区、直辖市)财政部门印(监)制的社会团体会费收据。除会费以外,其他收入不得使用社会团体会费收据。故本题选 B。

42.【答案】B

考点提示:本题考查民办非企业单位申请登记条件。

完整解析:民办非企业单位必须拥有与其业务活动相适应的合法财产,且合法财产中的非国有资产份额不得低于总财产的三分之二。故 B 项正确。民办非企业单位的活动场所须有产权证明或一年期以上的使用权证明。故 A 项错误。民办非企业单位须在其章程草案或合伙协议中载明该单位的盈利不得分配,解体时财产不得私分。故 C、D 两项错误。故本题选 B。

43.【答案】A

考点提示:本题考查基金会提出登记申请的情形。

完整解析:《基金会管理条例》规定,国务院有关部门或者国务院授权的组织,是国务院民政部门登记的基金会、境外基金会代表机构的业务主管单位。省、自治区、直辖市人民政府有关部门或者省、自治区、直辖市人民政府授权的组织,是省、自治区、直辖市人民政府民政部门登记的基金会的业务主管单位。所以,成立地方性公募基金会应当向甲省人民政府民政部门提出登记申请。故本题选 A。

44.【答案】B

考点提示:本题考查非全日制用工的规定。

完整解析:非全日制用工是指以小时计酬为主,劳动者在同一用人单位一般平均每日工作时间不超过 4 小时,每周工作时间累计不超过 24 小时的用工形式。非全日制用工双方当事人可以订立口头协议。故排除 A 项。从事非全日制用工的劳动者可以与一个或者一个以上用人单位订立劳动合同;但是,后订立的劳动合同不得影响先订立的劳动合同的履行。非全日制用工双方当事人不得约定试用期,非全日制用工双方当事人任何一方都可以随时通知对方终止用工。故 B 项正确,C 项错误。终止用工,用人单位不向劳动者支付经济补偿。非全日制用工小时计酬标准不得低于用人单位所在地人民政府规定的最低小时工资标准。非全日制用工劳动报酬结算支付周期最长不得超过 15 日。故 D 项错误。故本题选 B。

45.【答案】C

考点提示:本题考查劳动损害赔偿。

完整解析:被派遣劳动者享有与用工单位的劳动者同工同酬的权利。用工单位应当按照同工同酬原则,对被派遣劳动者与本单位同类岗位的劳动者实行相同的劳动报酬分配办法。用工单位无同类岗位劳动者的,参照用工单位所在地相同或者相近岗位劳动者的劳动报酬确定。题目中甲公司的做法违背了同工同酬的规定。劳务派遣单位、用工单位违反《中华人民共和国劳动合同法》有关劳务派遣规定的,由劳动行政部门责令限期改正;逾期不改正的,以每人五千元以上一万元以下的标准处以罚款,对劳务派遣单位,吊销其劳务派遣业务经营许可证。用工单位给被派遣劳动者造成损害的,劳务派遣单位与用工单位承担连带赔偿责任。故本题选 C。

46.【答案】B

考点提示:本题考查无固定期限劳动合同。

完整解析:无固定期限劳动合同是指用人单位与劳动者约定无确定终止时间的劳动合同。用人单位与劳动者协商一致,可以订立无固定期限劳动合同。劳动者有下列情形之一的,用人单位可以解除劳动合同:(一)在试用期间被证明不符合录用条件的;(二)严重违反用人单位的规章制度的;(三)严重失职,营私舞弊,给用人单位造成重大损害的;(四)劳动者同时与其他用人单位建立劳动关系,对完成本单位的工作任务造成严重影响,或者经用人单位提出,拒不改正的;(五)因《中华人民共和国劳动法》第二十六条第一款第一项规定的情形致使劳动合同无效的;(六)被依法追究刑事责任的。

有下列情形之一的,用人单位提前三十日以书面形式通知劳动者本人或者额外支付劳动者一个月工资后,可以解除劳动合同:(一)劳动者患病或者非因工负伤,在规定的医疗期满后不能从事原工作,也不能从事由用人单位另行安排的工作的;(二)劳动者不能胜任工作,经过培训或者调整工作岗位,仍不能胜任工作的。

劳动者提出或者同意续订、订立劳动合同的,除劳动者提出订立固定期限劳动合同外,应当订立无固定期限劳动合同;连续订立二次固定期限劳动合同,且劳动者没有《中华人民共和国劳动法》第三十九条和第四十条第一项、第二项规定的情形,应续订劳动合同。

杨某不存在以上特殊情况,且连续与该公司签订了两次固定期限劳动合同,所以公司应该与其签订无固定期限的劳动合同。故本题选B。

47.【答案】A

考点提示:本题考查《集体合同规定》。

完整解析:企业内部的协商代表参加集体协商视为提供了正常劳动,马某应享受正常劳动工资。故A项正确。职工一方协商代表在其履行协商代表职责期间劳动合同期满的,劳动合同期限自动延长至完成履行协商代表职责之时,除出现下列情形之一的,用人单位不得与其解除劳动合同:(一)严重违反劳动纪律或用人单位依法制定的规章制度的;(二)严重失职、营私舞弊,对用人单位利益造成重大损害的;(三)被依法追究刑事责任的。如果马某履职期间出现以上情形,公司可以与马某解除劳动合同,故C项错误。工会可以更换职工一方协商代表;未建立工会的,经本单位半数以上职工同意可以更换职工一方协商代表。用人单位法定代表人可以更换用人单位一方协商代表。故B项错误。《集体合同规定》没有与D项相关的表述,综合考虑,最优选项是A项。故本题选A。

48.【答案】B

考点提示:本题考查最低工资标准的调整。

完整解析:根据《最低工资规定》,最低工资标准发布实施后,如相关因素发生变化,应当适时调整。最低工资标准每两年至少调整一次。故本题选B。

49.【答案】B

考点提示:本题考查严重精神障碍患者的监护人。

完整解析:《中华人民共和国精神卫生法》第三十条规定,精神障碍的住院治疗实行自愿原则。诊断结论、病情评估表明,就诊者为严重精神障碍患者并有下列情形之一的,应当对其实施住院治疗:(一)已经发生伤害自身的行为,或者有伤害自身的危险的;(二)已经发生危害他人安全的行为,或者有危害他人安全的危险的。第三十一条规定,精神障碍患者有本法第三十条第二款第一项情形的,经其监护人同意,医疗机构应当对患者实施住院治疗;监护人不同意的,医疗机构不得对患者实施住院治疗。监护人应当对在家居住的患者做好看护管理。故本题选B。

50.【答案】B

考点提示:本题考查劳动者年休假。

完整解析:《职工带薪年休假条例》第三条规定,职工累计工作已满1年不满10年的,年休假5天;已满10年不满20年的,年休假10天;已满20年的,年休假15天。国家法定休假日、休息日不计入年休假的假期。

第四条规定,职工有下列情形之一的,不享受当年的年休假:(一)职工依法享受寒暑假,其休假天数多于年休假天数的;(二)职工请事假累计20天以上且单位按照规定不扣工资的;(三)累计工作满1年不满10年的职工,请病假累计2个月以上的;(四)累计工作满10年不满20年的职工,请病假累计3个月以上的;(五)累计工作满20年以上的职工,请病假累计4个月以上的。

小贾是某小学教师,享受寒暑假,不享受年休假,故排除A项。小王是某个体户雇工,累计工作满5年,请事假少于20天,可以享受5天年休假,故B项正确。小秦是某机关干部,累计工作满8年,请病假超过2个月,不享受年休假,故排除C项。小齐是某企业经理,累计工作满15年,请病假超过3个月,不享受年休假,故排除 D 项。故本题选 B。

51.【答案】D

考点提示:本题考查劳动争议调解。

完整解析:《中华人民共和国劳动争议调解仲裁法》第十五条规定,达成调解协议后,一方当事人在协议约定期限内不履行调解协议的,另一方当事人可以依法申请仲裁。第十六条规定,因支付拖欠劳动报酬、工伤医疗费、经济补偿或者赔偿金事项达成调解协议,用人单位在协议约定期限内不履行的,劳动者可以持调解协议书依法向人民法院申请支付令。人民法院应当依法发出支付令。故本题选 D。

52.【答案】D

考点提示:本题考查《拖欠农民工工资"黑名单"管理暂行办法》。

完整解析:《拖欠农民工工资"黑名单"管理暂行办法》第六条规定,人力资源社会保障行政部门将用人单位列入拖欠工资"黑名单"的,应当提前书面告知,听取其陈述和申辩意见。核准无误的,应当作出列入决定。故 A 项错误。

第九条规定,拖欠工资"黑名单"实行动态管理。用人单位首次被列入拖欠工资"黑名单"的期限为 1 年,自作出列入决定之日起计算。列入拖欠工资"黑名单"的用人单位改正违法行为且自列入之日起 1 年内未再发生第五条规定情形的,由作出列入决定的人力资源社会保障行政部门于期满后 20 个工作日内决定将其移出拖欠工资"黑名单";用人单位未改正违法行为或者列入期间再次发生第五条规定情形的,期满不予移出并自动续期 2 年。故 B 项错误。

第十条规定,人力资源社会保障行政部门决定将用人单位移出拖欠工资"黑名单"的,应当通过部门门户网站、"信用中国"网站、国家企业信用信息公示系统等予以公示。故 C 项错误。

第十二条规定,用人单位被移出拖欠工资"黑名单"管理的,相关部门联合惩戒措施即行终止。故 D 项正确。

故本题选 D。

53.【答案】C

考点提示:本题考查社区健康养老服务。

完整解析:《国务院关于促进健康服务业发展的若干意见》规定,发展社区健康养老服务。提高社区为老年人提供日常护理、慢性病管理、康复、健康教育和咨询、中医保健等服务的能力,鼓励医疗机构将护理服务延伸至居民家庭。鼓励发展日间照料、全托、半托等多种形式的老年人照料服务,逐步丰富和完善服务内容,做好上门巡诊等健康延伸服务。故 C 项正确。意见中没有与其他选项相关的表述。故本题选 C。

54.【答案】C

考点提示:本题考查基本养老保险关系转移、接续。

完整解析:根据《关于印发城镇企业职工基本养老保险关系转移接续若干具体问题意见的通知》中"关于参保缴费年限"的规定:在确定参保人员待遇领取地时,一地(省、自治区、直辖市为单位)的累计缴费年限应包括在本地的实际缴费年限和计算在本地的视同缴费年限。其中,曾经在机关事业单位和企业工作的视同缴费年限,计算在首次建立基本养老保险关系所在地,只有临时基本养老保险缴费账户的,计算在户籍所在地;曾经在部队服役的军龄,按国家规定安置就业的,计算为本人退出现役后首次就业参保所在地的视同缴费年限,按国家规定不安置就业的(不包括自主择业的军队干部),计算为本人达到待遇领取条件时户籍所在地的视同缴费年限。李某高中毕业后服役两年,考取公务员后工作五年,后以灵活就业人员身份参加城镇职工基本养老保险十年,所以李某的缴费年限是十七年。故本题选 C。

55.【答案】D

考点提示:本题考查养老保险的转移和接续。

完整解析:《城镇企业职工基本养老保险关系转移接续暂行办法》第七条规定,参保人员转移接续基本养老保险关系后,符合待遇领取条件的,按照《国务院关于完善企业职工基本养老保险制度的决定》(国发〔2005〕38 号)的规定,以本人各年度缴费工资、缴费年限和待遇领取地对应的各年度在岗职工平均工资计算其基本养老金。故本题选 D。

56.【答案】C

考点提示：本题考查城乡居民基本养老保险制度参保范围。

完整解析：城乡居民基本养老保险制度参保范围：年满 16 周岁（不含在校学生），非国家机关和事业单位工作人员及不属于职工基本养老保险制度覆盖范围的城乡居民，可以在户籍地参加城乡居民养老保险。

赵某未满 16 周岁，不能参加城乡居民养老保险，故排除 A 项。王某是一名在校学生，不纳入城乡居民基本养老保险参保范围，故排除 B 项。李某的户籍地不是乙地，不符合参保范围。故排除 D 项。故本题选 C。

57.【答案】A

考点提示：本题考查《医疗保障基金使用监督管理条例》。

完整解析：《医疗保险基金使用监督管理条例》第十五条规定，定点医药机构及其工作人员应当执行实名就医和购药管理规定，核验参保人员医疗保障凭证，按照诊疗规范提供合理、必要的医药服务，向参保人员如实出具费用单据和相关资料，不得分解住院、挂床住院，不得违反诊疗规范过度诊疗、过度检查、分解处方、超量开药、重复开药，不得重复收费、超标准收费、分解项目收费，不得串换药品、医用耗材、诊疗项目和服务设施，不得诱导、协助他人冒名或者虚假就医、购药。故 A 项应处罚，排除 C 项。参保人员因行动困难委托他人代为购药，不应予以处罚，故排除 B 项。定点医药机构应当确保医疗保障基金支付的费用符合规定的支付范围；除急诊、抢救等特殊情形外，提供医疗保障基金支付范围以外的医药服务的，应当经参保人员或者其近亲属、监护人同意。故排除 D 项。故本题选 A。

58.【答案】B

考点提示：本题考查生育津贴标准。

完整解析：女职工产假期间的生育津贴，对已经参加生育保险的，按照用人单位上年度职工月平均工资的标准由生育保险基金支付；对未参加生育保险的，按照女职工产假前工资的标准由用人单位支付。在本题中，小贾所在公司依法参加了生育保险，上年度职工月平均工资为 6800 元，所以，小贾应按照 6800 元的标准享受生育津贴。故本题选 B。

59.【答案】C

考点提示：本题考查领取失业保险金的期限。

完整解析：失业人员失业前用人单位和本人领取失业保险金的期限与累计缴费年限之间存在关系。累计缴费满五年不足十年的，领取失业保险金的期限最长为十八个月。故本题选 C。

60【答案】A

考点提示：本题考查计算社会保险缴费基数的依据。

完整解析：下列项目作为工资统计，在计算缴费基数时作为依据：（1）计时工资。（2）计件工资。（3）奖金，包括：①生产（业务）奖包括超产奖、质量奖、安全（无事故）奖、考核各项经济指标的综合奖、提前竣工奖、外轮速遣奖、年终奖（劳动分红）等；②节约奖包括各种动力、燃料、原材料等节约奖；③劳动竞赛奖包括发给劳动模范、先进个人的各种奖金；④机关、事业单位各类人员的年终一次性奖金、机关工人的奖金、体育运动员的平时训练奖；⑤其他奖金包括从兼课酬金和业余医疗卫生服务收入。（4）津贴。（5）补贴。（6）加班加点工资。（7）其他工资，如附加工资、保留工资以及调整工资补发的上年工资等。（8）特殊项目构成的工资。故本题选 A。

二、多项选择题

61.【答案】ABE

考点提示：本题考查《中华人民共和国国民经济和社会发展第十四个五年规划和二〇三五年远景目标纲要》。

完整解析：《中华人民共和国国民经济和社会发展第十四个五年规划和二〇三五年远景目标纲要》提出了要完善社会治理体系，健全党组织领导的自治、法治、德治相结合的城乡基层治理体系，完善基层民主协商制度。发挥群团组织和社会组织在社会治理中的作用，畅通和规范市场主体、新社会阶层、社会工作者和志愿者等参与社会治理的途径。A、B、E 三项正确。推动社会治理重心向基层下移,向基层放权赋能,加强城乡社区治理和服务体系建设,减轻基层特别是村级组织负担,加强基层社会治理队伍建设,构建网格化管理、精细化服务、信息化支撑、开放共享的基层管理服务平台。加强和创新市域社会治理,推进市域社会治理现代化。C、D 两项错误。故本题选 ABE。

62.【答案】AC

考点提示:本题考查最低生活保障中的共同家庭成员。

完整解析:《最低生活保障审核确认办法》第七条规定,共同生活的家庭成员包括:(一)配偶;(二)未成年子女;(三)已成年但不能独立生活的子女,包括在校接受本科以下学历教育的成年子女;(四)其他具有法定赡养、扶养、抚养义务关系并长期共同居住的人员。魏某的妻子是其合法配偶,可以纳入共同家庭成员,故 A 项正确。魏某的女儿和儿子都已成年,女儿是全日制研究生,不能纳入共同家庭成员,故 B 项错误。儿子是全日制本科生,可以纳入共同家庭成员,故 C 项正确。虽然魏某对母亲有法定赡养义务,但魏某与其母亲不是长期共同居住关系,母亲不能纳入共同家庭成员,故 D 项错误。申请低保要以家庭为单位,由共同家庭成员中的一人作为申请人进行申请。题干中默认申请人是魏某(因为多次出现魏某一家这个表述),魏某对其岳父没有法定赡养义务,所以岳父不能被纳入共同生活家庭成员,故 E 项错误。故本题选 AC。

63.【答案】ABCD

考点提示:本题考查救助款物的使用。

完整解析:《自然灾害救助条例》第二十五条规定,自然灾害救助款物应当用于受灾人员的紧急转移安置,基本生活救助,医疗救助,教育、医疗等公共服务设施和住房的恢复重建,自然灾害救助物资的采购、储存和运输,以及因灾遇难人员亲属的抚慰等项支出。故本题选 ABCD。

64.【答案】ABE

考点提示:本题考查不受经济困难条件限制的法律援助情形。

完整解析:《中华人民共和国法律援助法》第三十二条规定,有下列情形之一,当事人申请法律援助的,不受经济困难条件的限制:(一)英雄烈士近亲属为维护英雄烈士的人格权益;(二)因见义勇为行为主张相关民事权益;(三)再审改判无罪请求国家赔偿;(四)遭受虐待、遗弃或者家庭暴力的受害人主张相关权益;(五)法律、法规、规章规定的其他情形。故本题选 ABE。

65.【答案】BCDE

考点提示:本题考查扶养义务的履行。

完整解析:《中华人民共和国民法典》第一千零七十五条规定,有负担能力的兄、姐,对于父母已经死亡或者父母无力抚养的未成年弟、妹,有扶养的义务。由兄、姐扶养长大(C 选项入选)的有负担能力(B 项入选)的弟、妹,对于缺乏劳动能力(D 项入选)又缺乏生活来源(E 项入选)的兄、姐,有扶养的义务。小芳由大强扶养长大,大强缺乏生活来源且无劳动能力,而小芳有负担能力,所以小芳应该履行对大强的扶养义务。故本题选 BCDE。

66.【答案】ABDE

考点提示:本题考查财产继承。

完整解析:《中华人民共和国民法典》第一千一百二十四条规定,继承开始后,继承人放弃继承的,应当在遗产处理前,以书面形式作出放弃继承的表示;没有表示的,视为接受继承。杨某在父亲生前声明解除父子关系,但未以书面形式作出放弃继承的表示,故杨某仍有继承权,故 A 项正确。杨某在继承开始后遗产处理前,未做出任何表示,视为接受继承,故 B 项正确。

杨某在继承开始后遗产处理前,书面作出放弃继承表示。杨某不具有继承权,故排除 C 项。杨某在遗产处理后,书面作出放弃继承表示。此时杨某已经完成继承,放弃的只是已经继承财产的所有权,故杨某具有继承权,故 D 项正确。

《最高人民法院关于适用〈中华人民共和国民法典〉继承编的解释(一)》第十一条规定,继子女继承了继父母遗产的,不影响其继承生父母的遗产。继父母继承了继子女遗产的,不影响其继承生子女的遗产。杨某年轻时,其父母离婚后分别再婚,杨某随母与继父生活。所以,杨某对其生父的遗产具有继承权,故 E 项正确。

故本题选 ABDE。

67.【答案】ABD

考点提示:本题考查继承开始的"通知"的说法。

完整解析:《中华人民共和国民法典》第一千一百五十条规定,继承开始后,知道被继承人死亡的继承人应当及时通知其他继承人和遗嘱执行人。故 A 项正确。继承人中无人知道被继承人死亡或者知道被继承人死亡而不能通知的,由被继承人生前所在单位或者住所地的居民委员会、村民委员会负责通知。故 B、D 两项正确。故本题选 ABD。

68.【答案】BCD

考点提示:本题考查强制隔离戒毒的相关规定。

完整解析:《中华人民共和国禁毒法》第三十八条规定,吸毒成瘾人员有下列情形之一的,由县级以上人民政府公安机关作出强制隔离戒毒的决定:(一)拒绝接受社区戒毒的;(二)在社区戒毒期间吸食、注射毒品的;(三)严重违反社区戒毒协议的;(四)经社区戒毒、强制隔离戒毒后再次吸食、注射毒品的。故 B、C、D 三项正确。

第三十九条规定,怀孕或者正在哺乳自己不满一周岁婴儿的妇女吸毒成瘾的,不适用强制隔离戒毒。故排除 E 项。不满十六周岁的未成年人吸毒成瘾的,可以不适用强制隔离戒毒。故排除 A 项。

故本题选 BCD。

69.【答案】AE

考点提示:本题考查军人家属的范围。

完整解析:《中华人民共和国军人地位和权益保障法》第六十八条规定,本法所称军人家属,是指军人的配偶、父母(扶养人)、未成年子女、不能独立生活的成年子女。本法所称烈士、因公牺牲军人、病故军人的遗属,是指烈士、因公牺牲军人、病故军人的配偶、父母(扶养人)、子女,以及由其承担抚养义务的兄弟姐妹。

楚某为已退出现役的军人,其父母不能再算作军人家属,故排除 B 项;蒋某属于烈士、因公牺牲军人、病故军人的遗属,不属于军人家属,故排除 C 项;韩某是现役军人的儿子,已经成年,不能算作军人家属,故排除 D 项。齐某是现役军人的养父,赵某是现役军人的继子,且未成年,都算作军人家属,故 A、E 两项正确。故本题选 AE。

70.【答案】ABD

考点提示:本题考查《社会组织评估管理办法》。

完整解析:《社会组织评估管理办法》第二十七条规定,获得评估等级的社会组织在开展对外活动和宣传时,可以将评估等级证书作为信誉证明出示。评估等级牌匾应当悬挂在服务场所或者办公场所的明显位置,自觉接受社会监督。故 A、B 两项正确。

第二十八条规定,社会组织评估等级有效期为 5 年。获得 3A 以上评估等级的社会组织,可以优先接受政府职能转移,可以优先获得政府购买服务,可以优先获得政府奖励。获得 3A 以上评估等级的基金会、慈善组织等公益性社会团体可以按照规定申请公益性捐赠税前扣除资格。获得 4A 以上评估等级的社会组织在年度检查时,可以简化年度检查程序。故排除 C、E 两项。

第二十九条规定,评估等级有效期满前两年,社会组织可以申请重新评估。故 D 项正确。

故本题选 ABD。

71.【答案】ACE

考点提示:本题考查用人单位经济补偿的情形。

完整解析:《中华人民共和国劳动合同法》第三十八条规定,用人单位有下列情形之一的,劳动者可以解除劳动合同:(一)未按照劳动合同约定提供劳动保护或者劳动条件的;(二)未及时足额支付劳动报酬的;(三)未依法为劳动者缴纳社会保险费的;(四)用人单位的规章制度违反法律、法规的规定,损害劳动者权益的;(五)因本法第二十六条第一款规定的情形致使劳动合同无效的;(六)法律、行政法规规定劳动者可以解除劳动合同的其他情形。用人单位以暴力、威胁或者非法限制人身自由的手段强迫劳动者劳动的,或者用人单位违章指挥、强令冒险作业危及劳动者人身安全的,劳动者可以立即解除劳动合同,不需事先告知用人单位。

第四十条规定,有下列情形之一的,用人单位提前三十日以书面形式通知劳动者本人或者额外支付劳动者一个月工资后,可以解除劳动合同:(一)劳动者患病或者非因工负伤,在规定的医疗期满后不能从事原工作,也不能从事由用人单位另行安排的工作的;(二)劳动者不能胜任工作,经过培训或者调整工作岗位,仍不能胜任工作的;(三)劳动合同订立时所依据的客观情况发生重大变化,致使劳动合同无法履行,经用人单位与劳动者协商,未能就变更劳动合同内容达成协议的。故 E 项正确。

第四十六条规定,有下列情形之一的,用人单位应当向劳动者支付经济补偿:(一)劳动者依照本法第三十八条规定解除劳动合同的;(二)用人单位依照本法第三十六条规定向劳动者提出解除劳动合同并与劳动者协商一致解除劳动合同的;(三)用人单位依照本法第四十条规定解除劳动合同的;(四)用人单位依照本法第四十一条第一款规定解除劳动合同的;(五)除用人单位维持或者提高劳动合同约定条件续订劳动合同,劳动者不同意续订的情形外,依照本法第四十四条第一项规定终止固定期限劳动合同的;(六)依照本法第四十四条第四项、第五项规定终止劳动合同的;(七)法律、行政法规规定的其他情形。故 A、C 项正确。

故本题选 ACE。

72.【答案】CE

考点提示:本题考查劳动纠纷处理。

完整解析:《中华人民共和国劳动合同法》第八十二条规定,用人单位自用工之日起超过一个月不满一年未与劳动者订立书面劳动合同的,应当向劳动者每月支付二倍的工资。故 E 项正确,D 项错误。赵某没有出现《中华人民共和国劳动合同法》中用人单位可以提前解除劳动合同的情形,双方也没有就解除劳动合同相关事宜达成一致意见,所以公司不能与赵某解除劳动合同,故 A、B 两项错误,C 项正确。故本题选 CE。

73.【答案】BCDE

考点提示:本题考查《保障农民工工资支付条例》。

完整解析:《保障农民工工资支付条例》第十一条规定,农民工工资应当以货币形式,通过银行转账或者现金支付给农民工本人,不得以实物或者有价证券等其他形式替代。故 A 项错误。

第十三条规定,实行月、周、日、小时工资制的,按照月、周、日、小时为周期支付工资;实行计件工资制的,工资支付周期由双方依法约定。故 B 项正确。

第十四条规定,用人单位与农民工书面约定或者依法制定的规章制度规定的具体支付日期,可以在农民工提供劳动的当期或者次期。具体支付日期遇法定节假日或者休息日的,应当在法定节假日或者休息日前支付。故 C 项正确。

第三十条规定,分包单位拖欠农民工工资的,由施工总承包单位先行清偿,再依法进行追偿。故 D 项正确。

第二十二条规定,用人单位被依法吊销营业执照或者登记证书、被责令关闭、被撤销或者依法解散的,应当在申请注销登记前依法清偿拖欠的农民工工资。故 E 项正确。

故本题选 BCDE。

74.【答案】ABCD

考点提示:本题考查集体协商争议的程序。

完整解析:《集体合同规定》第五十三条规定,协调处理集体协商争议应当按照以下程序进行:(一)受理协调处理申请;(二)调查了解争议的情况;(三)研究制定协调处理争议的方案;(四)对争议进行协调处理;(五)制作《协调处理协议书》。E 项表述错误,制作的应该是《协调处理协议书》,而不是《集体合同》,故排除 E 项。故本题选 ABCD。

75.【答案】ABE

考点提示:本题考查诊断职业病的医疗机构所在地。

完整解析:《中华人民共和国职业病防治法》规定,劳动者可以在用人单位所在地、本人户籍所在地或者经常居住地依法承担职业病诊断的医疗卫生机构进行职业病诊断。甲市是小李的户籍所在地,故 A 项正确。乙市是用人单位所在地,故 B 项正确。戊市是小李婚后常住地,故 E 项正确。故本题选 ABE。

76.【答案】AC

考点提示:本题考查食品安全事故处置的相关规定。

完整解析:《中华人民共和国食品安全法》第一百零二条规定,国务院组织制定国家食品安全事故应急预案。县级以上地方人民政府应当根据有关法律、法规的规定和上级人民政府的食品安全事故应急预案以及本行政区域的实际情况,制定本行政区域的食品安全事故应急预案,并报上一级人民政府备案。故 A 项正确。

第一百零三条规定,发生食品安全事故的单位应当立即采取措施,防止事故扩大。事故单位和接收病人进行治疗的单位应当及时向事故发生地县级人民政府食品安全监督管理、卫生行政部门报告。故 C 项正确,B 项错误。

开展应急救援工作,对因食品安全事故导致人身伤害的人员,卫生行政部门应当立即组织救助,故 D 项错误。

第一百零五条规定,发生食品安全事故需要启动应急预案的,县级以上人民政府应当立即成立事故处置指挥机构,启动应急预案,依照前款和应急预案的规定进行处置。发生食品安全事故,县级以上疾病预防控制机构应当对事故现场进行卫生处理,并对与事故有关的因素开展流行病学调查,有关部门应当予以协助。县级以上疾病预防控制机构应当向同级食品安全监督管理、卫生行政部门提交流行病学调查报告。故 E 项错误。

故本题选 AC。

77.【答案】CE

考点提示:本题考查建立临时基本养老保险缴费账户的情形。

完整解析:《城镇企业职工基本养老保险关系转移接续暂行办法》规定,参保人员未返回户籍所在地就业参保的,由新参保地的社保经办机构为其及时办理转移接续手续。但对男性年满 50 周岁和女性年满 40 周岁的,应在原参保地继续保留基本养老保险关系,同时在新参保地建立临时基本养老保险缴费账户,记录单位和个人全部缴费。参保人员再次跨省流动就业或在新参保地达到待遇领取条件时,将临时基本养老保险缴费账户中的全部缴费本息,转移归集到原参保地或待遇领取地。在本题中,只有赵某和李某两人符合年龄要求,故 C、E 两项正确。故本题选 CE。

78.【答案】BD

考点提示:本题考查领取基本养老金的条件。

完整解析:参保人员按月领取基本养老金必须具备三个条件:(1)达到法定退休年龄,并办理退休手续;(2)所在单位和个人依法参加养老保险并履行了养老保险缴费义务;(3)个人缴费(过渡期内缴费年限包括视同缴费年限)满 15 年。故本题选 BD。

79.【答案】ABCD

考点提示:本题考查停止失业保险待遇的情形。

完整解析:《中华人民共和国社会保险法》规定,失业人员在领取失业保险金期间有下列情形之一的,停止领取失业保险金,同时停止享受其他失业保险待遇:(一)重新就业的;(二)应征服兵役的;(三)移居境外的;(四)享受基本养老保险待遇的;(五)无正当理由,拒不接受当地人民政府指定部门或者机构介绍的适当工作或者提供的培训的。故本题选 ABCD。

80.【答案】ABCE

考点提示:本题考查认定或视同工伤的情形。

完整解析:《中华人民共和国工伤保险条例》第十四条规定,职工有下列情形之一的,应当认定为工伤:(一)在工作时间和工作场所内,因工作原因受到事故伤害的;(二)工作时间前后在工作场所内,从事与工作有关的预备性或者收尾性工作受到事故伤害的;(三)在工作时间和工作场所内,因履行工作职责受到暴力等意外伤害的;(四)患职业病的;(五)因工外出期间,由于工作原因受到伤害或者发生事故下落不明的;(六)在上下班途中,受到非本人主要责任的交通事故或者城市轨道交通、客运轮渡、火车事故伤害的;(七)法律、行政法规规定应当认定为工伤的其他情形。患有职业病的,应当认定为工伤,故 A 项正确。在上下班途中,受到本人主要责任交通事故伤害的,不能认定为工伤,故 D 项错误。因工外出期间,由于工作原因发生事故受到伤害的,应当认定为工伤,故 E 项正确。

《工伤保险条例》第十五条规定,职工有下列情形之一的,视同为工伤:(一)在工作时间和工作岗位,突发疾病死亡或者在 48 小时内经抢救无效死亡的;(二)在抢险救灾等维护国家利益、公共利益活动中受到伤害的;(三)职工原在军队服役,因战、因公致残,已取得革命伤残军人证,到用人单位后旧伤复发的。在工作时间和工作岗位突发疾病死亡的,应当视同工伤,故 B 项正确。在抢险救灾等维护国家利益活动中受到伤害的,应当视同工伤,故 C 项正确。

故本题选 ABCE。

社会工作法规与政策（中级）
2021 年真题

重要提示：

为维护您的个人权益，确保考试的公平公正，请您协助我们监督考试实施工作。

本场考试规定：监考老师要向本考场全体考生展示题本密封情况，并邀请 2 名考生代表验封签字后，方能开启试卷袋。

社会工作法规与政策(中级)2021年真题

一、单项选择题(共60题,每题1分。每题的备选项中,只有1个最符合题意)

1. 《中共中央关于制定国民经济和社会发展第十四个五年规划和二〇三五年远景目标的建议》在加强和创新社会治理方面提出的新要求是(   )。

A. 建设人人有责、人人尽责、人人享有的社会治理共同体

B. 提高社会治理社会化、法制化、智能化、专业化水平

C. 完善社会治理体系,健全党组织领导的自治、法治、德治相结合的城乡基层治理体系

D. 畅通和规范市场主体、新社会阶层、社会工作者和志愿者等参与社会治理的途径

2. 根据《民政部　财政部关于政府购买社会工作服务的指导意见》的规定,政府可以直接向(   )购买社会工作服务。

A. 无独立法人资格但具备相应能力的企业分支机构

B. 无独立法人资格但具备相应能力的事业单位所属部门

C. 具备社会工作专业经验和能力的资深社会工作者个人

D. 具备相应能力和条件的社会组织

3. 根据《关于改革完善社会救助制度的意见》,要健全社会救助对象定期核查机制,加强分类动态管理。对收入来源不固定、家庭成员有劳动能力的最低生活保障家庭,应当(   )核查一次。

A. 每年　　　　　　　　　　B. 每半年

C. 每季度　　　　　　　　　D. 每月

4. 根据《社会救助暂行办法》,负责特困人员供养申请受理、调查审核的主体是申请人本人户籍所在地的(   )。

A. 县级人民政府民政部门

B. 县级人民政府人力资源和社会保障部门

C. 乡镇人民政府、街道办事处

D. 村民委员会、居民委员会

5. 某县遭受重大洪涝灾害,社会各界积极捐款捐物。根据《自然灾害救助条例》,下列关于该县救助款物管理的说法,正确的是(   )。

A. 自然灾害款物应由县人民政府调拨、分配、管理

B. 政府部门接受的捐赠人无指定意向的捐款,应由县财政局统筹安排用于自然灾害救助

C. 社会组织接受的捐赠人无指定意向的救灾物资,应转交应急管理局统筹划拨使用

D. 县纪委监委、县审计局应当依法对自然灾害救助款物和捐赠款物的管理使用情况进行监督检查

— 1 —

6. 某市急救中心收治了一名需要急救但身份不明的重病患者,根据《社会救助暂行办法》,该患者符合规定的急救费用由(   )支付。

    A. 医疗救助资金
    B. 大病保险资金
    C. 疾病应急救助基金
    D. 基本医疗保险基金

7. 根据《社会救助暂行办法》,医疗救助的审批部门是县级人民政府(   )。

    A. 民政部门
    B. 医疗保障部门
    C. 财政部门
    D. 卫生健康主管部门

8. 根据《城市生活无着的流浪乞讨人员救助管理办法实施细则》,若受助人员(   ),则救助站应当终止救助。

    A. 在救助期间辱骂其他受助人员
    B. 在救助站内患传染病
    C. 擅自离开救助站
    D. 生病住院

9. 王某从户籍地甲市搬迁到乙市居住并入职某劳务派遣公司,该公司住所地在丙市。后王某被派遣到丁市某工厂工作,因劳动报酬问题,王某拟申请法律援助。根据《法律援助条例》,王某应向(   )的法律援助机构提出申请。

    A. 甲市
    B. 乙市
    C. 丙市
    D. 丁市

10. 根据《中华人民共和国老年人权益保障法》,设立经营性养老机构应当在(   )办理登记。

    A. 市场监督管理部门
    B. 民政部门
    C. 卫生健康主管部门
    D. 人力资源和社会保障部门

11. 谢某是家中长女,有一弟一妹,父母去世后,她将未成年的妹妹扶养长大。谢某婚后无子女,目前年事已高,配偶去世,生活困难;其弟在外经商,有一女已成年;其妹在家务农,有一子已成年并就业。根据《中华人民共和国老年人权益保障法》,下列有负担能力的人员,应当对谢某履行赡养或扶养义务的是谢某的(   )。

    A. 弟弟
    B. 妹妹
    C. 侄女
    D. 外甥

12. 小马因遭遇家庭暴力,申请人身安全保护令,人民法院依法作出人身安全保护令。根据《中华人民共和国反家庭暴力法》,该人身安全保护令的有效期一般不超过(   )个月。

    A. 3
    B. 6
    C. 9
    D. 12

13. 小李的父母吸毒成瘾,对12周岁的小李的学习和生活不管不顾,还动辄打骂小李,小李的爷爷申请撤销小李父母的监护资格。根据《中华人民共和国未成年人保护法》,有权撤销小李父母监护人资格的部门是(   )。

    A. 民政部门
    B. 公安机关
    C. 人民法院
    D. 人民检察院

14. 根据《关于进一步加强事实无人抚养儿童保障工作的意见》,下列未成年独生子女,属于事实无人抚养儿童的是(   )。

    A. 小吴,父亲病故,母亲四级智力残疾

    B. 小王,父亲服刑在押,母亲体弱多病

C. 小赵,父亲常年外出打工,母亲三级精神残疾

D. 小李,父亲强制隔离戒毒,母亲失去联系 3 个月

15. 某企业现有在职职工 400 人,安排残疾人就业的比例达到法定要求,无须缴纳残疾人就业保障金。根据《残疾人就业条例》,该企业目前至少已安排(   )名残疾人就业。

A. 4   B. 6

C. 8   D. 10

16. 贾某与尹某于 2017 年结婚。2020 年 6 月,贾某以个人名义向邵某借款 5 万元,用于夫妻家庭日常生活,2021 年 7 月,邵某向贾某夫妇催债,尹某称自己不知情,拒绝用夫妻共同财产清偿。根据《中华人民共和国民法典》,关于该 5 万元债务性质的说法,正确的是(   )。

A. 5 万元因是贾某以个人名义所借债务,应认定为贾某个人债务

B. 5 万元债务因尹某不知情,应认定为贾某个人债务

C. 5 万元因是贾某在婚姻关系存续期间所借债务,应认定为夫妻共同债务

D. 5 万元债务因用于贾某夫妻家庭日常生活,应认定为夫妻共同债务

17. 根据《中华人民共和国民法典》,一方有重大疾病的,应当在结婚登记前如实告知另一方;不如实告知的,另一方可以向人民法院请求撤销婚姻。请求撤销婚姻的,应当在知晓后(   )内提出撤销。

A. 一年   B. 二年

C. 三年   D. 六个月

18. 根据《中华人民共和国民法典》,下列关于送养未成年人的说法,正确的是(   )。

A. 儿童福利机构不可以作为未成年人的送养人

B. 生父母因家庭生活困难无力抚养未成年子女的可以单方送养

C. 未成年人的父母均不具备完全民事行为能力且可能严重危害该未成年人的,该未成人的监护人可以将其送养

D. 监护人送养孤儿的,无需征得有抚养义务的人同意

19. 根据《中华人民共和国民法典》,下列完全民事行为能力人所立的,且已注明或记录年、月、日的遗嘱,应认定有效的是(   )。

A. 张某因病去世前独自用电脑打印的遗嘱

B. 梁某车祸后独自用手机录的录音遗嘱

C. 孙某患病期间由其儿子代为书写的遗嘱

D. 田某患病期间亲笔书写并签名的遗嘱

20. 根据《中华人民共和国人民调解法》,下列关于调解协议的说法,正确的是(   )。

A. 经人民调解委员会调解达成调解协议的,人民调解员应制作书面调解协议书

B. 调解协议书需由双方当事人向人民法院申请司法确认后才具有效力

C. 双方当事人应自调解协议达成之日起 45 日内向人民法院申请司法确认

D. 人民法院依法确认调解协议有效,一方当事人拒绝履行的,对方当事人可以向人民法院申请强制执行

21. 根据《信访条例》,县级以上人民政府信访工作机构对下列信访事项的处理方式,正确的是(   )。

A. 对信访人提出的人民检察院职权范围内的信访事项,应当转送人民检察院

B. 对已经或者依法通过诉讼途径解决的信访事项,不予受理,但应当告知信访人依法向人民法院提出

C. 对依照法定职责属于本级人民政府或者其工作部门处理决定的信访事项,应当告知信访人向有权处理的行政机关提出

D. 信访事项涉及下级行政机关或者其工作人员的,应当直接转送下一级人民政府信访工作机构处理

22. 根据《中华人民共和国突发事件应对法》,下列关于突发事件等级划分的说法,正确的是( )。

A. 自然灾害可分为红色、橙色、黄色、蓝色四个级别

B. 事故灾害可分为一级、二级、三级、四级四个级别

C. 公共卫生事件可分为特别重大、重大、较大和一般四个级别

D. 社会安全事件可分为一级、二级、三级、四级四个级别

23. 李某被判处管制,其社区矫正执行地已确定。根据《中华人民共和国社区矫正法》,李某应当自判决生效之日起( )日内到执行地社区矫正机构报到。

A. 5　　　　　　　　　　　　　　B. 7

C. 10　　　　　　　　　　　　　 D. 15

24. 根据《中华人民共和国社区矫正法》,下列社区矫正对象,经县级司法行政部门负责人批准,可以对其使用电子定位装置,加强监督管理的是( )。

A. 小强,到邻市探亲,且已报经社区矫正机构批准

B. 小李,因迁居变更执行地

C. 小王,生病住院

D. 小赵,拟被提请撤销缓刑

25. 根据《中华人民共和国治安管理处罚法》,行政拘留处罚合并执行的,最长不得超过( )日。

A. 10　　　　　　　　　　　　　 B. 15

C. 20　　　　　　　　　　　　　 D. 30

26. 根据《中华人民共和国退役军人保障法》,烈士纪念设施的修缮、保护和管理由( )负责。

A. 文化和旅游管理部门　　　　　　B. 城市建设行政主管部门

C. 退役军人工作主管部门　　　　　D. 民政部门

27. 2019年9月,已被某大学录取的肖某,还未报到就应征入伍。2021年9月,肖某退役,决定推迟入学,先利用在部队学到的一技之长创业一段时间。根据《中华人民共和国退役军人保障法》。肖某最迟可以在( )前到该大学办理入学手续。

A. 2022年9月　　　　　　　　　　B. 2023年9月

C. 2024年9月　　　　　　　　　　D. 2025年9月

28. 残疾军人张某退役后被安置在甲县某事业单位工作。根据《中华人民共和国退役军人保障法》,张某的残疾抚恤金由甲县( )发放。

A. 民政局　　　　　　　　　　　　B. 卫生健康委员会

C. 退役军人事务局　　　　　　　　D. 残疾人联合会

29. 根据《中华人民共和国城市居民委员会组织法》，下列关于居民委员会的说法，正确的是( )。

    A. 居民委员会的设立、撤销、规模调整由县级人民政府民政部门决定

    B. 居民委员会委员可以由每个居民小组派 1 名代表选举产生

    C. 居民委员会向街道办事处负责并报告工作

    D. 居民委员会任期为 5 年，其成员可以连选连任

30. 根据《中华人民共和国村民委员会组织法》，下列关于村民会议的说法，正确的是( )。

    A. 有十分之一以上的村民提议，应当召集村民会议

    B. 召集村民会议，应当提前 5 天通知村民

    C. 召开村民会议，应当有过半数以上的户的代表参加

    D. 村民会议所作决定，应当经到会人数的三分之二以上通过

31. 根据中共中央办公厅、国务院办公厅印发的《关于加强和改进城市社区居民委员会建设工作的意见》，居民入住率达到( )的新建住宅区，应及时成立居民委员会。

    A. 20%
                           B. 30%

    C. 40%
                            D. 50%

32. 为繁荣发展乡村文化，某镇社会工作站拟在中国农民丰收节当天举办以乡村优秀传统文化保护为主题的宣传活动。根据《中华人民共和国乡村振兴促进法》，"中国农民丰收节"为每年农历( )。

    A. 谷雨日
                           B. 芒种日

    C. 立秋日
                           D. 秋分日

33. 某基金会于 2015 年成立，近日拟申请认定慈善组织。根据《慈善组织认定办法》，该基金会申请认定为慈善组织，应当经( )表决通过。

    A. 理事长办公会
                    B. 职工代表大会

    C. 理事会
                          D. 监事会

34. 甲、乙、丙、丁四个慈善组织均具有公开募捐资格。根据《中华人民共和国慈善法》，下列关于四个组织定期进行信息公开的说法，正确的是( )。

    A. 甲，公开募捐周期为 9 个月，应当在公开募捐活动结束后 1 个月内在全国范围公开募捐情况

    B. 乙，公开募捐周期为 2 年，应当至少每 6 个月公开一次募捐情况

    C. 丙，慈善项目实施周期为 9 个月，项目结束后 3 个月内应当全面公开项目实施情况和募得款物使用情况

    D. 丁，慈善项目实施周期为 2 年，应当至少每 6 个月公开一次项目实施情况

35. 根据《中华人民共和国慈善法》，下列关于慈善组织终止时清算的说法，正确的是( )。

    A. 慈善组织终止的情形出现后，其登记的民政部门应当成立清算组进行清算并向社会公告

    B. 慈善组织清算后的剩余财产，应当按照慈善组织发起人的约定进行分配

    C. 慈善组织发起人对慈善组织剩余财产没有约定的，剩余财产归国家所有

    D. 慈善组织清算结束后，应当向其登记的民政部门办理注销登记，并由民政部门向社会公告

36. 甲、乙、丙、丁四个社会组织均于《中华人民共和国慈善法》公布前成立,根据《慈善组织公开募捐管理办法》,可以申请公开募捐资格证书的是( )。

A. 甲,公募基金会,持有标明慈善组织属性的登记证书

B. 乙,非公募基金会,登记满8年,连续两次被评为5A级社会组织,慈善组织认定申请审核中

C. 丙,社会团体,具有公益性捐赠税前扣除资格,尚未申请慈善组织认定

D. 丁,社会工作服务机构,认定为慈善组织刚满1年

37. 为促进广覆盖、多层次、宽领域开展志愿服务,某市将志愿服务事业纳入国民经济和社会发展规划。根据《志愿服务条例》,该市( )应当合理安排志愿服务所需资金。

A. 慈善协会   B. 志愿服务协会

C. 青年联合会   D. 人民政府

38. 某医疗社会团体符合非营利组织免税资格申请条件。根据《关于非营利组织免税资格认定管理有关问题的通知》,该社会团体免税资格申请由( )依法按照管理权限联合进行审核确认,并定期予以公示。

A. 财政、卫生行政部门   B. 税务、民政部门

C. 民政、卫生行政部门   D. 财政、税务部门

39. 王某共筹集了价值120万元的合法财产,用于开办民办非企业单位。根据《民办非企业单位登记暂行办法》,这些财产中的非国有资产份额不得低于( )万元,才符合申请登记条件。

A. 40   B. 60

C. 80   D. 90

40. 根据《基金会管理条例》,下列关于基金会理事长的说法,正确的是( )。

A. 基金会理事长,可由现职国家工作人员兼任

B. 基金会理事长,可同时担任其他社会组织的法定代表人

C. 担任基金会理事长的外国人,每年在中国内地居留时间不得少于6个月

D. 因犯罪被判拘役,刑期执行完毕之日起未逾5年的,不能担任基金会理事长

41. 根据《就业服务与就业管理规定》,职业中介机构的下列做法,正确的是( )。

A. 介绍17周岁的未成年人就业   B. 转让职业中介许可证

C. 短暂扣押劳动者的居民身份证   D. 向劳动者收取押金

42. 根据《中华人民共和国劳动合同法》,下列事项,属于劳动合同必备条款的是( )。

A. 试用期   B. 劳动合同期限

C. 职业培训   D. 保守秘密

43. 根据《中华人民共和国劳动合同法》,用人单位自用工之日起超过一个月不满一年未与劳动者订立书面劳动合同的,应当向劳动者每月支付( )倍的工资。

A. 1.5   B. 2

C. 2.5   D. 3

44. 下列四人与所在公司签订的劳动合同均未到期,根据《中华人民共和国劳动合同法》,四人所在公司应当向其支付经济补偿的是( )。

A. 赵某,所在公司认为其能力有限,提出解除劳动合同,赵某也觉得工作没什么意思,同

意解除劳动合同

B. 钱某,因技术出众收到其他公司的高薪邀约,于是提前30日以书面形式通知所在公司,要求解除劳动合同

C. 孙某,劳动合同到期前,所在公司决定按照现有劳动合同约定条件与其续订劳动合同,但孙某要求提高待遇,双方未达成一致,合同按期终止

D. 李某,依法办理提前退休手续,开始享受基本养老保险待遇,劳动合同自动终止

45. 某外贸集团准备调整部分人员的工资,初拟了工资分配草案后,征求法务部门的意见。根据《中华人民共和国劳动法》,该草案的下列细则符合规定的是( )。

A. 行政部门高级管理人员实行年薪制,每年分两次发放工资

B. 生产部门管理人员工资以企业股份形式支付,年终分红

C. 研发部门人员工资纳入项目经费,立项时预付一部分

D. 外贸销售部门员工工资与销售绩效挂钩,应以货币形式每月发放

46. 根据《全国年节及纪念日放假办法》,下列关于公民放假的说法,正确的是( )。

A. 妇女节,妇女放假半天

B. 护士节,护士放假半天

C. 教师节,教师放假半天

D. 记者节,记者放假半天

47. 赵某,生育三胞胎,正处于哺乳期。根据《女职工劳动保护特别规定》,赵某所在工作单位应当在每天的劳动时间内为赵某安排( )小时哺乳时间。

A. 1   B. 2

C. 3   D. 4

48. 李某,户籍在甲省乙市,在丙省丁市工作。乙、丁均为设区的市。李某怀疑自己因工作患职业病,回老家甲省乙市某承担职业病诊断的医院申请诊断。经诊断,该医院认为李某未患职业病,李某对此有异议。根据《中华人民共和国职业病防治法》,他应向( )人民政府卫生行政部门申请鉴定。

A. 甲省   B. 乙市

C. 丙省   D. 丁市

49. 某公司员工田某发生工伤后,与公司就工伤医疗费支付金额发生争议。根据《中华人民共和国劳动争议调解仲裁法》,下列关于田某和公司双方处理劳动争议的说法,正确的是( )。

A. 双方应进行协商,如协商不成,公司可直接向人民法院提起诉讼

B. 双方可向劳动争议调解组织申请调解,如调解不成,田某可向人民法院提起诉讼

C. 双方可向劳动争议调解组织申请调解,如调解不成,公司可直接向人民法院提起诉讼

D. 双方可向劳动争议仲裁机构申请仲裁,如对裁决不服,田某可直接向人民法院提起诉讼

50. 根据《集体合同规定》,下列关于集体协商代表的说法,正确的是( )。

A. 集体协商双方的代表人数应当对等,每方至少2人

B. 职工一方的协商代表应由本单位职工自愿报名担任

C. 用人单位一方的首席协商代表,应由用人单位人事部门负责人担任

D. 集体协商双方首席代表均不得由非本单位人员代理

51. 根据《国务院关于实施健康中国行动的意见》,下列关于 2030 年健康中国任务的相关说法,正确的是(   )。

A. 全国居民健康素养水平不低于 30%

B. 全面无烟法规保护的人口比例达到 50% 以上

C. 婴儿死亡率控制在 7.5% 以下

D. 适龄儿童免疫规划疫苗接种率保持在 80% 以上

52. 甲省乙县某医院发现其所在县发生了重大食物中毒事件。根据《突发公共卫生事件应急条例》,该医院应当在 2 小时内将此事向(   )报告。

A. 甲省人民政府应急管理部门
B. 甲省人民政府卫生行政主管部门
C. 乙县人民政府应急管理部门
D. 乙县人民政府卫生行政主管部门

53. 根据《乡镇卫生院管理办法(试行)》,下列说法正确的是(   )。

A. 乡镇卫生院应当根据本地实际情况自主设置临床和公共卫生等部门

B. 乡镇卫生院可以根据本地实际情况设置诊疗科目,开展诊疗活动

C. 乡镇卫生院可以根据本地实际情况出租、承包内部科室

D. 乡镇卫生院的绩效考核应当由县人民医院和乡镇人民政府负责组织

54. 根据人力资源和社会保障部、民政部印发的《关于鼓励社会团体、基金会和民办非企业单位建立企业年金有关问题的通知》,社会组织建立企业年金所需费用由社会组织和工作人员共同缴纳,双方缴费合计一般不超过本单位上年度工作人员工资总额的(   )。

A. 六分之一
B. 八分之一
C. 十分之一
D. 十二分之一

55. 李某,35 周岁,申请从甲地城乡居民养老险保险转入乙地城镇职工养老保险。根据《城乡养老保险制度衔接暂行办法》,下列说法中,正确的是(   )。

A. 李某城乡居民养老保险个人账户储存额不与城镇职工养老保险个人账户余额合并

B. 李某城乡居民养老保险缴存年限不合并计算或折算为城镇职工养老保险缴费年限

C. 李某若在同一年度同时参加城镇职工养老保险和城乡居民养老保险,其重复缴费时段只计算城乡居民养老保险

D. 李某退休后可同时领取城镇职工养老保险和城乡居民养老保险待遇

56. 根据人力资源和社会保障部、财政部印发的《关于调整失业保险金标准的指导意见》,各省要在确保基金可持续前提下,逐步将失业保险金标准提高到最低工资标准的(   )。

A. 60%
B. 70%
C. 80%
D. 90%

57. 农村居民何某在某市一非法用工单位工作,患上了职业病,被评定为一级伤残。根据《非法用工单位伤亡人员一次性赔偿办法》,何某可获得所在单位工伤保险统筹地区上年度(   )16 倍的一次性赔偿金。

A. 最低工资
B. 职工年平均工资
C. 城镇居民人均可支配收入
D. 农村居民人均可支配收入

58. 根据《中华人民共和国社会保险法》,下列人员可以直接向社会保险费征收机构缴纳城镇职工基本养老保险费的是(   )。

A. 侯某,无雇工的个体工商户
B. 张某,某基金会秘书长

C. 李某,某企业专职会计　　　　　　　　D. 吴某,无业人员

59. 某企业因不可抗力因素生产经营严重困难,企业账户余额已少于应缴社会保险费。根据《中华人民共和国社会保险法》,该企业可以依法采取的缓解社会保险费措施是(　　)。

A. 向社会保险费征收机构申请降低缴费基数

B. 通过工会与本企业职工协商停缴社会保险费

C. 向社会保险费征收机构提供担保并签订延期缴费协议

D. 经职工代表大会同意,向社会保险费征收机构申请减少缴费人员

60. 根据《欺诈骗取医疗保障基金行为举报奖励暂行办法》,对符合条件的举报人予以奖励的最高额度为(　　)万元。

A. 5　　　　　　　　　　　　　　　　B. 10

C. 15　　　　　　　　　　　　　　　　D. 20

二、多项选择题(共20题,每题2分。每题的备选项中,有2个或2个以上符合题意,至少有1个错项。错选,本题不得分;少选,所选的每个选项得0.5分)

61. 当前,我国政府与社会力量在社会福利事业方面的主要合作方式有(　　)。

A. 社会力量通过资金投入参与政府主办的社会福利事业

B. 政府通过减免税收的方式鼓励社会力量参与社会福利事业

C. 鼓励大型企业向政府捐款以弥补政府社会福利行政经费的不足

D. 地方政府将社会力量捐赠的资金纳入公共财政预算

E. 政府通过购买服务的方式向参与社会福利事业的社会力量投入资金

62. 最低生活保障家庭成员刘某,无正当理由连续3次拒绝了公共就业服务机构为其介绍的与其健康状况和劳动能力相适应的工作。根据《社会救助暂行办法》,当地县级人民政府民政部门可以对刘某采取的措施有(　　)。

A. 停发其家庭的最低生活保障金

B. 停发其本人的最低生活保障金

C. 减发其本人的最低生活保障金

D. 追回其家庭前3个月的最低生活保障金

E. 追回其本人前3个月的最低生活保障金

63. 农村居民张某,65周岁,孤身一人,经济困难,申请了特困人员救助供养。根据《特困人员认定办法》,在审核张某家庭收入时,张某的下列收入应计入在内的有(　　)。

A. 卖菜收入

B. 土地流转收入

C. 村民委员会发放的治安巡逻志愿者补贴

D. 政府发放的种粮补贴

E. 中央确定的城乡居民基本养老保险基础养老金

64. 根据《社会救助暂行办法》,实施住房救助可采取的方式有(　　)。

A. 配租公共租赁住房

B. 发放住房租赁补贴

C. 降低购房首付比例

D. 减免购房贷款利息

E. 农村危房改造

65. 根据《社会救助暂行办法》，基于不同教育阶段需求，可以采取的教育救助方式有(　　)。

A. 减免学杂费用

B. 发放学业奖学金

C. 给予生活补助

D. 安排勤工助学

E. 发放助学金

66. 根据《中华人民共和国民法典》，孙子女、外孙子女对祖父母、外祖父母履行赡养义务的条件包括(　　)。

A. 祖父母、外祖父母缺乏生活能力

B. 祖父母、外祖父母的子女已经死亡或者子女无法赡养

C. 孙子女、外孙子女有负担能力

D. 孙子女、外孙子女无其他赡养对象

E. 孙子女、外孙子女由祖父母、外祖父母抚养长大

67. 根据《中华人民共和国民法典》，遗产管理人应当履行的职责有(　　)。

A. 清理遗产并制作遗产清单

B. 向继承人报告遗产情况

C. 为被继承人设立遗嘱信托

D. 采取必要措施防止遗产毁损、灭失

E. 按照遗嘱或者依照法律规定分割遗产

68. 甲、乙、丙、丁四兄弟的父母、祖父母、外祖父母均已故。甲育有一子一女，但甲已于2017年病故；乙和丙未婚未育；丁已婚未育。丙于2020年12月突发意外去世，未订立遗嘱。根据《中华人民共和国民法典》，丙的法定继承人有(　　)。

A. 甲的儿子　　　　　　　　　　B. 甲的女儿

C. 乙　　　　　　　　　　　　　　D. 丁

E. 丁的妻子

69. 甲省气象台监测到近期本省将出现极端天气，其中甲省辖区内的乙市有可能发生自然灾害，引发突发事件，遂及时通知乙市气象局，并向甲省人民政府报告。根据《中华人民共和国突发事件应对法》，可以向乙市发布突发事件预警的有(　　)。

A. 甲省气象台　　　　　　　　　　B. 乙市气象局

C. 甲省人民政府　　　　　　　　　D. 乙市人民政府

E. 乙市应急管理部

70. 根据《中华人民共和国治安管理处罚法》，下列违反治安管理行为人，经查其行为的违法事实清楚、证据确凿，可以对其当场作出治安管理处罚决定的有(　　)。

A. 何某，醉酒后扰乱公园秩序，拟处以警告

B. 王某，在车站扰乱运营秩序，强行闯卡上车，拟处以100元罚款

C. 李某，擅自进入铁路防护网，影响行车安全，拟处以200元罚款

D. 赵某，在高速公路服务区强行向过往司机售卖玻璃水，拟处以300元罚款

E. 张某,盗窃路面井盖,拟处以 3 日拘留

71. 烈士老张有一子张某,无其他近亲属。张某未婚未育,现已年迈,入住当地退役军人事务部门所属的光荣院。日前,网络主播王某在网上丑化烈士老张,造成了恶劣影响,不仅侵害了老张的名誉、荣誉,也损害了社会公共利益。根据《中华人民共和国英雄烈士保护法》,对王某的行为,可以依法向人民法院提起诉讼的主体有(   )。

   A. 张某   B. 张某所入住的光荣院
   C. 当地退役军人事务部门   D. 当地公安机关
   E. 当地检察机关

72. 根据《关于加强军人军属、退役军人和其他优抚对象优待工作的意见》,下列人员可以享受免费乘坐市内公共汽车、电车和轨道交通工具优待的有(   )。

   A. 现役军人   B. 退役军人
   C. 残疾军人   D. 现役军人家属
   E. 烈属

73. 根据《中华人民共和国退役军人保障法》,对退役的军官,国家采取的安置方式包括(   )。

   A. 退休   B. 转业
   C. 自主择业   D. 逐月领取退役金
   E. 复员

74. 某城市社区共有住户 600 户,18 周岁以上的居民 1500 人,共分设 30 个居民小组,成立了业主委员会,聘用了一家物业管理公司。根据《中华人民共和国城市居民委员会组织法》,若该社区(   )提议,应当召集居民会议。

   A. 业主委员
   B. 150 名满 18 周岁的居民
   C. 120 户居民
   D. 10 个居民小组
   E. 物业管理公司

75. 根据《中华人民共和国慈善法》,下列关于慈善组织清算后的剩余财产的说法,正确的是(   )。

   A. 慈善组织章程作出规定的,可根据章程规定转给宗旨相同或相近的慈善组织
   B. 慈善组织章程作出规定的,可由出资比例退还给慈善组织发起人
   C. 慈善组织章程未作规定的,可由民政部门主持转给宗旨相同或相近的慈善组织
   D. 慈善组织章程未作规定的,筹得的非定向捐赠资金结余部分可由财政部门收缴处理
   E. 慈善组织章程未作规定的,筹得的非定向捐赠资金结余部分可按比例退还捐赠人

76. 赵某拟发起成立地方性社会团体——甲市乡村振兴促进会,该促进会由个人和单位会员混合组成。根据《社会团体登记管理条例》,该团体申请成立应当具备的条件有(   )。

   A. 有独立承担民事责任的能力
   B. 会员总数不少于 50 个
   C. 有相应的组织机构、固定的住所
   D. 有不少于 10 万元的活动资金

E. 有与其业务活动相适应的专职工作人员

77. 根据《城镇企业职工基本养老保险关系转移接续暂行办法》,针对跨省流动的参保人员,下列办理基本养老保险关系转移接续手续的程序,正确的有( )。

A. 参保人员在新就业地按规定建立基本养老保险关系和缴费后,由用人单位或参保人员向新参保地社保经办机构提出基本养老保险关系转移接续参保证明

B. 新参保地社保经办机构在15个工作日内,对符合转移接续条件的,向参保人员原基本养老保险关系所在地的社保经办机构发出同意接收函

C. 新参保地社保经办机构在15个工作日内,对不符合转移接续条件的,向参保人员作出电话或口头说明

D. 原基本养老保险关系所在地社保经办机构在接到同意接收函的15个工作日内,办理好转移接续的各项手续

E. 新参保地社保经办机构在收到参保人员原基本养老保险关系所在地的社保经办机构转移的基本养老关系和资金后,应在15个工作日内办结有关手续,并将确认情况及时通知用人单位或参保人员

78. 杨某欲申请工伤保险辅助器具。根据《工伤保险辅助器具配置管理办法》,下列关于杨某工伤保险辅助器具配置的说法,正确的有( )。

A. 杨某应向劳动能力鉴定委员会提出辅助器具配置确认申请

B. 杨某应向劳动能力鉴定委员会提交有效身份证明原件和复印件

C. 杨某收到予以配置的确认结论后,应及时向社会保险经办机构进行登记

D. 杨某应当到工伤保险辅助器具协议机构配置辅助器具

E. 杨某应支付为其配置辅助器具的安装、维修费用

79. 下列人员被认定为工伤,但其所在用人单位未依法缴纳工伤保险费,根据《社会保险基金先行支付暂行办法》,这些人员当中可以向社会保险经办机构书面申请先行支付工伤保险待遇的有( )。

A. 赵某,所在用人单位被依法吊销营业执照

B. 杨某,所在用人单位被依法撤销登记

C. 贺某,所在用人单位拒绝支付费用

D. 吕某,所在用人单位经营困难,双方达成协议暂缓支付工伤保险待遇

E. 何某,所在用人单位支付的费用未达到规定的工伤保险待遇标准,且用人单位拒绝支付不足部分

80. 根据《社会保险基金监督举报工作管理办法》,下列关于社会保险基金监督的说法,正确的有( )。

A. 受理电话举报,应当录音

B. 当面举报时,举报人可以不在笔录上留姓名

C. 举报人有权要求答复本人所举报案件的办理结果

D. 监督机构工作人员可以对匿名的举报材料鉴定笔迹

E. 监督机构工作人员应当及时向被调查单位和被调查人出示举报材料

社会工作法规与政策（中级）
2020 年真题

重要提示：

　　为维护您的个人权益，确保考试的公平公正，请您协助我们监督考试实施工作。

　　本场考试规定：监考老师要向本考场全体考生展示题本密封情况，并邀请 2 名考生代表验封签字后，方能开启试卷袋。

社会工作法规与政策(中级)2020年真题

一、单项选择题(共60题,每题1分。每题的备选项中,只有1个最符合题意)

1. 根据《关于加强社会工作专业人才队伍建设的意见》,下列事业单位中,可将社会工作专业岗位明确为主体专业技术岗位的是(   )。
   A. 职业教育机构
   B. 医疗卫生机构
   C. 基层文化机构
   D. 老年人福利机构

2. 党的十九大报告明确提出,加强社会治理制度建设,完善党委领导、政府负责、社会协同、公众参与、法治保障的社会治理体制,提高社会治理(   )水平。
   A. 社会化、法治化、智能化、专业化
   B. 精细化、标准化、规范化、专业化
   C. 法治化、专业化、智能化、信息化
   D. 公开化、透明化、多元化、体系化

3. 根据《民政部、财政部关于政府购买社会工作服务的指导意见》,政府购买社会工作服务,原则上应采用的方式是(   )。
   A. 公开招标　　　　　　　　　　B. 邀请招标
   C. 竞争性谈判　　　　　　　　　D. 单一来源采购

4. 根据《最低生活保障审核审批办法(试行)》,关于低保复核的说法,正确的是(   )。
   A. 老陈一家,城市"三无"人员家庭,可不复核
   B. 老张一家,非农业户口,儿子重度残疾,家庭收入基本固定,可每季度复核一次
   C. 老林一家,非农业户口,短期内家庭经济状况和家庭成员基本情况相对稳定,可每半年复核一次
   D. 老秦一家,农业户口,有劳动能力,家庭收入来源不固定,可每年复核一次

5. 根据《国务院关于全面建立临时救助制度的通知》,关于临时救助的说法,正确的是(   )。
   A. 临时救助申请须本人提出,不得委托他人
   B. 对于持有当地居住证的个人提出的临时救助申请,由当地乡镇人民政府(街道办事处)受理
   C. 申请人提供相应证明材料后,方可受理临时救助申请
   D. 临时救助金应当支付到救助对象个人账户,不得直接发放现金

6. 根据《社会救助暂行办法》,负责社会救助申请受理、调查审核的是(   )。
   A. 村民委员会、居民委员会

B. 乡镇人民政府、街道办事处

C. 县级人民政府民政部门

D. 县级人民政府财政部门

7. 根据《社会救助暂行办法》，关于就业救助的说法，正确的是(　　)。

A. 公共就业服务机构为就业救助对象提供职业介绍服务应当按规定合理收取费用

B. 吸纳就业救助对象的用人单位享受免征企业所得税、免除行政事业性收费的待遇

C. 就业救助对象拒绝接受介绍的工作，民政部门可以取消其最低生活保障待遇并收回已发放的低保金

D. 就业救助的方式包括贷款贴息、社会保险补贴、岗位补贴、培训补贴、费用减免、公益性岗位安置等

8. 李大爷为特困供养人员，被安置在养老院集中供养。某日，李大爷听说还有住房救助政策，便准备申请。根据《社会救助暂行办法》，关于李大爷申请住房救助的说法，正确的是(　　)。

A. 李大爷符合公共租赁住房的申请条件

B. 李大爷符合领取住房租赁的补贴条件

C. 李大爷符合领取农村危房改造的补贴条件

D. 李大爷不符合住房救助的申请条件

9. 根据《城乡医疗救助基金管理办法》，关于城乡医疗救助基金使用的说法，正确的是(　　)。

A. 救助方式以门诊救助为主，同时兼顾住院救助

B. 城乡医疗救助基金的救助对象是无劳动能力的老年重症患者

C. 城乡医疗救助基金要首先确保资助救助对象全部参加基本医疗保险

D. 对未参加基本医疗保险的救助对象个人自负的医疗费用，不予救助

10. 社区里的4位老人正在谈论和救助站相关的话题。

吴大爷说："我的养老金不高，以后到外地旅游，可以找救助站免费吃住。"

李大爷脑袋一晃，说道："想得美，那吃住可不是免费的，要干活、得劳动。"

章大爷接过话茬："进了救助站，还得说出自己的真名实姓……"

陈大爷抢着说："救助站也就提供吃住，犯心脏病什么的，就不管了。"

根据《城市生活无着的流浪乞讨人员救助管理办法》，4位老人的说法，正确的是(　　)。

A. 吴大爷的说法　　　　　　　　　B. 李大爷的说法

C. 章大爷的说法　　　　　　　　　D. 陈大爷的说法

11. 根据《女职工劳动保护特别规定》，企业对下列女职工的劳动时间安排，正确的是(　　)。

A. 小丽，怀孕5个月流产，企业准予其享受15天产假

B. 小莲，怀孕7个月，在劳动时间内进行产前检查，企业将产检所需时间折半计入劳动时间

C. 小琴，怀孕8个月，企业安排其每周加班5个小时

D. 小芳，哺乳6个月大的儿子，企业在其每天劳动时间内安排1个小时的哺乳时间

12. 根据《国务院关于加快发展养老服务业的若干意见》，关于养老服务业税费优惠的说法，正确的是(　　)。

A. 国家对非营利性养老机构减半征收城镇土地使用税

B. 国家对非营利性养老机构建设减半征收有关行政事业性收费

C. 养老机构用电、用水等按商业经营类价格优惠执行

D. 境内外资本开办的养老机构享有同等的税收等优惠政策

13. 小林,17岁,独自一人在农村老家生活和学习。父母外出务工,无法对小林履行监护职责。根据《中华人民共和国未成年人保护法》,关于对小林监护职责的说法,正确的是( )。

    A. 小林的父母应当委托其他有监护能力的成年人代为监护

    B. 小林的父母可以不委托监护人,但要提供小林的生活、学习费用

    C. 如果小林的父母没有委托监护人,应当由小林所在学校承担监护职责

    D. 如果小林的父母没有委托监护人,应当由小林所在村村民委员会承担监护职责

14. 某县拟建立残疾人法律救助工作站。根据《残疾人法律救助工作站管理规定》,该救助站应设立在( )。

    A. 县民政局　　　　　　　　　　B. 县司法局

    C. 县人民法院　　　　　　　　　　D. 县残疾人联合会

*15. 根据《中华人民共和国婚姻法》等相关司法解释,下列婚姻关系存续期间所得但未作约定的财产中,归夫妻共同所有的是( )。

    A. 一方生产、经营的收益

    B. 一方专用的生活必需品

    C. 一方父母出全资购买并登记在出资人子女名下的房产

    D. 一方因身体受到伤害获得的医疗费

*16. 根据《中华人民共和国收养法》,收养关系成立的必经程序是( )。

    A. 订立收养协议

    B. 办理收养公证

    C. 办理收养登记

    D. 办理户口登记

*17. 根据《中华人民共和国继承法》,关于法定继承的说法,正确的是( )。

    A. 第二顺序继承人包括祖父母、外祖父母、孙子女、外孙子女和兄弟姐妹

    B. 丧偶儿媳对公婆尽了主要赡养义务的,作为第二顺序继承人

    C. 继承人以外的对被继承人扶养较多的人,可以继承被继承人的遗产

    D. 继承开始后,如果没有第一顺序继承人继承,由第二顺序继承人继承

*18. 根据《中华人民共和国继承法》,关于法定继承中的遗产分割的说法,正确的是( )。

    A. 经继承人协商同意的,可以不均等继承

    B. 丧偶儿媳、女婿,应当继承其配偶应得份额

    C. 代位继承人继承的份额应当少于其他法定继承人继承的份额

    D. 被继承人的遗产应当由被继承人的配偶继承一半

19. 根据《信访条例》,下列人员的行为,属于信访的是( )。

A. 老王因不满公司的辞退决定,向劳动仲裁委员会申请仲裁

B. 老李在某社交平台抱怨小区物业公司对宠物扰民问题放任不管

C. 老张因不服某政府部门的处罚决定,向人民法院提起行政诉讼

D. 老赵通过市政府市民热线投诉某村民委员会主任对公益岗位的安排不合理

20. 根据《中华人民共和国人民调解法》，关于调解协议的说法，正确的是(　　)。

A. 达成调解协议前，当事人不得要求终止调解

B. 经人民调解委员会调解达成的调解协议具有法律约束力

C. 调解协议书自双方当事人签名、盖章或者按指印起生效

D. 调解协议书生效后，当事人之间就调解协议内容发生争议的，人民调解委员会应当再次调解

21. 根据《中华人民共和国突发事件应对法》，发布突发事件警报后，有事实证明不可能发生突发事件或者危险已经解除的，发布警报的人民政府应当采取的措施是(　　)。

A. 立即宣布解除警报，继续在 24 小时内实施有关措施

B. 持续观察 12 小时后，宣布解除警报和已经采取的有关措施

C. 立即宣布解除警报，终止预警期，并解除已经采取的有关措施

D. 立即解除已经采取的有关措施，逐级降低预警级别直至解除警报

22. 根据《中华人民共和国社区矫正法》，社区矫正对象符合刑法规定的减刑条件的，应当由(　　)提出减刑建议。

A. 村(居)民委员会　　　　　　　　B. 社区矫正机构

C. 派出所　　　　　　　　　　　　D. 基层人民法院

23. 根据《中华人民共和国禁毒法》，设置戒毒医疗机构应当符合国务院卫生行政部门规定的条件，报所在地的省、自治区、直辖市人民政府(　　)批准，并报同级公安机关备案。

A. 民政部门

B. 卫生行政部门

C. 司法行政部门

D. 市场监督管理部门

24. 根据《中华人民共和国英雄烈士保护法》，每年(　　)为烈士纪念日，国家在首都北京的天安门广场上人民英雄纪念碑前举行纪念仪式，缅怀英雄烈士。

A. 4 月 5 日　　　　　　　　　　　B. 8 月 1 日

C. 9 月 30 日　　　　　　　　　　D. 10 月 1 日

25. 根据《烈士褒扬条例》，国家对烈士遗属给予的抚恤优待应当随经济社会的发展逐步提高，保障烈士遗属的生活不低于(　　)。

A. 当地最低生活保障标准

B. 当地居民的平均生活水平

C. 全国城乡居民的平均生活水平

D. 全国城镇居民的平均生活水平

26. 林某，甲省乙县应征入伍，在一次武器装备科研试验中受伤致残。军队相关部门为其配制了假肢并安排了康复训练。康复训练结束后，林某继续服役。现因工作和生活的需要，林某需要配制代步三轮车。根据《军人抚恤优待条例》，林某的代步三轮车由(　　)负责解决。

A. 林某所在军队师级单位

B. 林某所在军队军级以上单位

C. 甲省人民政府民政部门

D. 乙县人民政府民政部门

27. 根据《军队离休退休干部服务管理办法》，军休干部管理委员会是在服务管理机构内（　　）。

   A. 由地方政府部门设立的服务管理军休干部的机构

   B. 由军队政治机关设立的服务管理军休干部的部门

   C. 由军休干部自愿组成，为实现会员共同意愿的社会团体

   D. 军休干部自我教育、自我管理、自我服务的群众性组织

28. 根据《中华人民共和国城市居民委员会组织法》，召集和主持居民会议的主体是（　　）。

   A. 社区党组织　　　　　　　　　B. 居民委员会

   C. 业主委员会　　　　　　　　　D. 街道办事处

29. 某社区居民委员会为了推进居民自治，根据居民居住状况分设了 20 个居民小组。根据《中华人民共和国城市居民委员会组织法》，居民小组组长应由（　　）。

   A. 居民小组推选产生

   B. 户代表会议协商产生

   C. 居民代表会议推选产生

   D. 居民会议选举产生

30. 根据《中华人民共和国村民委员会组织法》，村民委员会的选举由（　　）主持。

   A. 乡镇人民政府

   B. 上届村民委员会

   C. 村务监督机构

   D. 村民选举委员会

31. 根据《民政部、财政部关于加快推进社区社会工作服务的意见》，鼓励社会工作专业人才通过（　　）进入城市社区党组织、社区居民自治组织、业主委员会。

   A. 任命　　　　　　　　　　　　B. 选举

   C. 竞聘　　　　　　　　　　　　D. 考试

32. 根据《中共中央　国务院关于加强和完善城乡社区治理的意见》，对于基层群众性自治组织承担的社区工作事项清单、协助政府的社区工作事项清单之外的其他事项，街道办事处（乡镇政府）可通过向基层群众性自治组织等（　　）方式提供。

   A. 购买服务　　　　　　　　　　B. 转移职能

   C. 协商共治　　　　　　　　　　D. 分派任务

33. 根据《中华人民共和国慈善法》，下列人员中，可以担任慈善组织负责人的是（　　）。

   A. 甲，限制民事行为能力人

   B. 乙，因故意犯罪被判刑，刑满释放刚满 3 年

   C. 丙，某社会团体原会计，该社会团体 3 年前被依法取缔

   D. 丁，某社会服务机构原负责人，该机构 2 年前被吊销登记证书

34. 某协会是依法设立的具有公开募捐资格的慈善组织，正在为一项为期 3 年的教育慈善项目开展公开募捐活动。根据《中华人民共和国慈善法》，该项目自启动之日起至项目结束之日，该协会应当至少（　　）次公开项目实施情况。

   A. 3　　　　　　　　　　　　　　B. 6

   C. 9　　　　　　　　　　　　　　D. 12

35. 根据《慈善组织信息公开办法》，慈善组织应当将其接受捐赠的金额和用途在(   )上向社会公开。

A. 民政部门提供的统一信息平台

B. 业务主管部门的门户网站

C. 慈善组织自己的移动客户端

D. 慈善组织自己的官方微信公众号

36. 某社会服务机构开展农村留守老人关爱服务，需要招募几名志愿者为患有白内障的老年人进行义诊。根据《志愿服务条例》，该机构此次招募志愿者的下列做法中，错误的是(   )。

A. 在招募海报中写明开展服务的内容、时间、地点等信息

B. 向报名的志愿者说明服务中可能存在的风险

C. 招募未接触过相关医学知识的大一新生

D. 直接与某志愿服务组织合作，由志愿服务组织负责招募志愿者

37. 某社会团体近期进行了换届。根据《民政部关于社会团体登记管理有关问题的通知》，下列人员中无须向登记管理机关办理备案手续的是(   )。

A. 新当选会长的甲

B. 新当选副会长的乙

C. 继续担任秘书长的丙

D. 继续担任常务副秘书长的丁

38. 根据《民政部关于贯彻落实国务院取消全国性社会团体分支机构、代表机构登记行政审批项目的决定有关问题的通知》，关于社会团体分支机构的说法，正确的是(   )。

A. 社会团体可在分支机构下再设立分支机构

B. 社会团体可以以设立分支机构的名义收取管理费

C. 社会团体的分支机构不得以法人组织的名称命名

D. 社会团体的分支机构可根据需要结合实际制定章程

39. 根据《基金会名称管理规定》，经本人同意后，下列基金会拟使用自然人姓名作为基金会字号的情形，正确的是(   )。

A. 甲非公募基金会使用当红影星何某的姓名作为字号

B. 乙非公募基金会使用曾因犯罪被判处剥夺政治权利的王某的姓名作为字号

C. 丙公募基金会使用"全国五一劳动奖章"获得者陈某的姓名作为字号

D. 丁公募基金会使用著名企业家李某的姓名作为字号

40. 根据《基金会管理条例》，下列基金会中，理事人数符合规定的是(   )。

A. 甲基金会的理事人数是 3 人

B. 乙基金会的理事人数是 5 人

C. 丙基金会的理事人数是 30 人

D. 丁基金会的理事人数是 50 人

41. 根据《财政部　税务总局关于非营利组织免税资格认定管理有关问题的通知》，关于非营利组织免税资格的说法，正确的是(   )。

A. 非营利组织免税优惠资格的有效期为 3 年

B. 社会团体享受免税的资格由其所在地市场监督管理部门审核确认并公布

C. 纳税信用等级由税务部门评定为 C 级的民办非企业单位,其免税资格应予以取消

D. 获得免税资格的基金会,工作人员平均工资薪金水平不得超过税务登记所在地的市级以上地区的同行业同类组织平均工资水平的 1.5 倍

42. 根据《中华人民共和国就业促进法》,下列人员的创业计划中,有关部门应当在经营场地等方面给予照顾并免除行政事业性收费的是( )。

A. 残障人士小王,拟个体经营一家面包房

B. 应届大学毕业生小李,拟开办一家服装厂

C. 退休工程师老张,拟开办一家高科技公司

D. 在一家餐厅工作的进城务工人员小刘,拟承包该餐厅

43. 根据《中华人民共和国劳动合同法》,关于非全日制用工的说法,正确的是( )。

A. 非全日制用工双方当事人应当订立书面协议

B. 非全日制用工试用期不得超过 1 个月

C. 非全日制用工劳动报酬结算支付周期最长不得超过 1 周

D. 终止非全日制用工,用人单位无需向劳动者支付经济补偿

44. 陈某,46 岁,2018 年 5 月与某机械设备公司签订了为期 3 年的劳动合同,约定从事清洁工作。2019 年 10 月,该公司人事部门将陈某调至车间做数控车工。陈某不同意公司改变约定的劳动条件,而公司则要求陈某服从安排,双方发生纠纷。根据《中华人民共和国劳动合同法》,关于解决双方纠纷的说法,正确的是( )。

A. 公司可以解除劳动合同,但应向陈某支付经济补偿

B. 公司可以解除劳动合同,且无需向陈某支付经济赔偿

C. 陈某可以解除劳动合同,且应获得经济补偿

D. 陈某可以解除劳动合同,但不能获得经济补偿

45. 根据《最低工资规定》,关于最低工资标准的说法,正确的是( )。

A. 最低工资标准应由县级人民政府确定

B. 最低工资标准一般采用月最低工资标准和小时最低工资标准的形式

C. 最低工资标准不得低于当地上年度职工月平均工资的 30%

D. 最低工资标准至少每年调整一次

46. 根据《中华人民共和国劳动争议调解仲裁法》,劳动争议申请仲裁的时效期间为( )。

A. 3 个月 B. 6 个月

C. 1 年 D. 2 年

47. 根据《劳动保障监察条例》,下列事项中,属于劳动保障行政部门实施劳动保障监察范围的是( )。

A. 机关工会维护职工权益的情况

B. 企业代扣代缴员工个人所得税的情况

C. 基金会为员工购买意外伤害保险的情况

D. 公司遵守工作时间和休息休假规定的情况

48. 根据《集体合同规定》,关于集体合同协商代表的说法,正确的是( )。

A. 职工一方可以聘请外单位人员担任首席代表

B. 用人单位可以聘请外单位人员担任首席代表

C. 双方首席代表轮流主持集体协商会议

D. 双方所有集体协商代表均应在集体合同草案上签字

49. 根据《集体合同规定》，用人单位和职工任何一方就签订集体合同有关事项提出集体协商要求的，另一方应当在收到集体协商要求之日起(　　)日内以书面形式予以回应。

A. 5　　　　　　　　　　　　　　　B. 10

C. 20　　　　　　　　　　　　　　D. 30

50. 根据《"健康中国2030"规划纲要》，我国要创新医疗卫生服务供给模式，全面建立成熟完善的分级诊疗制度，形成(　　)、急慢分治、上下联动的合理就诊秩序。

A. 基层首诊、双向转诊

B. 基层首诊、逐级转诊

C. 自由首诊、向上转诊

D. 自由首诊、向下转诊

51. 根据《中华人民共和国职业病防治法》，劳动者被诊断患有职业病，但用人单位没有依法参加工伤保险的，劳动者的医疗和生活保障由(　　)承担。

A. 劳动者本人

B. 劳动者所在用人单位

C. 劳动者所在工会

D. 用人单位所在地卫生行政部门

52. 根据《突发公共卫生事件应急条例》，突发公共卫生事件发生后，具体负责组织突发公共卫生事件调查、控制和医疗救治工作的部门是县级以上地方人民政府(　　)。

A. 民政部门

B. 公安机关

C. 司法行政部门

D. 卫生行政主管部门

53. 根据《实施〈中华人民共和国社会保险法〉若干规定》，关于职工基本养老保险个人账户处置方式的说法，正确的是(　　)。

A. 职工死亡后，其个人账户余额转入社会统筹账户

B. 职工家庭经济困难时，其个人账户可以提前支取

C. 职工在达到法定的领取基本养老金条件前离境定居的，其个人账户不予保留

D. 职工基本养老保险关系终止时，社会保险经办机构将其个人账户储存额一次性支付给本人

54. 根据《国务院关于建立统一的城乡居民基本养老保险制度的意见》，城乡居民(不含在校学生)参加基本养老保险的年龄最低为(　　)周岁。

A. 14　　　　　　　　　　　　　　B. 16

C. 18　　　　　　　　　　　　　　D. 20

55. 根据《国务院关于整合城乡居民基本医疗保险制度的意见》，城乡居民医疗基金政策范围内住院费用的支付比例保持在(　　)左右。

A. 55%　　　　　　　　　　　　　B. 65%

C. 75%　　　　　　　　　　　　　D. 85%

56. 甲公司承租乙公司的场地开办餐厅,由丙公司承包经营。由于人手不够,丙公司从丁公司借调厨师王某前来帮忙。王某在该餐厅工作时不小心被烫伤,但相关公司未约定工伤补偿办法。根据《工伤保险条例》,应承担王某工伤保险责任的公司是(   )。

A. 甲公司　　　　　　　　　　　　B. 乙公司

C. 丙公司　　　　　　　　　　　　D. 丁公司

57. 下列人员均处于失业状态,失业前缴纳失业保险费均超过1年,失业后均办理了失业登记,并有求职要求。根根《失业保险条例》,4人中可以领取失业保险金的是(   )。

A. 吴某,为照顾家庭,主动辞职,中断就业

B. 张某,不满单位工资待遇,主动辞职,中断就业

C. 赵某,被所在单位领导批评,主动辞职,中断就业

D. 王某,违反单位操作规程,被所在单位开除,中断就业

58. 根据《中华人民共和国社会保险法》,个人对社会保险经办机构不依法办理社会保险转移接续手续的行为,可以依法(   )。

A. 申请行政复议

B. 申请劳动仲裁

C. 申请人民调解

D. 提起民事诉讼

59. 经劳动保障行政部门查实,某公司未按规定办理社会保险登记,情节严重。根据《社会保险费征缴暂行条例》,劳动保障行政部门可以对该公司直接负责的主管人员和其他直接责任人员处(   )的罚款。

A. 500元以上1000元以下

B. 1000元以上5000元以下

C. 5000元以上10000元以下

D. 10000元以上20000元以下

60. 根据《国务院关于建立企业职工基本养老保险基金中央调剂制度的通知》,中央调剂基金由各省份(   )构成。

A. 上缴的彩票公益金

B. 上缴的专项税收

C. 养老保险基金上解的资金

D. 行政事业性收费上解的资金

二、多项选择题(共20题,每题2分。每题的备选项中,有2个或2个以上符合题意,至少有1个错项。错选,本题不得分;少选,所选的每个选项得0.5分)

61. 根据《中华人民共和国立法法》,下列组织中,可以制定地方性法规的有(   )。

A. 镇人民代表大会

B. 民族自治县人民代表大会

C. 经济特区所在地的市人民代表大会

D. 省会城市人民代表大会

E. 省人民代表大会常务委员会

62. 根据《民政部关于进一步加快推进民办社会工作服务机构发展的意见》，关于成立民办社会工作服务机构的说法，正确的是( )。

A. 成立民办社会工作服务机构，章程中应明确社会工作服务宗旨、范围和方式

B. 成立民办社会工作服务机构，应当符合《民办非企业单位登记管理暂行条例》规定的条件

C. 成立民办社会工作服务机构，负责人应具有5年以上专业社会工作服务经历

D. 成立民办社会工作服务机构，应当有10名以上专职工作人员

E. 成立民办社会工作服务机构，专职工作人员中应有1/3以上取得社会工作者职业水平证书或具备社会工作专业本科及以上学历

63. 老王夫妇与老王的父母、兄妹生活在一起。老王夫妇失业在家，女儿在读高中。老王的哥哥因精神残障一直未婚，老王是哥哥的法定监护人。老王的妹妹在本地工作，为照顾年迈的父母，也搬到老王家同住。老王一家拟申请最低生活保障待遇。根据《最低生活保障审核审批办法(试行)》，下列人员中，应认定为老王共同生活的家庭成员有( )。

A. 老王的妻子   B. 老王的女儿

C. 老王的哥哥   D. 老王的妹妹

E. 老王的父母

64. 根据《社会救助暂行办法》，国家给予特困人员供养的内容有( )。

A. 办理丧葬事宜

B. 提供交通补贴

C. 提供疾病治疗

D. 提供基本生活条件

E. 对生活不能自理的给予照料

65. 最低生活保障家庭成员小王，在某职业高中就读。根据《社会救助暂行办法》，关于小王申请教育救助的说法，正确的有( )。

A. 小王应当向就读学校提出教育救助申请

B. 学校可以根据实际需要安排小王勤工助学

C. 教育救助应当保障小王的基本学习、生活需求

D. 民政部门应当根据小王的申请给予教育补助

E. 小王所获得的教育救助金，由其户籍所在地街道办事处统一发放

66. 父母去世后，老夏把未成年的弟弟扶养成人。老夏夫妇育有一子一女，均已结婚生子且生活富裕。老夏现年事已高，丧失劳动能力。根据《中华人民共和国老年人权益保障法》，下列人员中，对老夏有赡养或扶养义务的有( )

A. 儿子   B. 儿媳

C. 女儿   D. 弟弟

E. 女婿

67. 根据《中华人民共和国未成年人保护法》，不得允许未成年人进入的场所有( )。

A. 私人美术馆   B. 营业性网吧

C. 营业性歌舞厅   D. 营业性游乐场

E. 经营性电影院

*68. 根据《中华人民共和国收养法》,关于解除收养关系的说法,正确的有( )。

A. 收养人在被收养人成年以前,不得解除收养关系,但收养人、送养人双方协议解除的除外

B. 养父母与成年养子女关系恶化,无法共同生活的,可以协议解除收养关系

C. 收养关系解除后,养子女与养父母及其他近亲属的权利义务关系即行消除

D. 收养关系解除后,养子女与生父母及其他近亲属的权利义务关系经人民法院裁判后恢复

E. 收养关系解除后,经养父母抚养成年的养子女,对缺乏劳动能力又缺乏生活来源的养父母,应当给付生活费

*69. 根据《中华人民共和国继承法》,下列遗嘱中,应认定为无效的有( )。

A. 遗嘱人独自以录音形式所立的遗嘱

B. 遗嘱人经人代书并由两名继承人见证所立的遗嘱

C. 遗嘱人受欺骗所立的遗嘱

D. 遗嘱人亲笔书写、签名,并注明年、月、日所立的遗嘱

E. 限制民事行为能力人所立的遗嘱

70. 根据《中华人民共和国治安管理处罚法》,下列违反治安管理行为人中,依法应当予以行政拘留处罚,但不执行行政拘留处罚的有( )。

A. 刘某,15 岁,高一学生

B. 吴某,17 岁,3 个月前曾受过治安管理处罚

C. 周某,27 岁,怀孕 5 个月

D. 冯某,35 岁,哺乳自己不满 1 周岁的女儿

E. 韩某,65 岁,行动不便

71. 李某从甲市某高校社会工作专业毕业后,进入该市爱联盟社会工作服务中心工作,她还是该市志愿者协会注册志愿者。李某参加甲市志愿者协会活动,到乙市开展精准扶贫志愿服务,为抢救落水儿童献出生命。群众提议为李某申报烈士。根据《烈士褒扬条例》,为李某申报烈士,由( )向主管部门提供李某牺牲情节的材料。

A. 李某的妻子　　　　　　　　B. 甲市志愿者协会

C. 被救儿童的父母　　　　　　D. 李某毕业的高校

E. 爱联盟社会工作服务中心

72. 根据《退役士兵安置条例》,为妥善安置退役士兵,国家建立的以扶持就业为主,( )等多种方式相结合的退役士兵安置制度。

A. 自主就业　　　　　　　　　B. 安排工作

C. 退休　　　　　　　　　　　D. 供养

E. 保送读研

73. 2019 年年底,老张创办了一个互联网众筹平台,但尚未获得公开募捐资格。2020 年春节前,老张通过该众筹平台开展了"为山区贫困儿童送温暖"公开募捐的活动,募得资金 150 万元、衣服 800 件、棉被 500 条。根据《中华人民共和国慈善法》,民政部门对此次募捐行为可以作出的处理有( )。

A. 予以警告,责令停止募捐活动

B. 对可以退还的募捐财产,责令退还捐赠人

C. 对难以退还的募捐财产,予以收缴,转给其他慈善组织用于慈善目的

D. 对老张处 10 万元罚款

E. 对该众筹平台网络服务商处 30 万元罚款

74. 根据《中华人民共和国劳动法》,省、自治区、直辖市人民政府确定和调整最低工资标准时,应当综合参考的因素有(　　)。

A. 就业状况

B. 劳动生产率

C. 社会平均工资水平

D. 本地居民收入差距状况

E. 劳动者本人及平均赡养人口的最低生活费用

75. 李某与某公司签订了为期 3 年的劳动合同,合同到期前 2 个月,李某提出续约要求,但公司决定按时终止劳动合同,并在合同到期前 3 个月书面通知李某。根据《中华人民共和国劳动合同法》,关于李某与该公司劳动合同终止事宜的说法,正确的有(　　)。

A. 公司应当根据李某在公司的工作年限,按每满一年支付一个月工资的标准向其支付经济补偿

B. 公司应当按照本单位上年度职工月平均工资的标准核算李某的经济补偿

C. 公司应当在终止劳动合同时,向李某出具终止劳动合同的证明

D. 公司应当在李某办结工作交接时,向其支付经济补偿

E. 公司应当在终止劳动合同后 20 日内为李某办理档案和社会保险关系转移接续手续

76. 吴某,某制衣厂职工,因与女友分手受到刺激,在厂区花园里割腕自残,被警察发现并制止,但吴某仍然情绪激动,扬言要毁了自己。根据《中华人民共和国精神卫生法》,应当将吴某送往医疗机构进行精神障碍诊断的责任主体有(　　)。

A. 吴某近亲属　　　　　　　　　　B. 吴某女友

C. 当地派出所　　　　　　　　　　D. 当地民政部门

E. 吴某所在制衣厂

77. 某街道拟新建一家社区卫生服务中心。下列设备、人员和用房等配置计划中,符合《城市社区卫生服务中心基本标准》的有(　　)。

A. 设置日间观察床 10 张

B. 安排房屋建筑面积 1500 平方米

C. 设置以护理康复为主要功能的病床 60 张

D. 配备注册护士 10 名,其中 2 名具有中级以上任职资格

E. 配备执业范围为全科医学专业的临床类别、中医类别执业医师 8 名

78. 蔡某,男,甲省户籍。40 周岁时,蔡某从乙省到丙省工作,职工基本养老保险关系随同转移,在丙省缴费满 15 年。随后蔡某中断就业,并定居丙省。根据《城镇企业职工基本养老保险关系转移接续暂行办法》,关于蔡某基本养老保险权益的说法,正确的有(　　)。

A. 丙省社会保险经办机构应保留蔡某基本养老保险关系

B. 蔡某未达到待遇领取年龄前,可以在丙省终止基本养老保险关系,并办理退保手续

C. 蔡某达到退休年龄后,可以在丙省办理基本养老保险待遇领取手续

D. 乙省、丙省两地的参保缴费年限合并计算

E. 乙省、丙省两地的个人账户储存额累计计算

79. 根据《工伤保险条例》《最高人民法院关于审理工伤保险行政案件若干问题的规定》，下列人员中，应当被认定为工伤的有(　　)。

A. 孙某，下班回到单位宿舍后，醉酒跌伤

B. 吴某，被单位领导批评后，在下班途中自杀

C. 何某，下班顺路买菜，途中被逆行汽车撞伤

D. 李某，下班顺路探望父母，途中被闯红灯汽车撞伤

E. 钱某，下班乘坐地铁回家途中，地铁列车门突发故障，双臂被夹伤

80. 根据《中华人民共和国社会保险法》，下列参加职工基本医疗保险人员的医疗费用中，由基本医疗保险基金支付的有(　　)。

A. 因治疗工伤产生的医疗费用

B. 在境外就医产生的医疗费用

C. 符合基本医疗保险药品目录的医疗费用

D. 符合基本医疗保险诊疗项目的医疗费用

E. 符合基本医疗保险医疗服务设施标准的医疗费用

社会工作法规与政策（中级）
2019 年真题

重要提示：

  为维护您的个人权益，确保考试的公平公正，请您协助我们监督考试实施工作。

  本场考试规定：监考老师要向本考场全体考生展示题本密封情况，并邀请 2 名考生代表验封签字后，方能开启试卷袋。

社会工作法规与政策（中级）2019年真题

一、单项选择题（共60题，每题1分。每题的备选项中，只有1个最符合题意）

1. 根据《中华人民共和国立法法》，关于我国行政法规的说法，正确的是（   ）。
A. 行政法规是行政部门内部管理的规范性文件的总称
B. 行政法规是国务院组成部门制定的有关行政管理方面的规范性文件的总称
C. 行政法规是国务院根据宪法和法律制定的有关行政管理等方面的规范性文件
D. 行政法规是全国人民代表大会或其常务委员会制定的针对行政部门行为的规范

2. 根据《社会工作专业人才队伍建设中长期规划（2011—2020）》，到2020年，我国重点扶持发展社会工作专业人才培训基地（   ）家。
A. 200
B. 300
C. 400
D. 500

3. 2019年2月25日，某县级人民政府民政部门公示了拟批准给予最低生活保障待遇家庭的名单，陈某一家名列其中。公示期内无异议。根据《最低生活保障审核审批办法（试行）》，陈某一家最晚应在2019年（   ）前领到低保金。
A. 3月10日
B. 3月25日
C. 3月31日
D. 4月6日

4. 根据《自然灾害救助条例》，关于某县自然灾害救助款物管理的说法，正确的是（   ）。
A. 县人民政府可将10%的自然灾害救助款物用于发放志愿者补贴
B. 县人民政府可将自然灾害救助款物用于因灾遇难人员亲属的抚慰
C. 县民政部门可根据实际情况统筹使用企业在救灾中捐赠的定向捐款
D. 县财政部门应依法对自然灾害救助款物的管理使用情况进行监督检查

5. 根据《公共租赁住房管理办法》，关于公共租赁住房申请的说法，正确的是（   ）。
A. 申请公共租赁住房具体条件由省级人民政府民政部门根据本地实际情况确定
B. 申请人应在户籍所在地申请公共租赁住房
C. 申请人户籍所在地乡镇人民政府、街道办事处应审核申请人提交的材料，审核结果应当予以公示
D. 申请人对审核结果有异议，可以向市、县级人民政府住房保障部门申请复核

6. 根据《社会救助暂行办法》，特困供养人员申请医疗救助，应当向（   ）提出。
A. 村民委员会、居民委员会
B. 乡镇人民政府、街道办事处
C. 县级人民政府民政部门
D. 县级人民政府卫生行政部门

7. 根据《法律援助条例》,下列人员向不同地方的法律援助机构提出法律援助申请,符合规定的是(   )。

A. 李某,居住在甲地,儿子住所地在乙地,因儿子拒付赡养费,李某向甲地法律援助机构提出法律援助申请

B. 王某,居住在甲地,乙地某机关对其有国家赔偿义务,因国家赔偿问题,王某向甲地法律援助机构提出法律援助申请

C. 楚某,父母离异,随母亲落户甲地,父亲住所地在乙地,因父亲拖欠抚养费,楚某向乙地法律援助机构提出法律援助申请

D. 赵某,居住在甲地并受聘于甲某公司,户籍地为乙地,因公司支出劳动报酬问题,赵某向乙地法律援助机构提出法律援助申请

8. 根据《社会救助暂行办法》,下列人员中,国家应给予疾病应急救助的是(   )。

A. 甲,享受最低生活保障待遇,患慢性肾病

B. 乙,身份无法查实,突发疾病,生命垂危

C. 丙,某物流公司职员,出差途中遭遇车祸

D. 丁,特困供养人员,腿脚不便,生活不能自理

9. 根据《社会救助暂行办法》,关于教育救助的说法,正确的是(   )。

A. 教育救助标准由县级民政部门和教育行政部门共同确定、公布

B. 教育救助应当由申请人向其所在地的民政部门申请

C. 教育救助由申请人就读学校按照国家有关规定实施

D. 教育救助应以减免相关费用、发放助学金的方式实施

10. 小皮,13岁,从甲市流浪到乙市,后在乙市救助保护机构帮助下返回甲市。甲市的救助保护机构到小皮家进行调查评估,发现小皮母亲已去世,父亲有监护能力,但经反复教育仍拒绝履行监护责任。根据《国务院办公厅关于加强和改进流浪未成年人救助保护工作的意见》,甲市救助保护机构可以采取的措施是(   )。

A. 直接承担对小皮的监护责任

B. 委托其他人对小皮代为监护

C. 要求当地居委会承担对小皮的监护责任

D. 向人民法院申请撤销小皮父亲的监护人资格,并依法另行指定监护人

11. 女职工小李休产假前的月工资是6000元,其所在单位上年度职工月平均工资是5000元,单位没有为其缴纳生育保险费。小李所在城市上年度社会平均工资为每月4000元,本年度最低工资标准为每月2000元。根据《中华人民共和国妇女权益保障法》《女职工劳动保护特别规定》,小李休产假期间享受生育津贴的最低标准是每月(   )元。

A. 2000   B. 4000

C. 5000   D. 6000

12. 某市拟兴办一家残疾人福利企业,配备职工200人。根据《残疾人就业条例》,该企业中从事全日制工作的残疾人职工至少应有(   )。

A. 20   B. 40

C. 50   D. 100

*13. 根据《中华人民共和国婚姻法》,下列情形中,属于无效婚姻的是(   )。

　　A. 未到法定婚龄的

　　B. 因胁迫结婚的

　　C. 因欺骗结婚的

　　D. 婚前患有医学上认为不应当结婚的疾病,婚后已治愈的

*14. 女孩小丽,孤儿,5岁,生活在社会福利机构。根据《中华人民共和国收养法》,下列具有抚养教育能力的人员中,可以收养小丽的是(   )。

　　A. 赵某,男,未婚,38岁,已收养一子

　　B. 钱某,女,离婚,38岁,已收养一女

　　C. 孙某,男,已婚,28岁,育有一子

　　D. 李某,女,离婚,28岁,无子女

*15. 根据《中华人民共和国民法通则》《中华人民共和国继承法》,关于继承开始的说法,正确的是(   )。

　　A. 被继承人被宣告死亡时,继承开始

　　B. 被继承人被宣告失踪时,继承开始

　　C. 被继承人下落不明满3年,继承开始

　　D. 被继承人因意外事故下落不明满1年,继承开始

*16. 根据《中华人民共和国继承法》,下列继承人的行为中,导致继承人丧失继承权的情形是(   )。

　　A. 销毁遗嘱,情节严重的　　　　　　　　B. 故意伤害其他继承人的

　　C. 过失致被继承人死亡的　　　　　　　　D. 虐待被继承人,情节轻微的

17. 根据《中华人民共和国人民调解法》,在人民调解工作中,当事人一方明确拒绝调解的,人民调解委员会不得调解。这体现了人民调解的(   )原则。

　　A. 公正　　　　　　　　　　　　　　　　B. 自愿

　　C. 平等　　　　　　　　　　　　　　　　D. 公开

18. 某市信访部门收到群众提出的信访事项并进行了登记。根据《信访条例》,下列对这些事项处理的方式中,正确的是(   )。

　　A. 属于依法通过诉讼、仲裁、行政复议等法定途径解决的,不予受理,但应告知信访人依法向有关机关提出

　　B. 属于由本级人民政府处理的,书面通知信访人向本级政府提出

　　C. 属于由本级人民政府其他部门处理的,书面告知信访人向有关部门提出

　　D. 涉及下级行政机关的,书面通知信访人向下级人民政府信访工作机构提出

19. 甲县乙镇某道路在建设施工过程中,突发煤气管道破裂、煤气泄漏,对周边群众人身及财产安全造成严重威胁。根据《中华人民共和国突发事件应对法》,该事应当由(   )负责。

　　A. 甲县人民政府　　　　　　　　　　　　B. 甲县煤气公司

　　C. 甲县消防部门　　　　　　　　　　　　D. 乙镇人民政府

20. 根据《社区矫正实施办法》,社区矫正人员减刑应当由其居住地(   )裁定。

　　A. 基层人民法院　　　　　　　　　　　　B. 中级人民法院

　　C. 县级司法行政机关　　　　　　　　　　D. 地(市)级司法行政机关

21. 根据《社区矫正实施办法》,关于矫正方案调整的说法,正确的是(　　)。

   A. 矫正方案应由司法所每半年调整一次

   B. 矫正方案应根据矫正方案的实施效果适时予以调整

   C. 矫正方案调整应当经社区矫正人员本人或其监护人同意

   D. 矫正方案应由矫正小组根据矫正人员的表现定期予以调整

22. 根据《吸毒检测程序规定》,关于吸毒检测样本采集的说法,正确的是(　　)。

   A. 检测样本采集须征得被检测人的同意

   B. 公安机关采集样本应当由两名以上工作人员进行

   C. 采集女性被检测人血液检测样本,应当由女性工作人员进行

   D. 采集的检测样本经现场检测结果为阴性的,应在低温条件下保存一个月

23. 根据《中华人民共和国治安管理处罚法》,下列违反治安管理行为人中,依法应当给予行政拘留处罚,但不执行行政拘留处罚的是(　　)。

   A. 冯某,男,17岁,多次违反治安管理

   B. 陈某,男,20岁,初次违反治安管理

   C. 楚某,女,30岁,有一个一岁半的女儿

   D. 魏某,女,72岁,独居老人

24. 烈士岳某,牺牲前为进城务工人员,妻子为镇中心小学教师,两人育有一子。岳某父母常年在外打工,已经离婚8年有余。父母离婚后,岳某和妹妹由父亲抚养,与奶奶共同生活。奶奶现已70岁,仍在照顾岳某妹妹的日常生活。根据《烈士褒扬条例》,岳某的烈士褒扬金应发放给岳某的(　　)。

   A. 奶奶、父亲、母亲、妻子　　　　　B. 奶奶、父亲、妻子、妹妹

   C. 父亲、母亲、妻子、妹妹　　　　　D. 父亲、母亲、妻子、孩子

25. 根据《烈士褒扬条例》,烈士子女在报考(　　)时,可以按照国家有关政策降低分数要求投档。

   A. 普通高中　　　　　　　　　　　　B. 中等职业学校

   C. 高等学校本、专科　　　　　　　　D. 高等学校研究生

26. 根据《军人抚恤优待条例》,关于军人优待的说法,正确的是(　　)。

   A. 现役军人凭有效证件免费乘坐境内运行的长途公共汽车

   B. 现役军人凭有效证件乘坐境内运行的客轮,减收正常票价20%

   C. 残疾军人凭"中华人民共和国残疾军人证"乘坐境内运行的民航班机,减收正常票价30%

   D. 残疾军人凭"中华人民共和国残疾军人证"乘坐境内运行的火车,减收正常票价50%

27. 退役士官关某,2009年9月应征入伍,2018年10月退役,服役期间立二等功。2019年5月由政府安排到某企业工作。关某准备在2019年10月申请带薪年休假。根据《退役士兵安置条例》《职工带薪年休假条例》,关某2019年的带薪年休假为(　　)天。

   A. 0　　　　　　　　　　　　　　　　B. 5

   C. 10　　　　　　　　　　　　　　　　D. 15

28. 根据《退役士兵安置条例》,国家建立以(　　)为主,多种方式相结合的退役士兵安置制度,妥善安置退役士兵。

   A. 扶持就业　　　　　　　　　　　　B. 自主就业

C. 安排工作　　　　　　　　　　D. 分散供养

29. 根据《中华人民共和国村民委员会组织法》,村民委员会成员应当接受村民会议或者村民代表会议对其履行职责情况的民主评议,民主评议由(　　)主持。

A. 乡镇人民政府

B. 村级党组织

C. 村务监督机构

D. 村民选举委员会

30. 根据《关于加强和改进城市社区居民委员会建设工作的意见》,居民委员会服务设施的供暖、水电、煤气、电信等费用,应按照当地(　　)使用价格标准收取。

A. 工业　　　　　　　　　　　　B. 商业

C. 农业　　　　　　　　　　　　D. 居民

31. 根据《家庭服务业管理暂行办法》,承担全国家庭服务业行业管理职责的部门是(　　)。

A. 商务部

B. 全国总工会

C. 国家卫生健康委员会

D. 人力资源和社会保障部

32. 国内某大学于2005年经登记成立校友基金会,多年来一直利用校友捐款开展公益服务,社会反响良好。2019年,该校友基金会拟通过互联网开展公开募捐。根据《中华人民共和国慈善法》,关于该基金会公开募捐的说法,正确的是(　　)。

A. 该基金会在该大学官网发布募捐信息后,可开展公开募捐活动

B. 该基金会于《中华人民共和国慈善法》公布前设立,可直接开展公开募捐活动

C. 该基金会报经上级教育行政部门同意后,可开展公开募捐活动

D. 该基金会经认定为慈善组织并取得公开募捐资格后,可开展公开募捐活动

33. 根据《中华人民共和国慈善法》,当出现下列(　　)情形时,慈善组织应当终止。

A. 擅自改变捐赠财产用途的

B. 连续2年未从事慈善活动的

C. 未依法履行信息公开义务的

D. 将不得用于投资的财产用于投资的

34. 根据《中华人民共和国慈善法》《慈善组织保值增值投资活动管理暂行办法》,对于慈善组织开展保值、增值活动的说法,正确的是(　　)。

A. 慈善组织可以直接购买股票

B. 慈善组织可以直接进行股权投资

C. 慈善组织可以用政府资助的财产进行投资

D. 慈善组织可以利用捐赠款项投资人身保险产品

35. 根据《中华人民共和国慈善法》,具有公开募捐资格的慈善组织应当定期向社会公开其募捐情况,公开募捐周期超过6个月的,应至少(　　)公开一次募捐情况。

A. 每1个月　　　　　　　　　　B. 每2个月

C. 每3个月　　　　　　　　　　D. 每4个月

36. 星光志愿者协会选派大学生志愿者小王到某敬老院开展志愿服务。根据《志愿服务记录办法》，下列该协会对小王志愿服务的做法中，正确的是(   )。

A. 协会为保护小王的工作积极性，没有记录其被投诉信息

B. 协会将小王往返敬老院的交通时间计算在志愿服务时间内

C. 协会向小王收取 50 元志愿服务记录保存费

D. 协会为小王出具了志愿服务证明，以方便其就业

37. 根据《志愿服务条例》，下列部门或组织中，负责志愿服务行政管理工作的是(   )。

A. 民政部门

B. 共青团组织

C. 精神文明建设指导部门

D. 志愿服务行业性组织

38. 根据《民办非企业单位登记管理暂行条例》，设立非营利性民办教育服务机构应当依法到所在地县级以上地方人民政府(   )部门申请办理登记。

A. 工商

B. 税务

C. 民政

D. 教育

39. 根据《社会团体登记管理条例》，下列社会团体的变动事项中，应向管理机关申请变更登记的是(   )。

A. 甲社会团体中设立常务理事会

B. 乙社会团体的一名副理事长辞职

C. 丙社会团体将住所从城中心搬至城郊

D. 社会团体的会员由 50 个增加到 60 个

40. 根据《基金会管理条例》，下列对基金会注销后剩余财产的处置措施中，正确的是(   )。

A. 上交登记管理机关

B. 上交业务主管单位

C. 退还基金会的发起人或捐赠人

D. 按照章程的规定用于公益目的

41. 根据《基金会管理条例》，关于基金会理事的说法，正确的是(   )。

A. 基金会理事会的理事人数为 5~30 人

B. 具有近亲属关系的理事不得同时在理事会任职

C. 理事每届任期不得超过 5 年，连任不得超过两届

D. 在基金会领取报酬的理事不得超过理事总人数的 1/3

42. 某基金会召开理事会，对章程修改一事进行表决。该基金会共有理事 18 人，出席该次理事会的理事为 15 人。根据《基金会管理条例》，在表决中至少(   )名理事同意，该章程修改方为有效。

A. 7

B. 8

C. 9

D. 10

43. 根据《中华人民共和国劳动法》《中华人民共和国就业促进法》，下列企业招用员工的做法中，正确的是(   )。

A. 甲企业招聘财务主管人员，只招收男性

B. 乙企业招聘矿山井下作业员,只招收男性

C. 丙企业录用女职工,在劳动合同中规定其 25 岁以前不能结婚

D. 丁企业录用女职工,在劳动合同中规定其入职 3 年内不能生育

44. 根据《中华人民共和国劳动合同法》,关于劳务派遣的说法,正确的是(　　)。

A. 劳务派遣单位应当履行用人单位对劳动者的义务

B. 劳务派遣应当在传统性、服务性或者季节性的工作岗位上实施

C. 劳务派遣单位应当与被派遣劳动者订立 1 年以上的固定期限劳动合同

D. 被派遣劳动者的劳动报酬不应低于用工单位同类岗位劳动报酬的 80%

45. 黄某虚构在大型跨国公司从事研发的经历,应聘某高科技公司研发部门负责人并签订了劳动合同。一段时间后,黄某工作表现一般,其虚构工作经历的事被揭穿,公司遂主张双方签订的劳动合同无效,并要求黄某支付违约金。根据《中华人民共和国劳动合同法》,关于黄某与该公司劳动合同的说法,正确的是(　　)。

A. 黄某可以解除劳动合同并获得公司的经济补偿

B. 黄某凭借虚构经历签订劳动合同,应向公司支付违约金

C. 黄某与公司签订的劳动合同应当认定无效或部分无效

D. 黄某可以要求公司继续履行劳动合同,公司应当继续履行

46. 根据《中华人民共和国劳动法》《职工带薪年休假条例》,关于企业向员工支付工资的说法,正确的是(　　)。

A. 企业可按月也可按季度向员工支付工资

B. 企业应当以货币或实物形式向员工支付工资

C. 员工在婚假期间,企业应当依法支付工资

D. 企业经员工同意未安排年休假的,应按员工日工资的 200% 支付工资

47. 根据《女职工劳动保护特别规定》,关于女职工产假的说法,正确的是(　　)。

A. 女职工生育双胞胎的,增加 10 天产假

B. 女职工怀孕 3 个月流产的,享受 15 天产假

C. 女职工怀孕 6 个月流产的,享受 30 天产假

D. 女职工生育享受 98 天产假,难产的,再增加 5 天产假

48. 乔某应聘到某企业工作,双方约定试用期 3 个月,试用期间月工资 4000 元,但该企业以各种理由拖欠乔某工资。试用期一结束,乔某辞职,该企业仍不支付其工资,乔某到劳动保障监察部门投诉,劳动保障监察部门责令该企业 30 日内支付乔某工资,但该企业拒不执行。根据《劳动保障监察条例》,该企业除了向乔某支付所欠工资外还应加付(　　)赔偿金。

A. 2000 元以上 4000 元以下　　　　　　B. 4000 元以上 6000 元以下

C. 6000 元以上 12000 元以下　　　　　　D. 12000 元以上 18000 元以下

49. 根据《最低工资规定》,最低工资标准每(　　)年至少调整一次。

A. 1　　　　　　　　　　　　　　　　　B. 2

C. 3　　　　　　　　　　　　　　　　　D. 5

50. 某企业与该企业工会在集体协商过程中发生争议。根据《集体合同规定》,当事人一方可以(　　)。

A. 向人民法院提起诉讼

B. 向司法行政部门申请裁决

C. 直接向劳动争议仲裁委员会申请仲裁

D. 书面向劳动保障行政部门提出协调处理申请

51. 根据《艾滋病防治条例》,下列医疗机构的做法中,正确的是( )。

A. 某医疗卫生机构对孕产妇提供艾滋病防治咨询和检测

B. 某口腔医院为患者做牙周炎治疗时,发现其感染艾滋病病毒,遂拒绝继续治疗

C. 某综合医院为 15 岁患者诊断时,发现其感染艾滋病病毒,为了保护未成年人隐私,未告知其监护人

D. 某妇产医院未经患者本人同意,在医院通知栏中公开了本院艾滋病病毒感染者的信息

52. 天福社区拟成立一家社区卫生服务站。根据《城市社区卫生服务站基本标准》,下列配备计划中,符合要求的是( )。

A. 配置 2 张病床

B. 安排建筑面积 120 平方米的服务用房

C. 配备 1 名全科医学专业的执业医师

D. 每名执业医师配备 1 名注册护士

53. 根据《国务院关于建立统一的城乡居民基本养老保险制度的意见》,下列人员中,可以领取城乡居民基本养老保险待遇的是( )。

A. 黄某,女,城乡居民基本养老保险实施时 52 周岁

B. 朱某,男,城乡居民基本养老保险实施时 52 周岁

C. 刘某,新农保实施时 62 周岁,之前未领取基本养老保障待遇,未曾缴费

D. 郝某,城乡居民基本养老保险实施时 62 周岁,已领取城镇职工基本养老保险待遇

54. 张某,山东省青岛市户籍,曾先后在广州市工作 2 年、上海市工作 10 年、北京市工作 9 年,上述工作期间均参加了城镇企业职工基本养老保险。根据《城镇企业职工基本养老保险关系转移接续暂行办法》,下列地区中,应当为张某办理养老保险待遇领取手续的是( )。

A. 青岛市　　　　　　　　　　　B. 广州市

C. 上海市　　　　　　　　　　　D. 北京市

55. 根据《国务院关于机关事业单位工作人员养老保险制度改革的决定》,工作人员个人缴纳职业年金占本人缴费工资的比例为( )。

A. 2%　　　　　　　　　　　　　B. 4%

C. 6%　　　　　　　　　　　　　D. 8%

56. 根据国务院办公厅印发的《关于全面实施城乡居民大病保险的意见》,城乡居民大病保险的资金来源为( )。

A. 城乡居民基本医保基金

B. 福利彩票公益金

C. 城乡居民医疗救助基金

D. 中央财政专项补助

57. 根据《失业保险条例》,下列支出项目中,属于失业保险基金支出范围的是( )。

A. 伤残津贴

B. 生活护理费

C. 接受职业培训的补贴

D. 最低生活保障金

58. 根据《进一步做好建筑业工伤保险工作的意见》,建设单位在办理施工许可手续时,应当提交建设项目( )参保证明,作为保证工程安全施工的具体措施之一。

A. 工伤保险

B. 补充医疗保险

C. 工伤补充保险

D. 人身意外伤害保险

59. 根据《工伤保险条例》,应当参加工伤保险而未参加的用人单位,一旦职工发生工伤,其工伤医疗费用由( )支付。

A. 职工本人

B. 用人单位

C. 当地工会

D. 当地社会保险经办部门

60. 根据《深化党和国家机构改革方案》,下列部门中,负责统一征收社会保险费的是( )

A. 财政部门

B. 税务部门

C. 民政部门

D. 人力资源和社会保障部门

二、多项选择题(共20题,每题2分。每题的备选项中,有2个或2个以上符合题意,至少有1个错项。错选,本题不得分;少选,所选的每个选项得0.5分)

61. 根据《关于加强社会工作专业人才队伍建设的意见》,加强社会工作专业人才队伍建设的指导思想包括( )。

A. 以人才使用为根本

B. 以人才培养为基础

C. 以人才评价激励为重点

D. 以人才流动为动力

E. 以政策制度建设为保障

62. 进城务工的村民老方因病半年前返乡,利用部分银行存款在村里开了家小卖部;妻子在家种地;儿子今年获得了学校的奖学金。为补贴家用,老方将家里的一间房屋出租,但仍觉得家庭生活困难,提出最低生活保障申请。根据《国务院关于在全国建立农村最低生活保障制度的通知》《最低生活保障审核审批办法(试行)》,老方家的下列收入中,应当计入家庭可支配收入的有( )。

A. 老方一家种地的收入

B. 老方儿子的奖学金

C. 老方一家的小卖部收入

D. 老方一家的房租收入

E. 老方在银行存款的利息

63. 根据《社会救助暂行办法》，对采取虚报、隐瞒、伪造等手段，骗取社会救助资金、物资或者服务的，有关部门可以采取的措施有(　　)。

A. 停止社会救助

B. 3 年内不予受理低保申请

C. 责令提供 1 个月的社区公益服务

D. 责令退回非法获取的救助资金、物资

E. 处非法获取的救助款额或者物资价值 1 倍以上 3 倍以下的罚款

64. 根据《法律援助条例》，下列经法律援助机构审查核实的案件中，应当终止法律援助的有(　　)。

A. 甲案，案情复杂

B. 乙案，耗时较长

C. 丙案，被人民法院终止审理

D. 丁案，当事人要求终止法律援助

E. 戊案，当事人申请法律援助后又自行委托了律师

65. 根据《国务院办公厅关于加强孤儿保障工作的意见》，地方各级政府要按照有利于孤儿身心健康成长的原则，采取(　　)方式，妥善安置孤儿。

A. 亲属抚养　　　　　　　　　　　　B. 机构养育

C. 家庭寄养　　　　　　　　　　　　D. 依法收养

E. 单位代养

66. 根据《中华人民共和国妇女权益保障法》，下列人员中，不得提出离婚的有(　　)。

A. 李某，妻子怀孕 5 个月

B. 贾某，妻子正在住院治疗

C. 陈某，妻子失业 3 个月

D. 蔡某，妻子终止妊娠 5 个月

E. 何某，妻子分娩 10 个月

*67. 根据《中华人民共和国继承法》，关于法定继承中遗产不均等分配的说法，正确的有(　　)。

A. 对被继承人尽了主要扶养义务的继承人，分配遗产时，可以多分

B. 对生活有特殊困难的缺乏劳动能力的继承人，分配遗产时，应当予以照顾

C. 对有扶养能力和扶养条件但不尽扶养义务的继承人，分配遗产时，应当不分或者少分

D. 对代位继承人，分配遗产时，应当少分

E. 继承人协商同意的，分配遗产时，可以不均等

68. 根据《中华人民共和国突发事件应对法》，关于应急救援队伍建设的说法，正确的有(　　)。

A. 县级人民政府应当整合应急资源，建立或者确定综合性应急救援队伍

B. 县级人民政府有关部门可以根据实际需要设立专业应急救援队伍

C. 企业应当建立由本单位职工组成的专职或者兼职应急救援队伍

D. 村(居)民委员会应当建立社区专职应急救援队伍

E. 中小学应当建立由学生组成的兼职应急救援队伍

69. 根据《中华人民共和国禁毒法》,下列吸毒成瘾人员中,适用强制隔离戒毒的有( )。

A. 小强,17 周岁,高中学生

B. 小张,25 周岁,患有传染性疾病

C. 小赵,28 周岁,怀孕 6 个月

D. 老王,45 周岁,残疾人

E. 老李,65 周岁,患有慢性疾病

70. 根据《军队离休退休干部服务管理办法》,某军休所拟为军休干部提供下列服务,其中符合规定的有( )。

A. 军休所引进手机维修服务

B. 成立军休干部"手机短视频"兴趣小组

C. 购买社会工作机构的"临终关怀"服务

D. 与志愿者组织联合举办"陪空巢军休干部过重阳"活动

E. 以日间值班、适时联系、轮流包户的方式提供日常服务保障

71. 根据《中华人民共和国城市居民委员会组织法》,产生居民委员会主住、副主任和委员的方式有( )。

A. 由本居住地区每户派代表选举产生

B. 由本居住地区全体有选举权的居民选举产生

C. 由本居住地区半数以上的居民和驻社区单位代表选举产生

D. 根据居民意见,由每个居民小组选举代表 2~3 人选举产生

E. 根据居民意见,由每个居民小组和业主委员会推举代表选举产生

72. 根据《志愿服务条例》,志愿服务组织在组织志愿者参加志愿服务时,应尽的义务有( )。

A. 做好志愿服务记录工作

B. 对志愿者开展相关岗前培训

C. 根据志愿服务时长发放津贴、补贴

D. 向报名的志愿者说明服务中可能发生的风险

E. 安排与志愿者的年龄、知识、技能和身体状况相适应的活动

73. 根据《社会组织评估管理办法》,关于社会组织评估等级管理的说法,正确的有( )。

A. 甲社会团体获得 4A 级评估等级,可优先获得政府奖励

B. 乙基金会获得 4A 级评估等级,可优先获得政府购买服务

C. 丙社会团体获得 4A 级评估等级,可优先接受政府职能转移

D. 丁民办非企业单位获得 4A 级评估等级,可在年度检查时简化程序

E. 戊基金会获得 4A 级评估等级,可自动获得公益性捐赠税前扣除资格

74. 根据《中华人民共和国劳动合同法》,关于单位裁员的说法,正确的有( )。

A. 不得裁减患病且在规定医疗期内的职工

B. 不得裁减在该单位连续工作满 10 年的职工

C. 不得裁减处于孕期、产期、哺乳期的女职工

D. 不得裁减家中有需要赡养的老人或者抚养的未成年人的职工

E. 应优先留用与本单位订立无固定期限劳动合同的职工

75. 根据《中华人民共和国劳动法》,关于某自来水公司延长员工工作时间的说法,正确的有( )。

A. 在供水旺季可以延长员工工作时间,但每月不得超过 40 小时

B. 因供水设施发生故障导致大面积停水时,该公司可要求员工每日延长工作时间 5 小时

C. 该公司安排员工延长工作时间,应支付不低于劳动者正常工作时间工资的 150% 的工资报酬

D. 该公司安排员工休息日工作又不能安排补休,应支付不低于劳动者正常工作时间工资的 200% 的工资报酬

E. 该公司安排员工在国庆节工作,应支付不低于劳动者正常工作时间工资的 300% 的工资报酬

76. 根据《集体合同规定》,下列合同内容中,集体协商双方可以进行协商的有( )。

A. 工作时间   B. 职业技能培训

C. 社会保险   D. 女职工特殊保护

E. 休息休假

77. 根据《中华人民共和国职业病防治法》,关于职业病人保障的说法,正确的有( )。

A. 用人单位应当按照国家规定,安排职业病病人进行治疗、康复和定期检查

B. 用人单位对不适宜继续从事工作的职业病病人,应当调离原岗位并妥善安置

C. 职业病病人的诊疗、康复费用,按照国家有关工伤保险的规定执行

D. 用人单位没有依法参加工伤保险的,职业病病人可以向社会保险经办机构申请医疗救助

E. 职业病病人变动工作单位,其依法享受的待遇不变

78. 残疾人张某,43 岁,在一家工厂上班;其妻,42 岁,无业;其女,19 岁,在外打工;其子,15 岁,中学在读;其母 65 岁,无经济来源,与张某一起生活。张某一家生活困难,被认定为低收入家庭。根据《中华人民共和国社会保险法》,张某一家参加城乡居民基本医疗保险,个人缴费部分可以享受政府补贴的家庭成员有( )。

A. 张某本人   B. 张某妻子

C. 张某女儿   D. 张某儿子

E. 张某母亲

79. 吕某,城市户籍,独自经营一家便利店,属于无雇工的个体工商户。根据《中华人民共和国社会保险法》《失业保险条例》,吕某可以参加的社会保险险种有( )。

A. 基本养老保险   B. 职工基本医疗保险

C. 失业保险   D. 企业年金

E. 职业年金

80. 根据《中华人民共和国社会保险法》,失业人员领取失业保险金的条件有( )。

A. 家庭经济困难

B. 失业时间达 3 个月以上

C. 非因本人意愿中断就业

D. 已经进行失业登记,并有求职要求

E. 失业前用人单位和本人已缴纳失业保险费满 1 年

社会工作法规与政策(中级)
2018 年真题

重要提示:

为维护您的个人权益,确保考试的公平公正,请您协助我们监督考试实施工作。

本场考试规定:监考老师要向本考场全体考生展示题本密封情况,并邀请 2 名考生代表验封签字后,方能开启试卷袋。

社会工作法规与政策(中级)2018年真题

一、单项选择题(共60题,每题1分。每题的备选项中,只有1个最符合题意)

1. 根据社会政策惠及的人群范围和对象的差异性,可以将社会政策划分为(   )两种基本模式。

    A. 整合型和碎片型   B. 普惠型和特惠型

    C. 广义型和狭义型   D. 政府主导型和民间推动型

2. 《关于加强社会工作专业人才队伍建设的意见》提出,为了积极推动社会工作专业岗位开发和专业人才使用,应当(   )。

    A. 引导机关干部到社会工作机构中挂职

    B. 引导相关社会组织吸纳社会工作专业人才

    C. 鼓励高校社会工作院系兴办社会工作机构

    D. 鼓励高校社会工作专业教师到社会工作机构中兼职

3. 根据《社会救助暂行办法》,下列关于特困人员供养的说法,正确的是(   )。

    A. 特困人员供养申请须由本人提出,不得委托他人代办

    B. 特困人员供养分为集中供养和分散供养两种方式

    C. 特困供养人员不可自行选择供养方式,须由乡镇人民政府(街道办事处)视供养人员情况确定

    D. 特困供养人员不再符合供养条件的,由乡镇人民政府(街道办事处)核准后终止供养

4. 根据《最低生活保障审核审批办法(试行)》,申请低保时,应当(   )。

    A. 以个人为单位,向居住地居民委员会(村民委员会)提出书面申请

    B. 以个人为单位,向居住地乡镇人民政府(街道办事处)提出书面申请

    C. 以家庭为单位,由户主或其代理人以户主的名义向户籍所在地居民委员会(村民委员会)提出书面申请

    D. 以家庭为单位,由户主或其代理人以户主的名义向户籍所在地乡镇人民政府(街道办事处)提出书面申请

5. 张某是企业职工,收入不高;其妻身体不好,无工作;其母年事已高,多年来一直与其共同居住;其子,24周岁,在读研究生;其女,19周岁,大学一年级在校生。张某拟申请低保,根据《最低生活保障审核审批办法(试行)》,应当认定为与张某共同生活的家庭成员是张某的(   )。

    A. 妻子、儿子、女儿、母亲

    B. 妻子、儿子、母亲

    C. 妻子、女儿、母亲

    D. 妻子、儿子、女儿

6. 村民甲,16周岁,孤儿,靠打零工为生,生活困难;村民乙,60周岁,老伴早年去世,生活困难,独子常年在外打工;村民丙,65周岁,孤身一人,无生活来源;村民丁,50周岁,重度残疾,无儿无女,与残疾妻子相依为命,夫妻均无劳动能力,生活困难。根据《社会救助暂行办法》《农村五保供养工作条例》,4人中符合享受特困供养条件的是(　　)。

　　A. 甲、乙　　　　　　　　　　B. 丙、丁
　　C. 甲、丙　　　　　　　　　　D. 乙、丁

7. 某市城乡医疗救助基金 2017 年筹资金额为 1000 万元。根据《城乡医疗救助基金管理办法》,该基金 2017 年底累计结余数额一般不应超过(　　)万元。

　　A. 120　　　　　　　　　　　B. 150
　　C. 200　　　　　　　　　　　D. 240

8. 根据《社会救助暂行办法》,下列人员中,符合教育救助条件的是(　　)。

　　A. 小华,5周岁,幼儿园学童,特困供养人员子女
　　B. 小梦,9周岁,小学生,父母是福利企业残疾职工
　　C. 小丽,13周岁,初中生,低保家庭成员
　　D. 小君,19周岁,在职夜大学生,低保家庭成员

9. 夏某一家享受城市低保待遇,因住房困难通过街道办事处向区人民政府住房保障部门提交了住房救助申请。根据《社会救助暂行办法》,在审核阶段,应由(　　)审核确认其家庭收入、财产状况。

　　A. 社区居民委员会
　　B. 街道办事处
　　C. 区县人民政府民政部门
　　D. 区县人民政府住房保障部门

10. 根据《国务院关于全面建立临时救助制度的通知》,下列人员中,属于临时救助对象的是(　　)。

　　A. 刘某,65周岁,退休工资低,患多种慢性疾病
　　B. 宋某,35周岁,突发重大疾病,家庭无力负担医疗费,基本生活陷入困境
　　C. 张某,20周岁,低保家庭成员,有劳动能力但处于失业状态
　　D. 朱某,12周岁,因智力残疾不能接受义务教育

11. 某市计划"十三五"末,全市养老床位总数达到4万张。根据《"十三五"国家老龄事业发展和养老体系建设规划》对政府运营的养老床位占当地养老床位总数的比例的规定,该市政府运营的养老床位规划数量最多不超过(　　)。

　　A. 1.2 万张　　　　　　　　　B. 1.6 万张
　　C. 2 万张　　　　　　　　　　D. 2.4 万张

12. 小明,13周岁,多次盗窃,构成严重不良行为。根据《中华人民共和国预防未成年人犯罪法》,下列对小明严重不良行为进行矫治的方法,错误的是(　　)。

　　A. 公安机关依法对小明予以训诫
　　B. 公安机关责令小明父母严加管教
　　C. 公安机关强制将小明送进工读学校
　　D. 工读学校应对小明加强法治教育

13. 小亮,12 周岁,父母双亡,被县民政局认定为孤儿。爷爷是其唯一在世的亲人,身体健康,经济宽裕。根据《国务院办公厅关于加强孤儿保障工作的意见》等有关规定,小亮应当由( )抚养。

    A. 爷爷   B. 居民委员会

    C. 儿童福利机构   D. 父母所在单位

14. 根据《残疾预防和残疾人康复条例》,残疾预防工作应当( )。

    A. 以社会力量为主导

    B. 以社区和康复机构为基础

    C. 覆盖全人群和全生命周期

    D. 坚持重点预防和节点防控相结合

*15. 离婚时,一方隐藏、转移、变卖、毁损夫妻共同财产的,根据《中华人民共和国婚姻法》,分割夫妻共同财产时,对隐藏、转移、变卖、毁损夫妻共同财产的一方,法院裁判的原则是( )。

    A. 应当少分   B. 应当不分

    C. 可以平分   D. 可以少分或不分

*16. 根据《中华人民共和国收养法》,下列关于收养人应具备条件的说法,正确的是( )。

    A. 收养人应当年满 28 周岁

    B. 收养残疾儿童的,可以不受收养人无子女的限制

    C. 无配偶的男性收养女性的,应当与被收养人年龄相差 30 周岁以上

    D. 收养生父母有特殊困难无力抚养的子女,可以不受收养 1 名的限制

*17. 根据《中华人民共和国继承法》,下列关于遗赠的说法,错误的是( )。

    A. 遗赠人须有遗嘱能力,且遗嘱必须是遗赠人的真实意思表示

    B. 受遗赠人先于遗嘱人死亡的,遗产应按法定继承办理

    C. 受遗赠人在知道受遗赠后两个月内,没有表示接受或者放弃受遗赠的,应视为放弃受遗赠

    D. 执行遗赠可免于清偿遗赠人依法应当缴纳的税款和债务

*18. 根据《中华人民共和国继承法》,下列关于代位继承的说法,正确的是( )。

    A. 甲的儿子乙先于甲死亡,甲死亡后,乙的无抚养教育关系的继子可代位继承甲的遗产

    B. 甲的儿子乙先于甲死亡,甲死亡后,乙的非婚生女儿可代位继承甲的遗产

    C. 甲的女儿丙先于甲死亡,甲死亡后,丙的丈夫可代位继承甲的遗产

    D. 甲的女儿丙先于甲死亡,甲死亡后,丙的解除收养关系的养子可代位继承甲的遗产

*19. 根据《中华人民共和国民法总则》《中华人民共和国继承法》,下列遗嘱中,应认定有效的是( )。

    A. 小芸,15 周岁,遭遇车祸弥留之际口头订立的遗嘱

    B. 小强,38 周岁,精神病发病且不能完全辨认自己行为时亲笔书写的遗嘱

    C. 老汪,59 周岁,通过录音订立的遗嘱,其间无见证人在场

    D. 老齐,76 周岁,亲笔书写并签名的遗嘱,其间无见证人在场

20. 根据《中华人民共和国人民调解法》,经人民调解委员会调解达成的调解协议( )。

    A. 具有法律约束力

    B. 公证后具有法律约束力

C. 由一方当事人申请司法确认后具有法律约束力

D. 由双方当事人申请司法确认后具有法律约束力

21. 老李向某县甲局提出信访事项,涉及甲、乙两局。甲局认为该事项应由乙局受理,但乙局对此有异议。根据《信访条例》,该信访事项应由( )受理。

A. 甲局

B. 甲局和乙局共同

C. 该县人民法院指定的机关

D. 该县人民政府指定的机关

22. 某危险品运输船只突发沉船事故,有危险品流入河道内。事发地点属甲市乙县辖区,事发后甲市乙县立即采取应急处置措施。然而,被污染水域已扩大到下游本省丙市丁县。根据《中华人民共和国突发事件应对法》,该突发事件应对工作应当由( )。

A. 乙县负责,丁县配合

B. 乙县和丁县共同负责

C. 甲市负责,丙市配合

D. 甲市和丙市共同负责

23. 小李是一名保外就医的社区矫正人员。根据《社区矫正实施办法》,小李应当定期向司法所报告遵纪守法等情况,同时还应当( )向司法所提交病情复查情况。

A. 每月　　　　　　　　　　　B. 每2个月

C. 每3个月　　　　　　　　　　D. 每6个月

24. 根据《中华人民共和国禁毒法》,对吸毒成瘾人员,公安机关可责令其接受社区戒毒。社区戒毒的期限是( )。

A. 6个月　　　　　　　　　　　B. 1年

C. 2年　　　　　　　　　　　　D. 3年

25. 某公安院校开展案例教学,设定了下面一些公安机关办案人员办理治安案件调查取证的情节,其中符合《中华人民共和国治安管理处罚法》规定的做法是( )。

A. 由于案情特殊,办案人员未将张某的传唤原因和处所告知其家属

B. 因为案情复杂,办案人员决定将李某的询问查证时间延长至36小时

C. 办案人员询问14周岁的违反治安管理行为人何某时,未通知其监护人到场

D. 办案人员询问违反治安管理行为的聋哑人蒋某时,请了一位手语老师来帮忙

26. 根据《烈士褒扬条例》,烈士褒扬金标准最低为烈士牺牲时上一年度全国城镇居民人均可支配收入的( )倍。

A. 10　　　　　　　　　　　　　B. 20

C. 30　　　　　　　　　　　　　D. 40

27. 小李服现役期间病故,生前没有立功也未获得荣誉称号。根据《军人抚恤优待条例》,小李的遗属可以领取一次性抚恤金,标准是上一年度全国城镇居民人均可支配收入的( )倍加本人40个月的工资。

A. 2　　　　　　　　　　　　　　B. 3

C. 20　　　　　　　　　　　　　D. 30

28. 2017 年 11 月,退役残疾军人老李刑满释放并恢复政治权利。当月,老李向当地民政部门申请恢复中止的抚恤金,经民政部门审查符合条件。根据《伤残抚恤管理办法》,当地民政部门应当(   )。

    A. 从 11 月起恢复老李的抚恤金,原停发的抚恤金予以补发

    B. 从 11 月起恢复老李的抚恤金,原停发的抚恤金不予补发

    C. 从 12 月起恢复老李的抚恤金,原停发的抚恤金予以补发

    D. 从 12 月起恢复老李的抚恤金,原停发的抚恤金不予补发

29. 根据《退役士兵安置条例》,安置地县级以上地方人民政府应当按照(   )管理的原则,对符合安排工作条件的退役士兵进行安置,保障其第一次就业。

    A. 属地　　　　　　　　　　　　B. 层级

    C. 条块　　　　　　　　　　　　D. 垂直

30. 根据《军队离休退休干部服务管理办法》,军休干部服务管理方式应当逐步实行国家保障与(   )服务相结合。

    A. 市场化　　　　　　　　　　　B. 社会化

    C. 人性化　　　　　　　　　　　D. 专业化

31. 根据《关于加强和改进城市社区居民委员会建设工作的意见》,新建住宅区居民入住率达到(   ),应及时成立社区居民委员会。

    A. 35%　　　　　　　　　　　　B. 40%

    C. 45%　　　　　　　　　　　　D. 50%

32. 某村拟举行村民委员会选举,该村村民老赵与其数名在县城打工的亲戚均登记参加选举。亲戚因工作繁忙无法回村投票,委托老赵代为投票。根据《村民委员会选举规程》,老赵最多可以接受(   )名近亲属委托代为投票。

    A. 1　　　　　　　　　　　　　B. 2

    C. 3　　　　　　　　　　　　　D. 4

33. 梅某从社区安康家庭服务机构聘用了小陈到家中护理患精神病的母亲。根据《家庭服务业管理暂行办法》,下列梅某的做法,正确的是(   )。

    A. 到服务机构聘用小陈时,梅某将母亲疾病情况如实告知该服务机构和小陈

    B. 到服务机构聘用小陈时,梅某要求小陈如实提供其家庭信息

    C. 在合同期限内,梅某暂押小陈的身份证件,待期满后归还

    D. 在合同期限内,梅某强行要求小陈增加合同以外的服务项目

34. 根据《中华人民共和国公益事业捐赠法》,下列受赠人的做法,正确的是(   )。

    A. 某集团向甲村捐资改善村民饮水条件,甲村用此款偿还修路贷款

    B. 某民营企业家向乙大学捐资以兴建体育馆并提出以其本人名字命名,乙大学同意后未经报批直接公布

    C. 进城务工青年向丙基金会捐赠 200 元,丙基金会向该青年通告捐款使用情况

    D. 某海外老华侨匿名向丁市博物馆捐赠 100 万元,丁市政府查实捐赠人后,未征求老华侨意见直接对老华侨进行公开表彰

35. 某市民政部门对辖区内公益慈善基金会进行检查后,对一些违规基金会责令限期改正,但下列基金会逾期未改。根据《中华人民共和国慈善法》,民政部门应吊销其登记证书并予

以公告的是( )。

A. 甲基金会,泄露受益人的个人隐私

B. 乙基金会,未按慈善宗旨开展活动

C. 丙基金会,擅自改变捐赠财产的用途

D. 丁基金会,将不得用于投资的财产用于投资

36. 根据《中华人民共和国慈善法》,中华慈善日为每年的( )。

A. 3月3日　　　　　　　　　　　B. 3月5日

C. 9月3日　　　　　　　　　　　D. 9月5日

37. 根据《志愿服务条例》,下列关于志愿者的说法,正确的是( )。

A. 志愿者的年龄不得低于18周岁

B. 志愿者必须通过志愿服务组织注册

C. 志愿者因故不能按照约定提供志愿服务,应当及时告知志愿服务组织或志愿服务对象

D. 志愿者参加志愿服务活动不得从志愿服务组织领取补贴,但可向志愿服务对象收取适当费用

38. 根据《基金会管理条例》,基金会的决策机构是( )。

A. 董事会　　　　　　　　　　　B. 监事会

C. 理事会　　　　　　　　　　　D. 会员代表大会

39. 根据《关于规范基金会行为的若干规定(试行)》,某基金会的下列做法,正确的是( )。

A. 为基金会工作人员提供私人借款

B. 为了保值增值,委托银行进行投资

C. 为捐赠企业产品提供质量担保

D. 接受匿名捐赠未开具捐赠票据

40. 根据《基金会管理条例》,下列关于基金会原始基金的说法,正确的是( )。

A. 全国性公募基金会的原始基金不得低于800万元人民币

B. 地方性公募基金会的原始基金不得低于600万元人民币

C. 非公募基金会的原始基金不得低于400万元人民币

D. 基金会的原始基金可以包括货币资产和非货币资产

41. 根据《社会团体登记管理条例》,下列拟成立的协会,会员数量符合社会团体成立条件的是( )。

A. 甲协会,已有62名个人会员,无单位会员

B. 乙协会,已有28名单位会员,无个人会员

C. 丙协会,已有36名个人会员,12个单位会员

D. 丁协会,已有29名个人会员,16个单位会员

42. 根据民政部、财政部《关于取消社会团体会费标准备案规范会费管理的通知》,下列社会团体会费管理的做法,正确的是( )。

A. 某行业协会规定单位会员缴纳会费标准在10%以内浮动

B. 某学会召开理事会修改会费标准,经1/2以上理事表决通过

C. 某商会在通过会费标准决议的60日后,将决议向全体会员公开

D. 某联合会会员代表大会对会费修改方案表决采取无记名投票方式

43. 根据《民办非企业单位登记暂行办法》，下列情形中，符合民办非企业单位申请登记条件的是(   )。

    A. 拟定名称中带有"中华"字样的

    B. 章程草案中载明盈利不得分配的

    C. 活动场所使用权期限尚有 9 个月的

    D. 机构合法财产中国有资产份额为 2/5 的

44. 老张申请登记成立一家民办非企业单位，初步拟定了 4 个名称。根据《民办非企业单位名称管理暂行规定》，下列老张拟定的名称中，符合规定的是(   )。

    A. 中国民办教育研究院

    B. 北京市民办教育研究院

    C. 北京市东城区民办教育研究院

    D. 北京市东城区星辰民办教育研究院

45. 根据《中华人民共和国劳动法》，下列公司对员工工作时间的安排，符合规定的是(   )。

    A. 甲公司每周工作 7 天，每天工作 6 小时

    B. 乙公司每周工作 6 天，每天工作 6.5 小时

    C. 丙公司每周工作 5 天，每天加班 2.5 小时

    D. 丁公司每周工作 5 天，每月加班 50 小时

46. 产妇小李产假前的月工资为 6200 元，其所在单位上年度职工月平均工资为 4800 元。单位没有为小李缴纳生育保险费。根据《女职工劳动保护特别规定》，下列关于小李产假期间生育津贴的说法，正确的是(   )。

    A. 小李没有参加生育保险，不得享受生育津贴

    B. 小李享受每月 3100 元生育津贴，应由用人单位支付

    C. 小李享受每月 4800 元生育津贴，应由生育保险基金支付

    D. 小李享受每月 6200 元生育津贴，应由用人单位支付

47. 根据《中华人民共和国就业促进法》，下列企业中，依法享受税收优惠的是(   )。

    A. 退休人员创办的中小企业

    B. 农民工创办的中小企业

    C. 失业人员创办的中小企业

    D. 辞职人员创办的中小企业

48. 根据《中华人民共和国劳动合同法》，(   )属于劳动合同必备条款。

    A. 试用期   B. 技能培训

    C. 福利待遇   D. 社会保险

49. 某广告公司招聘一名有研究生学历的部门经理。吴某应聘成功并签订了为期 3 年的劳动合同。一年后，吴某因一次工作失误引起公司对其学历的怀疑。公司经调查发现吴某的研究生学历证书系伪造，遂解除了劳动合同。根据《中华人民共和国劳动合同法》，下列关于是否向吴某支付经济补偿金的说法，正确的是(   )。

    A. 公司无须向吴某支付经济补偿金

    B. 公司应当按吴某 1 个月工资标准支付经济补偿金

C. 公司应当按吴某2个月工资标准支付经济补偿金

D. 公司应当按吴某3个月工资标准支付经济补偿金

50. 下列用人单位给付加班人员工资报酬的做法,符合《中华人民共和国劳动法》规定的是( )。

A. 甲工厂在工人临近下班时接到紧急任务,需要赶工加班,加班时间按工资的120%给予加班人员工资报酬

B. 乙公司在休息日安排职员加班且未安排补休,按工资的150%给予加班人员工资报酬

C. 丙物业公司安排社区保安在"五一"国际劳动节上班,按工资的250%给予加班人员工资报酬

D. 丁环卫队安排环卫工人在正月初一清扫道路,按工资的300%给予加班人员工资报酬

51. 根据《劳动保障监察条例》,用人单位的下列情况,属于劳动保障监察事项的是( )。

A. 建立工会组织的情况

B. 缴纳职工住房公积金的情况

C. 缴纳残疾人就业保障金的情况

D. 与劳动者订立劳动合同的情况

52. 根据《集体合同规定》,劳动者或用人单位一方提出进行集体协商要求的,另一方应当在收到集体协商要求之日起( )日内以书面形式予以回应。

A. 20   B. 30

C. 45   D. 60

53. 某企业与职工签订了一份集体合同。根据《集体合同规定》,下列关于该集体合同的说法,正确的是( )。

A. 该集体合同应由企业报送县级以上工会审查后,方能生效

B. 若该企业被兼并致使集体合同无法履行,可以变更或解除该合同

C. 若集体协商过程中发生争议,双方可以向县级以上工会提出协调处理申请

D. 因履行该集体合同发生的争议,双方协商解决不成,可以直接向人民法院提起诉讼

54. 某市为提升城市社区卫生服务水平,鼓励各社区卫生服务机构创新实践。根据《国务院关于发展城市社区卫生服务的指导意见》《城市社区卫生服务机构管理办法(试行)》,下列该市社区卫生服务机构的做法,正确的是( )。

A. 为打造和谐社区,甲社区卫生服务中心开展标识征集活动

B. 为吸引社会捐赠,乙社区卫生服务中心以捐建者名字命名

C. 为改善硬件设施,丙社区卫生服务中心积极吸引社会力量参与

D. 为调动服务中心工作人员的工作积极性,丁社区卫生服务中心将医护人员收入与服务收入直接挂钩

55. 根据《城镇企业职工基本养老保险关系转移接续暂行办法》,参保人员跨省流动就业转移基本养老保险关系时,统筹基金(单位缴费)以本人1998年1月1日后各年度实际缴费工资为基数,按( )的总和转移,参保缴费不足1年的,按实际缴费月数计算转移。

A. 8%   B. 12%

C. 16%   D. 20%

56. 根据《国务院关于完善企业职工基本养老保险制度的决定》,符合条件的职工退休时的基础养老金月标准以(   )在岗职工月平均工资和本人指数化月平均缴费工资的平均值为基数,缴费每满1年发给1%。

    A. 当地上年度   B. 当地本年度

    C. 本单位上年度   D. 本单位本年度

57. 根据《国务院关于开展城镇居民基本医疗保险试点的指导意见》,城镇居民基本医疗保险基金使用应坚持的原则是(   )。

    A. 以收定支、收支平衡、略有结余

    B. 以支定收、收支平衡、略有结余

    C. 以收定支、严格支出、保持结余

    D. 以支定收、收支平衡、不留结余

58. 根据《中华人民共和国社会保险法》,失业保险金标准由省、自治区、直辖市人民政府确定,不得低于(   )。

    A. 国家贫困线

    B. 最低工资标准

    C. 城镇居民平均收入

    D. 城市居民最低生活保障标准

59. 根据《中华人民共和国社会保险法》,企业缴纳了工伤保险费后,职工因工伤发生的下列费用,应由用人单位支付的是(   )。

    A. 治疗工伤期间的工资福利

    B. 住院伙食补助费

    C. 治疗工伤的医疗费用和康复费用

    D. 到统筹地区以外就医的交通食宿费

60. 贾某曾先后在甲、乙、丙三地工作,工作期间均参加了当地社会保险。根据《中华人民共和国社会保险法》,当贾某达到退休年龄,其基本养老金计算和支付方式为(   )。

    A. 分段计算、统一支付

    B. 分段计算、分段支付

    C. 统一计算、统一支付

    D. 统一计算、分段支付

二、多项选择题(共20题,每题2分。每题的备选项中,有2个或2个以上符合题意,至少有1个错项。错选,本题不得分;少选,所选的每个选项得0.5分)

61. 根据《民政部关于进一步加快推进民办社会工作服务机构发展的意见》,下列关于加强民办社会工作服务机构能力建设的措施,正确的有(   )。

    A. 加强民办社会工作服务机构党群组织建设

    B. 着力提升民办社会工作服务机构服务水平

    C. 大力推动民办社会工作服务机构市场化发展

    D. 建立健全民办社会工作服务机构联系志愿者制度

    E. 进一步增强民办社会工作服务机构内部治理能力

62. 根据《社会救助暂行办法》,社会力量参与社会救助的方式有(   )。

A. 捐赠
B. 设立帮扶项目
C. 增加财政投入
D. 创办服务机构
E. 提供志愿服务

63. 根据《国务院关于进一步加强和改进最低生活保障工作的意见》,我国制定最低生活保障标准的方法有(   )。

A. 基尼系数法
B. 恩格尔系数法
C. 消费支出比例法
D. 人均可支配收入法
E. 基本生活费用支出法

64. 某企业在一年时间内聘用了多名有劳动能力、处于失业状态的低保家庭成员。根据《社会救助暂行办法》,该企业可以享受的就业扶持政策有(   )。

A. 税收优惠
B. 住房补贴
C. 社会保险补贴
D. 小额担保贷款
E. 减免残疾人就业保障金

65. 根据《城市生活无着的流浪乞讨人员救助管理办法实施细则》,救助站应当终止救助的情形有(   )。

A. 未经事先告知,擅自离开救助站的
B. 救助期已满,无正当理由不愿离站的
C. 辱骂救助站工作人员和其他受助人员的
D. 故意提供虚假个人情况,被救助站工作人员发现的
E. 以救助站饮食不合胃口为由,故意扰乱就餐秩序的

66. 某法律援助机构对人民法院指定辩护的被告人提供法律援助。根据《法律援助条例》,下列被告人中,无须审查其经济状况,就应当提供法律援助的有(   )。

A. 李某,盲人
B. 杨某,双腿残疾
C. 曲某,17 周岁
D. 孔某,65 周岁
E. 吕某,可能被判处死刑

67. 老黄,男,55 周岁,身体健康,社区矫正人员。根据《社区矫正实施办法》,老黄在社区矫正期间,每月应当分别参加不少于 8 小时的(   )。

A. 教育学习
B. 社区服务
C. 职业培训
D. 心理辅导
E. 同伴小组活动

68. 士官小张,28 岁,服役 9 年 7 个月后退出现役,自主就业,服役期间荣获 2 次三等功,具备领取一次性退役金资格。根据《退役士兵安置条例》,小张一次性退役金应当(   )。

A. 按标准增发 5%
B. 按退役时年龄核算

C. 按 10 年服役年限计算

D. 按安置地人均收入加以调节

E. 按国家规定免征个人所得税

69. 老李经常参加社区组织的治安巡逻志愿服务活动。根据《志愿服务记录办法》,老李的下列信息,应当被记录的有( )。

A. 老李的身份证号码

B. 参加治安巡逻志愿服务培训的学时

C. 参加治安巡逻志愿服务的具体日期

D. 从住处到治安巡逻志愿服务场所的往返交通时间

E. 因治安巡逻志愿服务所获的表彰奖励

70. 张某承诺向某慈善组织捐赠 10 万元,并签订了书面捐赠协议,但后来拒不交付。根据《中华人民共和国慈善法》,若这笔捐赠款项在协议中约定用于( ),该慈善组织可依法向人民法院申请支付令。

A. 促进教育   B. 防治污染

C. 扶贫、济困   D. 优恤、优抚

E. 事故灾难救助

71. 老陈与某公司签订用工协议如下:老陈为非全日制临时工,每天工作 6 小时,每周工作 6 天,工资按月发放,期限半年,试用期 2 个月。公司负责人告知老陈,双方是劳务关系,所签协议是劳务合同。协议期满后,双方未续签,但老陈仍在公司工作,公司也按月向其支付工资。两个月后的一天,公司通知老陈:双方用工协议早已到期,从明天起就不用来上班了。老陈不服,遂向公司讨要说法。根据《中华人民共和国劳动合同法》和《劳动合同法实施条例》,下列关于此用工关系的说法,正确的有( )。

A. 公司雇用老陈事实上是全日制用工

B. "试用期 2 个月"的条款不符合法律规定

C. "双方是劳务关系"的说法不成立,双方是劳动关系

D. 公司应当向老陈支付赔偿金

E. 公司应当向老陈支付经济补偿金

72. 根据《职工带薪年休假条例》,下列关于职工享受年休假天数的说法,正确的有( )。

A. 小王,累计工作 1 年 6 个月,可享受年休假 5 天

B. 小叶,累计工作 9 年 6 个月,可享受年休假 5 天

C. 小田,累计工作 12 年 5 个月,可享受年休假 10 天

D. 小周,累计工作 18 年 2 个月,可享受年休假 15 天

E. 老徐,累计工作 30 年 6 个月,可享受年休假 20 天

73. 根据《中华人民共和国劳动争议调解仲裁法》,可以担任劳动争议仲裁员的人员有( )。

A. 老陈,退休审判员

B. 老张,居委会主任

C. 老王,大学法学专业教授

D. 小武,已执业 5 年的律师

E. 小丁法学本科毕业后在某县总工会从事专业工作满 5 年

74. 根据《中华人民共和国劳动合同法》，下列情形中，劳动者应当按照约定向用人单位支付违约金的有(　　)。

A. 违反竞业限制约定的

B. 因过错导致劳动合同无效的

C. 给用人单位声誉造成恶劣影响的

D. 接受专业技术培训后违反服务期约定的

E. 违反规章制度给用人单位造成严重损失的

75. 根据《国务院办公厅关于进一步加强乡村医生队伍建设的指导意见》等有关规定，下列关于乡村医生的说法，正确的有(　　)。

A. 乡村医生聘用应遵循"县聘、乡管、村用"的原则

B. 年满 60 周岁的乡村医生原则上不应再在村卫生室执业

C. 乡村医生主要为农村居民提供公共卫生和基本医疗服务

D. 对乡村医生提供的基本医疗服务，主要由个人和新农合基金(城乡居民基本医疗保险基金)支付

E. 对乡村医生提供的基本公共卫生服务，主要由新农合基金(城乡居民基本医疗保险基金)给予合理补助

76. 根据《中华人民共和国社会保险法》，参加基本养老保险的个人，因病或者非因工死亡的，其遗属可以领取(　　)。

A. 抚恤金　　　　　　　　　　　　　　B. 病残津贴

C. 丧葬补助金　　　　　　　　　　　　D. 基本养老金

E. 最低生活保障金

77. 根据《中华人民共和国社会保险法》，符合(　　)的医疗费用，按照国家规定从基本医疗保险基金中支付。

A. 国家基本药物目录

B. 基本公共卫生服务项目

C. 基本医疗保险药品目录

D. 基本医疗保险诊疗项目

E. 基本医疗保险医疗服务设施标准

78. 孙某同时在甲、乙两家公司就业，甲公司没有为孙某缴纳工伤保险费，乙公司为孙某缴纳了工伤保险费。某日，孙某在甲公司工作时因工受伤，被送往医院治疗。后经有关部门评定为二级残疾，需要护理。根据《工伤保险条例》《实施〈中华人民共和国社会保险法〉若干规定》，下列关于孙某工伤保险权益的说法，正确的有(　　)。

A. 孙某的伤残津贴应由乙公司支付

B. 孙某的生活护理费应由甲公司支付

C. 孙某的住院伙食补助费应由甲公司支付

D. 孙某的一次性伤残补助金应由乙公司支付

E. 孙某的住院医疗费由工伤保险基金支付

79. 根据《中华人民共和国社会保险法》,下列保险种类中,职工个人需要缴纳费用的有( )。

A. 工伤保险

B. 生育保险

C. 失业保险

D. 基本养老保险

E. 基本医疗保险

80. 根据《中华人民共和国社会保险法》,下列关于社会保险费征缴的说法,正确的有( )。

A. 用人单位应当自成立之日起 60 日内申请办理社会保险登记

B. 用人单位应当自用工之日起 30 日内为其职工申请办理社会保险登记

C. 用人单位应当自行申报、按时缴纳社会保险费,非因不可抗力等法定事由不得缓缴、减免

D. 用人单位的社会保险登记事项发生变更,应当自变更之日起 30 日内到社会保险经办机构办理变更

E. 用人单位未按规定申报应当缴纳的社会保险费数额的,应当按照该单位上月缴费额的 150%确定应缴数额

社会工作法规与政策（中级）
2017 年真题

重要提示：

　　为维护您的个人权益，确保考试的公平公正，请您协助我们监督考试实施工作。

　　本场考试规定：监考老师要向本考场全体考生展示题本密封情况，并邀请 2 名考生代表验封签字后，方能开启试卷袋。

社会工作法规与政策（中级）2017年真题

一、单项选择题（共60题，每题1分。每题的备选项中，只有1个最符合题意）

1. 根据《民政部关于进一步加快推进民办社会工作服务机构发展的意见》，成立民办社会工作服务机构的专职工作人员中取得社会工作者职业水平证书或社会工作专业本科以上学历的应达到（   ）以上。

A. 1/3   B. 1/4   C. 1/5   D. 1/6

2. 某市拟通过政府购买方式为失独老人开展社会工作服务，在当地只有一家社会工作服务机构符合条件。根据《民政部、财务部关于政府购买社会工作服务的指导意见》，若该市的民政部门采取单一来源采购方式组织采购，则应事先向社会公示并经过同级（   ）部门批准。

A. 财政   B. 审计

C. 纪检   D. 发展改革

3. 根据《社会救助暂行办法》，承担最低生活保障申请受理、调查审核职责的是（   ）。

A. 村民委员会、居民委员会

B. 乡镇人民政府、街道办事处

C. 县级人民政府民政部门

D. 县级人民政府人力资源社会保障部门

4. 根据《特困人员认定办法》，下列已依法办理特困人员供养的人员中，应当及时终止供养的是（   ）。

A. 小华，16周岁，品学兼优，刚刚考入某市重点中学

B. 小丽，19周岁，肢体残疾，刚刚到某福利企业就业

C. 老王，65周岁，因盗窃罪被判缓刑2年

D. 老李，70周岁，经过康复治疗恢复了生活自理能力

5. 张某一家享受城市居民最低生活保障待遇。张某儿子最近参加工作，民政部门终止了张某一家的低保待遇。张某认为，虽然儿子已就业，但是家庭收入仍然很低，应继续享受低保待遇。根据《城市居民最低生活保障条例》，张某依法可以（   ）。

A. 直接向人民法院提起行政诉讼

B. 申请复查，如对复查结果不服，可越级上访

C. 申请仲裁，如对仲裁裁决不服，可依法提起行政诉讼

D. 申请行政复议，如对复议决定不服，可依法提起行政诉讼

6. 根据《城乡医疗救助基金管理办法》，城乡医疗救助基金年终结余资金可以结转下年度继续使用。基金累计结余一般应不超过（   ）。

A. 当年筹集资金总额的20%

B. 当年筹集资金总额的 15%

C. 累计筹集基金总额的 20%

D. 累计筹集基金总额的 15%

7. 国家对最低生活保障家庭中有劳动能力,并处于失业状态的成员,给予就业帮助。根据《社会救助暂行办法》,下列措施中不属于就业救助的是(　　)。

A. 费用减免　　　　　　　　　　B. 岗位补贴

C. 培训补贴　　　　　　　　　　D. 发放失业保证金

8. 赵某在外地出差途中遇见钱某、孙某和李某殴打一游客,上前制止,被三人打伤,花去医疗费 5000 元。赵某的行为被认定为见义勇为。赵某欲向法院起诉,要求三人支付医疗费,但因生活困难无钱聘请律师,准备申请法律救援。根据《法律救援条例》,应当受理赵某法律援助申请的是(　　)的法律援助机构。

A. 赵某所住地　　　　　　　　　B. 赵某户籍地

C. 事件发生地　　　　　　　　　D. 钱某、孙某或李某住所地

9. 根据《中华人民共和国老年人权益保障法》,下列关于家庭赡养的说法,正确的是(　　)。

A. 赡养人表示放弃继承权的,可以不再履行赡养老年人的义务

B. 赡养人有义务耕种老年人承包的田地,照顾老年人的林木和牲畜,收益归赡养人所有

C. 经老年人同意,赡养人之间可以就履行赡养义务签订协议,基层派出所监督协议的履行

D. 赡养人不履行赡养义务的,基层群众性自治组织、老年人组织或者赡养人所在单位应当督促其履行

10. 根据《女职工劳动保障特别规定》,下列关于怀孕女职工劳动保护的说法中正确的是(　　)。

A. 女职工怀孕不能正常工作,用人单位可以适当降低其工资

B. 对怀孕 7 个月以上的女职工,用人单位不得安排夜班劳动

C. 怀孕女职工在劳动时间内进行产前检查,所需时间可以不计入劳动时间

D. 对怀孕六个月以上的女职工,用人单位应在劳动时间内安排一定的休息时间

11. 小萌,7 岁,父母遭遇车祸双亡,当地民政部门依法将小萌安置在市儿童福利院。该福利院为了促进小萌和其他孤儿融入社区,在附近小区租了一套单元房,为孩子们提供家庭式养育。根据《国务院办公厅关于加强孤儿保障工作的意见》,小萌的安置方法属于(　　)。

A. 家庭寄养　　　　　　　　　　B. 依法收养

C. 机构养育　　　　　　　　　　D. 亲属抚养

12. 张某夫妇染上毒品,对 10 岁的儿子小强不闻不问,不履行监护职责,经多次教育仍不改正。根据《中华人民共和国未成年人保护法》,有关机关或个人可以依法申请对小强的监护问题做出处理。下列处理中,正确的是(　　)。

A. 人民法院可以撤销张某夫妇的监护人资格,指定居委会监督张某夫妇抚养小强

B. 人民法院可以撤销张某夫妇的监护人资格,另行指定小强的监护人

C. 民政部门可以撤销张某夫妇的监护人资格,指定居委会监督张某夫妇抚养小强

D. 民政部门可以撤销张某夫妇的监护人资格,另行指定小强的监护人

13. 甲省某企业上年度在职职工 600 人,其中残疾人 4 人,包括持有残疾人证(2 级)和残疾军人证(3 级)的残疾人各一名,上年度该企业在职职工平均工资为 5 万元,所在地职工平均

工资为 5.5 万元。甲省规定该省用人单位安排残疾人就业的比例不得低于本单位在职职工总数的 1.5%，根据《残疾人就业条例》和《残疾人就业保障金征收使用管理办法》，该企业应当缴纳的残疾人就业保障金最低为(　　)万元。

A. 10 B. 15

C. 16.5 D. 25

*14. 刘某与妻子谢某感情不和，谢某向法院起诉，请求离婚。刘某因长期赌博欠表兄安某93 万元赌债并打了借条。在诉讼过程中，刘某要求与谢某共同偿还这笔赌债。根据《中华人民共和国婚姻法》等有关司法解释，下列对刘某所欠赌债的处理意见中，正确的是(　　)。

A. 对刘某的主张不予支持 B. 由刘某、谢某承担连带清偿责任

C. 由刘某、谢某按比例分别偿还 D. 由刘某、谢某以夫妻共同财产偿还

*15.《婚姻登记条例》对适用结婚登记的事项进行了规定。下列事项中，不适用该条例结婚登记规定的是(　　)。

A. 初次结婚 B. 补办结婚登记

C. 补领结婚证 D. 复婚

*16. 根据《中华人民共和国收养法》，监护人送养未成年孤儿的，须征得有抚养义务的人的同意。有抚养义务的人不同意送养，监护人不愿意继续履行监护职责的，应当依法(　　)。

A. 变更监护人 B. 由社会福利机构抚养

C. 由有抚养义务的人抚养 D. 由有抚养义务的人收养

*17. 根据《中华人民共和国收养法》，符合条件的不满 14 周岁的未成年人可以被收养，但某些情形下可以不受"不满 14 周岁"的限制。下列收养情形中，可以不受"不满 14 周岁"限制的是(　　)。

A. 收养残疾儿童 B. 收养孤儿

C. 无配偶男性收养女性 D. 继父或者继母收养继子女

*18. 根据《中华人民共和国收养法》，收养人在被收养人成年以前，不得解除收养关系。自收养关系成立之日起，养父母与养子女之间的权利和义务关系，适用法律关于(　　)的规定。

A. 寄养关系 B. 托养关系

C. 亲属抚养关系 D. 父母子女关系

*19. 根据《中华人民共和国继承法》，伪造、篡改遗嘱情节严重的，丧失继承权。遗嘱继承人丧失遗嘱继承权的，原该继承人所应继承的遗产按(　　)处理。

A. 遗嘱 B. 转继承

C. 法定继承 D. 代位继承

*20. 根据《中华人民共和国继承法》，夫妻一方死亡，另一方再婚且不赡养死亡方父母，对所继承的死亡方的遗产(　　)。

A. 再婚一方无权处分 B. 再婚一方有权处分

C. 按转继承重新处分 D. 按法定继承重新处分

*21. 根据《中华人民共和国继承法》，继承人继承遗产，应当清偿被继承人依法应当缴纳的税款和债务，缴纳税款和清偿债务以(　　)为限。

A. 继承人财产的实际价值 B. 被继承人遗产的实际价值

C. 税款和债务的实际额度 D. 被继承人遗嘱确定的清偿额度

22. 根据《信访条例》，下列信访人的行为中，正确的是( )。

A. 钱某与本村村民 6 人共同就征地补偿问题到信访工作机构走访

B. 魏某因对村民委员会选举结果不满，串联其他村民到信访机构走访

C. 冯某就本村村委会主任贪腐问题前往乡人民政府信访接待场所走访

D. 王某为达到信访目的，将生活不能自理的母亲弃留在信访接待场所

23. 根据《突发事件应急预案管理办法》下列关于突发事件应急预案管理的说法中，正确的是( )。

A. 专项应急预案至少每 5 年进行一次演练

B. 编制应急预案应当在开展风险评估和应急资源调查基础上进行

C. 政府部门在应急预案印发 30 个工作日后报送本级人民政府备案

D. 政府及其部门应急预案分为专项应急预案、单位和基层组织应急预案两类

24. 根据《社区矫正实施办法》，下列对未成年人实施社区矫正的说法中，正确的是( )。

A. 对未成年人的社区矫正应当与成年人分开进行

B. 未成年人的社区矫正应当由其就读学校负责实施

C. 未成年社区矫正人员的矫正小组应当有法官参加

D. 未成年社区矫正人员的矫正宣告应当公开进行

25. 根据《吸毒检测程序规定》，被检测人对现场检测结果有异议的，可以在被告知检测结果之日起 3 日内，向现场检测的公安机关提出( )申请。

A. 现场复检   B. 行政复议

C. 行政申诉   D. 实验室检测

26. 小张吸毒成瘾，在家人劝说下自愿接受强制隔离戒毒，经公安机关同意后，进入某强制隔离戒毒所戒毒，根据《中华人民共和国禁毒法》，小张接受强制隔离戒毒的期限不少于( )个月。

A. 12   B. 15

C. 18   D. 24

27. 根据《中华人民共和国治安管理处罚法》，下列违反治安管理的行为人中，依法应当给予行政拘留处罚，但不执行行政拘留处罚的是( )。

A. 甲，15 岁，第二次违反《中华人民共和国治安管理处罚法》

B. 乙，19 岁，初次违反《中华人民共和国治安管理处罚法》

C. 丙，34 岁，第三次违反《中华人民共和国治安管理处罚法》

D. 丁，66 岁，初次违反《中华人民共和国治安管理处罚法》

28. 老于为烈士遗属，享受定期抚恤金，2017 年年初将户口由甲县迁往乙县，同时办理定期抚恤金转移手续。根据《烈士褒扬条例》，老于 2017 年的定期抚恤金应当由( )发放。

A. 甲县财政部门   B. 乙县财政部门

C. 甲县民政部门   D. 乙县民政部门

29. 退役伤残军人小易因过失犯罪被判处 1 年有期徒刑，于 2017 年 1 月初刑满释放。日前，小易向民政部门申请恢复抚恤及补发抚恤金，根据《伤残抚恤管理办法》，对小易的申请民政部的正确做法是( )。

A. 从 2017 年 1 月起恢复抚恤，原停发的抚恤金予以补发

B. 从 2017 年 1 月起恢复抚恤,原停发的抚恤金不予补发

C. 从 2017 年 2 月起恢复抚恤,原停发的抚恤金予以补发

D. 从 2017 年 2 月起恢复抚恤,原停发的抚恤金不予补发

30. 根据《退役士兵安置条例》,下列关于退役士兵教育培训的说法中,正确的是(   )。

A. 自主就业的退役士兵,在退役 2 年内免费参加职业教育和技能培训

B. 退役士兵职业教育和技能培训所需费用,由县级以上人民政府民政部门负担

C. 自主就业退役士兵的职业教育和技能培训经费列入县级以上人民政府财政预算

D. 县级以上人民政府教育主管部门应当组织有需要的退役士兵参加职业教育和技能培训

31. 烈士遗孤小亮,11 周岁,甲县乙乡人,居住在烈士光荣院,正在胜利小学接受义务教育,根据《光荣院管理办法》,小亮接受义务教育所需费用应当由(   )保障。

A. 甲县光荣院   B. 乙乡政府

C. 胜利小学   D. 烈士主管部门所在单位

32. 根据《关于加强与改进城市社区居民委员会建设工作的意见》,下列关于社区居民委员会建设的说法中,正确的是(   )。

A. 社区居民委员会是街道办事处下设机构

B. 社区居民委员会可以设置下属的委员

C. 社区居民委员会的成员应由社区专职工作人员担任

D. 新建住宅区居民入住率达到 30%,应及时成立社区居民委员会

33. 某村正在进行村民委员会选举前的选民登记工作,根据《中华人民共和国村民委员会组织法》,户籍在该村的下列人员中,应当列入选民名单的是(   )。

A. 小刘,17 岁,居住在该村

B. 小王,26 岁,居住在县城,本人表示不参加选举

C. 小张,35 岁,居住在邻村且参加了邻村的选举,仍表示要参加本次选举

D. 老杨,75 岁,骨折后在乡养老院修养

34. 大鹏是职业技术学院康复专业毕业生,受聘于家政服务机构暖阳中心,被派到小张家护理张大爷。暖阳中心与小张签订了家庭服务合同。根据《家庭服务业管理暂行办法》,下列暖阳中心的做法中,正确的是(   )。

A. 暖阳中心要求小张必须购买某品牌治疗仪

B. 小张要求暖阳中心扣留大鹏的身份证,暖阳中心予以拒绝

C. 小张要求暖阳中心为大棚建立工作档案,暖阳中心予以拒绝

D. 大鹏要求复印暖阳中心与小张签订的家庭服务合同,暖阳中心予以拒绝

35. 律师李某是某公益信托项目受托人,根据《中华人民共和国信托法》,下列关于李某行为的说法中,正确的是(   )。

A. 李某辞去该项目受托人

B. 李某不得在该项目中获取报酬

C. 李某应当接受公益事业管理机构对其个人财产的检查

D. 李某应当在该信托项目终止 15 日内,向公益事业管理机构报告终止事由

36. 2015 年,泽恩集团年度利润总额是 5000 万元,当年,泽恩集团向某公募基金会公益项目捐赠 500 万元,向某非公募基金会公益项目捐赠 300 万元,根据《中华人民共和国公益事业捐赠法》和《中华人民共和国企业所得税法》,泽恩集团当年应纳税所得额为( )万元。

A. 4200
B. 4400
C. 4500
D. 4700

37. 某集团董事长与某慈善组织负责人商谈后决定,拟举办一场大型文艺演出,承诺将所有收入捐赠给该慈善组织的"关爱留守儿童"公益项目,同时作了一些口头约定。根据《中华人民共和国慈善法》,下列口头约定中,错误的是( )。

A. 举办活动前,双方应当签订捐赠协议

B. 举办活动中,可以放置集团烟草产品广告牌

C. 活动结束后,该集团应按协议履行捐赠义务

D. 活动结束后,捐赠情况应及时向社会公开

38. 高某从北京某高校毕业后应征入伍,在拉萨某部服役。在校期间,高某参加志愿服务时间累计 230 小时,到拉萨又参加志愿服务时间累计 80 小时。根据《志愿服务记录办法》,下列关于高某志愿服务的说法,正确的是( )。

A. 拉萨的志愿者组织可以认定高某为二星级志愿者

B. 拉萨的志愿者组织应当向北京志愿者组织提供高某的志愿服务记录

C. 高某的志愿服务记录应当记录其服务技能、兴趣爱好、婚姻状况

D. 北京的志愿者组织应当及时将高某的志愿服务记录转移至拉萨志愿组织

39. 根据《社会团体登记管理条例》,下列关于全国性社会团体分支机构的说法,正确的是( )。

A. 全国性社会团体可以设立地域性分支机构

B. 全国性社会团体分支机构不具有法人资格

C. 全国性社会团体分支机构可以下设分支机构

D. 全国性社会团体分支机构可视情况超出授权范围开展活动

40. 根据《财政部国家税务总局关于非营利组织企业所得税免税收入问题的通知》,社会团体的下列收入中,不属于免税收入的是( )。

A. 财政补助
B. 社会捐赠
C. 政府购买服务收入
D. 按规定收取的会费

41. 某培智学校是一所民办学校,办理了民办非企业单位登记。根据《民办非企业单位登记管理暂定条例》,该学校的下列收入中,应当接受审计机关监督的是( )。

A. 来自社会捐赠的收入

B. 提供咨询服务的收入

C. 组织教师编写并出版教材的收入

D. 转让自主知识产权取得的收入

42. 根据《基金会管理条例》,下列基金会存在的情形中,符合规定的是( )。

A. 某地方性公募基金会有理事 15 人,其中领取报酬的有 6 人

B. 某基金会章程规定理事任期为 3 年,该基金会中某理事连任 3 届

C. 某全国性公募基金会的理事长,同时担任某有限公司的法定代表人

D. 某非公募基金会由私人财产设立,有理事9人,其中相互间有近亲系的有4人

43. 某集团拟定城里非公募教育基金会。根据《基金会管理条例》,该基金会的原始基金不得低于( )万元人民币。

A. 200　　　　　B. 400　　　　　C. 600　　　　　D. 800

44. 职业中介向劳动者收取押金的,由劳动行政部门责令限期退还劳动者,依据劳动者人数并按一定标准处以罚款。根据《中华人民共和国就业促进法》,下列罚款金额,符合标准的是每人( )元。

A. 100　　　　　B. 300　　　　　C. 1000　　　　　D. 3000

45. 老张今年57岁,自2001年以来一直在某公司工作,与公司签订的劳动合同将于2017年7月底到期,老张希望与公司续签合同,公司因他年纪偏大,难以适应新业务要求,通知他到期终止合同。根据《中华人民共和国劳动合同法》,下列关于老张与劳动合同的说法,正确的是( )。

A. 公司可以终止与老张的劳动合同,但应向其支付经济补偿

B. 公司可以终止与老张的劳动合同,且无须向其支付经济补偿

C. 公司不得终止与老张的劳动合同,也不得变更老张的工作岗位

D. 公司不得终止与老张的劳动合同,但经协商可以变更老张的工作岗位

46. 根据《中华人民共和国劳动合同法》,下列情形中,劳动者可以立即解除劳动合同,无须事先告知用人单位的是( )。

A. 用人单位未及时足额支付劳动者报酬的

B. 用人单位未依法为劳动者缴纳社会保险的

C. 用人单位未按劳动合同约定提供劳动保护或劳动条件的

D. 用人单位违章指挥、强令冒险作业危及劳动者人身安全的

47. 根据《中华人民共和国劳动法》,下列企业延长工作时间的做法中,正确的是( )。

A. 甲企业为完成新增订单,安排工人每日工作10小时

B. 乙企业为抢修公共交通运输道路,安排工人每日工作11小时

C. 丙企业为让全厂职工提前回家过年,安排工人当月加班40小时

D. 丁企业为与合作企业衔接,压缩施工工期,安排工人当月加班48小时

48. 某公司与王某签订了为期两年半的劳动合同。根据《中华人民共和国劳动合同法》,该公司与王某约定试用期不得超过( )个月。

A. 2　　　　　　　　　　　　　　B. 3

C. 4　　　　　　　　　　　　　　D. 5

49. 根据《女职工劳动保护特别规定》,下列关于女职工生育产假的说法中,正确的是( )。

A. 甲,生育难产,享受产假105天

B. 乙,生育双胞胎,享受产假120天

C. 丙,怀孕3个月流产,享受产假30天

D. 丁,怀孕5个月流产,享受产假42天

50. 根据《劳动保障监察条例》,下列事项中,不属于劳动保障监察事项的是( )。

A. 用人单位依法纳税的情况

B. 用人单位制定内部劳动保障制度的情况

C. 用人单位参加各项社会保险和缴纳社会保险费的情况

D. 用人单位与劳动者订立劳动合同的情况

51. 根据《劳动保障监察条例》，下列事项中，不属于劳动保障监察事项的是（   ）。

A. 用人单位遵守禁止使用童工规定的情况

B. 用人单位制定内部劳动保障规章制度的情况

C. 用人单位参加各项社会保险和缴纳社会保险费的情况

D. 用人单位一方的协商代表，由用人单位法定代表人指派

52. 根据《集体合同规定》，下列关于集体合同的说法中，正确的是（   ）。

A. 行政机关同样适用集体合同规定

B. 集体合同对职工个人不具有法律约束力

C. 职工个人的劳动报酬可以低于集体合同的规定

D. 集体协商双方可以签订集体合同或专项集体合同

53. 根据《突发公共卫生事件应急条例》，省级人民政府成立省突发公共卫生事件应急处理指挥部时，总指挥应由（   ）担任。

A. 省人民政府主要领导人

B. 省人民政府分管领导人

C. 省人民政府民政部门主要负责人

D. 省人民政府卫生行政部门主要负责人

54. 根据《城市社区卫生服务中心基本标准》，下列关于设立社区卫生服务中心标准的说法中正确的是（   ）。

A. 每名执业医师至少配备 1 名注册护士

B. 至少有 2 名中级以上任职资格的中医类别执业医师

C. 至少要设立 50 张以上以护理康复为主要功能的病床

D. 建筑面积不少于 800 平方米，每设 1 张床位至少增加 20 平方米建筑面积

55. 根据《流动人口计划生育工作条例》，流动人口中的成年育龄妇女，应当自到达现居地之日起（   ）内，提交婚育证明。

A. 30 天   B. 60 天

C. 3 个月   D. 6 个月

56. 根据《基本养老保险基金投资管理办法》，下列关于基本养老保险基金投资比例的说法，正确的是（   ）。

A. 投资银行活期存款的比例，不得高于基本养老保险基金资产净值的 5%

B. 投资国家重大项目的比例，不得低于基本养老保险基金资产净值的 20%

C. 投资股票的比例，不得高于基本养老保险基金资产净值的 30%

D. 投资重点企业股权的比例，不得低于基本养老保险基金资产净值的 40%

57. 郭某在一次工作任务中发生意外，导致左腿骨折，同事宋某目睹了整个过程。由于行动不便，郭某委托其亲属王某代为申请工伤认定，但用人单位认为郭某的情况不算工伤。根据《工伤保险条例》，此种情况下，应由（   ）承担举证责任。

A. 郭某   B. 宋某

C. 王某   D. 用人单位

58. 根据《中华人民共和国社会保险法》，下列关于社会保险基金的说法中，正确的是(　　)。

A. 社会保险基金通过预算实现收支平衡

B. 社会保险基金可以用于支付人员管理费用

C. 社会保险基金可以用于平衡其他政府预算

D. 社会保险基金可以通过提取彩票公益金实现收支平衡

59. 根据《中国人民解放军军人配偶随军未就业期间社会保险暂行办法》，军人所在单位后勤机关缴费基数(　　)的规模，为未就业随军配偶建立养老保险个人账户。

A.8%　　　　　　　　B.9%　　　　　　　　C.10%　　　　　　　　D.11%

60. 根据《中华人民共和国军人保险法》，下列军人中，个人不需要缴纳军人退役医疗保险费的是(　　)。

A. 军官　　　　　　B. 士官　　　　　　C. 义务兵　　　　　　D. 文职干部

二、多项选择题(共20题,每题2分。每题的备选项中,有2个或2个以上符合题意,至少有1个错项。错选,本题不得分;少选,所选的每个选项得0.5分)

61. 根据《中华人民共和国立法法》，下列法规与政策中，属于行政法规的有(　　)。

A.《社会救助暂行办法》

B.《中华人民共和国老年人权益保障法》

C.《浙江省志愿服务条例》

D.《城市居民最低生活保障条例》

E.《社会工作专业人才队伍建设中长期规划(2011—2020年)》

62. 根据《社会救助暂行办法》，下列关于社会力量参与社会救助的说法，正确的有(　　)。

A. 社会力量参与社会救助,按照国家有关规定享受财政补贴、税收优惠、费用减免等政策

B. 县级以上人民政府可以将社会救助中审批事项通过委托、承包、采购等方式,向社会力量购买服务

C. 国家鼓励单位和个人等社会力量通过捐赠、设立帮扶项目、创办服务机构、提供志愿服务等方式,参与社会救助

D. 县级人民政府应当发挥社会工作服务机构和社会工作者的作用,为社会救助对象提供社会融入、能力提升、心理疏导等专业服务

E. 社会救助管理部门及相关机构应当建立社会力量参与社会救助的机制和渠道,提供社会救助项目、需求信息,为社会力量参与社会救助创造条件、提供便利

63. 根据《最低生活保障审核审批办法(试行)》，乡镇人民政府、街道办事处应当根据低保家庭成员和其家经济状况的变化进行分类复核,下列关于分类复核的说法，正确的有(　　)。

A. 对收入来源不固定,有劳动能力和劳动条件的城市低保家庭,原则上按月复核

B. 对收入来源不固定,有劳动能力和劳动条件的农村低保家庭,原则上按季复核

C. 对短期内家庭经济状况和家庭成员基本情况相对稳定的低保家庭,可每半年复核一次

D. 对家庭成员中有重病、重残人员且收入基本无变化的低保家庭,可每年复核一次

E. 对家庭成员中有在高等院校就读的低保家庭,无须复核

64. 居民钱某申请低保,街道办事处对其家庭经济状况调查后,将进入民主评议程序。根据《最低生活保障审核审批办法(试行)》,下列关于民主评议的说法,正确的是(   )。

　　A. 民主评议应当以居委会为单位进行

　　B. 居民代表人数不得少于参加评议总人数的1/2

　　C. 街道办事处应当在调查结束后10个工作日内进行民主评议

　　D. 县级人民政府民政部门可以派人参加民主评议

　　E. 民主评议由街道办事处工作人员、居委会党组织和居委会成员、熟悉钱某情况的党员代表、居民代表参加

65. 根据《社会救助暂行办法》,教育救助应当根据不同教育阶段需求,采取多种方式保障教育救助对象基本学习、生活需求。下列方式中,属于教育救助的有(   )。

　　A. 免除学杂费　　　　　　　　　B. 安排勤工助学

　　C. 给予降分录取　　　　　　　　D. 补贴课外培训费

　　E. 减免住宿费

*66. 遗产继承包括法定继承、遗嘱继承和遗赠等。根据《中华人民共和国继承法》,下列情形中,遗产的有关部分,应当按照原继承关系中的法定继承办理的有(   )。

　　A. 受遗赠人在继承开始后取得遗产前死亡的

　　B. 遗嘱继承人在继承开始后取得遗产前死亡的

　　C. 为胎儿保留了继承份额,但胎儿出生时是死体的

　　D. 遗产处理前遗产继承人未做出是否接受表示的

　　E. 受遗嘱人在知道受遗嘱后两个月内未做出是否接受表示的

67. 根据《中华人民共和国人民调解法》,下列关于当事人在调解中的权利和义务的说法,正确的是(   )。

　　A. 当事人应当如实陈述纠纷事实

　　B. 当事人若接受调解,不得终止

　　C. 当事人可以选择自己信任的调解员

　　D. 当事人应当尊重对方当事人行使权利

　　E. 调解是否公开,要尊重当事人的意愿

68. 根据《关于组织社会力量参与社区矫正工作的意见》,下列关于社会力量参与社区矫正工作的说法,正确的有(   )。

　　A. 加强社区矫正志愿者队伍建设

　　B. 发挥基层群众性自治组织的作用

　　C. 鼓励企业事业单位参与社区矫正工作

　　D. 建立社会组织主导下的社区矫正工作格局

　　E. 引导政府向社会力量购买社区矫正社会工作服务

69. 根据《优抚医院管理办法》,下列服务保障事项中优抚医院应当为在院优抚对象提供的有(   )。

　　A. 婚恋辅导　　　　　　　　　　B. 健康指导

　　C. 精神慰藉　　　　　　　　　　D. 无线网络服务

　　E. 生活必需品供给

70. 根据《军队离退休干部服务管理办法》，下列关于军休干部管理委员会的说法，正确的有(   )。

A. 服务管理机构应当设立军休干部管理委员会

B. 服务管理机构应当加强对军休干部管理委员会的指导

C. 军休干部管理委员会是服务管理机构做好工作的参谋和助手

D. 军休干部管理委员会的成员有服务管理机构全体工作人员推选产生

E. 军休干部管理委员会是军休干部自我教育、自我管理、自我服务的群众性组织

71. 根据《中华人民共和国城市居民委员会组织法》，下列居委会组成人数符合规定的有(   )。

A. 3 人　　　　　　　　　　　　B. 5 人

C. 7 人　　　　　　　　　　　　D. 9 人

E. 11 人

72. 根据《中华人民共和国村民委员会组织法》，下列关于村民委员会选举的说法，正确的有(   )。

A. 候选人的名额应当等于或多于应选名额

B. 有登记参加选举的村民超过三分之一投票，选举有效

C. 候选人获得参加投票的村民超过三分之一的选票，应当选

D. 选举村民委员会由登记参加选举的村民直接提名候选人

E. 村民选举委员会应当组织候选人与村民见面，由候选人介绍履行职责的设想，回答村民提出的问题

73. 根据《中共中央关于全面深化改革若干重大问题的决定》，下列类别的社会组织中，可直接向民政部门依法申请登记，无须业务主管单位审查同意的有(   )类社会组织。

A. 科技　　　　　　　　　　　　B. 宗教

C. 公益慈善　　　　　　　　　　D. 政治法律

E. 城乡社区服务

74. 根据《基金会管理条例》，基金会监事的下列行为中，正确的有(   )。

A. 监事甲，从基金会领取必要的薪酬和工作经费

B. 监事乙，依照章程规定的程序检查基金会的会计资料

C. 监事丙，连任基金会两任监事，任期和理事任期相同

D. 监事丁，就一批教学仪器捐赠的合理性向理事会提出质询

E. 监事戊，将本人的小汽车以明显低于市场的价格出售给基金会

75. 根据《中华人民共和国劳动合同法》，下列关于劳务派遣的说法，正确的有(   )。

A. 劳务派遣单位和用工单位可以向被派遣劳动者收取适当费用

B. 劳务派遣用工只能在临时性、辅助性或替代性的工作岗位上实施

C. 用工单位给被派劳动者造成损害的，劳务派遣单位与用工单位承担连带赔偿责任

D. 劳务派遣单位应当向被派遣劳动者按月支付劳动报酬，不能订立固定期限合同

E. 被派遣劳动者在无工作期间，劳务派遣单位应当按照所在地人民政府规定的最低工资标准，按月向其支付报酬

76. 根据《中华人民共和国劳动法》，地方人民政府确定和调整最低工资标准应当考虑的有（　　）。

    A. 就业状况   B. 劳动生产率

    C. 企业利润增长情况   D. 社会平均工资水平

    E. 劳动者本人及平均赡养人口的最低生活费用

77. 城镇职工徐某于 2017 年 1 月满 60 周岁，基本养老保险缴费年限为 13 年，不满足领取基本养老金的条件，根据《中华人民共和国社会保险法》，徐某如需领取养老金，可以选择的做法有（　　）。

    A. 转入城乡居民基本养老保险

    B. 要求一次性领取统筹养老金

    C. 缴纳基本养老保险费至满 15 年

    D. 要求降低标准按月领取基础养老金

    E. 向人力资源社会保障部门申请特殊照顾，直接发放养老金

78. 根据《企业职工生育保险试行办法》，下列费用中，纳入生育保险基金支付范围的有（　　）。

    A. 接生费   B. 生育住院费

    C. 产前检查费   D. 哺乳期间骨折诊疗费

    E. 产假期间生育津贴

79. 根据《中华人民共和国社会保险法》，下列条件中，属于失业人员领取失业保险金条件的有（　　）。

    A. 具有城镇户籍

    B. 非因本人意愿中断就业

    C. 享受最低生活保障待遇

    D. 已经进行失业登记，并有求职要求

    E. 失业前用人单位和本人已经缴纳失业保险费满一年

80. 根据《中华人民共和国社会保险法》，下列生活在甲市的人员中，可以参加甲市基本养老保险的有（　　）。

    A. 周某，甲市农业户口，在甲市市区打零工

    B. 邹某，乙市农业户口，在甲市开家乡特产小店，个体工商户

    C. 格某，丙市非农业户口，丙市某企业停薪留职，自由撰稿人

    D. 张某，丁市农业户口，甲市某企业农民工

    E. 马某，德国国籍，甲市某外企职工

社会工作法规与政策（中级）
2016年真题

重要提示：

　　为维护您的个人权益，确保考试的公平公正，请您协助我们监督考试实施工作。

　　本场考试规定：监考老师要向本考场全体考生展示题本密封情况，并邀请2名考生代表验封签字后，方能开启试卷袋。

社会工作法规与政策（中级）2016年真题

一、单项选择题（共60题，每题1分。每题的备选项中，只有1个最符合题意）

1. 根据《规章制定程序》，下列词语中，可用作国务院部门规章名称的是( )。

A. 法　　　　　　　　　　　　　B. 条例

C. 暂行条例　　　　　　　　　　D. 办法

2. 根据《民政部、财政部关于政府购买社会工作服务的指导意见》，具体负责本级政府购买社会工作服务的统筹规划、组织实施和绩效评估的部门是( )。

A. 审计部门　　　　　　　　　　B. 民政部门

C. 人力资源和社会保障部门　　　D. 财政部门

3. 社会工作者小李发现社区内一户家庭遭遇变故。该户家庭65岁的母亲与41岁的儿子共同生活，原儿媳已与儿子离婚并携孙女改嫁外地。现儿子突患罕见肌无力症，瘫痪在床，生活不能自理，无力赡养母亲。小李认为该户家庭中的母亲已符合特困人员供养条件，于是报告当地街道办事处。根据《社会救助暂行办法》，街道办事处在为其办理供养时，正确的做法是( )。

A. 责成居民委员会代为提出申请

B. 主动依法办理供养

C. 待该户家庭儿子病情稳定后再办理供养

D. 要求该户家庭成员亲自提出书面申请

4. 根据《社会救助暂行办法》，国家对符合规定标准的住房困难的最低生活保障家庭、分散供养的特困人员，给予住房救助。下列关于住房救助方式的说法，正确的是( )。

A. 配租经济适用房

B. 帮助搭建临时住房

C. 发放住房租赁补贴

D. 降低购房贷款首付比例

5. 根据《最低生活保障审核审批办法（试行）》，家庭经济状况主要指申请人及其家庭成员拥有的全部( )收入和家庭财产。

A. 可统计　　　　　　　　　　　B. 可继承

C. 可支配　　　　　　　　　　　D. 可公开

6. 某县民政局对拟批准的10户低保家庭进行公示，公示期间受到多封来信反映王某家庭拥有多套住房。根据《最低生活保障审核审批办法（试行）》，下列做法中，正确的是( )。

A. 对其余9户家庭在公示期满后5个工作日内做出审批决定，无须再公示

B. 对其余9户家庭在公示期满后10个工作日内做出审批决定，再公示7天

— 1 —

C. 对王某家庭重新组织调查核实,在 30 个工作日内做出审批决定,不批准无须再公示

D. 对王某家庭重新组织调查核实,在 20 个工作日内做出审批决定,拟批准必须重新公示

7. 某城市低保家庭夫妻两人均 40 岁,无固定收入,不定期外出打零工,根据《最低生活保障审核审批(试行)》,对其家庭经济状况变化情况的复核时限一般为(   )。

    A. 每年一次   B. 每半年一次

    C. 每季度一次   D. 每月一次

8. 自然灾害危险消除后,受灾地区人民政府民政等部门应当及时核实本行政区域内居民住房恢复重建补助对象,给予资金、物资等救助。根据《自然灾害救助条例》,居民住房恢复重建补助对象由受灾人员本人申请或者由(   )提名。

    A. 村民小组、居民小组

    B. 村民委员会、居民委员会

    C. 乡镇人民政府、街道办事处

    D. 住房建设部门、民族事务部门

9. 根据《国务院关于全面建立临时救助制度的通知》,临时救助要着眼于解决基本生活困难、摆脱临时困境,既要尽力而为,又要量力而行,这一要求体现的是(   )。

    A. 公开透明   B. 适度救助

    C. 资源统筹   D. 制度衔接

10. 赵老汉,62 岁,身体硬朗。平时自己耕种承包田,其独子小赵在深圳工作多年。今年春节时,小赵回老家将父亲接到深圳共同生活,同时委托自己在老家的中学同学欧阳耕种父亲的承包田,根据《中华人民共和国老年人权益保障法》,老赵承包田今年的收益应当(   )。

    A. 归老赵所有   B. 归小赵所有

    C. 归欧阳所有   D. 由欧阳与小赵协商分配

11. 某市现有人口 50 万,根据《国务院关于加快发展养老服务业的意见》,该市在制定城市总体规划和控制性详细规划时,必须按照不少于(   )万平方米的用地标准,规划设置养老服务设施。

    A. 5   B. 10

    C. 15   D. 25

12. 根据《女职工劳动保护特别规定》,下列女职工中,用人单位不得延长劳动时间或安排夜班劳动的是(   )。

    A. 小马,怀孕 3 个月

    B. 小孙,怀孕 6 个月

    C. 小李,其子 9 个月,哺乳期

    D. 小王,其子 1 岁多,哺乳期

13. 根据《中华人民共和国未成年人保护法》,对违法犯罪未成年人,实行教育、感化、挽救的方针,坚持(   )的原则。

    A. 教育为主、惩罚为辅

    B. 感化为主、挽救为辅

    C. 教育为主、劳动为辅

    D. 劳动为主、惩罚为辅

14. 某民营企业有意投资兴建残疾人托养服务公寓——"暖巢",经反复论证,工作人员认为可以通过提升服务档次、扩大服务品种,实现微利或更好效益,遂决定将"暖巢"申办为营利性机构。根据《关于加快发展残疾人托养服务的意见》,下列关于"暖巢"享受扶持政策的说法,正确的是(   )。

    A. 与公办残疾人托养机构享受相同的财政投入

    B. 可以接收单位捐赠,不得接收个人捐赠

    C. 与非营利性残疾人托养机构享受相同土地政策

    D. 用水、用电、用气、用暖,按居民生活费用标准收费

15. 根据《农村残疾人扶贫开发纲要(2011-2020 年)》,下列关于对农村残疾人实施特别扶持的说法,正确的是(   )。

    A. 建立重度残疾人免费护理制度

    B. 免费为残疾人家庭实施居家环境无障碍改造

    C. 帮助符合条件的贫困残疾人参加新型农村合作医疗

    D. 为残疾人代缴全部的新型农村社会养老保险费

*16. 根据《中华人民共和国婚姻法》和《人民法院审理离婚案件处理子女抚养问题的若干具体意见》,下列关于离婚案件中子女抚养的说法,正确的是(   )。

    A. 夫妻离婚后,孩子的抚养关系不可变更,抚养费数额可以变更

    B. 夫妻离婚时,8 周岁以上子女的抚养权归属应当征求该子女的意见

    C. 夫妻离婚后,子女抚育费的给付期限一般至子女独立生活为止

    D. 夫妻离婚后,不直接抚养子女的一方享有探望子女的权利,另一方有协助的义务

*17. 根据《中华人民共和国收养法》,下列不满 14 周岁的未成年人中,可以被收养的是(   )。

    A. 小红,在她住院期间,她的父母失联并对她弃而不顾

    B. 小芳,她的父母受重男轻女思想的影响,想生男孩

    C. 小明,他的父母均身患重病并无力抚养他

    D. 小兰,她的母亲去世多年,父亲常年外出打工,她一直由外祖母照顾

*18. 小王现年 30 周岁,因与养父母感情恶化,依法解除了收养关系,养父母有稳定的收入。根据《中华人民共和国收养法》,下列关于小王与养父母解除收养关系效力的说法,正确的是(   )。

    A. 养父母有权要求小王继续履行赡养义务

    B. 小王与养父母的父母子女权利义务关系即行消除

    C. 小王应当全额补偿养父母收养期间支出的教育费

    D. 只要小王每月给付养父母生活费,仍可继承养父母的遗产

*19. 老周有大周、小周两个儿子,小周在年幼时被他人依法收养。2009 年,离异多年的老周与王某再婚,王某有一个已成年的儿子小利。2015 年 6 月,大周及其子均得病去世,留下老周的曾孙小明,老周于 2015 年 11 月去世,无遗嘱,根据《中华人民共和国继承法》,老周下列亲人中,有权继承老周遗产的是(   )。

    A. 小周、王某   B. 小周、小明

    C. 小明、王某   D. 小利、王某

*20. 老马早年丧妻,有两子一女,2015年5月,老马去世,其生前分别于2009年、2011年、2013年先后依法订立自书遗嘱、公证遗嘱和代书遗嘱各一份,将自己的一套住房处分给不同的子女,三份遗嘱相互冲突。根据《中华人民共和国继承法》,继承老马的住房应当按照(　　)办理。

　　A. 自书遗嘱　　　　　　　　　　　B. 公证遗嘱
　　C. 代书遗嘱　　　　　　　　　　　D. 法定继承

21. 小张与邻居小王因楼道堆物引发争执,小张在未取得小王同意的情况下,擅自将小王堆放在楼道内的旧报纸和空饮料瓶清理出楼道,导致矛盾进一步升级,两人所在社区调解委员会主任老杨得知后,立即派出调解员小姜前去调解。根据《中华人民共和国人民调解法》,下列关于该争执调解的说法,正确的是(　　)。

　　A. 小张、小王应接受小姜调解
　　B. 小姜可直接邀请楼里其他邻居参与调解
　　C. 小王认为小姜偏袒小张,可以申请由老杨来调解
　　D. 小张、小王达成口头协议后,小姜应为其制作调解协议书

22. 根据《信访条例》,下列关于信访事项办理的说法,正确的是(　　)。
　　A. 信访事项应当自受理之日起90日内办结
　　B. 信访事项依法延长办理期限不得超过30日
　　C. 信访人对处理意见不服的,可以自收到书面答复之日起30日内请求复核
　　D. 信访人对处理意见不服的,可以自收到书面答复之日起90日内请求复查

23. 某足球联赛决赛后,双方球迷发生恶性群殴事件,致使数名球迷受伤,近万名观众滞留现场,所在区人民政府及有关部门获悉后立即着手采取应急处置措施。根据《中华人民共和国突发事件应对法》,公安机关应采取的应急处置措施是(　　)。

　　A. 保障食品、饮用水等基本生活必需品的供应
　　B. 从严惩处哄抢财物、干扰破坏应急处置工作的行为
　　C. 强制隔离以暴力行为参与冲突的当事人,妥善解决现场纠纷和争端
　　D. 组织公民参加应急救援和处置工作,要求具有特定专长的人员提供服务

24. 社区矫正人员小刘,女,19周岁,患有多种疾病,无业,沉迷上网。根据《社区矫正实施办法》,司法所为小刘选定专门的矫正小组,小组成员中必须有(　　)。

　　A. 女性人员　　　　　　　　　　　B. 医护人员
　　C. 就业援助人员　　　　　　　　　D. 与小刘年纪相仿人员

25. 戒毒人员小王在社区戒毒期间严重违反社区戒毒协议,再次吸食、注射毒品。根据《中华人民共和国禁毒法》,此时参与社区戒毒的工作人员应当及时(　　)。

　　A. 通知小王亲属
　　B. 通知社区居委会
　　C. 向公安机关报告
　　D. 向司法行政部门报告

26. 根据《中华人民共和国禁毒法》,强制隔离戒毒的最长期限为(　　)年。
　　A. 3　　　　　　　　　　　　　　　B. 4
　　C. 5　　　　　　　　　　　　　　　D. 6

27. 小刚违反治安管理时不满 14 周岁,根据《中华人民共和国治安管理处罚法》,下列对小刚的治安处罚措施,正确的是( )。

    A. 从重处罚,同时处罚其监护人

    B. 从轻处罚,但应从重处罚其监护人

    C. 减轻处罚,同时责令其监护人严加管教

    D. 不予处罚,但应责令其监护人严加管教

28. "中华人民共和国烈士证明书"由烈士遗嘱户口所在地的县级人民政府民政部门向烈士遗嘱颁发,烈士遗嘱中的持证人由烈士遗嘱协商确定,协商不通的( )。

    A. 由县级人民政府民政部门代为妥善保管

    B. 按配偶、子女、父母(抚养人)顺序确定持证人

    C. 按子女、配偶、父母(抚养人)顺序确定持证人

    D. 按父母(抚养人)、配偶、子女顺序确定持证人

29. 根据《军人抚恤优待条例》,获得荣誉称号或者立功的烈士、因公牺牲军人、病故军人,在应当享受的一次性抚恤金的基础上,由县级人民政府民政部门按照一定比例增发一次性抚恤金,增发比例根据荣誉称号和立功等级有所不同,多次获得荣誉称号或者立功的,其遗嘱由县级人民政府民政部门按照( )增发比例,增发一次性抚恤金。

    A. 平均   B. 累加

    C. 最高   D. 最低

30. 因战三级残疾军人程云,退役后旧伤复发,残情加重,向住所地县民政局申请调整残疾等级,县民政局将相关材料逐级上报省民政厅,省民政厅作出准予调整程云残疾等级为一级的决定,该决定已送达县民政局但未送达程云本人时,程云因旧伤复发去世,根据《军人抚恤优待条例》,县民政局对程云及其遗属正确的处理方式是( )。

    A. 确认程云为病故,其遗属享受病故军人遗属抚恤待遇

    B. 确定程云为因公牺牲,其遗属享受因公牺牲军人遗属抚恤待遇

    C. 给予程云因战致残一级军人抚恤待遇,由其遗属代为享受,期限为 12 个月

    D. 继续给予程云因战致残三级军人抚恤待遇,由其遗属代为享受,期限为 18 个月

31. 根据《退役士兵安置条例》,安置地县级以上人民政府在对符合安排工作条件的退役士兵进行安置时,应当按照( )的原则办理。

    A. 归口管理   B. 部门管理

    C. 属地管理   D. 垂直管理

32. 残疾军人老梁退休后被安置在某地军队离休退休干部休养所,根据《军队离休退休干部服务管理办法》,下列服务保障工作中,不属于该休养所提供的是( )。

    A. 按时发放退休费

    B. 及时评定残疾等级

    C. 定期了解个性需求

    D. 引导参与社会文化活动

33. 根据《中华人民共和国城市居民委员会组织法》,社区居民委员会每届任期( )年,其成员可以连选连任。

    A. 2   B. 3

C. 4   D. 5

34. 某村正在登记参加村民委员会选举的村民名单,根据《中华人民共和国村民委员会组织法》,下列人员中,应当列入此名单的是( )。

    A. 小虎,17 周岁,户籍在本村,居住在本村,本人表示愿意参加选举

    B. 兰花,27 周岁,户籍不在本村,嫁到本村半年,申请参加选举,村民代表会议不同意

    C. 张数,37 周岁,户籍在本村,经商致富后定居外地,经选举委员会与其联系,无明确答复

    D. 郑仁,47 周岁,户籍不在本村,3 年前来村居住,申请参加选举,村民代表会议同意

35. 某村有村民代表 60 名,该村村委会擅自将石灰石矿石开采权转让给无相关资质的企业,开采导致地面明显沉降,村民住房墙体开裂,村民在开展维权的同时,拟联名罢免村委会成员。根据《中华人民共和国村民委员会组织法》,该村( )名以上的村民代表联名,即可提出罢免村民委员会成员的要求,启动罢免程序。

    A. 5   B. 10

    C. 15   D. 20

36. 根据《关于加强和改进城市社区居民委员会建设工作的意见》,新建住宅区居民入住率达到( )的,应及时成立社区居民委员会。

    A. 20%   B. 30%

    C. 40%   D. 50%

37. 根据《关于加强和改进城市社区居民委员会建设工作的意见》,已建成住区没有公益性服务设施或不能满足居民需要的,可通过新建、调剂、置换、租赁等方式解决,所需资金由( )统筹解决。

    A. 社区居委会   B. 中央人民政府

    C. 地方各级人民政府   D. 街道办事处

38. 根据《关于推进社区公共服务综合信息平台建设的指导意见》,到 2020 年,除部分不具备条件的地区外,全国大部分街道均应用社区公共服务综合信息平台,( )事项主要依托社区公共服务综合信息平台统一办理。

    A. 社区卫生环境管理

    B. 慈善捐赠信息发布

    C. 政府基本公共服务

    D. 社区服务设施管理

39. 下列 400 户居民的社区中,社区服务体系建设单项达标的是( )。

    A. 甲社区,拥有社区社会组织 4 个

    B. 乙社区,拥有专业社会工作者 3 人

    C. 丙社区,拥有志愿者服务队伍 2 支

    D. 丁社区,拥有社区服务设施面积 75 平方米

40. 根据《中华人民共和国企业所得税法》《个人所得税实施条例》《全国性社会团体公益性捐赠税前扣除资格初审暂行办法》,下列捐赠中,捐赠人可以获得应纳税所得额扣除税收优惠的是( )。

    A. 某企业向某自行车骑行协会捐赠 30 万元

    B. 某家电企业法人代表向某电商经理人联谊会捐赠 20 万元

C. 某企业向青少年发展基金会捐赠"留守儿童暑假看妈妈"活动经费 60 万元,该企业年利润 7000 万元

D. 某企业高级管理人员每月资助一名贫困大学生 500 元生活费,其同年已经向灾区捐款 10 万元,该捐赠人年应纳税所得额为 30 万元

41. 根据《志愿者服务记录办法》,下列关于志愿服务记录的说法,正确的是(   )。

A. 志愿者服务时间是指志愿者提供志愿服务的时间,包括往返交通时间

B. 志愿者服务组织将志愿服务信息记入志愿服务记录前,应向社会公示不少于 2 个工作日

C. 志愿服务机构组织注销志愿者身份后,该志愿者志愿服务记录应自注销之日起,由原志愿服务组织保存 1 年

D. 鼓励城市公共交通、博物馆、体育场馆、旅游景点等设施和场所对有良好志愿服务记录的志愿者免费或优惠

42. 根据《社会组织评估管理办法》,社会组织的评估等级有效期为(   )年。

A. 5   B. 6

C. 7   D. 8

43. 根据《民办非企业单位登记暂行办法》,下列民办非企业单位中,应当申请法人登记的是(   )。

A. 企业与个人共同举办的

B. 三人举办签订合伙协议的

C. 个人出资举办且担任负责人的

D. 两人举办且共同承担连带责任的

44. 根据《中国基金会管理条例》,公募基金会分为全国性公募基金会与地方性公募基金会,其区分的依据是基金会(   )。

A. 业务活动的范围   B. 募捐的地域范围

C. 收入来源的范围   D. 理事会成员的范围

45. 根据《关于加强和完善基金会注册会计审计制度的通知》,下列重大公益项目中,应当实施专项审计的是(   )。

A. 甲基金会将义卖义演获得 22 万用于帮助留守儿童,该收入超过基金会当年捐赠总收入的 1/5

B. 乙基金会为预防艾滋病项目支出 33 万元,该支出超过基金会当年总支出的 1/5

C. 丙基金会将企业捐赠 44 万元用于古村落文化保护,该收入超过基金会当年捐赠总收入的 1/5

D. 丁基金会为帮扶救助失独老人项目支出 55 万元,该支出超过基金会当年总支出的 1/5

46. 老张来到某职业中介机构求职,工作人员对老张说,介绍成功后需支付 100 元中介费,如不成功仅需支付 20 元服务费,为保证收到中介费或服务费,工作人员要求老张先交 100 元押金,并扣押了老张的身份证。根据《中华人民共和国就业促进法》,下列关于该职业中介机构说法正确的是(   )。

A. 不得收取押金,亦不可收取服务费

B. 不得收取押金,亦不可扣押身份证

C. 不得收取服务费,可暂时扣押身份证

D. 不得收取中介费,可收取适当的押金

47. 某食品厂在成品包装工招聘广告中要求:求职者应年满18周岁,为非传染病病原携带者,优先录用男性求职者,录用时签订3年以上劳动合同。该招工广告中违背《中华人民共和国就业促进法》原则的内容是关于( )的要求。

A. 男性优先

B. 合同期限

C. 求职者年龄

D. 非传染病病原携带者

48. 根据《中华人民共和国劳动合同法》,下列条款中,属于劳动合同必备条款的是( )。

A. 试用期

B. 工作时间

C. 保守秘密

D. 配偶信息

49. 黄某伪造学历一事被公司发现,其与公司签订的劳动合同被确认无效,黄某主张公司应支付其劳动报酬。根据《中华人民共和国劳动合同法》,下列关于公司向黄某支付其工作期间劳动报酬的说法,正确的是( )。

A. 公司可不支付劳动报酬

B. 公司应当按照当地最低工资标准,向董某支付劳动报酬

C. 公司无须支付黄某劳动报酬且可要求黄某赔偿损失

D. 公司应当参照本单位相同或相近岗位劳动者的劳动报酬向黄某支付劳动报酬

50. 王勇是某基金会工作人员,累计工作满8年,今年因病请假35天,近日申请年休假。根据《职工带薪年休假条例》,王勇可享受带薪年假( )天。

A. 0

B. 5

C. 10

D. 15

51. 2015年5月,刚满16周岁的小明被某煤矿招聘为办公室打字员,双方签订为期3年的劳动合同。2016年5月,煤矿因效益不好,精减非生产部门工作人员,安排小明从事井下采掘工作,小明予以拒绝,随后煤矿又安排小明到重粉尘车间,也被小明拒绝。根据《中华人民共和国劳动法》,下列说法正确的是( )。

A. 第一次拒绝于法无据,第二次拒绝于法有据

B. 第一次拒绝于法有据,第二次拒绝于法无据

C. 小明两次拒绝均于法有据,煤矿应安排其他适当工作

D. 调动小明工作属于煤矿用工自主权范围,小明应服从安排

52. 劳动保障行政部门有权对违反劳动保障法律、法规或规章的行为调查,根据《劳动保障监察条例》,调查应当自立案之日起( )个工作日完成;对情况复杂的,经批准可适当延长。

A. 60

B. 70

C. 80

D. 90

53. 某公司与职工一方经协商一致形成集体合同草案,拟提交职工代表大会讨论通过,根据《集体合同规定》,下列通过集体合同草案的情形中,符合规定的是( )。

A. 1/2以上职工代表出席,出席职工代表半数以上同意

B. 1/2以上职工代表出席,全体职工代表半数以上同意

C. 2/3以上职工代表出席,出席职工代表半数以上同意

D. 2/3以上职工代表出席,全体职工代表半数以上同意

54. 根据《"十二五"期间深化医药卫生体制改革规划实施方案》,下列关于促进医务人员向基层流动的说法,正确的是(　　)。

　　A. 大医院的医生退休前,应当到基层和农村执业两年

　　B. 医学专业学生毕业前,应当到基层和农村实习半年

　　C. 城市医院和疾病预防控制机构医生晋升中高级职称前,应当到农村服务累计一年以上

　　D. 到艰苦边远地区基层医疗卫生机构服务满两年的医务人员晋升高级职称时,可适当降低标准

55. 某县医院发现一天内不断有患者前来治疗腹泻,经了解,大多数患者就医前在某饭店就餐,初步判断为食源性疾病,根据《中华人民共和国食品安全法》,该医院应当及时将相关信息向(　　)报告。

　　A. 县工商局　　　　　　　　　　B. 县质监局

　　C. 县食药监局　　　　　　　　　D. 县卫生计生委

56. 李某,户籍山东青岛,1990—1995 年在上海工作并参加当地职工基本养老保险;1996—2010 年在杭州工作并参加当地职工基本养老保险;2011—2015 年在北京工作并参加当地职工基本养老保险,2016 年在北京达到退休年龄,根据《城镇企业职工基本养老保险关系转移接续暂行办法》,李某的退休待遇领取地是(　　)。

　　A. 青岛　　　　　　　　　　　　B. 上海

　　C. 杭州　　　　　　　　　　　　D. 北京

57. 根据《国务院办公厅关于全面实施城乡居民大病保险的意见》,大病保险业务承办机构原则上应当是(　　)。

　　A. 商业保险机构　　　　　　　　B. 医疗卫生机构

　　C. 社会保险经办机构　　　　　　D. 大病保险承办机构

58. 根据《中华人民共和国社会保险法》,下列情形中,属于领取失业保险金应当具备条件的是(　　)。

　　A. 本人自愿中断就业登记的

　　B. 有求职要求,但未进行失业登记的

　　C. 已进行失业登记,但无求职要求

　　D. 失业前用人单位和本人已缴纳失业保险费一年的

59. 根据《中华人民共和国社会保险法》,社会保障基金可以用于(　　)。

　　A. 平衡其他政府预算

　　B. 投资运营实现保值增值

　　C. 改建社会保险经办机构办公场所

　　D. 支付社会保险经办机构人员工资

60. 根据《中国人民解放军军人配偶随军未就业期间社会保险暂行办法》,下列关于军人配偶随军未就业期间养老保险个人账户的说法,正确的是(　　)。

　　A. 所需资金由个人和国家共同负担

　　B. 个人按5%的比例缴费

　　C. 国家按6%的比例给予个人账户补贴

　　D. 缴费基数参照上年度全国城镇职工月平均工资确定

二、多项选择题(共 20 题,每题 2 分。每题的备选项中,有 2 个或 2 个以上符合题意,至少有 1 个错项。错选,本题不得分;少选,所选的每个选项得 0.5 分)

61. 根据《社会救助暂行办法》,县级以上地方人民政府应当发挥社会工作服务机构和社会工作者的作用,为社会救助对象提供( )等专业服务。

A. 法律援助　　　　　　　　　　　B. 申请代理

C. 能力提升　　　　　　　　　　　D. 社会融入

E. 心理疏导

62. 老张因生活困难,向所在地的街道办事处申请低保。根据《最低生活保障审核审批办法(试行)》,下列老张的家庭成员中,应该计入共同生活家庭成员的有( )。

A. 老张的父母,与老张共同居住

B. 老张的女儿,20 岁,本科在读,住学校宿舍

C. 老张的大伯,72 岁,法院指定由老张赡养,并与老张共同居住

D. 老张的配偶,46 岁,下岗失业,与老张共同居住

E. 老张的儿子,16 岁,正在服刑

63. 根据《最低生活保障审核审批办法(试行)》,下列收入中,应计入家庭可支配收入的有( )。

A. 劳动分红　　　　　　　　　　　B. 种植收入

C. 赔偿收入　　　　　　　　　　　D. 储蓄存款利息

E. 优抚对象抚恤金

64. 小顾是残疾人,自主创业,从事个体经营。根据《残疾人就业条例》,小顾可以享有的扶持政策有( )

A. 税收优惠

B. 小额信贷

C. 免缴土地使用费

D. 免收登记类行政事业性收费

E. 免收管理类行政事业性收费

*65. 根据《中华人民共和国婚姻法》,下列条件中,属于结婚必备条件的有( )。

A. 双方父母同意

B. 达到法定婚龄

C. 具有夫妻生活能力

D. 男女双方完全自愿

E. 符合一夫一妻的基本原则

66. 甲市某小区周边商业配套设施不到位,生活极其不便,该小区的几十户居民准备推选居民代表,采用走访的形式向甲市人民政府反映情况。根据《信访条例》,下列她们拟推选走访代表的人数,符合规定的有( )名。

A. 2　　　　　　　　　　　　　　　B. 3

C. 5　　　　　　　　　　　　　　　D. 6

E. 7

67. 根据《关于对判决管制、宣告缓刑的犯罪分子适用禁止令有关问题的规定（试行）》，人民法院可以根据犯罪情况，禁止判决管制、宣告缓刑的犯罪分子在管制执行期间、缓刑考验期限内接触一类或几类人员。下列关于禁止接触特定人员的说法，正确的是（　　）。

A. 未经对方同意，禁止接触证人及其法定代理人、近亲属

B. 未经对方同意，禁止接触控告人、批评人、举报人及其法定代理人

C. 未经对方同意，禁止接触被害人及其法定代理人、近亲属

D. 禁止接触同案犯

E. 禁止接触犯罪人近亲属

68. 空军飞行员李海，2014 年在执行试飞任务中牺牲，被评定为烈士。李海父母亲年事已高，收入低于当地居民平均生活水平。根据《烈士褒扬条例》和《军人抚恤优待条例》，李海的父母应当享受的抚恤待遇有（　　）。

A. 烈士褒扬金

B. 一次性工亡补助金

C. 一次性抚恤金

D. 烈士遗属定期抚恤金

E. 因公牺牲军人遗属定期抚恤金

69. 某社区居民委员会正在制定工作经费预算，根据《关于加强和改进城市社区居民委员会建设工作的意见》，下列选项中，可向街道办事处申请纳入财务预算的有（　　）。

A. 工作经费　　　　　　　　　　　B. 人员报酬

C. 居民互助经费　　　　　　　　　D. 服务设施建设经费

E. 社区信息化建设经费

70. 根据《中华人民共和国村民委员会组织法》，村民委员会是村民（　　）的基层群众性自治组织。

A. 自我管理　　　　　　　　　　　B. 自我发展

C. 自我教育　　　　　　　　　　　D. 自我服务

E. 自我协商

71. 根据《彩票管理条例》和《彩票管理实施细则》，彩票中奖奖金可以（　　）形式一次性兑付。

A. 人民币现金　　　　　　　　　　B. 外币现金

C. 人民币现金支票　　　　　　　　D. 外币现金支票

E. 实物

72. 根据《民政部关于贯彻落实国务院取消全国性社会团体分支机构、代表机构登记行政审批项目的决定有关问题的通知》，下列关于全国性社会团体分支机构的说法中，正确的有（　　）。

A. 社会团体的分支机构不得另行制定章程

B. 社会团体的分支机构下不得再设立分支机构

C. 为加强管理，社会团体可以向分支机构收取管理费

D. 社会团体可以将分支机构委托其他组织运营，但要确保其按章程开展活动

E. 社会团体的分支机构名称中使用"中国"字样的，应当使用其所属社会团体

73. 根据《基金会管理条例》,基金会理事会决议的下列事项中,须经出席理事表决且 2/3 以上通过方为有效的有(   )。

A. 选举秘书长

B. 罢免理事

C. 基金会的合并

D. 章程的修改

E. 章程规定的重大募捐

74. 某公司员工肖某以生病为由向公司请假,并附医院证明,因请假手续齐备,公司予以批准,后经调查发现,肖某生病是假,为竞争对手做企划案是真,公司认为肖某的行为已严重违反公司规章制度,拟解除劳动合同。根据《中华人民共和国劳动合同法》,下列关于该公司对肖某事件处理的说法中,正确的有(   )。

A. 该公司解除劳动合同,应当事先将理由通知工会

B. 该公司须提前 30 日通知肖某,方可解除劳动合同

C. 该公司可以随时解除劳动合同,且无须支付经济补偿金

D. 该公司不得解除劳动合同,但可要求肖某支付经济补偿金

E. 该公司解除劳动合同,应当事先将理由通知劳动行政部门

75. 下列关于工作时间、休息休假的说法,正确的有(   )。

A. 用人单位应当保证劳动者每周至少休息 1 日

B. 企业董事会可自行决定实行非标准工时制度

C. 劳动者连续工作一年以上的,享受带薪年休假

D. 由于生产经营需要,用人单位经与工会和劳动者协商可以延长工期

E. 用人单位因特殊原因可以延长劳动者工作时间,但是每月不得超过 44 小时

76. 根据《中华人民共和国劳动争议调解仲裁法》,下列关于劳动争议开庭和裁决的说法,正确的有(   )。

A. 当事人有正当理由的,可以在开庭 3 日前请求延期开庭

B. 仲裁庭对专门性问题认为需要鉴定的,可以直接指定鉴定机构

C. 劳动争议仲裁委员会应当在受理仲裁之日起 5 日内将仲裁的组成情况书面通知当事人

D. 申请人收到书面通知,无正当理由拒不到庭或者未经仲裁庭同意中途退庭的,可以缺席裁决

E. 劳动者无法提供由用人单位掌握管理的与仲裁请求有关的证据的,仲裁庭可以要求用人单位在指定期限内提供

77. 小李所在社区新建了一家社区卫生服务中心,根据《城市社区卫生服务机构管理办法(试行)》,小李可以在该卫生服务中心受到的公共服务有(   )。

A. 心理健康指导

B. 接种传染病疫苗

C. 微整形外科手术

D. 免费领取避孕药具

E. 卫生健康知识咨询

78. 某家庭有五口人,均为甲市户籍,户主李某,47 岁,在甲市某企业工作;李某妻子王某,42 岁,在乙市某企业工作;李某儿子,18 岁,在甲市某职业高中上学;李某女儿,10 岁,在甲市某小学上学;李某父亲,68 岁,未参加任何医疗保险。根据《国务院关于开展城镇居民基本医疗保险试点的指导意见》,以上人员中,可参加甲市城镇居民基本医疗保险的有(   )。

A. 李某   B. 王某

C. 李某儿子   D. 李某女儿

E. 李某父亲

79. 小丽在某宾馆做服务员,多次要求宾馆为其缴纳社会保险费,均遭拒绝,并受到刁难、威胁,小丽十分苦恼,想通过合法途径解决。根据《中华人民共和国社会保险法》,小丽可以选择的处理方式有(   )。

A. 依法提起诉讼

B. 依法申请调解、仲裁

C. 请求工商部门依法处理

D. 请求社会保险行政部门依法处理

E. 请求社会保险费征缴机构依法处理

80.《中华人民共和国军人保险法》规范调整的军人保险主要包括(   )。

A. 军人生育保险   B. 军人伤亡保险

C. 军人退役养老保险   D. 军人退役医疗保险

E. 随军未就业的军人配偶

社会工作法规与政策（中级）
2015 年真题

重要提示：

　　为维护您的个人权益，确保考试的公平公正，请您协助我们监督考试实施工作。

　　本场考试规定：监考老师要向本考场全体考生展示题本密封情况，并邀请 2 名考生代表验封签字后，方能开启试卷袋。

社会工作法规与政策（中级）2015年真题

一、单项选择题（共60题，每题1分。每题的备选项中，只有1个最符合题意）

1. 根据《中共中央关于全面深化改革若干重大问题的决定》，下列说法中，属于激发社会组织活力的举措是（　　）。

A. 行业协会商会类社会组织可免登记直接成立

B. 限期实现事业单位与政府行政主管机关真正脱钩

C. 适合由社会组织提供的公共服务交由社会组织承担

D. 所有依法登记成立的社会组织均纳入政府购买服务的对象

2. 根据《关于加强社会工作专业人才队伍建设的意见》，下列事业单位中，可将社会工作专业岗位明确为主体专业技术岗位的是（　　）。

A. 学校　　　　　　　　　　　　　B. 医院

C. 老年人福利机构

D. 人口计生服务机构

3. 根据《社会救助暂行办法》，社会救助制度坚持（　　）、救急难、可持续，与其他社会保障制度相衔接，社会救助水平与经济社会发展相适应。

A. 广覆盖

B. 低水平

C. 托底线

D. 稳增长

4. 根据《最低生活保障审核审批办法（试行）》，县级人民政府民政部门在提出审批意见前，应当全面审查乡镇人民政府（街道办事处）上报的申请材料、调查材料和审核意见，并按照不低于（　　）的比例入户抽查。

A. 10%　　　　　　　　　　　　　B. 15%

C. 20%　　　　　　　　　　　　　D. 30%

5. 吴某与妻子郑某都是残疾人。吴某为非农业户口，一直居住在甲市。郑某为农业户口，嫁给吴某后未办理户籍变动，并以所在村村民身份每年享受村集体经济分红。吴某和郑某因生活困难拟申请最低生活保障。根据《最低生活保障审核审批办法（试行）》，下列关于吴某和郑某申请低保的说法，正确的是（　　）。

A. 一般按吴某户籍类别共同申请城市低保

B. 一般按郑某户籍类别共同申请农村低保

C. 郑某须办理户籍变动，吴某方可申请城市低保

D. 一般按吴某和郑某户籍类别分别申请城市低保和农村低保

6. 根据《社会救助暂行办法》，乡镇人民政府(街道办事处)对申请人的家庭收入状况、财产状况进行调查核实，提出初审意见后，应当在(   )进行公示。

A. 申请人所在村、社区

B. 县级人民政府民政部门网站

C. 乡镇人民政府、街道办事处所在地

D. 乡镇人民政府、街道办事处政务公开栏

7. 根据《最低生活保障审核审批办法(试行)》，对申请最低生活保障家庭经济状况调查结果的客观性、真实性进行民主评议时，村(居)民代表人数不得少于参加评议总人数的(   )。

A. 三分之一　　　　　　　　　　　　　B. 二分之一

C. 三分之二　　　　　　　　　　　　　D. 四分之三

8. 根据《社会救助暂行办法》，对获得最低生活保障后生活仍有困难的老年人、未成年人、重度残疾人和(   )，县级以上地方人民政府应当采取必要措施给予生活保障。

A. 孕妇　　　　　　　　　　　　　　　B. 失独人员

C. 重病患者　　　　　　　　　　　　　D. 多胞胎产妇

9. 老王丧偶后由儿子小王赡养。近期，老王经人介绍认识了经济条件较好的老陈，两人相处愉快并准备结婚，但小王不赞成父亲再婚。根据《中华人民共和国老年人权益保障法》，下列说法正确的是(   )。

A. 未经小王的同意，老王不能再婚

B. 小王对老王的赡养义务不因老王再婚而解除

C. 若老王再婚后去世，老陈无权继承老王的遗产

D. 因老陈经济条件好，老王再婚后，小王可以不用赡养老王

10. 根据《中华人民共和国妇女权益保障法》，公安、民政、司法等部门，以及城乡基层群众性自治组织、社会团体，应当在各自的职责范围内预防和制止家庭暴力，依法为受害妇女提供救助。这项规定旨在保障妇女的(   )。

A. 劳动就业权利　　　　　　　　　　　B. 婚姻家庭权益

C. 财产平等权利　　　　　　　　　　　D. 社会保障权益

11. 甲市的未成年人小齐流浪到乙市，被乙市救助机构的工作人员发现并送回家中，甲市的未成年人救助保护中心对小齐的家庭监护情况调查评估后发现，小齐母亲已去世，父亲长期酗酒，经常对小齐实施家庭暴力，且不履行监护责任，经反复教育依然不改。根据《关于加强和改进流浪未成年人救助保护工作的意见》，下列甲市未成年人救助保护中心的做法，正确的是(   )。

A. 安排当地有意愿的家庭收养小齐

B. 将小齐长期安排在当地的儿童福利院

C. 协助小齐的父亲及时委托其他人员代为监护

D. 向人民法院提出申请撤销小齐父亲的监护人资格，依法另行指定监护人员

12. 根据《中华人民共和国残疾人保障法》，残疾人康复工作以(   )为基础，康复机构为骨干，残疾人家庭为依托。

A. 单位康复　　　　　　　　　　　　　B. 社区康复

C. 专科医院康复　　　　　　　　　　　D. 综合医院康复

13. 根据《中华人民共和国婚姻法》,下列婚姻中,属于可撤销的是( )。

    A. 重婚
    B. 近亲婚姻
    C. 受欺诈缔结的婚姻
    D. 受胁迫缔结的婚姻

*14. 小张和小王于2009年结婚。根据《中华人民共和国婚姻法》及有关规定,下列小张所得的属于夫妻共同财产的是( )。

    A. 2014年小张因车祸受伤所得的15万元医疗费
    B. 小张婚前个人存款在2014年取得的5.5万元银行利息
    C. 小张于2012年用婚前个人存款投资建厂取得的25万元收益
    D. 小张父亲于2012年去世,去世前立遗嘱留给小张的12万元遗产

*15. 小丁夫妇结婚15年,不能生育,欲收养一名孩子。根据《中华人民共和国收养法》,小丁夫妻可以收养的是( )。

    A. 小明,3岁,被遗弃,查找不到父母
    B. 小军,15岁,父母双方均去世
    C. 小西,11岁,父母离异,父亲不愿独自抚养
    D. 小兰,6岁,父亲去世,母亲改嫁

*16. 根据《中华人民共和国收养法》规定,收养子女时,可以不受收养人无子女和收养1名子女限制的情形是( )。

    A. 收养孤儿
    B. 无配偶男性收养女童
    C. 收养三代以内同辈旁系血亲的子女
    D. 收养生父母有特殊困难无力抚养的儿童

*17. 根据《中华人民共和国继承法》,下列关于口头遗嘱的说法,正确的是( )。

    A. 口头遗嘱可以撤销公证遗嘱
    B. 在危机情况下当事人可以立口头遗嘱
    C. 限制行为能力人所立口头遗嘱有效
    D. 限制行为能力人可以作为口头遗嘱的见证人

*18. 根据《中华人民共和国继承法》,下列继承人的行为中,导致继承人丧失继承权的行为是( )。

    A. 藏匿遗嘱
    B. 遗弃被继承人
    C. 谩骂羞辱被继承人
    D. 因拆迁补偿款纠纷杀害其他继承人

19. 张某和老李发生邻里纠纷。在调解过程中,张某情绪非常激动,扬言要拿刀砍人。人民调解员小王担心事态恶化,欲采取措施。根据《中华人民共和国人民调解法》,小王应当采取的措施是( )。

    A. 通知张某的亲属
    B. 向张某工作单位报告
    C. 通知张某居住地委员会
    D. 向张某居住地派出所报告

20. 范某和王某发生邻里纠纷,有可能激化矛盾,人民调解委员会派人民调解员小冯去调解。根据《中华人民共和国人民调解法》,下列做法错误的是( )。

A. 范某和王某提出要求更换调解员小冯

B. 王某因个人原因,提出终止调解

C. 范某要求再增加一名人民调解员进行调解

D. 小冯出于邻里和睦的考虑,阻止范某向人民法院提起诉讼

21. 根据《关于创新群众工作方法解决信访突出问题的意见》,乡镇(街道)领导干部每( )至少1天到信访接待场所接待群众来访。

A. 周　　　　　　　　　　　　　　B. 月

C. 季度　　　　　　　　　　　　　D. 半年

22. 根据《社区矫正实施办法》,下列社区矫正人员中,县级司法行政机关应当给予其警告的是( )。

A. 假释的老丁,每月只参加10小时教育学习

B. 保外就医的老越,已经2个月没有提交病情复查情况

C. 孕妇小王,离开监所3天,仍来到居住地县级司法机关报到

D. 暂予监外执行的老朱,经司法所批准外出去邻县探亲,但15天内未返

23. 根据《中华人民共和国禁毒法》,下列关于禁毒工作的说法,错误的是( )。

A. 禁毒工作经费由中央财政全额保障

B. 国家鼓励对禁毒工作的社会捐赠,并依法给予税收优惠

C. 国家对麻醉药品、精神药品和易制毒化学品的进口、出口实行许可制度

D. 国家鼓励公民举报毒品违法犯罪行为,各级人民政府和有关部门应对举报有功人员予以表彰和奖励

24. 根据《戒毒条例》,下列关于社区戒毒的说法,正确的是( )。

A. 司法所具体实施社区戒毒

B. 县级以上人民政府负责社区戒毒工作

C. 戒毒人员离开社区戒毒执行地所在县(市、区)2日以上的,须书面报告

D. 解除社区戒毒应在7日内通知社区戒毒执行地乡(镇)人民政府、城市街道办事处

25. 甲县某研究所职工小李在执行武器装备科研实验任务中牺牲。根据《烈士褒扬条例》,有权为小李提出评定烈士报告的单位或部门是( )。

A. 甲县人民政府

B. 甲县民政部门

C. 国务院有关部门

D. 小李生前所在的单位

26. 根据《军队离退休干部休养所暂行规定》,军队离退休干部移交地方后,负责安置管理的部门是( )。

A. 人力资源和社会保障部门

B. 老干部管理部门

C. 民政部门

D. 组织部门

27. 根据《军人抚恤优待条例》,移交甲省乙市安置的军队退休干部老王申请评定残疾等级,应当由(　　)评定。

A. 甲省卫生部门

B. 乙市卫生部门

C. 甲省民政部门

D. 乙市民政部门

28. 根据《退役士兵安置条例》,我国退役士兵安置制度以(　　)为主。

A. 自主就业　　　　　　　　　B. 扶持就业

C. 安排工作　　　　　　　　　D. 退休供养

29. 士官小马,服役期间因战致残伤被评定为 6 级残疾,2014 年 6 月退役时,他选择由甲市人民政府安排工作,同年 7 月 1 日他持退役士兵安置主管部门出具的介绍信到当地某国企报到。根据《退役士兵安置条例》,下列关于小马工作安排的说法,正确的是(　　)。

A. 该国企应当与其签订无固定期限劳动合同

B. 该国企应当在 2014 年 9 月 1 日前安排其上岗

C. 小马享受与该企业工伤员工同等的生活福利和医疗待遇

D. 若该国企无法及时安排小马上岗,每月应给予其 2000 元的生活费

30. 某市体育局拟对城区居民参加体育活动情况进行调查统计,建立数据模型,以便调整体育场所、设施布局。根据《中华人民共和国城市居民委员会组织法》,该项需要全市各居民委员会协助进行调查统计的工作,应当经(　　)同意并统一安排。

A. 市公安局

B. 市体育局

C. 市统计局

D. 市人民政府或其派出机关

31. 做好选民登记工作是社区居民委员会选举的重要步骤。老孙属于人户分离的城镇居民,经常居住在本社区,但户口不在本社区。根据《关于切实做好城市社区居民委员会换届选举工作的通知》,下列关于老孙参加社区居民委员会换届选举并进行选民登记的说法,正确的是(　　)。

A. 原则上应当在户口所在地进行选民登记

B. 原则上应当在经常居住地进行选民登记

C. 在户口所在地、经常居住地均进行选民登记

D. 由其居住地居民会议决定其是否进行选民登记

32. 根据《中华人民共和国村民委员会组织法》,村民委员会的设立、撤销、范围调整,由乡镇人民政府提出,经(　　)讨论同意,报县级人民政府批准。

A. 村民会议　　　　　　　　　B. 村党支部

C. 村民委员会　　　　　　　　D. 村民代表会议

33. 根据《中华人民共和国村民委员会组织法》,村民会议由村民委员会召集。有 1/10 以上的村民或 1/3 以上的村民代表提议,应当召集村民会议。召集村民会议,应当提前(　　)天通知村民。

A. 3　　　　　　　　　　　　　B. 5

C. 8   D. 10

34. 根据《社区服务体系建设规划（2011—2015年）》，力争到"十二五"期末，每百户居民拥有的社区综合服务设施面积不低于（   ）平方米。

A. 5   B. 10

C. 15   D. 20

35. 某社区利用所辖区域驻有武警消防中队的优势，聘请消防员做辅导员，大力开展防灾减灾宣传和演练，社区居民广泛参与，消防意识明显增强。根据《关于加强和改进城市社区居民委员会建设工作的意见》，该项举措属于社区建设中的（   ）。

A. 社会组织参与

B. 社区居民互助

C. 驻区单位共驻共建

D. 业主委员会协作

36. 根据《关于加快推进社区社会工作服务的意见》，建立健全社区、社会组织和（   ）联动服务机制是加快推进社区社会工作服务的主要任务之一。

A. 社会治安   B. 社会保障

C. 社区志愿者   D. 社会工作专业人才

37. 企业家沈某向遭受地质灾害的家乡捐赠20万元为灾民购买食品，与县人民政府签订了捐赠协议。根据《中华人民共和国公益事业捐赠法》与《中华人民共和国合同法》有关规定，下列沈某的做法，错误的是（   ）。

A. 撤销20万元的捐赠款

B. 查询捐赠款到位后的使用情况

C. 同意将20万元改用于购买灾民急需的衣物

D. 接受当地县人民政府对其捐赠行为的公开表彰

38. 根据《中华人民共和国信托法》，下列关于公益信托的受托人的说法，正确的是（   ）。

A. 受托人从事信托活动应当是无偿的

B. 受托人不得委托他人代为处理信托事务

C. 受托人未经公益事业管理机构批准不得辞任

D. 受托人无权向人民法院起诉公益事业管理机构的违法行为

39. 根据《社会团体登记管理条例》，申请筹备成立社会团体应当提交有关文件。下列文件中，发起人应当向登记管理机关提交的是（   ）。

A. 章程草案

B. 可行性报告

C. 银行存款证明

D. 工作人员构成情况

40. 根据《民办非企业单位登记暂行办法》，民办非企业单位必须拥有与其业务活动相适应的合法财产，且其合法财产中的非国有资产份额不得低于总财产的（   ）。

A. 4/5   B. 3/4

C. 2/3   D. 1/2

41. 根据《民办非企业单位登记暂行办法》,依照依法承担民事责任的不同方式,下列关于民办非企业单位的分类,正确的是( )。

    A. 内资民办非企业单位、外资民办非企业单位、合资民办非企业单位

    B. 民办非企业单位(法人)、民办非企业单位(合伙)、民办非企业单位(个体)

    C. 教育卫生类民办非企业单位、科技文化类民办非企业单位、劳动民政类民办非企业单位

    D. 直接登记的民办非企业单位、双重管理的民办非企业单位,需经前置许可的民办非企业单位

42. 根据《关于非营利组织企业所得税免税收入问题的通知》,下列符合条件的非营利组织的收入中,不属于免税收入的是( )。

    A. 某县妇女就业促进中心接受捐赠的收入

    B. 某市婚姻服务中心接受捐赠的银行存款利息

    C. 集市基因芯片研究会接受的政府补助收入

    D. 某区社会工作服务机构因政府购买服务取得的收入

43. 根据《基金会管理条例》及相关规定,下列人员的兼职行为中,符合规定的选项是( )。

    A. 某政府机关现职工作人员兼职基金会理事长

    B. 某政协机关现职工作人员兼职基金会秘书长

    C. 某监察机关现职工作人员兼职基金会副理事长

    D. 某人大机关现职工作人员兼职基金会分支机构负责人

44. 根据《就业服务与就业管理规定》,下列就业服务中,应当由公共就业服务机构免费提供的是( )。

    A. 为劳动者提供职业介绍服务

    B. 为劳动者提供职业培训服务

    C. 为用人单位提供代理招聘服务

    D. 为用人单位提供劳动保障事务代理服务

45. 小张与某企业签订劳动合同。该企业为完成订单,违章指挥、强令小张冒险作业,危及小张人身安全,小张遂欲解除劳动合同。根据《中华人民共和国劳动合同法》,下列关于小张解除劳动合同的说法,正确的是( )。

    A. 小张须当日通知企业,方可解除劳动合同

    B. 小张无须事先通知企业,即可解除劳动合同

    C. 小张须事先口头通知企业,方可解除劳动合同

    D. 小张须事先以书面形式通知企业,方可解除劳动合同

46. 根据《中华人民共和国劳动合同法》,下列关于当事人订立无固定期限劳动合同的做法,错误的是( )。

    A. 赵某与应聘公司协商一致订立了无固定期限劳动合同

    B. 钱某在某公司连续工作满十年,与该公司签订了无固定期限劳动合同

    C. 孙某在某国有企业连续工作满十年,距法定退休年龄还有九年。该企业改制重新订立劳动合同,与孙某订立无固定期限劳动合同

D. 李某与某公司第二次固定期限劳动合同到期,李某提出续订时,公司无理由拒绝与李某签订无固定期限劳动合同

47. 下列企业延长劳动者工作时间的做法,符合《中华人民共和国劳动法》规定的是( )。

A. 甲企业为疏通被泥石流堵塞的公路,要求劳动者连续加班5小时

B. 乙企业为完成订单,要求劳动者最近一个月天天上班,加班费按正常工资的200%支付

C. 丙企业由于生产需要,经与工会和劳动者协商,决定劳动者每天加班3小时,每月加班66小时

D. 丁企业为及时交货,与劳动者协商,决定每周工作6天,周六上班的工资按正常工资的150%支付,不再安排补休

48. 根据《职工带薪年休假条例》,下列职工中,不享受当年年休假的是( )。

A. 甲,累计事假22天,且单位按规定未扣其工资

B. 己,累计事假25天,单位已按规定扣其工资

C. 丙,累计工作年限15年,累计病假2个月

D. 丁,累计工作年限21年,累计病假3个月

49. 根据《中华人民共和国就业促进法》,下列关于职业教育和培训的说法,正确的是( )。

A. 企业应当建立健全劳动预备制度

B. 企业应当制订并实施职业能力开发计划

C. 企业应当为失业人员提供就业培训,提高其就业能力

D. 企业应当按规定提取职工教育经费,对劳动者进行职业技能培训

50. 根据《中华人民共和国劳动争议调解仲裁法》和《劳动保障监察条例》,下列关于劳动仲裁、监察时效期间的说法,正确的是( )。

A. 劳动争议申请仲裁的时效期间为60天

B. 当事人对仲裁裁决不服的,可以自收到仲裁裁决书之日起60日内向人民法院提起诉讼

C. 仲裁庭裁决劳动争议案件,除案情复杂需要延期的外,应当自劳动争议仲裁委员会受理仲裁申请之日起60日内结束

D. 劳动保障行政部门对违反劳动保障法律、法规或者规章的行为的调查,除情况复杂需要延期的外,应当自立案之日起60个工作日内完成

51. 某公司一直未建立工会,多年未涨工资,职工意见很大。在同事们的鼓励下,职工李某、王某出面与公司交涉,表达希望增加工资的诉求。公司方面表示愿意与职工一方就工资问题开展集体协商,但要求职工一方派协商代表。根据《集体合同规定》,下列关于职工李某、王某两人是否可以作为协商代表的说法,正确的是( )。

A. 两人经上级工会指派可以作为协商代表

B. 两人经劳动保障行政部门指派可以作为协商代表

C. 两人表现积极,经公司方面同意可以作为协商代表

D. 两人经本单位职工民主推荐,半数以上本单位职工同意可以作为协商代表

52. 根据《关于进一步加强乡村医生队伍建设的指导意见》,对乡村医生提供的基本医疗服务,主要由( )进行支付。

A. 政府购买服务的方式

B. 个人和新农合基金

C. 政府购买服务和个人

D. 政府购买服务和新农合基金

53.《中共中央关于全面深化改革若干重大问题的决定》提出坚持计划生育的基本国策,启动实施一方是独生子女的夫妇可以生育( )个孩子的政策。

A. 1   B. 2

C. 3   D. 4

54. 根据《关于建立统一的城乡居民基本养老保险制度的意见》,下列关于养老保险待遇的说法,错误的是( )。

A. 城乡居民养老待遇支付到 90 岁为止

B. 参保人死亡,个人账户资金余额可以依法继承

C. 个人账户养老金月计发标准为个人账户全部储存额除以 139

D. 城乡居民养老保险待遇由基础养老金和个人账户养老金构成

55. 王某,户籍所在地为甲省,在乙省工作 2 年,在丙省工作 11 年,在丁省工作 7 年后退休,工作期间均参加了当地的城镇职工基本养老保险。根据《城镇企业职工基本养老保险关系转移接续暂行办法》,王某退休后的养老保险待遇领取地是( )。

A. 甲省   B. 乙省

C. 丙省   D. 丁省

56. 根据《关于建立城镇职工基本医疗保险制度的决定》,下列关于职工基本医疗保险支付方式的说法,正确的是( )。

A. 统筹基金收不抵支时,可以使用个人账户基金支付

B. 统筹基金的起付标准应当为当地职工月平均工资的 10% 左右

C. 超过最高支付限额的医疗费用可以通过商业医疗保险等途径解决

D. 起付标准以上、最高支付限额以下的医疗费用全部由统筹基金支付

57. 根据《工伤保险条例》,下列组织和人员中,不属于工伤保险制度义务参保人的是( )。

A. 基金会

B. 事业单位

C. 民办非企业单位

D. 无雇工的个体工商户

58. 王某于 2000 年到某国有企业上班。王某从 2000 年开始参加失业保险,公司为其连续缴费至 2014 年 12 月。2015 年 1 月,王某失业。根据《中华人民共和国社会保险法》,王某领取失业保险金的最长期限是( )个月。

A. 6   B. 12

C. 18   D. 24

59. 根据《国务院关于建立城镇职工基本医疗保险制度的决定》,下列关于城镇职工基本医疗保险基金的说法,正确的是( )。

A. 用人单位缴纳的基本医疗保险费全部计入统筹基金

B. 职工个人缴纳的基本医疗保险费全部计入个人账户

C. 统筹基金与个人账户的支付范围相同,但支付比例不同

D. 职工基金医疗保险基金由政府补贴基金、统筹基金和个人账户构成

60. 根据《中华人民共和国军人保险法》,关于军人退役养老保险的说法,正确的是( )。

A. 军人退出现役后应当统一参加城镇职工基本养老保险

B. 军人退出现役后参加基本养老保险的,所在地县级人民政府给予退役养老保险补助

C. 军人服现役年限与入伍前和退出现役后参加职工基本养老保险的缴费年限合并计算

D. 军人退役养老保险补助标准按国家规定的基本养老保险缴费标准和职工工资水平确定

二、多项选择题(共20题,每题2分。每题的备选项中,有2个或2个以上符合题意,至少有1个错项。错选,本题不得分;少选,所选的每个选项得0.5分)

61. 老赵10年前丧偶,靠打零工独自抚养5个子女,有的子女已长大成人。老赵因家庭生活困难,向户籍所在地街道办事处申请最低生活保障。根据《最低生活保障审核审批办法(试行)》,老赵的5个子女中,应当计入共同生活家庭成员的有( )。

A. 在外地出家当和尚4年的赵大

B. 在监狱服刑的赵二

C. 在中等职业技术学校学汽车修理技术的赵三

D. 在外地读全日制大学本科的赵四

E. 在某中学读初中的赵五

62. 根据《社会救助暂行办法》,国家给予特困人员供养,内容包括( )。

A. 提供疾病治疗

B. 办理丧葬事宜

C. 提供基本生活条件

D. 提供经济适用住房

E. 对生活不能自理的给予照料

63. 徐某,女,外贸公司职员。工作期间,公司老板丁某经常对徐某实施性骚扰。根据《中华人民共和国妇女权益保障法》,徐某可以采取的维权措施包括( )。

A. 向当地妇女组织投诉

B. 依法向人民法院提起刑事诉讼

C. 依法向人民法院提起民事诉讼

D. 提请公安机关依法给予丁某行政处罚

E. 提请公安机关吊销该外贸公司的营业执照

*64. 根据《中华人民共和国收养法》,生父母送养子女,须符合的条件包括( )。

A. 生父母自愿送养

B. 生父母双方共同送养

C. 生父母有特殊困难无力抚养子女

D. 生父母患有传染性疾病在传染期内

E. 生父母一方不明或查找不到的,可以单方送养

*65. 根据《中华人民共和国继承法》及有关规定,下列关于遗产分割时胎儿继承问题的说法,正确的有( )。

A. 遗产分割时,应当保留胎儿的继承份额

B. 胎儿出生后死亡的,为胎儿保留的份额由胎儿的继承人继承

C. 胎儿出生时是死体的,为胎儿保留的份额由被继承人的继承人继承

D. 应当为胎儿保留的遗产份额没有保留的,应由继承人相互协商退还

E. 应当为胎儿保留的遗产份额没有保留的,应从继承人所继承的遗产中扣回

66. 根据《中华人民共和国人民调解法》,下列关于经人民调解委员会调解达成的调解协议的说法,正确的有(　　)。

A. 人民法院依法确认调解协议无效的,当事人可以向人民法院提起诉讼

B. 双方当事人可自调解协议生效之日起 60 日内向人民法院申请司法确认

C. 调解协议书需由双方当事人向人民法院申请司法确认后,才具有法律约束力

D. 当事人之间就调解协议的履行发生争议的,一方当事人可以向人民法院提起诉讼

E. 当事人认为无须制作调解协议书的,可采取口头协议方式,人民调解员应当记录协议内容

67. 根据《信访条例》,下列关于信访事项的说法,正确的有(　　)。

A. 信访人一般应当采用书信、电子邮件、传真等书面形式提出信访事项

B. 信访人提出投诉请求的,应载明信访人的姓名(名称)、住址和请求、事实、理由

C. 多人采用走访形式提出共同信访事项的,应推选代表,代表人数不得超过 3 人

D. 信访人采用走访形式提出信访事项的,应当到有关机关设立或者指定的接待场所提出

E. 信访事件已经受理或者正在办理的,信访人在规定期限内向受理、办理机关的上级机关再提出同一信访事项的,该上级机关不予受理

68. 根据《中华人民共和国治安管理处罚法》,公安机关对违反治安管理行为有关的场所可以进行检查。检查时,人民警察应遵守的规定包括(　　)。

A. 不得少于 2 人

B. 出示工作证件

C. 出示派出所开具的出警证明文件

D. 有至少 1 名居(村)委会委员陪同

E. 出示县级以上人民政府公安机关开具的检查证明文件

69. 根据《烈士褒扬条例》和《烈士安葬办法》,下列关于烈士安葬的说法,正确的有(　　)。

A. 安葬烈士应当尊重少数民族的丧葬习俗

B. 确定烈士安葬地应当征求烈士遗属的意见

C. 先于烈士死亡的配偶可与烈士在烈士陵园合葬

D. 烈士骨灰盒或者灵柩应当覆盖中国人民解放军军旗

E. 烈士在烈士陵园或者烈士集中安葬墓区安葬后原则上不迁葬

70. 根据《军人抚恤优待条例》,现役军人死亡,应批准为烈士或者按照烈士对待的情形有(　　)。

A. 因执行任务遭犯罪分子杀害的

B. 在执行任务中因病猝死的

C. 受国家派遣在维持国家和平任务中牺牲的

D. 在抢救救灾任务中失踪,经法定程序宣告死亡的

E. 在边海执勤任务中失踪,经法定程序宣告死亡的

71. 某部队甲部驻在某市曙光居民委员会地域内。根据《中华人民共和国城市居民委员会组织法》,下列有关甲部与曙光居民委员会关系的说法,正确的有(　　)。

A. 甲部不能参加曙光居民委员会

B. 甲部军人不能参加曙光居民委员会

C. 甲部随军家属能参加曙光居民委员会

D. 甲部不受曙光居民委员会居民公约约束

E. 甲部应曙光居民委员会要求应当派代表参加与其有关问题的会议

72. 小李是某乡人民政府工作人员,在全乡村民委员会换届选举前,负责组织对甲、乙、丙三个村的村民委员会成员进行离任审计。根据《中华人民共和国村民委员会组织法》,下列事项中,属于法定审计事项的有(　　)。

A. 甲村财务收支情况

B. 丙村债权债务情况

C. 甲村征地补偿费的使用、分配情况

D. 乙村村民委员会主任家庭承包果园收支情况

E. 丙村 1/6 的村民要求审计的修缮族谱集资款的使用情况

73.《关于深入开展志愿服务活动的意见》提出,要切实加强对志愿服务活动的组织领导。下列关于有关部门和组织在组织领导志愿服务活动方面职责的说法,正确的有(　　)。

A. 人民团体负责领导全国志愿服务活动

B. 共青团组织要不断深化青年志愿者行动

C. 工会组织要广泛开展职工志愿服务活动

D. 妇联组织要扎实推进巾帼志愿服务活动

E. 民政部门要积极支持和推动社区志愿服务活动

74. 根据《关于非营利组织免税资格认定管理有关问题的通知》,下列属于基金会申请免税资格认定条件的说法,正确的有(　　)。

A. 基金会申请前一年度的检查结果为"基本合格"

B. 投入人对投入基金会的财产不保留任何财产权利

C. 基金会对取得的应纳税收入与免税收入分别核算

D. 基金会注销后的剩余财产用于公益性或者非营利性目的

E. 基金会工作人员平均工资薪资水平不得超过上一年度税务登记所在地人均工资水平的 2 倍

75. 某外贸企业陷入严重的经营困难,管理层经研究形成裁员方案,决定裁员 25 人。该企业将裁员方案和有关说明通知工会,同时上报劳动行政部门。下列关于企业裁员的说法,符合《中华人民共和国劳动合同法》优先留用相关规定的有(　　)。

A. 甲职工:"我快 50 岁了,不好找工作,应当优先留用。"

B. 乙职工:"我是企业骨干,应当优先留用。"

C. 丙职工:"我与单位签订了无固定期限劳动合同,应当优先留用。"

D. 丁职工:"我家三口人,妻子无工作,孩子上小学,应当优先留用。"

E. 戊职工:"我是多年的先进工作者,应当优先留用。"

76. 根据《中华人民共和国劳动争议调解仲裁法》,下列争议中,属于劳动争议的有(   )。
    A. 因职称晋升发生的争议
    B. 因企业改制发生的争议
    C. 因确认劳动关系发生的争议
    D. 因除名、辞退、辞职发生的争议
    E. 因工作时间休息休假发生的争议

77. 根据《集体合同规定》,下列关于集体协商程序的说法,正确的有(   )。
    A. 集体协商会议由双方首席代表轮流主持
    B. 集体协商未达成一致的,经双方协商可以中止协商
    C. 集体协商的要求只能由职工一方以书面形式向用人单位提出
    D. 双方协商一致的,应当形成集体合同草案,由双方首席代表签字后生效
    E. 职工一方提出集体协商要求的,用人单位应当自收到集体协商要求之日起 20 日内以书面形式予以回应

78. 根据《流动人口计划生育工作条例》,流动人口在现居住地享受的计划生育服务和奖励包括(   )。
    A. 依法免费获得避孕药具
    B. 免费参加生殖健康知识普及活动
    C. 晚婚晚育的,按照有关规定享受休假
    D. 依法免费享受国家规定的基本项目的计划生育技术服务
    E. 实行计划生育的,按照有关规定在社会保险方面享受优先照顾

79. 根据《关于建立统一的城乡居民基本养老保险制度的意见》,下列人员中,可以参加城乡居民基本养老保险的有(   )。
    A. 小李,年满 15 周岁,在镇上某中学上高中一年级
    B. 小王,年满 18 周岁,在镇上某外资企业工作,并已经签订了劳动合同
    C. 小刘,年满 18 周岁,在县城从事个体服装生意
    D. 小张,年满 20 周岁,在村里帮助父母经营小卖部
    E. 老陈,年满 40 周岁,父母双亡,单身未婚,享受城市居民最低生活保障

80. 根据《中国人民解放军军人配偶未就业期间社会保险暂行办法》,下列关于随军配偶养老保险的说法中,正确的有(   )。
    A. 个人账户按照缴费基数的11%建立
    B. 个人账户所需资金由个人和国家共同负担
    C. 军人所在单位后勤机关为未就业随军配偶建立养老保险个人账户
    D. 未就业随军配偶按照上一年度全国城镇职工月平均工资作为缴费基数
    E. 未就业随军配偶被判刑收监执行的,停止享受军人配偶随军未就业保险个人账户补贴待遇

社会工作法规与政策（中级）
2014 年真题

重要提示：

　　为维护您的个人权益,确保考试的公平公正,请您协助我们监督考试实施工作。

　　本场考试规定:监考老师要向本考场全体考生展示题本密封情况,并邀请 2 名考生代表验封签字后,方能开启试卷袋。

社会工作法规与政策(中级)2014年真题

一、单项选择题(共60题,每题1分。每题的备选项中,只有1个最符合题意)

1. 下列关于社会政策的说法中,正确的是( )。

A. 社会政策要体现价值中立

B. 社会政策是政府为实现社会目标而采取的社会行动的总和

C. 公共政策是社会政策的重要领域之一

D. 社会政策由经济政策、环境政策等各种具体的政策组成

2. 根据《城市居民最低生活保障条例》,城市居民最低生活保障资金的主要来源是( )。

A. 社会捐赠资金

B. 政府财政预算资金

C. 福利彩票公益金

D. 企业缴纳的就业保障金

3. 某县民政局在低保审批工作中,发现某低保申请人的家庭人均收入明显高于本县低保标准,因此做出不予批准的决定。根据《城市居民最低生活保障条例》,该民政局在做出决定后,应当( ),并说明理由。

A. 书面通知申请人

B. 当面口头告知申请人

C. 通过街道办事处通知申请人

D. 通过居委会通知申请人

4. 甲、乙两乡同属丙县管辖,甲乡因大力推广农业科技,农民年人均纯收入达到2万元。乙乡由于地处偏僻,经济落后,农民年人均纯收入仅为3000元。甲乡村民老陈和乙乡村民老刘,因家庭贫困分别向所在乡人民政府申请最低生活保障待遇。两人适用的低保标准应当( )。

A. 是由甲、乙两乡人民政府分别确定的各乡标准

B. 是由丙县人民政府确定的全县统一标准

C. 不低于丙县最低工资水平

D. 不低于丙县平均生活水平

5. 老李一家享受农村最低生活保障待遇。今年老李一家的总收入比去年增加了200元,但年人均纯收入仍低于当地最低生活保障标准。在当地最低生活保障标准未变的情况下,根据《国务院关于在全国建立农村最低生活保障制度的通知》,乡镇人民政府和县级民政部门要及时按程序为老李一家办理( )最低生活保障金的手续。

A. 补发   B. 增发

C. 停发   D. 减发

6. 根据《农村五保供养工作条例》,农村五保供养标准不得低于当地村民的(　　)。

   A. 最低生活水平,并根据当地村民最低生活水平的提高每年调整一次

   B. 最低生活水平,并根据当地村民最低生活水平的提高适时调整

   C. 平均生活水平,并根据当地村民平均生活水平的提高每年调整一次

   D. 平均生活水平,并根据当地村民平均生活水平的提高适时调整

7. 根据《关于进一步完善城乡医疗救助制度的意见》,下列关于城乡医疗救助的说法,正确的是(　　)。

   A. 医疗救助对象包括老年人、未成年人、重度残疾人和重病患者

   B. 医疗救助服务内容包括住院救助和门诊救助

   C. 要获得医疗救助,申请人需向居住地县级人民医院提出申请

   D. 县级卫生行政部门负责审核医疗救助申请材料,并签署审批意见

8. 老洪一家居住在甲市乙街道一间20平方米的一居室,家庭户籍所在地为丙市丁街道。户主老洪日前遭遇车祸瘫痪在床,需聘请专人照顾。老洪与其子小洪商议,欲申请廉租住房。根据《廉租住房保障办法》,申请廉租住房的书面申请应当(　　)提出。

   A. 由小洪向甲市乙街道办事处

   B. 由小洪向丙市丁街道办事处

   C. 由老洪向甲市乙街道办事处

   D. 由老洪向丙市丁街道办事处

9. 根据《廉租住房保障办法》,新建廉租住房的单套建筑面积应当控制在(　　)平方米以内。

   A. 30   B. 40

   C. 50   D. 60

10. 根据《中华人民共和国法律援助条例》,公民就国家赔偿事项申请法律援助,应当向(　　)所在地的法律援助机构提出。

   A. 赔偿义务机关

   B. 赔偿义务机关上级机关

   C. 申请人户籍

   D. 申请人居住

11. 甲、乙、丙、丁四人在某市流浪乞讨人员救助管理站接受救助。甲隐瞒了自己在该市还有一个哥哥;乙因与父母争吵离家出走,其父母来到救助管理站寻找;丙在救助期满当天突患阑尾炎,需入院治疗;丁觉得在救助管理站受约束,私自离开。以上四人中,救助管理站应当继续实施救助的是(　　)。

   A. 甲   B. 乙

   C. 丙   D. 丁

12. 根据《灾害应急救助工作规程》,突发性灾害发生后,各级民政部门根据灾害发展态势和程序,及时启动本级灾害救助应急预案,采取应急救助措施,确保(　　)小时内各项救灾措施落实到位。

   A. 12   B. 24

C. 36
D. 48

13. 某地连遭雷暴雨灾害,部分村民房屋受损。根据《灾区民房恢复重建管理工作规程》,下列家庭中,不属于政府恢复重建补助对象的是(　　)。

　　A. 老王一家,部分房屋倒塌

　　B. 老赵一家,房屋进水,家电严重受损

　　C. 老林一家,房屋全部倒塌

　　D. 老方一家,房屋损坏严重且必须修复

14. 甲县乙乡小徐欲设立一家为失能、失智老年人服务的养老机构。根据《中华人民共和国老年人权益保障法》,小徐应当向(　　)申请行政许可。

　　A. 乙乡人民政府
　　B. 甲县民政局

　　C. 甲县卫生局
　　D. 甲县人民政府

15. 小项经常遭受家庭暴力,欲依法维权。根据《中华人民共和国妇女权益保障法》和《中华人民共和国仲裁法》,小项依法维权的途径不包括(　　)。

　　A. 向公安机关报案

　　B. 向人民法院起诉

　　C. 向妇女联合会投诉

　　D. 向仲裁机构申请仲裁

16. 根据《国务院办公厅关于加强和改进流浪未成年人救助保护工作的意见》,预防和制止未成年人流浪的第一责任主体是(　　)。

　　A. 家庭
　　B. 学校

　　C. 社区
　　D. 政府

17. 小丽在一所招收聋哑儿童的普通小学担任音乐老师。小丽会手语,很快和学校里的聋哑学生熟悉起来。学校因势利导,安排小丽做手语翻译,聋哑学生的校园生活变得更加方便。根据《中华人民共和国残疾人权益保障法》,小丽应当享受(　　)。

　　A. 特殊教龄津贴
　　B. 特殊职务津贴

　　C. 特殊教育津贴
　　D. 特殊加班津贴

*18. 根据《中华人民共和国婚姻法》,以下由人民法院审理离婚案件,经调解无效,符合准予离婚法定情形的是(　　)。

　　A. 小丽与公婆关系冷漠并且时有争执,丈夫起诉离婚,小丽以感情未破裂为由不同意

　　B. 小云的丈夫是军人,双方聚少离多,感情日益冷淡,小云起诉离婚,丈夫以感情未破裂为由不同意

　　C. 小强长期无业,家庭经济压力较大,妻子起诉离婚,小强以感情未破裂为由不同意

　　D. 小军沉溺赌博屡教不改,妻子起诉离婚,小军以感情未破裂为由不同意

*19. 老李夫妇育有一子一女,其子常年居住国外,其女儿女婿遭遇车祸离世。老李夫妇与孙子一起生活,外孙女时常前来看望。日前,老李因病去世。根据《中华人民共和国继承法》,下列人员中,无权继承老李遗产的是(　　)。

　　A. 老李的儿子
　　B. 老李的孙子

　　C. 老李的老伴
　　D. 老李的外孙女

*20. 老王夫妇婚后多年不育,依法收养女婴招娣后,生下一对龙凤胎天天和亮亮。儿女成人后,老王的老伴离世,老王与蔡女士再婚。蔡女士儿子大钢已成家立业,支持母亲再婚,时常来探望母亲。而天天、亮亮反对父亲再婚,很少回家看望老王。年初,老王突发脑梗去世,生前未订立遗嘱。老王遗产应由( )继承。

A. 蔡女士、招娣、天天、亮亮

B. 蔡女士、大钢、天天、亮亮

C. 蔡女士、大钢、招娣

D. 天天、亮亮、大钢

*21. 小雨自幼因生父母无力抚养,被王老伯依法收养。成年后,小雨与王老伯依法协议解除了收养关系,但未与生父母恢复权利义务关系。近日,小雨生父病故,留下一笔债务。王老伯不具备劳动能力又缺乏生活来源。根据《中华人民共和国收养法》,小雨应当( )。

A. 代偿生父留下的债务

B. 给付生母生活费

C. 补偿收养期间王老伯支出的教育费

D. 给付王老伯生活费

*22. 2000 年,索某与蒋某结婚,双方均为再婚。索某与前妻育有一子小强 8 岁;蒋某与前夫育有一儿一女,儿子小峰 9 岁,女儿小敏 6 岁。婚后,索某夫妇一直与小强、小峰共同生活,小敏一直与生父共同生活。2013 年索某意外身亡。根据《中华人民共和国继承法》,索某遗产的法定继承人是( )。

A. 小强

B. 小强、蒋某

C. 小强、蒋某、小峰

D. 小强、蒋某、小峰、小敏

23. 小李夫妇因生活琐事发生争吵并欲提出离婚诉讼,调解员老张得知后主动前去调解。小李冷静后表示愿意接受调解,但其妻子觉得双方感情确已破裂,明确拒绝调解。老张坚持认为年轻人因一时冲动离婚很可惜,仍坚持要调解。根据《中华人民共和国人民调解法》,老张的行为违反了( )原则。

A. 依申请调解

B. 尊重隐私

C. 当事人自愿调解

D. 尊重当事人诉讼权利

24. 根据《信访条例》,下列关于县级以上人民政府信访工作机构受理信访事项的说法,正确的是( )。

A. 对情况重大、紧急的信访事项,应当及时提出建议,报请上级人民政府决定

B. 对涉及下级行政机关的信访事项,应当直接转送有权处理的行政机关,并抄送本级人民政府

C. 对收到的信访事项,应当予以登记,并区分情况于 30 日内予以处理

D. 对依法应当通过诉讼、仲裁等法定途径解决的信访事项,不予受理,但应告知信访人向有关机关依法提出

25. 根据《社区矫正实施办法》，下列关于社区矫正的说法，正确的是(   )。

A. 社区矫正人员应当自人民法院判决、裁定生效之日或离开监所之日起一个月之内到居住地县级司法行政机关报到

B. 社区矫正人员因就医、家庭重大变故等原因，确需离开所居住的市、县(旗)超过 7 日的，应当报司法所批准

C. 社区矫正人员不按规定参加教育学习、社区服务等活动，经教育仍不改正的，县级司法行政机关应当给予警告，并出具书面决定

D. 缓刑的社区矫正人员受到司法行政机关两次警告仍不改正的，司法行政机关可向人民法院提出撤销缓刑建议

26. 根据《中华人民共和国刑法》和《中华人民共和国禁毒法》，下列关于禁毒法律责任的说法，正确的是(   )。

A. 走私、贩卖、运输、制造毒品的，一律追究刑事责任

B. 为犯罪分子窝藏、转移、隐瞒毒品的，依法给予治安管理处罚

C. 容留他人吸食、注射毒品的，由公安机关处 10 日以上 15 日以下拘留，可以并处 3000 元以下罚款

D. 公安机关工作人员在禁毒工作中包庇贩卖毒品的犯罪分子，尚不构成犯罪的，依法给予处分

27. 根据《军人抚恤优待条例》，下列关于抚恤优待的说法，正确的是(   )。

A. 因病被评定为十级残疾的现役军人小张可享受抚恤

B. 一次性抚恤金可发给烈士老李的祖父母、父母、配偶、子女和兄弟姐妹

C. 实行义务兵役制以前入伍，后经批准从部队复员的小秦属于该条例规定的优待对象

D. 服役期间患病，尚未达到评定残疾等级条件但有地方医院证明的退伍人员老王，属于该条例规定的抚恤对象

28. 根据《退役士兵安置条例》，由人民政府安排工作的退役士兵，非因退役士兵本人原因，接收单位未按照规定安排退役士兵上岗的，应当从所在地人民政府退役士兵安置工作主管部门开出介绍信的当月起，按照不低于(   )的标准逐月发给退役士兵生活费至其上岗为止。

A. 当地城市居民最低生活保障

B. 当地居民人均收入

C. 本单位同等条件人员平均工资的 80%

D. 原部队排职干部平均工资的 60%

29. 小李是一名普通士兵，在部队服役期间，因战致残被评定为 5 级残疾，2013 年以义务兵身份退出现役。根据《退役士兵安置条例》，小李的安置方式应当是(   )。

A. 由人民政府安排工作

B. 由人民政府作退休安置

C. 由国家集中供养

D. 由国家分散供养

30. 根据《中华人民共和国城市居民委员会组织法》，居民委员会的性质是(   )。

A. 基层行政性自治组织

B. 基层群众性自治组织

C. 基层行政性服务组织

D. 基层群众性服务组织

31. 根据《中华人民共和国城市居民委员会组织法》,下列工作属于居民委员会责任的是(   )。

A. 批准低保待遇   B. 处罚违法行为

C. 确定征兵人选   D. 调解民间纠纷

32. 红光社区部分居民代表认为本社区居委会规模较小,建议与一路之隔同属某区某街道办事处的阳光社区居委会合并,并建议两个居委会的居民代表会议通过投票表决作出两个居委会合并的决定。根据《中华人民共和国城市居民委员会组织法》,下列关于两个居委会合并的说法,正确的是(   )。

A. 两个居委会分别组织召开居民会议,均表决通过后即可合并

B. 两个居委会应当联合召开居民会议,并经 2/3 以上居民表决同意后方可合并

C. 两个居委会均可提出建议,但应得到街道办事处审核批准后方可合并

D. 两个居委会的合并,应当由区人民政府决定

33. 根据《中华人民共和国村民委员会组织法》和《村民委员会选举规程》,下列关于村民会议的说法,正确的是(   )。

A. 召开村民会议应当有本村 18 周岁以上村民的过半数,或者本村 3/4 以上户的代表参加

B. 村民会议做决定应经到会人数的 2/3 通过

C. 有 1/10 以上的村民提议,应当召集村民会议

D. 本村 1/5 以上有选举权的村民联名提出罢免村民委员会成员的要求时,应召开村民会议审议罢免要求

34. 队伍建设是社区居民委员会建设的重要内容。根据《中共中央办公厅、国务院办公厅关于加强和改进城市社区居民委员会建设工作的意见》,社区专职工作人员的报酬标准原则上不低于上年度当地(   )。

A. 事业单位平均工资水平   B. 社会平均工资水平

C. 公务员平均工资水平   D. 城镇职工平均工资水平

35. 某县政府办公室发出通知,在全县开展慈善捐赠活动,要求所有机关工作人员都参加捐款,捐赠款全部用于改善山区小学教学条件。根据《中华人民共和国公益事业捐赠法》,该活动违背公益事业捐赠的(   )原则。

A. 自愿   B. 有偿

C. 营利   D. 强制

36. 根据《救灾捐赠管理办法》有关规定,变卖对灾区不适用的境外救灾捐赠物资,应当报(   )批准。

A. 省级外事部门   B. 省级民政部门

C. 县级外事部门   D. 县级民政部门

37. 根据《志愿服务记录办法》,志愿者组织将志愿服务信息记入志愿服务记录前,应当在本组织内进行公示,接受社会监督。公示时间不得少于(   )个工作日。

A. 3   B. 5

C. 10   D. 15

38. 根据《社会团体登记管理条例》,下列关于成立社会团体所需最低会员数的说法,正确的是( )。

A. 如果会员全部是个人会员,则为 40 个

B. 如果会员全部是单位会员,则为 30 个

C. 如果会员由个人会员和单位会员混合组成,则为 30 个

D. 如果会员由个人会员和单位会员混合组成,则为 40 个

39. 根据《社会团体登记管理条例》,下列关于社会团体的说法,错误的是( )。

A. 社会团体章程应当规定会员权利和义务

B. 社会团体分支机构应在该社会团体授权范围内发展会员

C. 社会团体变更法定代表人应由业务主管单位予以公告

D. 社会团体的经费不得在会员中分配

40. 根据《民办非企业单位登记管理暂行条例》,下列组织和个人向某市民政部门申请登记成立民办非企业单位,可以被批准的是( )。

A. 某国企申请利用国有资产举办的营利性服务中心

B. 张某申请利用自有资金成立营利性律师事务所

C. 李某申请利用自有资金成立法律援助中心

D. 某民办非企业单位申请利用自有资金设立一个分支机构

41. 为促进社会工作专业发展,某公办高校决定与本校社会工作系教师共同出资 12 万元成立一家民办非企业社会工作服务机构。根据《民办非企业单位登记暂行办法》,该高校提供的开办资金不得高于( )。

A. 4 万元
B. 6 万元

C. 8 万元
D. 10 万元

42. 根据《基金会管理条例》的有关规定,下列拟成立的基金会中,应当在民政部登记管理的是( )。

A. 原始资金超过 1000 万元的非公募基金会

B. 拟由非内地居民担任法定代表人的基金会

C. 拟由现职省部级国家工作人员兼任理事长的基金会

D. 拟设立分支机构的基金会

43. 某境外基金会拟在中国内地设立代表机构。根据《基金会管理条例》,该基金会向登记管理机关申请登记时,下列材料中,不需要提交的是( )。

A. 基金会在境外依法登记成立的证明

B. 拟设代表机构负责人身份证明及简历

C. 基金会在境外的纳税证明

D. 基金会章程和住所证明

44. 老刘拟成立一家营利性职业中介机构。根据《中华人民共和国就业促进法》,老刘应当( )办理登记。

A. 经人力资源和社会保障部门审查同意后,向民政部门

B. 经工商行政管理部门审查同意后,向人力资源和社会保障部门

C. 依法办理行政许可,经许可后向工商行政管理部门

D. 依法办理行政许可,经许可后向民政部门

45. 为缓解就业压力,甲市乙区某公共就业服务中心决定举办应届大学毕业生就业专场招聘会。该消息一经发布,咨询电话络绎不绝。根据《中华人民共和国就业促进法》,下列就业服务中心做出的决定中,正确的是(　　)。

A. 为限制入场人数,向每位求职者收取 2 元入场费
B. 为前来咨询就业政策的求职者提供咨询,并收取一定的费用
C. 请来著名职业规划师为求职者提供职业规划服务,并收取低廉的费用
D. 为更好提供服务,向甲市政府申请专场招聘补贴

46. 某黄金周假期中 3 天属于法定假日,另 4 天属于前后两周的周末公休日的调休。公司安排小王在这 7 天加班,不安排补休。小王的日工资为 100 元。根据《中华人民共和国劳动法》,公司应当向小王支付不低于(　　)的工资报酬。

A. 1000 元 　　　　　　　　　　　B. 1400 元
C. 1700 元 　　　　　　　　　　　D. 2100 元

47. 根据《中华人民共和国劳动法》和《女职工劳动保护特别规定》,下列关于女职工保护的说法,正确的是(　　)。

A. 女职工在孕期、产期、哺乳期的,用人单位可因其不胜任工作与其解除劳动合同
B. 用人单位不得在女职工孕期、产期、哺乳期降低其基本工资
C. 女职工怀孕以后,用人单位不得安排其夜班劳动
D. 女职工产假期间的生育津贴,对已参加生育保险的,按照女职工产假前工资的标准由生育保险基金支付

48. 某市拟分行业推动集体合同签订工作,保障相关行业劳动者合法权益。根据《中华人民共和国劳动合同法》,下列关于集体合同的说法,正确的是(　　)。

A. 未建立工会的企业,集体合同由全体职工与企业签订
B. 劳动合同中的劳动条件和劳动报酬标准不得高于集体合同规定的标准
C. 用人单位违反集体合同,侵犯职工劳动权益的,工会可以依法要求用人单位承担责任
D. 集体合同必须经劳动行政部门审查批准后方能生效

49. 根据《中华人民共和国劳动争议调解仲裁法》和《中华人民共和国劳动法》,下列关于劳动争议解决方式的说法,错误的是(　　)。

A. 当事人可以直接向调解组织申请调解
B. 当事人不愿调解的,可以向劳动争议仲裁委员会申请仲裁
C. 劳动者可以直接向劳动保障行政部门投诉
D. 劳动者可以直接向人民法院提起诉讼

50. 2009 年 3 月 1 日,王某入职某公司,劳动合同约定每月 10 日为工资发放日。入职后的前几个月,王某的工资正常发放,但是从 2009 年 6 月起,公司开始拖欠王某工资。2009 年 9 月 15 日,王某从公司离职,但其被拖欠的工资仍未获支付。根据《中华人民共和国劳动争议调解仲裁法》,王某就拖欠工资的问题申请劳动仲裁,应当在(　　)前提出。

A. 2009 年 12 月 10 日
B. 2010 年 3 月 15 日
C. 2010 年 6 月 10 日

D. 2010 年 9 月 15 日

51. 根据《劳动保障监察条例》,违反劳动保障法律、法规或者规章的行为,在(　　)内未被劳动保障行政部门发现,也未被举报、投诉的,劳动保障行政部门不再查处。

A. 3 个月　　　　　　　　　　　　B. 6 个月

C. 1 年　　　　　　　　　　　　　D. 2 年

52. 根据《关于促进基本公共卫生服务逐步均等化的意见》,重大公共卫生服务项目主要通过(　　)组织实施。

A. 公办医院

B. 社会力量举办的医院

C. 专业公共卫生机构

D. 城乡基层医疗卫生机构

53. 某直辖市下辖的甲区第四中学发生重大食物中毒事件。根据《突发公共卫生事件应急条例》关于应急报告制度的规定,下列处置措施中,错误的是(　　)。

A. 第四中学在 2 小时内向甲区卫生局报告

B. 甲区卫生局在接到报告后 2 小时内向甲区人民政府报告

C. 甲区人民政府在接到报告后 2 小时内向该直辖市人民政府报告

D. 该直辖市人民政府在接到报告后 2 小时内向国务院卫生行政主管部门报告

54. 根据《国务院关于发展城市社区卫生服务的指导意见》,下列群体中,不属于社区卫生服务机构重点服务对象的是(　　)。

A. 0~36 个月的婴幼儿　　　　　　B. 孕产妇

C. 急性传染病患者　　　　　　　　D. 糖尿病患者

55. 小王夫妇从原籍到某市务工,最近小王妻子怀孕。小王夫妇为即将到来的第一个孩子感到万分高兴,打算在该市办理生育服务登记。经咨询,他们需向现居住地街道办事处提供证明材料。下列所给材料中,《流动人口计划生育工作条例》没有做出明确要求的是(　　)。

A. 小王夫妇的居民身份证

B. 小王夫妇的结婚证

C. 小王夫妇的婚育证明

D. 小王夫妇的居住证

56. 小孔与某公司签订劳动合同,约定该公司从 2013 年 4 月 1 日起聘用小孔两年,其中试用期为两个月。根据《中华人民共和国社会保险法》,公司应当在 2013 年(　　)前为小孔办理社会保险登记。

A. 4 月 1 日　　　　　　　　　　　B. 4 月 30 日

C. 5 月 31 日　　　　　　　　　　　D. 6 月 1 日

57. 根据《国务院关于开展城镇居民基本医疗保险试点的指导意见》,下列人员中,可以参加城镇居民基本医疗保险的是(　　)。

A. 小李,已经参加城镇职工基本医疗保险

B. 小张,在国有企业全日制就业,但尚未参加职工基本医疗保险

C. 老王,户籍在农村,并在户籍所在地务农

D. 小赵,户籍在城镇,并在户籍所在地职业技术学校念书

58. 根据《失业保险条例》，失业人员在领取失业保险金期间有下列情形，仍可以继续领取失业保险金的是（　　）。

A. 应征服兵役　　　　　　　　　　B. 移居境外

C. 被判刑并收监　　　　　　　　　D. 到异地求职

59. 根据《工伤保险条例》，职工因工死亡，其近亲属领取的一次性伤亡补助金的标准是（　　）。

A. 上年度全国城镇居民人均可支配收入的 15 倍

B. 上年度全国城镇居民人均可支配收入的 20 倍

C. 40 个月的统筹地区上年度职工月平均工资

D. 60 个月的统筹地区上年度职工月平均工资

60. 根据《企业职工生育保险试行办法》，下列选项关于生育保险的说法，正确的应是（　　）。

A. 职工个人不缴纳生育保险费

B. 生育保险费用实行社会统筹和个人账户相结合

C. 生育保险根据"企业为主、社会参与"的原则筹集资金

D. 生育保险费的提取比例最高不得超过工资总额的 2%

二、多项选择题（共 20 题，每题 2 分。每题的备选项中，有 2 个或 2 个以上符合题意，至少有 1 个错项。错选，本题不得分；少选，所选的每个选项得 0.5 分）

61. 根据《社会工作专业人才队伍建设中长期规划（2011—2020 年）》，到 2020 年社会工作教育与研究人才培养引进工程的目标包括（　　）。

A. 建立 500 家社会工作专业重点实训基地

B. 培养和引进 3 万名社会工作硕士专业学位研究生

C. 培养和引进 300 名社会工作专业博士

D. 培养和引进 3000 名"双师型"专业教师

E. 培育发展 1 万家民办社会工作教育机构

62. 经查，张某隐瞒家庭收入骗取城市低保待遇。根据《城市居民最低生活保障条例》，县级人民政府民政部门视情节轻重，可以对张某依法采取的措施包括（　　）。

A. 批评教育　　　　　　　　　　B. 警告

C. 罚款　　　　　　　　　　　　D. 追回其冒领的款物

E. 行政拘留

63. 老李夫妇无业，全家享受城市最低生活保障待遇。妻子患有慢性病，需长期维持服用药物，经济负担难以承受。2013 年，老李因病住院，除了医疗费用，还因聘请护工，需要支付一笔费用，拟申请医疗救助。根据《关于进一步完善城乡医疗救助的意见》，老李夫妇可以享受的医疗救助包括（　　）。

A. 资助老李夫妇参加城镇职工基本医疗保险的部分或全部资金

B. 解决老李妻子治疗慢性病所花费用门诊费用中个人负担的部分医疗费用

C. 解决老李住院费用中个人负担的部分医疗费用

D. 解决老李住院期间聘请护工照料所花的部分费用

E. 解决老李平时普通门诊费用中个人负担的部分医疗费用

64. 某城市社区居民张大爷,65 岁,一直未婚,平时以收废品为生,勉强度日。不久前,他突发心脏病,需住院治疗。社会工作者小温获知此消息,准备帮助张大爷。根据我国现行的社会救助法规与政策,小温可以协助张大爷申请(   )。

A. 城市居民最低生活保障待遇

B. 医疗救助

C. 五保供养

D. 临时性生活救助

E. 城镇老年医疗保险

*65. 根据《中华人民共和国妇女权益保障法》,下列关于妇女婚姻家庭权益的说法,正确的有(   )。

A. 国家保护妇女的婚姻自主权,禁止干涉妇女结婚、离婚自由

B. 妇女有按照国家有关规定生育子女的权利,也有不生育的自由

C. 父亲丧失行为能力不能担任未成年子女监护人的,任何人不得干涉母亲的监护权

D. 在夫妻财产共同所有的情况下,女方因抚育子女等承担较多义务的,有权在离婚时要求男方予以补偿

E. 妇女对夫妻共同财产享有与配偶平等的占有、使用、收益、处分的权利

66. 根据《中华人民共和国残疾人保障法》的有关规定,下列关于残疾人无障碍环境建设的说法,正确的有(   )。

A. 建设和改进无障碍设施应当符合残疾人实际需要

B. 政府应出采取措施为残疾人信息交流无障碍创造条件

C. 组织选举的部门应为残疾人选举提供便利

D. 盲人携带的导盲犬可以出入公共场所

E. 公共停车场都应当为残疾人设置专用停车位

*67. 根据《中华人民共和国婚姻法》,下列关于离婚时夫妻双方财产处理的说法,正确的有(   )。

A. 夫妻为共同生活所负债务,由借款一方负责偿还

B. 夫妻书面约定婚姻关系存续期间所得的财产归各自所有,离婚后双方均无权向对方请求补偿

C. 离婚时,如一方生活困难,另一方应从其个人财产中给予适当帮助

D. 夫或妻在家庭土地承包经营中享有的权益,应当依法予以保护

E. 分割夫妻共同财产时,既要维护男女平等原则,又要保障妇女和儿童的合法权益

*68. 郑阿姨中年丧偶,含辛茹苦将三个儿子拉扯成人。大儿子成年结婚后生下大孙子。大儿子、小儿子和郑阿姨性格不合,很少与其来往,孝顺的二儿子因车祸身亡,二儿媳和其女小萌长期主动照料郑阿姨的生活起居,大孙子也经常探望郑阿姨。郑阿姨生前订立遗嘱,将遗产的一半留给二儿媳。下列人员中,有权法定继承郑阿姨另一半遗产的有(   )。

A. 大儿子

B. 小儿子

C. 二儿媳

D. 孙女小萌

— 11 —

E. 大孙子

*69. 老丁年事已高,有三子一女,老丁欲订立遗嘱处分个人财产。依据《中华人民共和国继承法》,下列关于老丁订立遗嘱的说法,正确的有(   )。

A. 老丁可以立遗嘱指定遗嘱执行人

B. 老丁可以立遗嘱将财产赠给国家

C. 老丁可以立遗嘱将财产指定由长子和次子继承

D. 老丁可以立遗嘱指定由法定继承人以外的人继承

E. 老丁可以立遗嘱指定由签订遗赠扶养协议的扶养人继承

70. 小溪,17岁,属于社区矫正人员,原在一家超市工作。小溪为照顾生活长期不能自理的奶奶搬到了奶奶的社区居住并成了该社区的志愿者。近期,小溪新换了工作,结识了小雅,并常随小雅出入酒吧。根据《社区矫正实施办法》,下列事项中,小溪需向司法所报告的有(   )。

A. 奶奶生活长期不能自理   B. 搬家

C. 换工作   D. 结识小雅出入酒吧

E. 成为社区志愿者

71. 根据《彩票管理条例实施细则》,彩票公益金可专项用于(   )。

A. 老年人事业   B. 残疾人事业

C. 体育事业   D. 儿童福利事业

E. 国防事业

72. 根据《军人抚恤优待条例》,下列关于一次性抚恤金的说法,正确的有(   )。

A. 甲某,2013年被评定为烈士,一次性抚恤金为本人40个月的工资

B. 乙某,现役军人,因公牺牲,服役时曾荣立个人一等功,应增发25%的一次性特别抚恤金

C. 对生前做出特殊贡献的烈士,军队可以按照有关规定发放一次性特别抚恤金

D. 一次性抚恤金由县级人民政府民政部门发放

E. 月工资或者津贴低于排职少尉军官工资标准的,一次性抚恤金按照排职少尉军官工资标准计算

73. 根据《中华人民共和国村民委员会组织法》的有关规定,下列事项中,经村民会议讨论决定后方可办理的有(   )。

A. 本村享受误工补贴的人员及补贴标准

B. 本村公益事业的经费筹集方案及建设承包方案

C. 征地补偿费的使用、分配方案

D. 宅基地的使用方案

E. 本村享受医疗救助的人员

74. 根据《社会团体登记管理条例》,下列拟成立的社会团体中,活动资金符合社会团体法人登记条件的有(   )。

A. 某全国性的学会有活动资金6万元

B. 甲省某学术性社团有活动资金5万元

C. 乙省某社区社会组织联合会有活动资金4万元

D. 丙省某保护流经省内两相邻城市河流的环保促进会有活动资金 3 万元

E. 丁省某村的农村专业经济协会有活动资金 2 万元

75. 根据《社会团体登记管理条例》，下列人员中，不得担任社会团体法定代表人的有（　　）。

A. 曾经受到剥夺政治权利刑事处罚的甲

B. 正担任另一社会团体法定代表人的乙

C. 曾经受到 10 年有期徒刑刑事处罚的丙

D. 曾受到行政拘留的丁

E. 限制民事行为能力人戊

76. 根据《民办非企业单位登记管理暂行条例》，对民办非企业单位的违规行为，登记管理机关可以做出的行政处罚包括（　　）。

A. 警告　　　　　　　　　　　　B. 没收违法所得

C. 封存财产　　　　　　　　　　D. 罚款

E. 限期停止活动

77. 根据《中华人民共和国劳动合同法》，下列关于非全日制用工的说法，正确的有（　　）。

A. 从事非全日制用工的劳动者与多个用人单位签订劳动合同的，后订立的劳动合同不得影响先订立劳动合同的履行

B. 非全日制用工双方当事人不得约定试用期

C. 非全日制用工劳动报酬结算支付用期最长不得超过 15 日

D. 终止非全日制用工时，用人单位未提前通知劳动者的，应当向劳动者支付经济补偿

E. 非全日制用工双方当事人应当订立书面协议

78. 根据《国务院关于开展新型农村社会养老保险试点的指导意见》，下列有关新型农村社会养老保险的说法，正确的有（　　）。

A. 新型农村社会养老保险养老金待遇支付到 85 岁为止

B. 中央确定的基础养老金标准为每人每月 55 元

C. 地方政府可以提高基础养老金标准，提高和加发部分所需的资金由地方政府支出

D. 个人账户养老金的月计发标准为个人账户全部储存额除以 120

E. 参保人死亡，个人账户中的资金金额，除政府补贴外，可以依法继承

79. 根据《中华人民共和国社会保险法》，下列参加基本养老保险的人员中，基本养老保险费全部由个人缴纳的有（　　）。

A. 未签订劳动合同的自由撰稿人小芳

B. 经营个体小超市没有雇工的老梁

C. 钟点工小赵

D. 在私营企业全日制工作的老林

E. 建筑公司的外来务工人员大刚

80. 根据《关于确定城镇职工基本医疗保险医疗服务设施范围和支付标准的意见》，下列在定点医疗机构产生的费用，属于基本医疗保险支付范围的有（　　）。

A. 住院床位费　　　　　　　　　B. 门诊留观床位费

C. 急诊留观床位费　　　　　　　D. 特诊交通费

E. 护工费

社会工作法规与政策（中级）
2013 年真题

重要提示：

  为维护您的个人权益，确保考试的公平公正，请您协助我们监督考试实施工作。

  本场考试规定：监考老师要向本考场全体考生展示题本密封情况，并邀请 2 名考生代表验封签字后，方能开启试卷袋。

社会工作法规与政策（中级）2013年真题

一、单项选择题（共60题，每题1分。每题的备选项中，只有1个最符合题意）

1. 下列关于我国社会政策发展趋势的说法，正确的是（   ）。
A."基本公共服务均等化"正在成为制定和实施社会政策的重要原则
B."十二五"期间将全面建成普惠型社会福利体系
C. 社会政策模式更加凸显"城乡二元结构"
D. 经济与社会发展模式正在从"以经济建设为中心"转向"以社会政策为中心"

2. 下列关于我国各类组织在社会政策制定和实施过程中作用的说法，正确的是（   ）。
A. 国务院主管部门有权独立制定和发布社会政策文件
B. 民主党派不能独立提出社会政策提案
C. 法律或行政法规必须由全国或地方各级人民代表大会通过
D. 省级以上工会组织有权制定与职工权益相关的行政法规

3. 赵某一家3口，人均月收入300元，其所在城市最低生活保障标准为每月400元。赵某一家每月应领取的低保金数额为（   ）。
A. 100元   B. 200元
C. 300元   D. 400元

4. 根据《国务院关于进一步加强和改进最低生活保障工作的意见》，审核最低生活保障申请的责任主体是（   ）。
A. 村（居）民委员会
B. 乡镇人民政府（街道办事处）
C. 县级人民政府民政部门
D. 市级人民政府民政部门

5. 根据《农村五保供养工作条例》，县级人民政府民政部门应当自收到审核意见和有关材料之日起（   ）日内做出是否准予农村五保供养待遇的决定。
A. 7   B. 14
C. 20   D. 30

6. 农村五保供养对象王某因病需从定点医疗机构转诊至非定点医疗机构。根据《关于进一步完善城乡医疗救助制度的意见》，在定点医疗机构为王某出具转诊证明后应由（   ）报当地县级人民政府民政部门核准备案。
A. 王某
B. 定点医疗机构
C. 转诊医疗机构

D. 王某所在村村民委员会

7. 某市全面实施廉租住房保障制度，对人均居住建筑面积低于 10 平方米的低收入家庭配以廉租住房，并免收租金。张某一家 3 口，属于低保家庭且无住房，经申请获得一套建筑面积为 50 平方米的廉租住房。根据《廉租住房保障办法》，该市主管部门可以免收张某家建筑面积为(   )平方米的廉租住房租金。

A. 50
B. 40
C. 30
D. 10

8. 企业退休职工黄某要求社会保险经办机构给予退休待遇遭拒，欲向法院提起诉讼，因生活困难没有委托代理人，特申请法律援助。根据《中华人民共和国法律援助条例》，黄某应向(   )的法律援助机构提出申请。

A. 提供其社会保险待遇的义务机关所在地
B. 其户籍所在地
C. 其现居住地
D. 其退休前企业所在地

9. 自然灾害发生后的当年冬季、次年春季，受灾地区人民政府应当为生活困难的受灾人员提供基本生活救助。受灾地区县级人民政府民政部门应当在每年(   )底前统计、评估本行政区域受灾人员当年冬季、次年春季的基本生活困难和需求，核实救助对象。

A. 8 月
B. 9 月
C. 10 月
D. 12 月

10. 根据《国家自然灾害救助应急预案》，由国家减灾委副主任（民政部部长）决定进入(   )级应急响应状态。

A. Ⅰ
B. Ⅱ
C. Ⅲ
D. Ⅳ

11. 某市慈善总会举办大型赈灾文艺晚会。晚会现场，某著名企业举牌认捐人民币 100 万元，并签署捐赠协议。一周后，该企业向慈善总会提出，由于企业调整营销方向，致使资金紧张，只能捐赠人民币 10 万元。根据有关法律法规，下列关于该企业改变捐赠数额行为的说法，正确的是(   )。

A. 一周之内该企业有权自主决定和改变捐赠数额
B. 该企业调整营销方向时可以减少捐赠数额
C. 该企业资金紧张时可以减少捐赠数额
D. 该企业的捐赠数额不得改变

12. 根据《中华人民共和国老年人权益保障法》的规定，下列关于老年人赡养和扶养的说法，正确的是(   )。

A. 赡养人如果放弃继承权，可以少承担赡养义务
B. 由兄、姐扶养的弟、妹对年老的兄、姐有无条件扶养的义务
C. 赡养人不履行赡养义务，老年人有要求赡养人给付赡养费等权利
D. 赡养人耕种老年人的承包地，应当获得该承包地的收益

13. 张某父母早亡,婚后除抚养自己的一子一女外,还将自己的弟弟养育成人。张某子女均有赡养能力,张某现由儿子赡养,儿媳常有怨言,认为婆家的妹妹与叔叔也应当承担赡(扶)养义务。下列关于张某赡(扶)养问题的说法,正确的是(   )。

    A. 儿女应承担赡养义务,弟弟无扶养义务

    B. 儿女应承担赡养义务,弟弟有扶养义务

    C. 弟弟由兄嫂抚养长大,须承担扶养义务

    D. 女儿已出嫁,可以不承担赡养义务

14. 根据《中华人民共和国妇女权益保障法》,下列夫妇中,丈夫提出离婚请求不受法律限制的是(   )。

    A. 甲夫妇,妻子怀孕四个月

    B. 乙夫妇,妻子流产五个月

    C. 丙夫妇,育有一子九个月

    D. 丁夫妇,一岁幼子病亡三个月

15. 根据《中华人民共和国未成年人保护法》,当发现胁迫、诱骗、利用未成年人乞讨或组织未成年人进行有害其身心健康的表演等活动的,由(   )积极调查并依法给予行政处罚。

    A. 城管部门   B. 公安机关

    C. 民政部门   D. 文化部门

16. 王某,7岁,轻微智障,即将入甲小学学习。根据《中华人民共和国残疾人保障法》等相关法律,甲小学及所在地政府对王某应当(   )。

    A. 提供免费教科书,免收学费

    B. 只收教科书费,免收学费

    C. 提供免费教科书,减收学费

    D. 减收教科书费,免收学费

*17. 根据《中华人民共和国婚姻法》,法院处理离婚后哺乳期内的子女抚养问题,应当以(   )为原则。

    A. 由哺乳的母亲抚养

    B. 由有住房的一方抚养

    C. 由收入高的一方抚养

    D. 由离婚中无过错的一方抚养

*18. 医院护工黄大姐介绍自己的侄女小芬到患者张阿姨家做家政服务员。小芬工作尽职尽责,赢得了张阿姨全家的欢心。张阿姨准备以录音的方式立遗嘱并把自己一部分储蓄赠给小芬。下列人员中,可以作为遗嘱见证人的是(   )。

    A. 张阿姨的女儿沈某   B. 张阿姨的同事张某

    C. 医院护工黄大姐   D. 张阿姨的儿媳胡某

*19. 老赵夫妇育有一子小明,后又依法收养一名孤儿小亮。近日,老赵与父母赴高原旅游途中,老赵不幸遭遇雪崩去世。根据《中华人民共和国继承法》,小明有权继承老赵遗产的(   )。

    A. 全部   B. 二分之一

    C. 三分之一   D. 五分之一

*20. 根据《中华人民共和国收养法》的规定,收养关系解除后,成年养子女与生父母间的权利义务关系(　　)。

　　A. 自行恢复

　　B. 由成年养子女确定

　　C. 由生父母确定

　　D. 可以协商确定

*21. 孤儿小红,女,15岁。下列人员中,具备收养小红条件的是(　　)。

　　A. 小红的小姨,29岁,国企职工,育有一女

　　B. 小红的舅舅,45岁,私企老板,无子女

　　C. 小红的义父,50岁,无配偶,外企员工,无子女

　　D. 小红的伯伯,50岁,残疾,无自理能力,无子女

*22. 孙某丧妻,因身体残疾无力抚养儿子小强。考虑到孩子的生活和教育,孙某决定将其送给他人收养。下列人员中,具有优先抚养权的是(　　)。

　　A. 小强的老师,有稳定的工资收入

　　B. 小强的外公,在农村以种地为生

　　C. 小强的姑姑,城市白领,无子女

　　D. 孙某的同学,地产商人,育有一女

23. 某行政机关收到所属事业单位职工李某的信访事项后,不能当场答复是否受理。根据《信访条例》,该行政机关应当(　　)告知李某是否受理。

　　A. 在10天内通过电话方式

　　B. 在16天内用电子邮件方式

　　C. 在15天内以挂号信形式书面

　　D. 在15天内当面口头

24. 根据《关于开展社区矫正试点工作的通知》,下列工作中,属于社区矫正任务的是(　　)。

　　A. 保障社区服刑人员的人身安全

　　B. 帮助社区服刑人员适应社会生活

　　C. 加强对社区服刑人员的学历教育

　　D. 帮助社区服刑人员实现就业并提高收入

25. 根据《中华人民共和国禁毒法》,下列关于社区戒毒的说法,正确的是(　　)。

　　A. 公安机关可责令吸毒成瘾人员接受社区戒毒

　　B. 社区戒毒的期限为2年

　　C. 戒毒人员可在有临时住所的现居住地接受社区戒毒

　　D. 县级民政部门负责社区戒毒工作

26. 根据《烈士褒扬条例》,烈士遗属属于《工伤保险条例》以及相关规定适用范围的,在享受烈士褒扬金外,还可以享受一次性工亡补助金以及相当于烈士本人(　　)个月工资的烈士遗属特别补助金。

　　A. 10

　　B. 20

　　C. 30

　　D. 40

27. 退出现役的因战、因公、因病致残的残疾军人因病死亡的,对其遗属增发 12 个月的残疾抚恤金作为丧葬补助费;其中,因战、因公致残的一级至四级残疾军人因病死亡的,其遗属享受(　　)遗属抚恤待遇。

A. 烈士
B. 因公牺牲军人
C. 病故军人
D. 带病回乡退役军人

28. 根据《军人抚恤优待条例》,经军队(　　)级以上单位政治机关批准随军的现役军官家属、文职干部家属、士官家属,由驻军所在地的公安机关办理落户手续。

A. 团
B. 师(旅)
C. 军
D. 军区

29. 小李,甲县人,就读于乙市某高校,大学二年级时应征入伍,在丙市服役,退出现役后未复学,后到丁县和同学合伙创业。小李的退役安置地应当为(　　)。

A. 甲县
B. 乙市
C. 丙市
D. 丁县

30. 退役士兵待安排工作期间,安置地人民政府应当按照不低于(　　)的标准,按月发给生活补助费。

A. 当地最低生活水平
B. 当地职工月平均工资
C. 全国城乡居民家庭人均收入水平
D. 全国职工月平均工资

31. 军队干部经批准退休后,由部队(　　)填发退休干部证明书和介绍信,并将干部个人档案材料转至退休安置地区的民政部门。

A. 团级政治机关
B. 军以上政治机关
C. 团级后勤部门
D. 军以上后勤部门

32. 根据《中华人民共和国城市居民委员会组织法》,居民会议由(　　)召集。

A. 业主委员会
B. 居民委员会
C. 社区选举委员会
D. 社区协商议事会

33. 根据《中华人民共和国村民委员会组织法》,召开村民会议至少应当由本村(　　)参加。

A. 2/3 以上的户的代表
B. 3/4 以上的户的代表
C. 1/2 以上的户的代表
D. 4/5 以上的户的代表

34. 根据《中华人民共和国村民委员会组织法》,村民委员会每届任期(　　)。

A. 2 年
B. 3 年
C. 4 年
D. 5 年

35. 根据我国《民政部关于在全国推进城市社区建设的意见》,新型社区构建的纽带是(　　)。

A. 社区认同
B. 社区参与
C. 社区组织
D. 社区网络

36. 下列建设项目中,属于城市社区建设内容的是(　　)。

A. 规划社区交通　　　　　　　　B. 拓展社区服务

C. 改造社区供暖　　　　　　　　D. 繁荣社区经济

37. 下列服务项目中,不属于社区公共服务内容的是(　　)。

A. 开展社区再就业人员培训

B. 开设社区连锁经营小型超市

C. 建立社区居民健康档案

D. 对社区流动人口进行管理和服务

38. 根据《彩票管理条例》,下列关于彩票的说法,错误的是(　　)。

A. 彩票发行机构可以委托单位代理销售彩票

B. 禁止在中华人民共和国境内发行、销售境外彩票

C. 国务院民政部门负责全国的彩票监督管理工作

D. 彩票代销者不得向未成年人销售彩票

39. 下列关于志愿服务特点的说法,正确的是(　　)。

A. 志愿服务具有自愿性、非营利性、无偿性

B. 志愿服务具有自愿性、公平性、无偿性

C. 志愿服务具有自愿性、规范性、无偿性

D. 志愿服务具有自愿性、均等性、无偿性

40. 根据《社会团体登记管理条例》和国家有关规定,下列关于社会团体设立分支机构的说法,正确的是(　　)。

A. 分支机构不得发展会员

B. 社会团体可向分支机构收取适当管理费

C. 社会团体不得设立地域性分支机构

D. 分支机构因业务需要可再设立分支机构

41. 小王喜欢研究中国文字发展历史,经过努力联系多位志同道合者,筹备成立"汉字演变研究会",2012年6月8日获民政部门批准。其会员代表大会最迟应在(　　)前召开。

A. 2012年9月8日　　　　　　　B. 2012年12月8日

C. 2013年3月8日　　　　　　　D. 2013年6月8日

42. 根据《民办非企业单位登记管理暂行条例》及国家有关规定,下列关于举办民办非企业单位的说法,正确的是(　　)。

A. 民办非企业单位只能申请法人登记

B. 民办非企业单位可以设立相应的分支机构

C. 民办非企业单位开办资金须达到本行(事)业所规定的最低限额

D. 民办非企业单位可以使用县以上行政区划名称作为字号

43. 下列关于基金会监事的说法,正确的是(　　)。

A. 监事任期可与理事任期不同

B. 监事可以从基金会获取适当报酬

C. 监事及其近亲属可以与其所在基金会有交易行为

D. 理事及其近亲属和基金会财会人员不得兼任监事

44. 根据《基金会管理条例》,下列关于基金会原始基金的说法,错误的是( )。

A. 全国性公募基金会的原始基金不低于 800 万元人民币

B. 地方性公募基金会的原始基金不低于 400 万元人民币

C. 非公募基金会的原始基金不低于 200 万元人民币

D. 原始基金可以是货币资金,也可以是有价证券

45. 根据《中华人民共和国劳动法》,无效劳动合同从( )时起,就没有法律约束力。

A. 订立　　　　　　　　　　　　B. 履行

C. 发现违法违规　　　　　　　　D. 确认违法违规

46. 某企业职工小丁在休假期间遭遇车祸造成重伤,丧失劳动能力。关于企业和小丁之间的劳动合同的说法,正确的是( )。

A. 企业可以随时解除和小丁之间的劳动合同,并无须支付经济补偿

B. 企业可以随时解除和小丁之间的劳动合同,但需支付经济补偿

C. 企业提前 30 日以书面形式通知小丁后,可以解除劳动合同,并无须支付经济补偿

D. 企业提前 30 日以书面形式通知小丁后,可以解除劳动合同,但需支付经济补偿

47. 女职工甲已怀孕 8 个月,根据《中华人民共和国劳动法》等相关规定,下列说法错误的是( )。

A. 用人单位不得安排其夜班劳动

B. 用人单位不得安排其延长工作时间

C. 用人单位不得因其严重违反单位规章制度而解除劳动合同

D. 用人单位不得安排其从事国家规定的第三级体力劳动强度的劳动

48. 某职业中介机构经营惨淡。为获取更多利益,该中介机构将其职业中介许可证转让给某公司,获利 3 万元。根据《中华人民共和国就业促进法》,针对该中介机构的行为,劳动行政部门应当( )。

A. 依法关闭该中介机构,没收其 3 万元所得,并处 3 万元以上 15 万元以下罚款

B. 责令其改正,没收其 3 万元所得,并处 3 万元以上 15 万元以下罚款

C. 责令其改正,没收其 3 万元所得,并处 1 万元以上 5 万元以下罚款

D. 责令其限期退还某公司 3 万元,并处 1 万元以上 5 万元以下罚款

49. 根据《中华人民共和国劳动争议调解仲裁法》,下列争议中,不属于劳动争议的是( )。

A. 职工甲因工致残,要求企业支付一次性伤残就业补助金,企业予以拒绝

B. 职工乙在上班途中遭遇车祸受伤,向劳动保障行政部门申请工伤认定,结果未被认定为工伤,乙不服

C. 职工丙在某服装厂工作。经常在节假日加班,但该厂在计算加班费时只按工作日加班标准结算,丙不服

D. 职工丁与某企业签订了为期三年的劳动合同,工作一年后,该企业以效益不好为由解除与丁的劳动合同,丁不服

50. 某外贸公司员工小陈怀孕临产,向公司要求依法休产假,但公司以业务繁忙为由,只批了两个月的产假。小陈多次交涉未果,无奈向劳动保障行政部门投诉。根据《劳动保障监察条例》,劳动保障行政部门对外贸公司的上述行为应当责令改正,并处( )的罚款。

A. 100 元以上 500 元以下

B. 1000 元以上 5000 元以下

C. 5000 元以上 20000 元以下

D. 10000 元以上 50000 元以下

51. 甲县村民张某,17 岁,高一学生,家庭生活困难,近日被查出感染艾滋病病毒。根据《艾滋病防治条例》,下列关于张某应当获得的治疗和救助的说法,错误的是(　　)。

　　A. 张某的学费等相关费用应当减免

　　B. 张某的初筛检测的费用应当半价

　　C. 张某抗艾滋病毒的治疗药品的费用应当免费

　　D. 张某的艾滋病咨询的费用应当免费

52. 根据《国务院关于发展城市社区卫生服务的指导意见》,民政部门在推进社区卫生服务发展中的职责是(　　)。

　　A. 负责组织开展社区卫生服务从业人员岗位培训和继续教育

　　B. 负责将社区卫生服务纳入社区建设规划,探索建立以社区卫生服务为基础的城市医疗救助制度

　　C. 负责制定促进城镇职工基本医疗保险参保人员到社区卫生服务机构就诊的有关政策

　　D. 负责全科医学和社区护理学科教育,将社区卫生服务技能作为医学教育的重要内容

53. 秦某负责甲街道办事处流动人口计划生育工作。下列秦某日常工作做法中,违反《流动人口计划生育工作条例》的是(　　)。

　　A. 免费为流动人口出具计划生育证明材料

　　B. 对流动人口的婚育证明进行查验

　　C. 要求已婚育龄妇女返回户籍所在地进行避孕节育情况检查

　　D. 向育龄夫妻免费提供国家规定的基本项目的计划生育技术服务

54. 根据《医药卫生体制改革近期重点实施方案(2009—2011 年)》,我国公立医院改革后的补偿渠道是(　　)。

　　A. 服务收费和药品加成收入

　　B. 服务收费和财政补助

　　C. 药品加成收入和财政补助

　　D. 服务收费、药品加成收入和财政补助

55. 根据《国务院关于开展城镇居民基本医疗保险试点的指导意见》,下列具有城市户籍的人员中,属于城镇居民基本医疗保险参保对象的是(　　)。

　　A. 公务员小张　　　　　　　　　　B. 外企职工老李

　　C. 国企职工小陈　　　　　　　　　　D. 初中生小赵

56. 根据《失业保险条例》,城镇企业事业单位应按照本单位工资总额的(　　)缴纳失业保险费。

　　A. 1%　　　　　　　　　　　　　　B. 2%

　　C. 3%　　　　　　　　　　　　　　D. 4%

57. 根据《失业保险条例》的有关规定,下列失业人员中,可以继续享受失业保险待遇的是(　　)。

　　A. 小王,应征服兵役

B. 老张，开始享受基本养老保险待遇

C. 小陈，其家庭开始享受城市低保待遇

D. 老李，随子女移居境外

58. 某职工被鉴定为因工致四级伤残。根据《工伤保险条例》，其保留劳动关系，退出工作岗位后可以享受的伤残待遇是( )。

A. 一次性伤残补助金，标准为20个月的本人工资

B. 按月支付的伤残津贴，标准为本人工资的75%

C. 生活护理费标准为上年度统筹地区职工月平均工资的80%

D. 供养亲属抚恤金标准为职工本人工资的50%

59. 根据《工伤保险条例》，劳动能力鉴定由( )提出申请。

A. 用人单位向区级劳动能力鉴定委员会

B. 工伤职工直系亲属向区级劳动能力鉴定委员会

C. 工伤职工向设区的市级劳动能力鉴定委员会

D. 工伤职工向设区的市级劳动保障行政部门

60. 下列费用不属于生育保险基金支付范围的是( )。

A. 女职工生育的检查费

B. 女职工生育的接生费

C. 女职工生育期间的营养费

D. 女职工生育的住院费

二、多项选择题(共20题，每题2分。每题的备选项中，有2个或2个以上符合题意，至少有1个错项。错选，本题不得分；少选，所选的每个选项得0.5分)

61. 社会政策制定是社会政策过程的逻辑起点，也是整个社会政策过程的一个阶段，一般来说，社会政策制定过程的主要步骤有( )。

A. 确定社会政策议程　　　　　　　　B. 确定社会政策效果

C. 设计社会政策方案　　　　　　　　D. 审查社会政策方案

E. 审议、批准社会政策

62. 根据《国务院关于在全国建立农村最低生活保障制度的通知》，核算申请人家庭收入时，一般不计入家庭收入的项目包括( )。

A. 优待抚恤金　　　　　　　　　　　B. 离退休金

C. 赡养费　　　　　　　　　　　　　D. 计划生育奖励与扶助金

E. 教育方面的奖励性补助

63. 根据《廉租住房保障办法》，廉租住房租户应当按照规定或合同约定退回廉租住房的情形包括( )。

A. 将所承租的廉租住房转租他人

B. 将所承租的廉租住房改变用途

C. 无正当理由连续6个月以上未在所承租的廉租住房居住

D. 无正当理由累计6个月以上未交纳廉租住房租金

E. 无正当理由连续6个月以上未交纳廉租住房物业费

64. 根据《法律援助条例》,公民在(   )需要代理时,因经济困难没有委托代理人的,可以向法律援助机构申请法律援助。

A. 依法请求国家赔偿　　　　　　　　B. 请求支付劳动报酬

C. 请求发给抚恤金　　　　　　　　　D. 请求申请廉租住房

E. 请求给予最低生活保障待遇

65. 根据我国《自然灾害救助条例》,自然灾害救助工作应遵循的原则包括以人为本和(   )。

A. 政府主导　　　　　　　　　　　　B. 分级管理

C. 社会互助　　　　　　　　　　　　D. 灾民自救

E. 分散安置

66. 王老太与周某育有二子大强与小强,周某去世后,王老太改嫁村民孙某,并育有二女大梅与小梅。大强与小强由叔叔抚养成人,现已各自成家。无经济来源的王老太一直与大梅及其上门女婿一家共同生活。现王老太突发重病,大梅希望兄弟姐妹共同赡养母亲并分担母亲的医药费用,但多次协商未果。关于赡养王老太及医药费的说法,错误的有(   )。

A. 大强称母亲没有抚养自己且已改嫁,自己没有赡养义务

B. 小强称自己家庭困难,不应承担赡养母亲的义务

C. 大梅称以往自己照顾母亲的时间较长,母亲今后的赡养是其他三兄妹的义务

D. 小梅称嫁出去的女儿没有赡养和支付母亲医药费的义务

E. 四兄妹可以签订赡养义务协议,并征得王老太的同意

67. 根据《关于加强孤儿救助工作的意见》,由民政部门监护的孤儿可以在(   )等机构集中安置。

A. 敬老院　　　　　　　　　　　　　B. 孤儿学校

C. SOS 儿童村　　　　　　　　　　D. 社区康复中心

E. 流浪未成年人救助保护中心

68. 根据《中华人民共和国妇女权益保障法》有关规定,在妇女的婚姻家庭权益方面,国家应当保障的有(   )。

A. 妇女的婚姻自主权

B. 预防和制止家庭暴力

C. 妇女有不生育的自由

D. 发展母婴保健事业

E. 母亲对未成年子女享有优先监护权

*69. 老张夫妇育有一儿一女,儿子长年定居国外,日常生活由女儿照料。去年劳动节期间,老张夫妇和女儿旅游时遭遇交通事故,老张的老伴、女儿死亡,老张生命垂危。在医生和护士的见证下,老张立口头遗嘱将个人财产赠给孙子和外孙女。经医院全力抢救,老张转危为安,身体逐步康复。女儿去世后,女婿再婚并离开老张。今年五月,老张突发心脏病病故。下列人员可作为第一顺序继承人,继承老张遗产的有(   )。

A. 老张的儿子　　　　　　　　　　　B. 老张的孙子

C. 老张的外孙女　　　　　　　　　　D. 老张的女婿

E. 老张的儿媳

*70. 下列不满 14 周岁的未成年人中,可以被合法收养的有( )。

A. 父母双亡的孤儿小刚

B. 生父去世、生母再婚的小芳

C. 幼年被拐、查找不到生父母的小慧

D. 父母离婚且均不愿承担抚养义务的小兵

E. 父母身体残疾、生活困难,无抚养能力的小明

71. 根据《中华人民共和国人民调解法》,下列关于人民调解程序的说法,正确的有( )。

A. 当事人一方明确拒绝调解的,人民调解委员会不得调解

B. 为了防止矛盾激化,调解民间纠纷,应当及时、就地进行

C. 人民调解员应当记录调解情况

D. 当事人双方经过自愿协商并达成协议后,才能结束调解

E. 征得当事人同意后,人民调解员可以按需要邀请具有专门知识的人参与调解

72. 丽丽,19 岁,犯盗窃罪被法院判处有期徒刑,宣告缓刑,现为社区矫正对象。根据《关于开展社区矫正试点工作的通知》和《社区矫正实施办法》,下列针对丽丽开展的工作,符合社区矫正要求的有( )。

A. 安排丽丽与其他矫正对象集中生活,加强监管

B. 要求丽丽每月参加教育学习时间不少于 8 小时

C. 安排丽丽每月参加社区服务时间不少于 8 小时

D. 有针对性地为丽丽提供心理辅导

E. 协调有关部门和单位为丽丽提供职业培训

73. 根据《中华人民共和国禁毒法》,下列关于戒毒措施的说法,正确的有( )。

A. 吸毒人员可以自行到具有戒毒治疗资质的机构接受戒毒治疗

B. 戒毒治疗的收费标准由戒毒机构自行确定

C. 怀孕妇女不适用强制隔离戒毒

D. 强制隔离戒毒的期限为两年

E. 戒毒人员可以自愿在戒毒康复场所劳动

74. 在参加志愿服务过程中,志愿者有权( )。

A. 拒绝提供超出约定范围的志愿服务

B. 选择与自身行为能力相适应的志愿服务项目

C. 拒绝提供违反法律和违背社会公德的服务

D. 要求志愿者组织出具志愿服务证明

E. 向服务对象收取必要的服务费用

75. 根据《基金会管理条例》,下列事项的决议,须经出席理事表决,2/3 以上通过方有效的有( )。

A. 章程的修改

B. 选举或罢免理事长、副理事长、秘书长

C. 年度收支预算及决算的审定

D. 基金会的分立、合并

E. 基金会的内部管理制度

76. 根据《中华人民共和国劳动法》和《中华人民共和国劳动合同法》订立劳动合同,应该遵循( )原则。

A. 劳动者权利优先　　　　　　　　B. 平等自愿

C. 诚实信用　　　　　　　　　　　D. 合法

E. 公平

77. 根据《中华人民共和国人口与计划生育法》,计划生育技术服务机构和从事计划生育的医疗、保健机构应提供的计划生育技术服务包括( )。

A. 对已婚育龄妇女开展孕情检查

B. 承担生殖保健的咨询、指导和技术服务

C. 为怀孕妇女随时提供胎儿性别鉴定

D. 对育龄人群开展人口与计划生育知识宣传教育

E. 提供非医学需要的选择性别的人口终止妊娠

78. 根据《中华人民共和国保险法》,下列说法正确的有( )。

A. 职工可以自愿选择是否参加基本养老保险

B. 基本养老保险费用由用人单位和职工共同缴费

C. 养老保险的个人缴费全部计入个人账户

D. 职工因家庭经济困难,可提前支取其个人账户储存额

E. 个人跨统筹地区就业的,其基本养老保险关系随本人转移

79. 根据《工伤保险条例》,下列情况中,应当认定或视同工伤的有( )。

A. 小李在工作时间、工作岗位上,突发疾病死亡

B. 小陈在工作时间、工作场所内,因履行工作职责,被他人殴打造成伤害

C. 小赵原在军队因战致残,并取得革命伤残军人证,到用人单位后旧伤复发

D. 小孙在抗震救灾过程中,为保护国家财产,被山石砸伤头部

E. 小钱因遭遇感情挫折,在上班时间、工作岗位上自残导致受伤

80. 下列关于女职工保护和生育保险制度的说法,正确的有( )。

A. 女职工个人应当按照工资的 1%缴纳生育保险费

B. 女职工产假期间的生育津贴按照用人单位上年度职工月平均工资计发

C. 女职工生育难产的,增加产假 15 天

D. 女职工生育多胞胎的,每多生育一个婴儿,增加产假 15 天

E. 女职工怀孕 3 个月以内流产的,不享受产假待遇

社会工作法规与政策（中级）
全真模拟试卷（一）

重要提示：

为维护您的个人权益,确保考试的公平公正,请您协助我们监督考试实施工作。

本场考试规定:监考老师要向本考场全体考生展示题本密封情况,并邀请2名考生代表验封签字后,方能开启试卷袋。

社会工作法规与政策(中级)全真模拟试卷(一)

一、单项选择题(共 60 题,每题 1 分。每题的备选项中,只有 1 个最符合题意)

1. 按照《行政法规制定程序条例》,下列选项中,属于行政法规的是(   )。
   A.《居住证暂行条例》
   B.《中华人民共和国宪法》
   C.《哈尔滨市爱国卫生条例》
   D.《重庆市建设工程造价管理规定》

2.《民政部　财政部关于政府购买社会工作服务的指导意见》对政府购买社会工作服务的主体作出了明确规定,购买社会工作服务的主体是(   )。
   A. 各级党委   B. 各级政府
   C. 社区居委会   D. 基金会

3. 根据《社会救助暂行办法》,对社会救助工作进行监督检查,完善相关监督管理制度的是(   )。
   A. 县级以上人民政府及其卫生健康委员会
   B. 县级以上人民政府及其应急管理部门
   C. 县级以上人民政府及其退役军人事务部门
   D. 县级以上人民政府及其社会救助管理部门

4. 根据《最低生活保障审核审批办法(试行)》,认定低保对象的三个基本要件不包括(   )。
   A. 户籍状况   B. 家庭成员
   C. 家庭财产   D. 家庭收入

5. 为了更好地全面推进临时救助制度的建立和实施,更好地化解城乡居民突发性、紧迫性、临时性基本生活困难,兜住民生底线,民政部、财政部出台了《关于进一步加强和改进临时救助工作的意见》。该意见要求各级政府要根据救助对象的实际情况,选择多种救助方式。下列选项中,不属于救助方式的是(   )。
   A. 发放临时救助金   B. 发放实物
   C. 提供住所   D. 提供转介服务

6. 根据《中华人民共和国民法典》,下列关于父母子女权利义务关系的说法中,错误的是(   )。
   A. 成年子女不履行赡养义务时,生活困难的父母有要求成年子女给付赡养费的权利
   B. 父母对子女的抚养义务是无条件的,子女对父母的赡养义务也是无条件的
   C. 父母不履行抚养义务时,不能独立生活的子女有要求父母给付抚养费的权利
   D. 父母有保护和教育未成年子女的权利和义务

— 1 —

7. 按照六部委文件,各地应根据当地经济社会发展水平制定具体救助标准,以案件管辖地上一年度职工月平均工资为基准,一般在(   )的工资总额之内。

A. 12 个月
B. 24 个月
C. 36 个月
D. 48 个月

8. 依夫妻财产制的内容,其可分为共同财产制、分别财产制、剩余共同财产制等。所谓共同财产制,依共有的范围不同,可分为一般共同制、动产及所得共同制、婚后所得共同制、劳动所得共同制等形式。我国法定财产制是(   )。

A. 一般共同制

B. 动产及所得共同制

C. 婚后所得共同制

D. 劳动所得共同制

9. 刘老太把自己的房产赠送给女儿珊珊,但是,珊珊生孩子后将刘老太赶出了家门。根据法律规定,刘老太可以把房子要回来。这是因为刘老太享有(   )。

A. 享受家庭赡养与扶养的权利

B. 住房权

C. 社会保障权

D. 财产所有权

10. 拥有亿万家财的向先生有三个孩子,如今向先生已经 90 多岁了,为了争夺他的财产,三个孩子反目成仇,老大杀死了老三,被判入狱。向先生非常伤心,毕竟是自己的孩子,向先生临终前还是原谅了老大,老大依此想分到父亲的遗产,他的想法对吗?(   )

A. 对,因为他已经得到了被继承人的原谅

B. 不对,因为他为了钱财杀死了自己的弟弟

C. 对,即使入狱了,他也可以分得财产,只是数量上会相对较少

D. 不对,他必须得到老三家人的同意才行

11. 父亲去世后,小周继承了父亲的遗产,总价值 50 万元。不曾想,之后陆续有人拿着父亲生前的欠条来讨要债务。刚开始,小周还会偿还债主的钱,后来偿还的债务都超过 50 万元了,小周就不想再偿还了。可还有部分债务没有偿还,债主不停地催促小周还钱,小周应该继续偿还吗?(   )

A. 应该,自古以来都是父债子还,小周作为儿子必须偿还其父亲的全部债务

B. 应该,小周既然继承了父亲的全部遗产,理应继承父亲的全部债务

C. 不应该,钱是父亲欠下的,与小周无关,小周一开始就不应该替父亲偿还

D. 不应该,虽然小周继承了父亲的遗产,但偿还的债务早已超过资产的价值,所以剩余的部分可以不继续偿还

12. 老广和儿子之间有矛盾,经人民调解委员会的调解,矛盾立即得到了解决。《中华人民共和国人民调解法》规定,人民调解委员会在受理纠纷时,登记是进行调解的第一道程序,是决定受理的文字记载。对于老广和儿子的纠纷,应该如何登记?(   )

A. 老广和儿子的纠纷立即得到了调解,不需再登记

B. 虽然老广和儿子的纠纷立即得到了调解,但仍需要补办登记

C. 登记是为了后续解决纠纷,既然纠纷已经得到解决,不需再登记

D. 不需再登记,因为太麻烦

13. 社会工作者小安在国庆节期间回到了农村的老家,发现村里的留守儿童越来越多。小安还察觉到邻居家的孩子无人照看,孩子的父母已经失踪两天了。这时,社会工作者小安第一时间应该做的是( )。

    A. 联系邻居家孩子的父母

    B. 向公安机关报告

    C. 向自己的父母寻求帮助

    D. 联系当地的服务机构

14. 《中华人民共和国残疾人保障法》规定,国家保障残疾人享有各项社会保障的权利,政府和社会采取措施,完善对残疾人的社会保障,保障和改善残疾人的生活。下列对残疾人公共服务的说法中,正确的是( )。

    A. 县级以上人民政府对残疾人搭乘公共交通工具,应当和对普通人一样

    B. 残疾人可以携带随身必备的辅助器具,但是需要交一定的费用

    C. 盲人持有效证件免费乘坐市内公共汽车、电车、地铁、渡船等公共交通工具

    D. 盲人读物在邮寄时,邮费可以减半

15. 小肖和小丽是一对刚结婚的夫妻,近期由于夫妻共同财产的问题发生矛盾。根据《中华人民共和国民法典》,下列说法中正确的是( )。

    A. 小肖在婚前获得的奖金属于夫妻共同财产

    B. 小丽在婚前提取的住房公积金属于夫妻共同财产

    C. 小肖在婚后获得的工资属于夫妻共同财产

    D. 小丽在婚后由于被电动车撞,获得的医疗费属于夫妻共同财产

16. 根据《中华人民共和国民法典》,自收养关系成立之日起,养父母与养子女的权利义务关系适用于( )。

    A. 父母与子女关系的规定   B. 养父母与生子女关系的规定

    C. 生父母与养子女关系的规定   D. 子女与父母的近亲属的权利义务规定

17. 根据《中华人民共和国民法典》,下列有关法定继承人顺序的说法中,正确的是( )。

    A. 丧偶儿媳对公婆尽了主要赡养义务的,不可以作为第一顺序法定继承人,不可以继承公婆的遗产

    B. 丧偶女婿对岳父母尽了主要赡养义务的,不可以作为第一顺序法定继承人,不可以继承岳父母的遗产

    C. 第二顺序法定继承人包括父母、兄弟姐妹、祖父母

    D. 第一顺序法定继承人包括配偶、子女、父母

18. 遗产分割是指继承开始后,各个继承人之间依法分配遗产,使遗产转移给各继承人所有的法律行为。在遗产分割过程中,需要遵循一定的原则。下列关于遗产分割原则的说法中,正确的是( )。

    A. 先法定继承,后遗嘱继承

    B. 不保留胎儿继承份额的原则

    C. 互谅互让、协商分割的原则

    D. 只需要坚持发挥遗产效用的原则

19. 信访人在信访过程中应当遵守法律法规,不得损害国家、社会、集体的利益和其他公民的合法权利,自觉遵守社会公共秩序和信访秩序。根据《中华人民共和国信访条例》,下列人员的行为中属于规范的信访行为的是(   )。

A. 老程被迫下岗,携带剪刀上访

B. 老冯因人事调动,携带证明材料上访

C. 老刘为了能尽快上访,闯入信访接待室

D. 老闫为了上访成功,将不能自理的母亲留在信访接待室

20. 人民调解的基本原则是从人民调解的实践经验中总结出来的,对调解工作具有普遍指导意义的行为准则。人民调解应当遵循依法调解原则、自愿平等原则、尊重当事人权利的原则。其中,人民调解中自愿平等原则的表现不包括(   )。

A. 人民调解委员会调解纠纷,必须出于双方当事人的自愿

B. 调解协议必须经双方当事人一致同意

C. 人民调解必须遵循以事实为依据、以法律为准绳的法定原则

D. 调解协议的履行必须出自当事人的自愿

21. 依据《中华人民共和国禁毒法》,不适用强制隔离戒毒的人员,依法进行社区戒毒,由负责社区戒毒工作的城市街道、办事处、乡镇人民政府加强帮助、教育和监督,督促落实社区戒毒措施。下列选项中,不适用强制隔离戒毒的人员为(   )。

A. 育有 5 个月大婴儿的小方

B. 假装怀孕的小婷

C. 25 岁的残疾大学生小亮

D. 18 岁的高中生小璐

22. 小李是被老李(回族)从路边捡回来养大的,按照规定办理了收养手续,且老李一生没有亲生孩子。老李过世后,他的兄弟姐妹都来分割他的遗产,还以小李不是老李的亲生孩子为由,不让其参与分割遗产。对此,以下说法正确的是(   )。

A. 由于小李不是亲生的,只是捡来的,所以没有继承权

B. 虽然小李是捡来的,但也陪伴了老李那么多年,作为养子理应有权继承遗产

C. 应该按照回族的风俗习惯处理

D. 老李还有兄弟姐妹,所以小李没有权利继承遗产

23. 谢女士晚年由保姆照顾得比较多,生前与保姆签订了遗赠扶养协议,由保姆给谢女士养老送终,她的财产全部归保姆。后来谢女士的女儿失业下岗,生活没有以前那么美满了,于是谢女士又立了份遗嘱,要将全部财产留给女儿。谢女士去世后,保姆与谢女士的女儿关于财产的分配发生争执,闹上法庭,法庭该如何判决?(   )

A. 由于谢女士立的遗嘱在遗赠扶养协议之后,所以遗嘱有效,又因谢女士立过遗赠扶养协议,因此谢女士的女儿和保姆各得一半财产

B. 由于谢女士立的遗嘱在遗赠扶养协议之后,所以遗嘱有效,谢女士的女儿获得所有财产

C. 由于谢女士生前立过遗赠扶养协议,所以遗嘱无效,财产全归保姆

D. 由于谢女士立的遗嘱在遗赠扶养协议之后,所以遗嘱有效,又因谢女士立过遗赠扶养协议,因此谢女士的女儿和保姆共同分割财产,但由于遗嘱在后,所以谢女士的女儿应分得更多的比例

24. 人民调解的基本原则是从人民调解的实践经验中总结出来的,是对调解工作具有普遍指导意义的行为准则。下列各项不属于人民调解基本原则内容的是( )。

A. 调解纠纷要以法律、政策和社会主义道德规范作为辨别是非的标准

B. 调解必须出于双方当事人的自愿

C. 调解协议必须经双方当事人一致同意

D. 调解纠纷要依据社会公德进行

25. 根据《烈士褒扬条例》,烈士褒扬金标准为烈士牺牲时上一年度全国城镇居民人均可支配收入的( )倍。战时,参战牺牲的烈士褒扬金标准可以适当提高。

A. 10　　　　　　　　　　　　　　B. 20

C. 30　　　　　　　　　　　　　　D. 40

26. 小泽是一名军人,在一次任务中,为了抢救和保护国家财产而不幸牺牲。下列关于发放一次性抚恤金的说法中,正确的是( )。

A. 一次性抚恤金应优先发给小泽的配偶和子女

B. 一次性抚恤金应优先发给小泽的兄弟姐妹和父母

C. 一次性抚恤金应优先发给小泽的战友

D. 一次性抚恤金应优先发给小泽的祖父母

27. 根据《中国人民解放军现役士兵服役条例》和《退役士兵安置条例》,下列退役士兵中,可以由政府安排工作的是( )。

A. 服现役满10年的士官小陆

B. 在服现役期间平时荣获三等功的小杜

C. 烈士子女小梅

D. 因战致残被评定为四级残疾的小森

28. 根据《中华人民共和国村民委员会组织法》,为了保障广大村民依法行使选举权利,村民委员会在选举前,应当列入参加选举的村民名单的人员是( )。

A. 户籍不在本村,人不在本村居住

B. 户籍不在本村,在本村居住半年以上

C. 户籍在本村,不在本村居住,本人不愿意参加选举

D. 户籍在本村,人在本村居住

29. 下列关于现役军人死亡批准为烈士的条件不包括( )。

A. 因执行任务遭敌人或者犯罪分子杀害,或者被俘、被捕后不屈遭敌人杀害或者被折磨致死的

B. 对敌作战死亡或者对敌作战负伤在医疗终结前因伤死亡的

C. 为抢救和保护国家财产、人民生命财产或者参加处置突发事件死亡的

D. 因非工作原因受到伤害的

30. 社区协商是基层群众自治的生动实践,是社会主义协商民主建设的重要组成部分和有效实现形式。当协商结果违反法律法规时,应当依法纠正,并做好法治宣传教育工作的( )。

A. 社区委员会　　　　　　　　　　B. 基层政府

C. 街道办事处　　　　　　　　　　D. 公安机关

31. 2010 年苏某在服现役期间因患癌症去世。2009 年全国居民人均可支配收入为 18000 元,全国城镇职工月平均工资为 3500 元,去世前苏某每月的工资津贴为 2000 元。按照《军人抚恤优待条例》的规定,当地人民政府民政部门发给其遗属的一次性抚恤金的额度为( )元。

A. 44 万　　　　　　　　　　　B. 15 万

C. 11.6 万　　　　　　　　　　D. 8.7 万

32. 根据《中共中央　国务院关于加强和完善城乡社区治理的意见》,实行基层政府统一对社区工作进行综合考核评比,各职能部门不再单独组织考核评比活动,取消对社区工作的( )事项。

A. "一票否决"　　　　　　　　B. "一统天下"

C. "一锤定音"　　　　　　　　D. "一马当先"

33. 经军队师(旅)级以上单位政治机关批准随军的现役军官家属、文职干部家属、士官家属,随军前是国家机关、社会团体、企业事业单位职工的,驻军所在地( )应当接受和妥善安置。

A. 社会团体、企业事业单位

B. 人民政府财政部门

C. 人民政府人力资源和社会保障部门

D. 劳动就业服务机构

34. 婷婷的父亲在部队服现役时因公牺牲,并被批准为烈士。大学毕业后,婷婷回家找工作却屡屡碰壁。根据《烈士褒扬条例》,婷婷可以向( )部门寻求就业服务。

A. 市级人民政府

B. 当地民政部

C. 小婷父亲服役的部队

D. 当地人民政府人力资源和社会保障部门

35. 小辉是一位白手起家的企业家,在创业成功之后开始积极参加各类公益活动,主动资助贫困的大学生,帮助他们顺利完成学业。相关的公益机构打算就此组织一次公开的表彰大会,这时应该征求( )的意见。

A. 贫困大学生　　　　　　　　B. 小辉的同事

C. 小辉的妻子　　　　　　　　D. 小辉本人

36. 流浪者王某想要捐赠自己的财产却遭到了嘲笑和拒绝,这违反了公益事业捐赠的( )。

A. 平等原则

B. 自愿无偿原则

C. 公益原则

D. 合法与符合社会公德

37. 王某把自己捡来的钱捐给某慈善机构后就走了,违反了捐赠人的( )义务。

A. 捐赠的财产应当是其有权处分的合法财产

B. 捐赠人应当依法履行捐赠协议

C. 捐赠人捐赠财产兴建公益事业工程项目,应当与受赠人订立协议

D. 捐赠的公益事业工程项目由受赠单位按照国家有关规定办理项目审批手续

38. 根据《社会团体登记管理条例》，登记管理机关应当自收到社会团体章程的有效文件之日起( )日内，作出准予登记或者不予登记的决定。

A. 30
B. 45
C. 60
D. 75

39. 成立社会团体的条件包括( )。

A. 会员全部为单位会员，会员数应在50个以上
B. 地方性的社会团体冠以"中华"字样
C. 无固定住所
D. 有合法的经费来源

40. 根据《基金会管理条例》，基金会设理事会。理事会是基金会的决策机构，依法行使章程规定的职权。下列有关理事会的说法中，正确的是( )。

A. 理事会的规模为5人至15人
B. 理事任期由章程规定，但每届任期不得超过4年
C. 具有公开募捐资格的基金会，相互间具有近亲属关系的理事不得同时在理事会任职
D. 用私人财产设立的非公募基金会，相互间有近亲属关系的基金会理事，总数不得超过理事总人数的四分之一

41. 某地发生地震后，某企业承诺向灾区捐赠一批救灾物资，双方签订了赠与合同。以下关于受赠人的权利与义务的说法，正确的是( )。

A. 该企业不交付赠予的救灾物资，受赠人没有权利要求其交付
B. 对于超过实际需要的受赠物资，受赠人可以变卖
C. 受赠人应当向政府有关部门报告受赠财产的使用、管理情况，并接受监督
D. 受赠人未征得该企业的许可，擅自改变捐赠财产的用途，该企业可直接收回捐赠的物资

42. 劳务派遣又称劳动力租赁，是指由劳务派遣单位(用人单位)与被派遣劳动者订立劳动合同，由被派遣劳动者向用工单位给付劳务的一种新型劳动关系。下列有关经营劳务派遣业务条件的说法中，正确的是( )。

A. 注册资金不得少于人民币300万元
B. 有与开展业务相适应的流动的经营场所和设施
C. 经营劳务派遣业务应当向民政部门依法申请行政许可
D. 有符合法律、行政法规规定的劳务派遣管理制度

43. 随着服务项目的多元化以及服务对象覆盖范围的扩大，某青年志愿者协会与高校合作，招募了一批大学生志愿者。下列关于志愿者培训管理的说法，错误的是( )。

A. 在开展志愿服务活动前，应对志愿者进行必备知识和安全须知等内容的培训
B. 该协会根据志愿服务活动的需要安排志愿者，志愿者须服从协会的安排
C. 对拒不履行义务的志愿者，该协会可取消其注册志愿者身份
D. 该协会应建立健全注册志愿者档案或信息管理系统

44. 社会团体的资产来源必须合法，以下对于这一要求理解错误的是( )。

A. 社会团体会费标准的制定须经全体会员的过半数通过

B. 社会团体代行政府职能时收取的费用为行政事业性收费

C. 社会团体不得强制收取经营服务性收费

D. 社会团体接受社会捐赠要坚持自愿和无偿的原则

45. 小璐今年 32 岁,在某企业已经工作 4 年了,其间正常缴纳五险一金。小璐在 2020 年初怀孕了,孕中期产假的时候,医生确定小璐怀的是三胞胎。根据《中华人民共和国劳动法》和《女职工劳动保护特别规定》,小璐在生育前后至少可以享受(   )天的产假。

A. 98   B. 113

C. 128   D. 143

46. 劳动者在同一用人单位连续工作(   )年以上,应当订立无固定期限的劳动合同。

A. 10   B. 15

C. 20   D. 25

47. 同一用人单位与同一劳动者只能约定(   )次试用期,劳动合同期限 3 个月以上满 1 年的,试用期不得超过(   )个月。

A. 1,1   B. 1,2

C. 2,1   D. 2,2

48. 根据《集体合同规定》,下列关于集体协商程序的说法中,正确的是(   )。

A. 集体协商任何一方均可就签订集体合同或专项集体合同及相关事宜,以口头形式向对方提出进行集体协商的要求

B. 在集体协商中,一方提出进行集体协商要求的,另一方应当在收到集体协商要求之日起 20 日内以书面形式给予回应

C. 在双方达成集体协商的共识后,无正当理由可以拒绝进行集体协商

D. 集体协商议题必须由提出协商一方起草

49. 经双方协商代表协商一致的集体合同草案或专项集体合同草案应当提交职工代表大会或者全体职工讨论。在经过规范的流程之后,集体合同草案或专项集体合同草案才可通过。下列有关集体合同或专项集体合同的说法中,正确的是(   )。

A. 集体合同或专项集体合同期限一般为 2~5 年

B. 在集体合同或专项集体合同期限内,如果双方约定的终止条件出现,不可即行终止

C. 在集体合同或专项集体合同期满前 1 个月内,任何一方均可向对方提出重新签订或续订的要求

D. 集体合同草案或专项集体合同草案经职工代表大会或者职工大会通过后,由集体协商双方首席代表签字

50. 为了提升乡村医生的综合素质,县级卫生行政部门对在村卫生室执业的乡村医生每年免费培训不少于两次,累计培训时间不少于(   )。

A. 1 周   B. 2 周

C. 3 周   D. 1 个月

51. 到 2020 年,基于风险分析和供应链管理的食品安全监督体系初步建立。到 2035 年,基本实现食品安全领域国家(   )现代化。

A. 治理体系和治理能力

B. 治理格局和治理能力

C. 治理能力和治理质量

D. 治理体系和治理水平

52. 小华和小旭夫妇于 2020 年 6 月 30 日离开户籍所在地,前往甲市打工。根据《流动人口计划生育工作条例》,小华和小旭夫妇应该在( )前向居住地的乡(镇)人民政府或者街道办事处提交婚育证明。

A. 2020 年 7 月 30 日   B. 2020 年 8 月 30 日

C. 2020 年 9 月 30 日   D. 2020 年 10 月 30 日

53. 流动人口成年育龄妇女应当自到达现居住地之日起( )日内提交婚育证明。

A. 15   B. 30

C. 45   D. 60

54. 下列表述符合《中华人民共和国人口与计划生育法》规定的是( )。

A. 少数民族不受计划生育规定的限制

B. 育龄夫妇免费享受所有的计划生育技术服务

C. 公民实行计划生育手术,享受国家规定的休假

D. 流动人口的计划生育工作由居住地的地方人民政府负责管理

55. 以下情形不能视同工伤的是( )。

A. 因工外出期间,由于非工作原因受到伤害或者发生事故下落不明的

B. 在抢险救灾等维护国家利益、公共利益活动中受到伤害的

C. 在工作期间和工作岗位,突发疾病死亡的

D. 职工原在军队服役,因战、因公负伤致残,已取得革命伤残军人证,到用人单位后旧伤复发的

56. 小英与某公司签订劳动合同,约定该公司从 2017 年 5 月 1 日起聘用小英两年,其中前 3 个月为试用期。根据《中华人民共和国社会保险法》,公司应当在 2017 年( )前为小英办理社会保险登记。

A. 8 月 1 日   B. 7 月 30 日

C. 5 月 31 日   D. 6 月 1 日

57. 根根《中华人民共和国社会保险法》,下列处于失业状态的四位职工中,可以领取失业保险金的是( )。

A. 甲,由于孩子的教育问题主动辞职,连续缴纳失业保险费 2 年多,未进行失业登记,有求职意愿

B. 乙,由于个人身体原因主动辞职,连续缴纳失业保险费半年多,已进行失业登记,无求职意愿

C. 丙,由于居住地变动主动辞职,连续缴纳失业保险费 3 年,已进行失业登记,有强烈的求职意愿

D. 丁,由于单位经营不善被辞退,连续缴纳失业保险费满 1 年,已进行失业登记,有求职意愿

58. 小峰是某单位的一位研究员,在一次做实验时,右手被炸伤,被认定为五级伤残。下列费用中,应该由小峰单位承担的是( )。

A. 小峰孩子的教育费用   B. 小峰父母的养老费用

C. 小峰治疗期间的工资福利   D. 小峰治疗期间的医疗费用

59. 根据《失业保险条例》,关于城镇企业事业单位和职工缴纳的失业保险费,下列说法错误的是(   )。

A. 单位按照本单位工资总额的2%缴纳失业保险

B. 职工按照本人工资的1%缴纳失业保险

C. 城镇企业事业单位招用的农民合同制工人不缴纳失业保险

D. 省级人民政府可根据实际情况自行调整本行政区域失业保险费的费率

60. 经当地工伤保险经办机构同意,因工负伤的职工张某到另一统筹地区就医。由此产生的交通费、食宿费由(   )。

A. 张某本人承担

B. 工伤保险基金承担

C. 张某单位承担

D. 工伤保险基金和张某所在的单位各分担50%

二、多项选择题(共20题,每题2分。每题的备选项中,有2个或2个以上符合题意,至少有1个错项。错选,本题不得分;少选,所选的每个选项得0.5分)

61. 根据《中华人民共和国立法法》,下列选项中,行使国家立法权的是(   )。

A. 国务院

B. 北京市人民政府

C. 中华人民共和国最高人民法院

D. 全国人民代表大会

E. 全国人民代表大会常务委员会

62. 加强民办社会工作服务机构能力建设,是进一步加快推进民办社会工作服务机构发展的重点。下列选项中,符合《民政部关于进一步加快推进民办社会工作服务机构发展的意见》要求的是(   )。

A. 积极做好民办社会工作服务机构行业服务

B. 进一步增强民办社会工作服务机构内部治理能力

C. 着力提升民办社会工作服务机构服务水平

D. 建立健全民办社会工作服务机构联系志愿者制度

E. 加强民办社会工作服务机构党群组织建设

63. 根据《社会救助暂行办法》,社会救助工作应当遵循(   )原则。

A. 公开   B. 公平

C. 公正   D. 及时

E. 托底

64. 依据《最低生活保障审核审批办法(试行)》,申请低保应当以家庭为单位,由户主或者其代理人以户主的名义向户籍所在地乡镇人民政府(街道办事处)提出书面申请。在申请低保时,如果申请人要单独提出申请,需要满足的情况是(   )。

A. 失去原生家庭,长期在外流浪的人员

B. 脱离原生家庭,远嫁到外地的贫困妇女

C. 困难家庭中的在校大学生

D. 困难家庭中丧失劳动能力且单独立户的成年重度残疾人

E. 脱离家庭、在宗教场所居住 3 年以上(含 3 年)的生活困难的宗教教职人员

65. 根据《最低生活保障审核审批办法(试行)》，乡镇人民政府(街道办事处)应当根据低保家庭成员和其家庭经济状况的变化情况进行分类复核。考虑到低保家庭的各种不同情况，下列有关复核的说法中，正确的是(   )。

A. 对城市"三无"人员和家庭成员有重病、重残人员且收入有变化的低保家庭,可每季复核一次

B. 对城市"三无"人员和家庭成员有重病、重残人员且收入基本无变化的低保家庭,可每年复核一次

C. 对短期内家庭经济状况和家庭成员基本情况相对稳定的低保家庭,可每半年复核一次

D. 对收入来源不固定、有劳动能力和劳动条件的低保家庭,原则上城市按月复核

E. 对收入来源不固定、有劳动能力和劳动条件的低保家庭,原则上农村按年复核

66. 老徐在家中排行老大，还有两个妹妹。老徐结婚后育有两个儿子，两个儿子均已成家立业，家庭美满。老徐在老伴儿去世后一直独自生活，近几年身体状况不佳，急需家人的照顾。根据《中华人民共和国老年人权益保障法》，下列人员中必须照顾老徐的是(   )。

A. 老徐的大儿子　　　　　　　　B. 老徐的二儿子

C. 老徐的大儿媳　　　　　　　　D. 老徐的二儿媳

E. 老徐的两个妹妹

67. 为了进一步加强农村留守儿童关爱保护工作，为广大农村留守儿童健康成长创造更好的环境，国务院颁布了《关于加强农村留守儿童关爱保护工作的意见》。下列选项中，属于该意见基本原则的是(   )。

A. 坚持普遍安置　　　　　　　　B. 坚持家庭尽责

C. 坚持政府主导　　　　　　　　D. 坚持全民关爱

E. 坚持标本兼治

68. 根据《城市生活无着的流浪乞讨人员救助管理办法》，救助站对流浪乞讨人员实行救助的内容不包括(   )。

A. 提供符合食品卫生要求的食物

B. 提供符合基本条件的住处

C. 对在站内突发急病的,及时送医院救治

D. 对流浪乞讨人员进行职业培训

E. 责令适龄的流浪乞讨人员接受义务教育

69. 小敏和丈夫长期感情不和，小敏为了孩子一再忍让。现在孩子已经上高中了，小敏向丈夫提出了离婚，但是其丈夫迟迟不愿意离婚，还一直纠缠小敏。小敏忍无可忍，便向人民法院提起离婚诉讼，希望人民法院可以判决离婚。下列情况中，可以准予小敏与丈夫离婚的是(   )。

A. 小敏的丈夫与他人同居

B. 小敏的丈夫实施家庭暴力

C. 小敏的丈夫长期赌博且没有悔改的意向

D. 小敏的丈夫有吸毒史,但已经戒毒成功

E. 小敏与丈夫已经分居满 1 年

70. 遗嘱是立遗嘱人处分自己财产及有关事务的方式。遗嘱的形式是遗嘱合法有效的形式要件。下列五个人的情况中,符合《中华人民共和国民法典》规定的遗嘱形式的是( )。

A. 小红的爷爷生前经公证机关公证订立了遗嘱

B. 小陈的奶奶亲笔书写了遗嘱,并签名,注明了年、月、日

C. 小黄的爷爷将自己想要订立的遗嘱只讲给保姆听

D. 小吕的姥姥在三个孩子的见证下,说出了自己想要订立的遗嘱,并由小吕代为书写,最后没有签名,也没有标注日期

E. 小王的奶奶在没人的时候,口述遗嘱,并用手机全程录音

71. 根据《中华人民共和国民法典》,被收养人条件有( )。

A. 丧失劳动能力的人　　　　　　　　B. 丧失父母的孤儿

C. 查找不到生父母的弃婴和儿童　　　D. 生父母有特殊困难无力抚养的子女

E. 流浪的未成年人

72. ( )是人民调解工作应当遵守的原则。

A. 依法调解原则　　　　　　　　　　B. 自愿平等原则

C. 尊重当事人诉讼权利的原则　　　　D. 公平公正原则

E. 公开透明原则

73. 根据《中华人民共和国公益事业捐赠法》和《基金会管理条例》,下列有关捐赠财产使用的说法中,正确的是( )。

A. 受赠人与捐赠人订立了捐赠协议的,应当按照协议约定的用途使用捐赠财产,不得擅自改变捐赠财产的用途。如果确需改变用途的,可以不征得捐赠人的同意。

B. 基金会工作人员工资福利和行政办公支出不得超过当年总支出的 15%

C. 基金会每年用于资助公益事业的资金数额,不得低于国家规定的比例

D. 公募基金会每年用于从事章程规定的公益事业支出,不得低于上一年总收入的 70%

E. 非公募基金会每年用于从事章程规定的公益事业支出,不得低于上一年基金余额的 10%

74. ( )属于优抚对象及其子女享受的教育优待。

A. 义务兵和初级士官退出现役后,报考国家公务员、高等学校和中等职业学校,在与其他考生同等条件下优先录取

B. 残疾军人、烈士子女、残疾军人子女报考普通中等职业学校、高等学校,在与其他考生同等条件下优先录取

C. 部队现役军人的子女报考普通中等职业学校、高等学校,在与其他考生同等条件下优先录取

D. 接受学历教育的,在同等条件下优先享受国家规定的各项助学政策

E. 现役军人子女入公办中小学校和幼儿园、托儿所,在同等条件下优先接收

75. 用人单位与劳动者应当按照劳动合同的约定,履行好各自的义务。下列选项中,属于劳动合同履行原则的是( )。

A. 实际履行原则　　　　　　　　　　B. 平等履行原则

C. 全面履行原则   D. 真诚履行原则

E. 合作履行原则

76. 依据《中华人民共和国公益事业捐赠法》,下列符合捐赠财产使用规定的有(　　)。

A. 受赠人在征得捐赠人的同意后可以改变捐赠用途

B. 公益性社会团体应当遵守国家的有关规定,实现捐赠财产的保值、增值

C. 捐赠人有权向受赠人查询捐赠财产的使用、管理情况,并提出意见和建议

D. 受赠人可以依法变卖受赠财产,但其所取得的全部收入应用于捐赠目的

E. 受赠人可以随意处置受赠财产

77. 军人伤亡保险所需资金由国家承担,个人不缴纳保险费用。下列伤残军人中,不享受军人保险待遇的是(　　)。

A. 孙某,在偷窃时被玻璃割伤

B. 刘某,由于失恋,醉酒后跌落楼梯,右胳膊骨折

C. 王某,由于家庭原因自己划伤胳膊

D. 吴某,在训练时被不明物体砸伤

E. 李某,在执行紧急任务时右手骨折

78. 关于女职工保护和生育保险制度的说法,正确的有(　　)。

A. 女职工个人应当按照工资的 1% 缴纳生育保险费

B. 女职工产假期间的生育津贴以本人生育或者流产前 12 个月平均缴费工资为基数计发

C. 女职工生育难产的,增加产假 15 天

D. 女职工生育多胞胎的,每多生育 1 个婴儿,增加产假 15 天

E. 女职工怀孕 3 个月流产的,不享受产假待遇

79. 城镇职工基本医疗保险制度分为统筹基金和个人账户,那么关于个人账户的资金来源,说法正确的是(　　)。

A. 职工个人缴纳自己工资收入的 2%,全部计入个人账户

B. 职工所在单位缴纳职工工资的 6%,划入个人账户

C. 职工单位所缴纳保险金的 30% 左右划入个人账户

D. 职工单位所缴纳保险金划入个人账户的比例由统筹地区根据实际情况裁定

E. 城镇职工基本医疗保险的统筹基金资金的 30% 左右,划入个人账户

80. 社会保险经办机构及其工作人员如果给社会保险基金、用人单位或者个人造成损失的,依法承担赔偿责任;如果有下列行为之一的,由社会保险行政部门责令改正(　　)。

A. 未履行社会保险法定职责的

B. 未将社会保险基金存入财政专户的

C. 克扣或者拒不按时支付社会保险待遇的

D. 丢失或者篡改缴费记录的

E. 泄露信息的

社会工作法规与政策（中级）全真模拟试卷（二）

重要提示：

为维护您的个人权益，确保考试的公平公正，请您协助我们监督考试实施工作。

本场考试规定：监考老师要向本考场全体考生展示题本密封情况，并邀请 2 名考生代表验封签字后，方能开启试卷袋。

社会工作法规与政策(中级)全真模拟试卷(二)

一、单项选择题(共60题,每题1分。每题的备选项中,只有1个最符合题意)

1. 社会政策的主体是指公共政策制定和实施过程中的主动行动者,也就是公共政策的制定者和实施者。从广泛意义上看,社会政策的主体是( )。
   A. 全体公民 　　　　　　　　　B. 全体民众
   C. 全体群众 　　　　　　　　　D. 全体人民

2.《社会工作专业人才队伍建设中长期规划(2011—2020年)》提出,到2020年,培养和引进3万名社会工作硕士专业学位研究生,300名社会工作专业博士,3000名"双师型"专业教师。这属于社会工作专业人才队伍建设十大重点工程中的( )。
   A. 社会工作服务人才职业能力建设工程
   B. 社会工作管理人才综合素质提升工程
   C. 社会工作教育与研究人才培养引进工程
   D. 社会工作知识普及工程

3.《关于加强社会工作专业人才队伍建设的意见》提出,社会工作专业岗位是社会工作专业人才发挥作用的舞台,要研究制定社会工作专业岗位开发设置政策措施。按照精简效能、( )和循序渐进的原则,研究社会工作专业岗位设置范围、数量结构、配备比例、职责任务和任职条件,建立健全社会工作专业岗位开发设置的政策措施和标准体系。
   A. 按需设置 　　　　　　　　　B. 广泛覆盖
   C. 择优录取 　　　　　　　　　D. 均衡配备

4. 为加快推进社会工作及其人才队伍建设,部分地区开展了政府购买社会工作服务。从社会政策主体角度分析,政府在这一过程中扮演了( )的角色。
   A. 政策制定者 　　　　　　　　B. 政策实施者
   C. 资源提供者 　　　　　　　　D. 政策调整者

5. 专业教育是培养社会工作专业人才的又一个重要渠道,与专业培训共同构成我国社会工作专业人才培养的完整体系。《关于加强社会工作专业人才队伍建设的意见》针对社会工作专业培训提出了一些要求。以下不属于这些要求的是( )。
   A. 加强社会工作学科专业体系建设,制定科学的专业设置标准,完善社会工作专业教学规范
   B. 推动社会工作学科重点研究及人才培养基地建设
   C. 发展社会工作高等职业教育,改善职业教育结构,逐步形成完善的职业教育体系
   D. 制定社会工作培训质量评估政策和指标体系,加强对培训机构的评估和监督

6. 根据《最低生活保障审核审批办法(试行)》,在低保申请的审核审批中,县级人民政府民政部门在提出审批意见前,应当全面审查乡镇人民政府(街道办事处)上报的申请材料、调查材料和审批意见,并按照不低于(　　)的比例入户抽查。

A. 10%　　　　　　　　　　　　B. 20%

C. 30%　　　　　　　　　　　　D. 40%

7. 小巡一家生活在一个偏远的山村,长期依靠低保生活。现今,小巡以优异的成绩考入高中。在入学后,他可以申请的教育救助不包括(　　)。

A. 发放救助金　　　　　　　　　B. 给予生活补助

C. 安排勤工助学岗位　　　　　　D. 提供生活用品

8. 《社会救助暂行办法》将临时救助作为我国社会救助体系的一个部分。临时救助的内容多样,国家在临时救助法规政策及实施上有制度化、多元化的救助方式。下列选项中,不能成为临时救助对象的是(　　)。

A. 居民甲,遭遇火灾,生活陷入困境

B. 居民乙,遭遇车祸,生活陷入困境

C. 居民丙,失恋被甩,精神濒临崩溃

D. 居民丁,突然患病,难以支付医药费用

9. 《城市生活无着的流浪乞讨人员救助管理办法》实施细则规定,救助站应当根据受助人员的情况确定救助期限,一般不超过(　　)天。

A. 7　　　　　　　　　　　　　　B. 10

C. 14　　　　　　　　　　　　　D. 21

10. 《城乡医疗救助基金管理办法》规定,县级以上人民政府建立城乡医疗救助基金。下列关于城乡医疗救助基金来源的说法中,错误的是(　　)。

A. 在年初公共财政预算和彩票公益金中安排的城乡医疗救助资金

B. 社会各界自愿捐赠的资金

C. 城乡医疗救助基金形成的利息收入

D. 医疗机构盈利所得的资金

11. 老姚是一位年近 70 岁的老人,目前他的身体还算硬朗。他在年轻的时候努力创业,通过奋斗,拥有大量的存款。为了能在自己意识清醒的时候把后事处理好,老姚把四个子女聚集在了一起,打算全家人开一次家庭会议。开始的时候,老姚让他们发表自己的看法,下列四位子女的看法中,正确的是(　　)。

A. 老大说:"我年纪不小了,马上就退休了,手头比较宽裕,咱爸的财产就由弟弟妹妹们分吧。我现在和未来几年都要照看孙子,没有时间照顾咱爸,在咱爸需要赡养照顾的时候我就不管了,因为我放弃了继承咱爸的财产。"

B. 老二说:"咱爸的财产就由咱爸自己来分吧,我没有什么意见。不过我后年可能会出国定居,不能长期在咱爸身边,因此不能履行赡养义务,但是我可以为咱爸出赡养费。"

C. 老三说:"我离咱爸家最近,和他走动也最为频繁。我愿意一个人赡养咱爸,但是咱爸的所有财产都必须给我,这是我赡养咱爸应得的。"

D. 老四说:"我是咱爸最小的孩子,也是家中唯一的女孩子,赡养老人是儿子的事情,和我没有关系。不过我也是咱爸亲生的,财产必须分给我一份。"

12. 2022 年底前,每个县至少建有( )所以农村特困失能、残疾老年人专业照护为主的县级层面特困人员供养服务设施。

A. 一   B. 二

C. 三   D. 四

13. 某地突然发生 6.2 级地震。这一突发事件使该地幼儿园中的园长、老师、家长及孩子都非常慌张。如果救援队和医疗队能够及时赶来,他们需要优先救护的是( )。

A. 园长   B. 老师

C. 家长   D. 孩子

14. 舟舟今年 16 岁,由于家庭困难需要申请教育救助。申请教育救助的申请人是( )。

A. 舟舟的父母   B. 舟舟的近亲属

C. 舟舟本人或监护人   D. 舟舟所在地的居民委员会

15. 可撤销婚姻是指已经成立的婚姻因违反结婚的条件,经撤销请求权人申请,由有关机关依法予以撤销的婚姻。根据《中华人民共和国民法典》,下列有关撤销婚姻的说法中,正确的是( )。

A. 因受胁迫而结婚的,受胁迫的一方或者胁迫人均可以提出撤销婚姻的请求

B. 受胁迫的一方请求撤销婚姻的,应当自结婚登记之日起一年内提出

C. 受胁迫的一方请求撤销婚姻的,应当自结婚登记之日起二年内提出

D. 一方患有重大疾病的且在结婚前未告知另一方,另一方不可以请求撤销婚姻

16. 某社会福利机构接收了一名孤儿,其是一名 4 岁的小女孩,需要符合条件的收养人前来收养。经过筛选,社会福利机构最终选出四位身体健康、单身、无子女且具有抚养教育能力的收养人。下列四个选项是对四位收养人的进一步介绍,其中符合收养人条件的是( )。

A. 小花,女,32 岁,已收养两名儿子

B. 小虎,男,31 岁,未收养子女

C. 小强,男,46 岁,未收养子女

D. 小柳,女,27 岁,未收养子女

17. 居民会议由( )召集和主持。

A. 1/5 以上的 18 周岁以上的居民

B. 居民委员会

C. 居民委员会主任

D. 所在地的街道办事处

18. 居民委员会由主任、副主任和委员共( )组成,多民族居住地区,居民委员会中应当有人数较少的民族的成员。

A. 5 至 9 人   B. 3 至 7 人

C. 5 至 7 人   D. 3 至 9 人

19. 村民委员会的设立、撤销、范围调整,由( )批准。

A. 村民会议讨论

B. 乡、民族乡、镇的人民政府

C. 县级人民政府

D. 省级人民政府

20. 关于人民调解程序中的调查研究,下列说法错误的是( )。

A. 人民调解委员会受理纠纷以后,要及时开展调查研究

B. 如需查看现场的,人民调解委员会应及时查看现场

C. 人民调解委员会要先向周围群众了解情况,之后向双方当事人进行调查

D. 人民调解委员会在必要时可作现场勘验笔录

21. 关于孤儿的监护人责任的说法,错误的是( )。

A. 监护人应当依法履行监护职责

B. 维护孤儿的合法权益

C. 监护人不履行监护职责或侵害被监护人的合法权益的,应当受到行政处分

D. 人民法院可以依法撤销监护人的资格

22. 根据《中华人民共和国社区矫正法》,人民法院应当在收到社区矫正机构的减刑建议书后( )日内作出裁定,并将裁定书送达社区矫正机构,同时抄送人民检察院、公安机关。

A. 20
B. 30

C. 40
D. 50

23. 根据《中华人民共和国禁毒法》,下列情形中,不属于由县级以上人民政府公安机关作出强制隔离戒毒决定的是( )。

A. 拒绝接受社区戒毒的

B. 在社区戒毒期间吸食、注射毒品的

C. 严重违反社区戒毒协议的

D. 已戒毒成功但需要家人长期监督的

24. 根据《烈士褒扬条例》,军人被评定为烈士后,将烈士名单呈报党和国家功勋荣誉表彰工作委员会的是( )。

A. 国务院退役军人事务部门

B. 烈士户籍所在的县级或市级人民政府

C. 烈士所在的主管单位

D. 中华人民共和国最高人民法院

25. 一方因抚育子女、照顾老人等付出较多义务的,离婚时向( )。

A. 一方有权请求补偿

B. 一方无权请求补偿

C. 另一方不应给予补偿

D. 只有另一方有重大过错,一方才能请求补偿

26. 法定继承人的范围不包括( )。

A. 配偶
B. 父母

C. 祖父母
D. 丧偶儿媳、女婿

27. 小艳和小伟在 2020 年 10 月 10 日经人民调解委员会调解达成调解协议,为了让调解协议更加具有法律效力,小艳和小伟在商议后决定申请司法确认。根据《中华人民共和国人民调解法》,两人可以在( )前向人民法院申请司法确认。

A. 2020 年 10 月 30 日
B. 2020 年 11 月 9 日

C. 2020 年 11 月 30 日
D. 2020 年 12 月 9 日

28. 根据《军人抚恤优待条例》,定期抚恤金的数额有一定的标准,这一标准是参照( )确定的。

A. 全国城乡居民家庭人均收入水平

B. 全国城乡居民家庭最高收入水平

C. 军人户籍地的居民家庭人均收入水平

D. 军人所在市的居民家庭人均收入水平

29. 关于一次性抚恤金的发放顺序,不正确的是( )。

A. 首先发给烈士的父母

B. 没有父母(抚养人)、配偶、子女的,发给已满18周岁的兄弟姐妹

C. 没有父母(抚养人)、配偶、子女的,发给已满18周岁但无生活费来源且由该军人生前供养的兄弟姐妹

D. 首先发给烈士的子女

30. 根据《军队离休退休干部服务管理办法》,军休干部管理委员会是在服务管理机构内军休干部自我教育、自我管理、自我服务的( )。

A. 私人性组织 　　　　　　　　B. 公益性组织

C. 政府性组织 　　　　　　　　D. 群众性组织

31. 可以预警的自然灾害、事故灾难和公共卫生事件的预警级别,按照突发事件发生的紧急程度、发展势态和可能造成的危害程度分为一级、二级、三级和四级,分别用不同颜色标识,用橙色表示的是( )预警。

A. 一级 　　　　　　　　　　　B. 二级

C. 三级 　　　　　　　　　　　D. 四级

32. 根据《自然灾害救助条例》,下列关于自然灾害救助款物的使用范围不符合规定的是( )。

A. 因灾遇难人员亲属的抚慰

B. 自然灾害救助物资的采购、储存和运输

C. 教育、医疗等公共服务设施和住房的恢复重建

D. 救灾人员工资发放

33. 2018年5月,民政部下发《彩票公益金管理办法》,省级以上民政、体育行政等彩票公益金使用部门、单位,应当向同级财政部门报送上一年度彩票公益金使用情况的时间是( )。

A. 每年1月底 　　　　　　　　B. 每年3月底

C. 每年6月底 　　　　　　　　D. 每年12月底

34. 小英是一名在校大学生,入学以来,每周的休息日她都会参加学校志愿者社团组织的志愿服务活动。小英马上就要大三了,她想多用点时间复习考研,因此提出暂时退出志愿服务社团的请求。下列说法中正确的是( )。

A. 小英应该做好时间管理,不能退出志愿者社团

B. 小英可以退出志愿者社团,但是需要找学妹接替自己的志愿者工作

C. 小英可以正常退出志愿者社团,因为这是她的权利

D. 小英不可以退出志愿者社团,必须坚持到大学毕业

35. 根据《志愿服务条例》,志愿服务的基本特征不包括(   )。

A. 自愿性   B. 发展性

C. 无偿性   D. 公益性

36. 根据《志愿服务记录办法》,星级评定制度一般以志愿服务时间作为主要评定依据。下列有关评定制度的说法中正确的是(   )。

A. 参加志愿服务时间累计达到 100 小时的,认定为五星级志愿者

B. 参加志愿服务时间累计达到 300 小时的,认定为四星级志愿者

C. 参加志愿服务时间累计达到 600 小时的,认定为三星级志愿者

D. 参加志愿服务时间累计达到 1000 小时的,认定为二星级志愿者

37. 根据《社会团体登记管理条例》,可能导致撤销登记的情形不包括(   )。

A. 在申请登记时弄虚作假,骗取社会团体登记

B. 自取得《社会团体法人登记证书》之日起半年未开展活动

C. 社会团体严重违规

D. 社会团体的活动违反其他法律、法规,有关国家机关认为应当撤销登记的,由登记管理机关撤销登记

38. 政府提倡充分发挥社区社会组织的积极作用,要求增强社区社会组织的服务功能。根据《民政部关于大力培育发展社区社会组织的意见》,增强社区社会组织的服务功能的主要措施不包括(   )。

A. 扩大居民参与   B. 培育社区文化

C. 促进社区和谐   D. 加大扶持力度

39. 成立社团审查登记时,不须登记的事项是(   )。

A. 业务范围   B. 宗旨

C. 社团负责人   D. 活动资金

40. 在清算结束之日起(   )日内,社会团体应向登记管理机关提交法人代表人签署的注销登记申请书等。

A. 10   B. 15

C. 20   D. 25

41. 目前,居委会不仅要组织社区居民开展自治活动,实际上还承担了许多政府部门和其他组织交办的事项。根据《中华人民共和国城市居民委员会组织法》,市、市辖区人民政府有关部门需要居委会协助工作的,应当由(   )同意并统一安排。

A. 居委会主任

B. 居民会议

C. 社区党组织

D. 市、市辖区人民政府或者其派出机关

42. 某城市社区有居民小组 12 个,居民家庭 3000 户,年满 18 周岁的居民 6500 人。该社区若要召集居民会议,须获得(   )提议。

A. 599 户

B. 1301 名年满 18 周岁的居民

C. 所在街道办事处

D. 3 个居民小组

43. 前屯村的登记员老邓正在挨家挨户了解情况,登记参加村民委员会选举的村民名单。根据《中华人民共和国村民委员会组织法》,下列四位人员中,应当列入参加选举的村民名单的是(   )。

    A. 小浩,32 岁,户籍在前屯村,大学毕业后在外地定居,没有参加选举的意愿

    B. 小生,28 岁,户籍在丈夫家,居住在前屯村已经半年了,现申请参加选举,村民会议表决同意

    C. 小忠,17 岁,一直生活在前屯村,申请参加选举,无明确答复

    D. 小哲,24 岁,在前屯村居住已有 2 年,户籍在外婆家,申请参加选举,村民会议表决同意

44. 潘渡村于 2019 年 6 月换届选举产生了新一届村委会。2020 年 6 月,村主任老胡因为要移居外地而辞职,老孙于同年同月经法定程序当选为村主任。根据《中华人民共和国村民委员会组织法》,如果老孙不辞职、不违规的话,他的任期应到(   )结束。

    A. 2022 年 6 月   B. 2023 年 6 月

    C. 2024 年 6 月   D. 2025 年 6 月

45. "希望工程"是团中央、中国青少年发展基金会以救助贫困地区失学少年儿童为目的,于 1989 年发起的一项公益事业。可口可乐公司参与希望工程助学项目多年,在此期间向全国各地援建了近百所希望小学、支持全国上千所希望小学的教师参与培训。根据《中华人民共和国公益事业捐赠法》的相关规定,关于可口可乐公司的捐赠行为,下列说法错误的是(   )。

    A. 捐赠应当是自愿和无偿的,可口可乐公司不得以捐赠为名从事营利活动

    B. 可口可乐公司援建的希望小学,应当与中国青少年发展基金会订立捐赠协议,对工程项目的资金、建设、管理和使用作出约定

    C. 可口可乐公司援建的希望小学可以其公司的名称命名,须报省级以上人民政府批准

    D. 可口可乐公司有权向中国青少年发展基金会查询援建学校的使用、管理情况,并提出意见和建议

46. 某企业职工小丁在休假期间遭遇车祸导致重伤,丧失劳动能力。关于企业和小丁之间的劳动合同的说法,正确的是(   )。

    A. 企业可以随时解除和小丁之间的劳动合同,并无须支付经济补偿

    B. 企业可以随时解除和小丁之间的劳动合同,但须支付经济补偿

    C. 企业提前 15 日以书面形式通知小丁后,可以解除劳动合同,并无须支付经济补偿

    D. 企业提前 30 日以书面形式通知小丁后,可以解除劳动合同,但须支付经济补偿

47. 女职工甲怀孕已 8 个月,根据《中华人民共和国劳动法》,下列说法错误的是(   )。

    A. 用人单位不得安排其夜班劳动

    B. 用人单位不得安排其延长工作时间

    C. 用人单位不得因其严重违反单位规章制度而解除劳动合同

    D. 用人单位不得安排其从事国家规定的第三级体力劳动强度的劳动

48. 小李为某企业员工,已经在该企业工作 8 年,那么按照国家规定,他可以享受(   )天年假。

    A. 3   B. 5

    C. 10   D. 15

49. 根据《集体合同规定》，集体协商双方的代表人数应当对等，各确定一名首席代表，每方代表至少( )人。

A. 1

B. 3

C. 5

D. 7

50. 到 2020 年，覆盖城乡居民的基本医疗卫生制度基本建立，实现( )享有基本医疗卫生服务，人均预期寿命在 2015 年基础上提高 1 岁。

A. 老人

B. 儿童

C. 妇女

D. 人人

51. 2020 年 1 月 1 日王某与某企业订立一份劳动合同，双方约定王某每日的工作时间为上午 8 时至 12 时，一周工作 5 天，工资每小时 50 元，合同期限为 1 年。关于双方的劳动合同，下列说法正确的是( )。

A. 双方可以设定一个月的试用期

B. 双方可以订立口头协议

C. 王某不可以再与其他用人单位订立劳动合同

D. 该企业与王某终止用工时应向王某支付经济补偿

52. 某公司因生产经营需要，把生产车间从市区迁往市郊，生产车间的工程师刘某不愿去市郊上班，并要求调到公司其他部门工作，但被公司以无适合的岗位拒绝。车间搬迁后，刘某坚持不去新车间上班，公司欲解除与刘某的劳动合同。根据《中华人民共和国劳动合同法》，针对刘某的行为，公司正确的做法是( )。

A. 以刘某严重违反规章制度为由，终止与刘某的劳动合同

B. 以刘某不能胜任工作为由，终止与刘某的劳动合同

C. 解除与刘某的劳动合同，但须提前 30 日以书面形式通知，或额外支付一个月的工资

D. 解除与刘某的劳动合同，并无须向刘某支付经济补偿金

53. 新冠肺炎疫情防控期间，某旅游景点的一名游客有发烧、干咳、胸闷等症状，景区的医护人员初步判断该游客可能是新冠肺炎疑似病例。这时，当地突发公共卫生事件应急处理指挥部有权对该旅客采取的措施是( )。

A. 就地隔离，联系专业医疗团队

B. 劝其离开，息事宁人

C. 没收随身物品，进行消毒处理

D. 禁止与外界联系，强制送医

54. 职业病病人依法享受国家规定的职业病待遇，下列有关职业病病人待遇的说法中，不正确的是( )。

A. 用人单位应当按照国家有关规定，安排职业病病人进行治疗、康复和定期检查

B. 用人单位对不适宜继续从事原工作的职业病病人，应当调离原岗位，并妥善安置

C. 用人单位对从事接触职业病危害作业的劳动者，应当给予适当岗位津贴

D. 职业病病人除依法享有工伤保险外，依照有关民事法律，尚有获得赔偿的权利的，没有权利向用人单位提出赔偿要求

55. 根据 2019 年 4 月 1 日发布的《国务院办公厅关于印发降低社会保险费率综合方案的通知》,职工按照国家规定的本人工资为缴费基数,缴纳基本养老保险费的缴纳比例是(   ),计入个人账户。

    A. 4%   B. 6%

    C. 8%   D. 10%

56. 职工应当参加职工基本医疗保险,由(   )按照国家规定共同缴纳基本医疗保险费。

    A. 用人单位   B. 职工

    C. 单位和政府   D. 用人单位和职工

57. 下列关于领取失业保险金的期限的说法,错误的是(   )。

    A. 累计缴费时间 10 年以上的,领取失业保险金的期限最长为 24 个月

    B. 累计缴费时间满 5 年不满 10 年的,领取失业保险金的期限最长为 18 个月

    C. 累计缴费时间满 1 年不满 5 年的,领取失业保险金的期限最长为 12 个月

    D. 领取失业保险金的期限可以与前次失业应领取而尚未领取的失业保险金的期限合并计算,但是最长不得超过 36 个月

58. 小晨在某军队后勤部门工作,专门处理军人的保险问题。近日,一名义务兵服役期满,要求退役时将其在部队拥有的所有保险转出,下列说法正确的是(   )。

    A. 退役时,伤亡保险的未使用的费用可以转出

    B. 若该义务兵退役后参加职工基本养老保险,可以将其退役养老保险转出

    C. 该义务兵以前的医疗保险非自己缴纳,离开部队后不能转出

    D. 该义务兵的退役养老保险费用由政府出资一半,所以只能转出一半

59. 2019 年 4 月 1 日,国务院办公厅印发了《国务院办公厅关于印发降低社会保险费率综合方案的通知》。该通知规定,个体工商户和灵活就业人员参加企业职工基本养老保险,可以在本省全口径城镇单位就业人员平均工资的(   )之间选择适当的缴费基数。

    A. 30% ~ 180%   B. 40% ~ 220%

    C. 50% ~ 260%   D. 60% ~ 300%

60. 小段是一名军人,由于不想异地分居,小段的妻子近期来到了小段工作的地方。由于小段与妻子正在闹矛盾,一气之下其妻子因赌气不接受当地政府的就业安置。在这种情况下,下列处理方式正确的是(   )。

    A. 停止小段妻子的保险缴费补助

    B. 继续为小段的妻子提供保险缴费补助

    C. 停止小段的保险缴费补助

    D. 停止小段的基本医疗保险

二、多项选择题(共 20 题,每题 2 分。每题的备选项中,有 2 个或 2 个以上符合题意,至少有 1 个错项。错选,本题不得分;少选,所选的每个选项得 0.5 分)

61. 目前,我国在养老保险、医疗保险等社会保险领域基本实现了制度全覆盖,国家也提出了加强适度普惠型社会福利事业建设的政策主张。下列有关普惠型社会政策缺点的说法中,正确的是(   )。

    A. 花费的资金往往很多

B. 对解决贫困问题的针对性不强

C. 社会效益小

D. 覆盖面窄

E. 需要复杂的对象资格甄别程序

62. 民政部和财政部于 2012 年 11 月联合发布了《民政部 财政部关于政府购买社会工作服务的指导意见》。该意见规定,政府购买社会工作服务的对象主要是(　　)。

　　A. 国家机关　　　　　　　　　　B. 社会团体

　　C. 民办非企业单位　　　　　　　D. 基金会

　　E. 企事业单位

63. 张楼村的村民老邵常年在家务农,没有正式的工作。老邵的父亲今年 80 岁了,前年被查出患有严重的高血压,需要长期服药;老邵的妻子由于重度残疾无法从事体力劳动;老邵的儿子外出打工,节衣缩食、补贴家用;老邵的女儿上小学,需要定期支出书本费、伙食费等。老邵向自己所在地的乡镇人民政府提出申请低保待遇,考虑到老邵的家庭情况,可以采取多种措施提高救助水平的救助对象是(　　)。

　　A. 老邵的妻子　　　　　　　　　B. 老邵的父亲

　　C. 老邵的儿子　　　　　　　　　D. 老邵

　　E. 老邵的女儿

64. 相亲认识的小明和小颖经过一段时间的相处,想要结婚。那么结婚的必备条件是(　　)。

　　A. 达到法定年龄

　　B. 具有一定的财产

　　C. 具有爱情基础

　　D. 经过双方父母同意

　　E. 男女双方完全自愿

65. (　　),没有委托辩护人时,法律援助机构应当提供法律援助,无须对被告人进行经济状况的审查。

　　A. 被告人小明有先天性白内障,看不清附近的事物

　　B. 被告人小张只有 16 周岁

　　C. 被告人李某可能被判处无期徒刑

　　D. 被告人王某骗取别人财物

　　E. 被告人于某强奸女童,可能被判死刑

66. 有些农村家庭重男轻女不让妇女上学,随便把妇女许配给送彩礼最多的人,是侵犯了妇女的(　　)。

　　A. 文化教育权利

　　B. 劳动权利

　　C. 人身权利

　　D. 财产权利

　　E. 婚姻家庭权利

67. 老鲍因为老伴儿的去世整天闷闷不乐,在儿子的鼓励下参加了社区组织的歌唱小组。在歌唱小组中,老鲍认识了善解人意的鲁阿姨,鲁阿姨也是单身,两人在不断互动交流中逐渐产生了好感,老鲍产生了与鲁阿姨再婚的想法,这个想法遭到了老鲍儿子的强烈反对。儿子认为鲁阿姨想和父亲结婚就是为了财产,他提出父亲再婚的条件是把所有财产都给自己,否则将不再赡养父亲。下列说法正确的是(   )。

    A. 作为老鲍的亲生儿子,他有权阻止老鲍再婚

    B. 如果老鲍不同意儿子的要求,理应得不到儿子的赡养

    C. 如果老鲍坚持与鲁阿姨再婚,儿子不应再干涉且应该赡养老鲍

    D. 老鲍儿子索要财产的要求侵犯了老鲍的财产权益

    E. 老鲍儿子可以以断绝亲子关系为由,不让老鲍再婚

68. 老雷有一个儿子和一个女儿,老雷目前重病缠身,需要马上立好遗嘱。根据《中华人民共和国民法典》,下列不符合遗嘱继承相关规定的是(   )。

    A. 老雷由于重病丧失了民事行为能力,可以在儿子的帮助下立遗嘱

    B. 老雷的儿子因为不满遗嘱的财产分配,偷偷篡改遗嘱

    C. 老雷的儿子认为,女儿不需要继承遗产,因此让老雷把财产只分给自己

    D. 老雷的女儿帮助意识清楚的父亲订立并经公证机关公证遗嘱

    E. 老雷在遗嘱中私自分配了村民委员会的办公用地

69. 小月因不满老公酗酒并殴打她而与其分居两年,现申请离婚,满足了(   ),可以认定夫妻感情确已破裂。

    A. 重婚

    B. 有配偶者与他人同居

    C. 实施家庭暴力或虐待、遗弃家庭成员

    D. 赌博、吸毒等恶习屡教不改

    E. 因感情不和分居满两年

70. 依据《中华人民共和国民法典》,下列有关无人继承又无人受遗赠遗产的处理的说法中,正确的是(   )。

    A. 无人继承的遗产就是没有法定继承人的遗产

    B. 无人继承的遗产只能是全部继承人放弃继承的遗产

    C. 无人继承又无人受遗赠的遗产,归国家所有

    D. 死者生前是集体所有制组织成员的,遗产归所在集体所有制组织所有

    E. 死者生前是国家公务员的,遗产归国家所有

71. 小高是一位社会工作者,主要服务对象是烈士家属,主要工作内容是安抚烈士家属的负面情绪、帮助烈士家属整理烈士生前的材料、协助烈士家属完成烈士评定工作等。下列内容是小高收集到的一些有关烈士评定的材料,其中正确的是(   )。

    A. 为牺牲者申报烈士的,必须由牺牲者的遗属向主管部门提供牺牲者的相关材料

    B. 军人牺牲情形批准烈士,属于因战死亡的,由军队团级以上单位政治机关批准

    C. 军人牺牲情形批准烈士,属于非因战死亡的,由军队军级以上单位政治机关批准

    D. 军队评定的烈士,由中央军事委员会政治工作部送国务院退役军人事务部门备案

E. 评定为烈士的,由国务院退役军人事务部门负责将烈士名单呈报烈士户籍所在地的民政部门

72. 老苏是一名军人,在一次执行任务中,左腿被截肢,任务结束后依法评定为三级残疾,现在已经退役。根据《军人抚恤优待条例》,以下说法中正确的是(　　)。

A. 老苏可获得由县级人民政府退役军人事务部门发放的残疾抚恤金

B. 老苏可享受国家提供的护理费,护理费为当地职工月平均工资的50%

C. 老苏可获得由省级人民政府退役军人事务部门提供的辅助器械

D. 老苏可申请当地人民政府对其家属进行妥善安置

E. 老苏可向当地人民政府申请军人遗属抚恤待遇

73. 现役军人死亡,可以被批准为烈士的情况是(　　)。

A. 对敌作战死亡,或者对敌作战负伤在医疗终结前因伤死亡的

B. 因执行任务遭敌人或者犯罪分子杀害,或者被俘、被捕后不屈遭敌人杀害或折磨致死的

C. 为抢救和保护国家财产、人民生命财产壮烈牺牲的

D. 在执行军事演习、战备航行飞行时,因重病复发死亡的

E. 其他死难情节特别突出,堪为楷模的

74. 突如其来的新冠肺炎疫情,让很多企业面临生死考验。为了能使企业存活下去,有些企业不得不采取裁员的方式自保。个别企业在裁员时,应当优先留用的人员是(　　)。

A. 在孕期、产期、哺乳期的女职工

B. 患病或者非因工负伤,在规定的医疗期内的员工

C. 与本单位订立较长期限的固定期限劳动合同的员工

D. 与本单位订立无固定期限劳动合同的员工

E. 家庭无其他就业人员,有需要扶养的老人或者未成年人的员工

75. 民办非企业单位不包括(　　)。

A. 事业单位利用非国有资产举办的,从事非营利性社会服务活动的社会组织

B. 社会团体利用非国有资产举办的,从事非营利性社会服务活动的社会组织

C. 社会力量利用国有资产举办的,从事非营利性社会服务活动的社会组织

D. 公民个人利用国有资产举办的,从事非营利性社会服务活动的社会组织

E. 国有企业利用非国有资产举办的,从事非营利性社会服务活动的社会组织

76. 依据《中华人民共和国公益事业捐赠法》,下列可以作为受赠人的是(　　)。

A. 村民委员会　　　　　　　　　　B. 公益性社会团体

C. 公益性非营利的事业单位　　　　D. 县级以上人民政府

E. 国有企业

77. 下列劳动合同无效或者部分无效的是(　　)。

A. 以欺诈、胁迫的手段或者乘人之危,使对方在违背真实意思的情况下订立或者变更劳动合同

B. 用人单位免除自己的法定责任、排除劳动者权利的合同

C. 违反法律、行政法规强制性规定的合同

D. 违反用人单位上级主管部门规定的合同

E. 违反用人单位所在社区规定的合同

78. 根据《国务院关于建立统一的城乡居民基本养老保险制度的意见》，年满 16 周岁（不含在校学生），非国家机关和事业单位工作人员及不属于职工基本养老保险制度覆盖范围的城乡居民，可以在户籍地参加城乡居民养老保险。关于该参保范围的规定，下列说法中正确的是(   )。

A. 对于灵活就业的人员，只能选择参加城乡居民基本养老保险

B. 对于个体工商户，只能选择参加职工基本养老保险

C. 凡是签订了劳动合同的职工必须参加职工基本养老保险

D. 城乡居民只能在户籍所在地参加居民养老保险

E. 城乡居民养老保险是强制性的，所有人必须参加

79. 《工伤保险条例》对认定工伤、视同工伤及不得认定工伤的情形进行了详细的规定。下列五位职工中，可以认定为工伤的是(   )。

A. 在工作时间，小亮在工作岗位上突发疾病死亡

B. 在抗击新冠肺炎疫情中，小虎在病房中不幸感染病毒

C. 由于长期接触电子产品，小强患有严重的职业病

D. 在出差期间，小新可能遭遇了意外，下落不明

E. 小鹏在部队服役期间因公致残，并取得了革命伤残军人证，在进入新的岗位后，小新旧伤复发，需要治疗

80. 小颖在大二的时候应征入伍，成为一名军人。服役两年后，由于表现优异，小颖被留在部队继续发展。小颖目前不太了解军人保险基金的相关规定，想要了解一下。在得知小颖的需要之后，小颖的战友主动向小颖介绍军人保险基金的相关规定，下列小颖战友的说法中，正确的是(   )。

A. 军人保险基金包括军人伤亡保险基金、军人退役养老保险基金、军人退役医疗保险基金和随军未就业的军人配偶保险基金

B. 各项军人保险基金按照军人保险险种分别建账、分账核算，执行军队的会计制度

C. 军人应当缴纳的保险费，由其所在单位代扣代缴

D. 随军未就业的军人配偶应当缴纳的保险费，由军人配偶所在单位代扣代缴

E. 军人保险基金按照国家和军队的预算管理制度，实行统一决算管理